Vorwort

Der Mensch hat es während eines Jahrhunderts geschafft, viele Ressourcen zu plündern, Luft, Wasser und Boden zu vergiften und sich selbst in eine Streßatmosphäre zu katapultieren, in deren Smog sein Siechtum bereits begonnen hat. Nichts entgeht seinem gierigen Wesen und nichts ist ihm zu gefährlich, um nicht doch großtechnisch in Angriff genommen zu werden. Kein Mittel ist ihm zu grausam oder zu schändlich, wenn es ihm nur zu Reichtum und Wohlstand verhilft. Seine Respektlosigkeit gegenüber der Natur, der Tier- und Pflanzenwelt ist beispiellos.

Es ist hier nicht die Rede von den Wilden und Unzivilisierten dieser Erde, sondern insbesondere von der Bevölkerung in den Industrienationen, dem sogenannten gebildeten Spektrum der Menschheit.

Über all dem schwebt die Dunstglocke des Glaubens an einen Gott, der den Menschen behütet und stets darauf achtet, daß ihm kein Leid geschieht. Wenn es dieser Glaube ist, der uns an den Rand des Abgrunds gebracht hat, dann ist es höchste Zeit, der Realität ins Auge zu blicken. Es wird Zeit für ein neues Verständnis. Nur wenn wir unser Tun als puren Automatismus und nicht als ein verstandesmäßig sinnvolles Treiben erkennen, haben wir vielleicht noch die Chance, das Ruder herumzureißen.

AF191565

Widmung

Dank all jenen, die mich auf meinem Weg begleitet haben.

Inhaltsverzeichnis

Jede Epoche hat ihre eigenen Erklärungen

In der Geschichte der Menschheit war es oftmals notwendig, das Bild der Welt den neuen Erkenntnissen anzupassen, und es war immer schwierig, das neue Weltbild gegen den erbitterten Widerstand der ewig Gestrigen zu etablieren. Besonders bei den Religionen, die wie zementiert an ihren Dogmen festhalten, ist es nahezu unmöglich, neue Gedanken durchzusetzen, die das Sein des Menschen beschreiben wollen. Solche Versuche wurden in der Vergangenheit nicht selten mit dem Leben bezahlt.

Erstaunlicherweise fanden neue Erkenntnisse trotzdem ihren Weg in die Köpfe der Massen. Alle Versuche, dies zu unterbinden, scheiterten. Allerdings war nicht jeder bereit, das alte Meinungsspektrum über Bord zu werfen. Dadurch bildeten sich im Laufe der Zeit Gruppen, die auf der einen Seite moderne Erkenntnisse akzeptierten, auf der anderen Seite altes Kulturgut konservierten bzw. am Leben erhielten. So hören sich manche immer und immer wieder die Geschichte von Adam und Eva und dem Leben im Paradies an, in dem es doch so schön war. Einfache Lösungen sind es, die sich hartnäckig halten.

So belächeln wir z.B. die Eingeborenen in Afrika, Australien oder auf Neuguinea wegen ihres Götterglaubens. Wir mokieren uns über ihre Naivität, und weil sie sich dem Zauber des Medizinmannes anvertrauen. In Wirklichkeit aber sind wir ihnen in unserer mentalen Entwicklung höchstens einen ganz kleinen Schritt voraus. Denn auch heute ist unsere Medizin noch nicht allmächtig. Und wenn dann die Kunst der Ärzte am Ende ist, beginnt auch bei uns wieder der Glaube an eine höhere Macht im Sinne von "hier kann nur noch Gott helfen". Erliegt der Kranke gar seinem Leiden, glauben auch wir, daß dies für ihn "Bestimmung" war und daß es für ihn eine bessere Zeit nach dem irdischen Dasein geben wird. Glauben - glauben - glauben. Wo also ist der große Unterschied zwischen uns und den sogenannten primitiven Urvölkern?

Um Mißverständnissen vorzubeugen: es geht hier nicht darum, irgendwelche Völker oder Stämme zu diskreditieren. Es soll vielmehr festgestellt werden, daß unser Verhalten in Grenzfällen dem dieser Menschen ähnlich ist, und daß wir trotz unseres - wie wir meinen - hohen Lebensstandards, diese sogenannte Primitivität weiterhin pflegen. Gerade weil dem so ist, muß es ein essentielles, menschliches Bedürfnis geben, auf alles eine Antwort zu erhalten, auch wenn diese Antworten nicht hinreichend zu begründen sind.

Dabei gilt der Grundsatz: eine beliebige Antwort ist immer noch besser als gar keine. Ergo, irgendeine plausible Erklärung für ein Phänomen wird in jedem Fall dankend angenommen. Man kann dieses oberflächliche Verhalten vielleicht noch akzeptieren, solange Phänomene mit der vorherrschenden Erkenntnislage nicht zu erklären sind. Unverständlich allerdings ist die Tatsache, daß an diesen Krücken dann noch mit aller Macht festgehalten wird, wenn einerseits die Unsinnigkeit der bisherigen Darstellung und andererseits die Richtigkeit der neuen Erklärung bewiesen ist.

So werden Generationen von gutgläubigen Kindern dahingehend verbildet, daß man ihnen vorgaukelt, der (christliche) Himmel sei oben und die Hölle irgendwo unten, also im Erdinneren. Auch die Geschichte der Erschaffung der Erde innerhalb von 7 Tagen wird durch ständiges Wiederholen nicht richtiger. Dann gibt es da noch die Erfindung des Weihnachtsmannes, des Osterhasen und des Storches. Viele von uns verbinden damit schöne Kindheitserinnerungen. Was passiert jedoch wirklich? Wir gaukeln den Kindern eine Scheinwelt vor, sozusagen eine Parallelwelt, die zwar nicht direkt wahrnehmbar ist, in der aber scheinbar diese fiktiven Gestalten ihre Existenz haben.

Was ist damit gemeint? Dadurch, daß die Weihnachtsgeschenke gebracht werden, die Osternester immer gefüllt sind und es die kleinen Babys wirklich gibt, scheinen der Weihnachtsmann, der Osterhase und der Storch doch wirklich zu existieren. Was den Kindern zunächst als Spaß verkauft wird, ist nicht ohne Problematik. Zwar klärt sich der Schwindel irgendwann auf, aber die Denkstrukturen sind dann bereits dazu vorbereitet, einen ähnlichen Schwindel kritiklos hinzunehmen.

Zu nennen sind hier auch die Erfolge der Religionen und der Sekten, der Zauberer aber auch vieler rhetorisch begabter Menschen wie z.B. der als das "Propagandawunder" im Dritten Reich erfolgreiche Goebbels. Das Schema ist immer dasselbe: Vorgaukelung falscher Tatsachen und anschließend deren Begründung mittels manipulierter Indizien.

Eine Rechtfertigung für den ganzen Schwindel im Kindesalter sehen wir darin, daß diese Scheinwelten mit so wunderbaren Erlebnissen verbunden sind. Doch leider wird hiermit gleichzeitig die Neigung anerzogen, eine angenehme Scheinwelt parallel zur realen harten Wirklichkeit zu akzeptieren. So ist es auch nicht verwunderlich, daß unsere Sprachgewohnheiten dem naiven Weltbild immer mehr Rechnung tragen. Trotz besseren Wissens reden wir davon, daß die Sonne auf- und untergeht, man spricht vom Himmelszelt und vom Mann im Mond.

Viele dieser einfachen Erklärungen waren früher oft nicht ohne Brisanz für die Menschen. War es doch gefährlich, sich über den Rand des Meereshorizonts hinaus zu wagen, weil man dann (nach damaliger Meinung) von der Erde herunterfallen konnte. Immerhin waren es sehr einleuchtende Erklärungen, die in der menschlichen Phantasieküche gekocht wurden, so daß sie einem Unwissenden leicht zugänglich waren. Es war für jeden selbstverständlich, daß die Erde der Mittelpunkt des Universums sein müsse. Natürlich drehte sich das Weltall um die Erde, und selbstverständlich war der Mensch das einmaligste Geschöpf in der Unendlichkeit des Raumes.

Leider waren alle Erkenntnisse der Wissenschaft, die darauf zielten, das Universum zu beschreiben, für unsere Psyche eine viel härtere Kost als die übernommenen und liebgewonnenen Vorstellungen. Immer wieder stellte sich heraus, daß die Welt ein ganz anderes Gesicht hatte, als Menschen es sich ausmalen konnten. Insbesondere aber trugen diese neuen Erklärungen nicht dazu bei, dem Menschen mehr Vertrauen in seine Umwelt zu geben. Zwar konnte man darlegen und beweisen, daß die Erde hinter dem Horizont nicht aufhört, aber man mußte sich eben auch bewußt machen, daß die Erde frei schwebend durch das Weltall rast, daß es kein beschützendes Dach über der Erde gibt und auf der einen Seite alles viel größer, auf der anderen Seite alles viel kleiner ist, als der menschliche Verstand es sich vorstellen kann. Ja, langsam machte sich die Erkenntnis breit, daß das menschliche Gehirn wohl gar nicht in der Lage sei, diese Dimensionen überhaupt zu begreifen.

Je mehr man den Phantasie- und Glaubensballast abschüttelte, um so unbegreiflicher wurden die Zusammenhänge. Allmählich kristallisierte sich heraus: so einfach wie unsere Vorfahren es sich ausgedacht hatten, war das Ganze nicht. Die Gesetze der Materie sind so kompliziert, daß jeder erschauern muß, der sich mit ihnen auseinanderzusetzen hat. Nur der nicht endende Wissensdrang der Forscher war und ist stärker als die Angst davor, daß die neuen Erkenntnisse in ihrer Unerbittlichkeit dem Menschen mehr schaden als nützen könnten.

Es ist wohl höchste Zeit, Abschied zu nehmen von einem Menschenbild der Superlative. Schwächen kristallisieren sich immer deutlicher heraus. Die viel gepriesene Perfektion der Schöpfung Mensch entpuppt sich immer mehr als Trugbild. Es zeigt sich, daß wir gar nicht fähig sind, die Vorgänge um uns herum in ihrer Gesamtheit zu erfassen und zu begreifen.

Vieles vollzieht sich in einem so langsamen Zeitraster, daß der

Mensch nicht in der Lage ist, diese Veränderungen in ihrem Ablauf zu beobachten. Das beginnt schon beim sich öffnen einer Blüte und wird noch übertroffen beim Wachsen eines Baumes. Den Vorgang des kontinuierlichen Wachsens können wir nicht beobachten. Dennoch können wir das Ergebnis sehen und auch begreifen, auch wenn uns der Ablauf selbst verborgen bleibt. Geologische Veränderungen, wie das Verschieben der Erdplatten, das Auftürmen der Gebirge oder das durch Verwitterung bedingte Abflachen der Mittelgebirge verlaufen so langsam, daß die Veränderungen, die während eines Menschenlebens stattfinden, ohne technische Hilfsmittel gar nicht zu registrieren sind. Trotzdem geschieht hier Ungeheuerliches, wenn man es in geologischen Zeiträumen betrachtet. Berggipfel werden abgetragen und zurück bleibt ein Plateau; Bäche graben sich tief in den Untergrund und lassen ein breites Tal entstehen; vertikale Erdverschiebungen erzeugen gigantische Gräben und Canyons. Der Meeresgrund wird zum Gebirge, und so findet man Muscheln und Korallen in den Erhebungen unserer Landschaften. Aus Wüsten entsteht fruchtbares Land, und Tropengebiete werden von "ewigem" Eis bedeckt. Solche Vorgänge ereignen sich hinter dem Erlebnishorizont des Menschen. Sie übertreffen oft unser Vorstellungsvermögen. Sie machen aber auch die Winzigkeit und Unzulänglichkeit des Menschen deutlich.

Darwin hat mit seiner Evolutionstheorie der Menschheit einen solchen Schock verabreicht, daß sie sich bis zum heutigen Tage noch nicht davon erholt hat. Die Vermutung, der so edle Mensch könnte von der Abstammung her in irgend einer Weise mit einem Tier in Verbindung stehen, ließ in den Gehirnen der Menschen eine Welt zusammenbrechen. Das neue Menschen- und Weltbild sprengte für den rational gesteuerten Zeitgenossen alle Brücken der naiven Vorstellungswelt der Vergangenheit. Nichts war mehr greifbar. Aber wenn schon die Natur, die Erde, das Universum ihren Glanz verlieren sollten, so wollte man doch wenigstens die Würde und Einmaligkeit des Menschen mit allen Mitteln noch weiter erhalten.

Denn der Mensch selbst sollte nicht diesen kalten und unbarmherzigen Gesetzen geopfert werden, wie der Rest der Natur. Der Mensch sollte seine Gottähnlichkeit behalten. Doch auch krampfhaftes Festhalten an einer primitiven und naiven Vorstellung half nichts. Auch der Mensch ist, wie alles andere, den Gesetzen der Natur untergeordnet. Der Vorstellung von der Ganzheitlichkeit und der vermeintlichen Unantastbarkeit dieser Kreatur setzte letztendlich die Medizin ein Ende. Das bis dahin Unmögliche gelang. Ein menschliches Herz wurde in einen anderen Menschen verpflanzt. Dieser Schock war nur schwer zu verkraften. Man war zwar nun gezwungen zu akzeptieren, daß der Mensch nach einer Art

Baukastensystem zusammengesetzt ist, wobei die einzelnen Elemente durchaus auch mit anderen gleichartigen ausgetauscht werden können. Doch die Frage, ob Patienten aus Mangel an menschlichen Transplantaten bereit wären, sich auch ein Schweine- oder Pavianherz einpflanzen zu lassen, löste sprachloses Erstaunen und teils Empörung aus.

Wie auch immer, es bleibt dem offenen und kritischen Zeitgeist nichts anderes übrig, als seinen Erkenntnishorizont immer wieder aufs neue zu erweitern. Wir müssen uns einfach daran gewöhnen, daß wir nicht so einmalig sind, wie uns bisher gelehrt wurde. Zugegeben, wir sind ein ungeheuer kompliziertes Gebilde und dieser Kompliziertheit ist es zuzuschreiben, daß wir noch weit davon entfernt sind, uns selbst zu begreifen. Ja, es gibt sogar gute Gründe anzunehmen, daß dieser biologische Apparat in seinem jetzigen Zustand gar nicht in der Lage ist, die Wirklichkeit überhaupt zu erfassen.

Die aktuellen Weltbilder

Jeder hat sich schon einmal Gedanken darüber gemacht, wie das Lebendige wohl entstanden sein könnte. Doch auch im 20. Jahrhundert gibt es dafür - selbst in der zivilisierten Welt - immer noch kein eindeutiges Bekenntnis. Zwei große Weltanschauungen konkurrieren heftig miteinander. Es ist zwar kein offener Streit, aber die Fronten sind so verhärtet, daß keiner bereit ist, seinen Standpunkt aufzugeben. Welcher Strömung soll man sich nun anschließen?

Der religiösen, die die göttliche Schöpfung als Prämisse hat, oder der wissenschaftlichen, die eine evolutionäre Entwicklung zur Basis hat. Beide Anschauungen kann man gleichermaßen als Hypothese heranziehen, denn keine ist endgültig bewiesen. Das wissenschaftliche Modell hat den Vorteil, daß die verschiedenen Entwicklungsstufen nachweisbar sind. Der Kern ist jedoch hier die Interpretation der vorhandenen Stufen. Diese weist durchaus noch Züge eines naiven Weltbildes auf. Oder wie soll man erklären, warum die Giraffe einen so langen Hals hat? Da bietet sich doch die Geschichte vom hoch hängenden Futter förmlich an! Die Evolutionstheorie läßt auch offen, ob sich das Leben auf der Erde selbständig bilden konnte oder ob eventuell die Bausteine des Lebens vom All auf die Erde "herab regneten".

Auch das religiöse Weltbild hat Auslegungsprobleme. Sollen die sieben Tage der Schöpfung wörtlich genommen werden, oder soll man davon ausgehen, es handele sich eben nur um eine Anzahl von Zeitintervallen. Wirklich schlüssige Erklärungen bietet kein Modell. Wie soll man sich nun aber als suchender und hinterfragender Mensch entscheiden? Man bekennt sich - je nach Lage - mehr zu der einen oder eher zu der anderen Seite. Es ist gute Sitte in einem religiösen Umfeld die Darlegung der Kirche zu akzeptieren. Das Glaubensbekenntnis wird gesprochen und akzeptiert: „Ich glaube an Gott den Vater, den Allmächtigen, den Schöpfer des Himmels und der Erde ...". Das andere Erklärungsmodell wählt man, wenn Sachlichkeit und logisches Denkvermögen im Vordergrund stehen. Dann werden unsere entfernten Vorfahren zu affenartigen Wesen.

Müßten wir uns aber definitiv entscheiden, manch einer hätte Probleme. Man spürt, wenn am Anfang nichts da war, konnte sich wohl auch nichts entwickeln. Ansonsten hat die Evolutionstheorie bei oberflächlicher Betrachtung viel für sich. Nachdem die Zelle entstanden war, hat sich daraus ein Zellenverband entwickelt, später Pflanzen, Tiere und Menschen. Nach dem Bericht der Bibel ist bei der göttlichen Schöpfung der Start allen Lebens hier auf der Erde klar vorgegeben. Es werden alle Lebewesen nacheinander in kurzer Zeit geschaffen, und zwar nicht zufällig, sondern nach einem festen Plan. Mit der Erschaffung des Menschen als der "Krone der Schöpfung" wird das Werk für alle Zeit beendet.

In der wissenschaftlichen Hypothese entwickelt sich alles aus dem Bestehenden heraus. Nichts ist dabei endgültig fertig. Alles ist ständig im Fluß. Es ist eine Reihenfolge ersichtlich, die sich von den einfacheren zu immer komplizierter werdenden Formen entwickelt, an deren Ende heute der Mensch steht. Trotzdem gibt es keinen Grund zu der Annahme, daß dies auch so bleiben wird.

Denn vor vielen Millionen Jahren standen die Saurier an dieser Position - 40 Millionen Jahre lang, fast eine Ewigkeit. An die Menschheit war zu dieser Zeit noch nicht zu denken. Ein außenstehender Beobachter wäre sicherlich zu der Überzeugung gekommen, es hätte sich hier ein absolut stabiles Gleichgewicht eingestellt, das bis zum Ende der Erde Bestand haben würde. Doch wie wir wissen, kam es ganz anders. Warum also sollte die Skala des Lebendigen gerade beim Menschen zu Ende sein?

Wenn wir zunächst einmal die wissenschaftliche Lehrmeinung akzeptieren, dann sieht es so aus, als sei die Natur der lebende Beweis dafür, daß man ohne Gehirn Großartiges vollbringen kann. Ja sie führt sogar dadurch die Notwendigkeit zur Entwicklung eines Gehirnes ad absurdum. Oder stellt vielleicht das logisch denkende Gehirn einen naturgesetzlichen Gegenpol zur aufbauenden und schöpferischen Natur dar? Gut und Böse, das Gehirn als zerstörende Kraft? Je höher entwickelt, um so zerstörerischer? Beweise gäbe es genügend, um diese These zu untermauern. Wie auch immer, wir gestehen der Natur zwar zu, daß sie uns hervorgebracht hat, unterstellen ihr aber gleichzeitig, daß ihre Phantasie dort aufhört, wo auch wir am Ende unserer Vorstellungskraft sind. Trotzdem, vor so viel "gehirnloser" Kreativität könnten wir Denkenden allemal neidisch werden.

Nicht neidisch dagegen bräuchten wir auf einen Gott zu sein, der den Menschen so geschaffen hat, wie er ist. Natürlich stellt das Ganze eine großartige Leistung dar. Nur, wenn er den Menschen wirklich nach seinem Ebenbild geschaffen hat, dann ist er uns ja ähnlich. Dann sind ihm die Folgen seines Tuns genauso unbekannt, wie auch wir die Folgen unseres Handelns in ihrer Gesamtheit nicht überblicken können. Dann sind Neid, Haß und Krieg auch Begriffe aus seiner Welt. Dann ist die Unvollkommenheit, die wir an uns bereits erkannt haben, auch ihm zuteil. An dieser Stelle bricht nun allerdings unser christliches Weltbild vom allmächtigen Schöpfer mehr und mehr zusammen.

Der Mensch, eine biologische Maschine

Der Mensch, d.h., wir alle glauben daran, daß wir die Fähigkeit haben, alles verstehen und alles wissen zu können. Wir sind davon überzeugt, die Krone der Schöpfung im gesamten Weltall zu sein. Wir sind sicher, alles Leben, das nicht dem unsrigen gleicht, kann nur minderwertiger sein. Leben über uns, über unserer Intelligenz kann es nicht geben! Trotzdem gibt es immer wieder Menschen, die von Kontakten mit außerirdischen Lebensformen berichten. Sie erzählen von Transportschiffen, die an Beschleunigung und Geschwindigkeit den unseren weit überlegen seien. Rein rational akzeptieren wir auch höher entwickelte Intelligenzen im weiten Universum. Kommen aber solche Themen zur Sprache, werden Anhänger und Verfechter dieser Theorien eher als Spinner und Phantasten klassifiziert. Durch die große Anzahl solcher Erlebnisberichte wurde immerhin erreicht, daß viele Zeitgenossen Besuche von Außerirdischen für möglich halten. Würden wir uns aber wirklich wohl fühlen, wenn wir sicher wüßten, daß es ein Leben auf einer viel höheren Entwicklungsstufe gibt? Müßten wir nicht davon ausgehen, daß auch dort die Aggression eine wesentliche Rolle spielt und wir somit ständig in unserer Existenz bedroht sind? Wir müßten dann ggf. annehmen, daß diese Intelligenzen uns eine ebensolche Existenzberechtigung zubilligten, wie wir den Kaninchen oder Hausschweinen. Wir als Spielball in der Hand von Wesen, die mit uns nach Lust und Laune verfahren können? Eine sehr unangenehme Vorstellung, aus der Rolle des mächtigen Täters plötzlich in die des hilflosen Opfers zu wechseln! Auf der anderen Seite aber kämen wir uns mit dem Wissen darüber, daß es Leben in einer viel angenehmeren Form gibt, nicht ziemlich erbärmlich vor? Intelligenter, weiser, ohne Haß und Aggression, ohne Krieg und Leid, ein Leben, das nicht so armselig und erdgebunden ist wie das unsrige? Frei davon, tote Tiere verspeisen zu müssen, frei von diesem widerlichen Verdauungsprozeß, bei dem am Ende nur noch ... . Ein Leben, das nicht mehr so tierähnlich und triebhaft abläuft. Auf jeden Fall müßten wir unseren Platz in der Hierarchie des Lebendigen neu definieren.

Bildhaft dargestellt: was würde wohl ein Wurm sagen, der sich zufrieden in seinem Misthaufen, an einer warmen Stelle niedergelassen hat, wenn er wüßte, was für eine minderwertige Kreatur er eigentlich ist? Keine Augen, keine Beine, keine Zähne. Er muß sich verkriechen, um nicht umgehend gefressen zu werden. Und welche geistige Perspektive hat er? Er kann nicht einmal die einfachsten Rechenaufgaben lösen, Musik sagt ihm überhaupt nichts. Er weiß nicht einmal, wie es einen Kilometer weiter weg aussieht. Er weiß nicht, daß es das Meer gibt, er weiß überhaupt nichts! Ja, er könnte über seine Schmach nicht einmal in Tränen ausbrechen. Kann man denn so überhaupt leben?

Ja, man kann! Und der Mensch ist das beste Beispiel hierfür. Man kann damit nicht nur zufrieden leben, sondern sich sogar noch einbilden, man sei etwas ganz Besonderes. Die Tatsache, daß wir dem Wurm entwicklungsmäßig weit voraus sind, berechtigt uns nicht zu der Annahme, wir wären das Ende der Fahnenstange.

Auch die Henne lacht über den Wurm. Sie ist ihm so weit voraus, daß sie ihn höchstens als Futter akzeptieren kann. Sie ist elegant, kann auf zwei Beinen gehen, kann fliegen, hat sehr gute Augen, und wenn sie es wollte, könnte sie auch einige Kilometer weit wandern, um festzustellen, wie es dort aussieht. Sie hat auch ein Liebesleben, einen Stall oder ein Nest, kann sich durch Laute verständigen usw. Aus ihrer Sicht ist sie eine Kreatur von höchster Güte. Sie entbehrt nichts. Kann es über ihr noch mehr geben? Unmöglich! Ihr Horizont reicht ja nicht aus, dies zu begreifen.

So geht es auch uns Menschen. Wir sind zwar wieder ein Stück höher entwickelt als das Huhn, aber mehr auch nicht. Über das, was über unseren Horizont hinaus reicht, können wir keine Aussagen machen. Dabei geht es nicht darum, daß wir noch viel erforschen werden, was heute noch unbekannt ist. Auch Tiere sind im Rahmen ihrer Begrenztheit lernfähig. Darüber hinaus geht aber nichts mehr.

Genauso wie das Huhn, können auch wir nicht wissen und nicht begreifen, welche Möglichkeiten es in höheren Dimensionen gibt.

In der Summe haben wir Menschen zwar einiges erreicht durch langwierige Forschungsarbeiten, durch Versuche und Irrtümer, durch Glück und durch Hartnäckigkeit. Aber wie schwer haben wir uns getan. Wie viele Jahrzehnte haben Entwicklungen meist gedauert. Oft ergeben gigantische Forschungsprojekte nur einfache Sachverhalte. Und man stellt fest, daß die Natur so variantenreich ist, daß das Thema einer Untersuchung nur dann bearbeitet werden kann, wenn die Fragestellung sehr eingeschränkt wird. Und möglich ist das alles nur deshalb, weil einzelne Menschen ihr ganzes Leben nur dieser einen Sache widmen. Und wozu ist der Mensch als Individuum mit seinem vermeintlich so hohen Entwicklungsstand im einzelnen fähig? Operieren Sie Ihrem Partner den Blinddarm heraus - eine Routinearbeit, wie Chirurgen versichern. Bauen Sie sich einen kleinen Benzinmotor. Sie haben gerade keinen Kugelschreiber zur Hand? Machen Sie sich doch einen! Das geht so weiter, bis wir bei einfachen Tätigkeiten angekommen sind. Und selbst da brauchen wir oft Hilfsmittel, die wir selbst nicht herstellen können. Sie wären eventuell in der Lage, einen Speer zu schnitzen. Wären Sie auch in der Lage, das Messer dazu oder irgend ein zweckmäßiges Schnitzwerkzeug zu basteln? Wohl kaum. Nur durch einen hohen Organisationsgrad haben wir unseren Status erreicht. Jeder kann ein wenig, und in der Summe allen Wissens kommen dann doch bemerkenswerte Ergebnisse zustande. Von diesem Status wissen wir nur, daß er temporär funktioniert, und wir hoffen, er tut es noch sehr lange. Doch die Gesamtheit der Auswirkungen ist uns nicht bewußt. Wir geben unsere Arbeitskraft und unser Wissen, dafür erhalten wir Geld oder Waren; und dieser Kreislauf klappt seit Jahrhunderten erstaunlich gut.

Genauso arbeitet auch ein Ameisenvolk. Jede Ameise tut ihre Pflicht. Sie kann dadurch leben. Warum es funktioniert, weiß weder sie noch ihre Königin. Die beiden brauchen dies auch nicht zu wissen, denn alles ist so eingerichtet, daß das System funktioniert. Bei uns Menschen scheint das genauso zu sein, nur auf einer höheren Ebene.

Aber wo sind unsere Grenzen? Diese Frage ist besonders schwer zu beantworten. Wer in einer geschlossenen Tonne sitzt, weiß nicht, wie es außerhalb aussieht. Der Hinweis, der Überblick reiche immerhin bis zu dem Punkt, an dem das Metall beginnt, ist sehr ungenau. Von innen betrachtet mag es genügen. Es unterstellt aber gleichzeitig, daß ab der Tonnenwand der ganze restliche Raum aus diesem Material besteht. In Wirklichkeit aber stellt die Wand der Tonne nur eine Membran dar, erlaubt aber dem, der drinnen steckt, keine Aussage darüber, wie es wirklich hinter dem Blech aussieht. Es gibt genügend Anhaltspunkte dafür, daß ab einem gewissen Anforderungsgrad auch für uns Menschen die geistige "Luft" ziemlich dünn wird. Wir sind nicht in der Lage, die Größe des Weltraumes zu begreifen, oder uns eine 4. , 5. oder weitere Dimension vorzustellen. Jede weitere Dimension ist wie eine Schale, wie eine Tonne, die um uns herum gebaut ist. Man darf sie sich allerdings nicht körperlich vorstellen. Materie ist eine Erscheinung unserer Dimension.

Versuchen wir einmal, uns das Weltall vorzustellen. Dabei besteht schon die schwierigste Aufgabe darin, unser Gefühl für Entfernungen auszuschalten. Früher war es schon weit, in die nächste Stadt zu gelangen. Heute ist ein Flug nach Amerika oder Australien bereits Business-Alltag. Aber 6000 oder 20 000 km sind dennoch eine beachtliche Strecke. Sie schrumpft jedoch zu einem Nichts zusammen, wenn wir uns nur auf die Ebene unseres Sonnensystems begeben. Die Entfernung von unserer Sonne zu ihrem äußersten Planeten beträgt ca. 7 Milliarden km. Das Licht der Sonne benötigt ein knappes Jahr, um dorthin zu gelangen. Ganz schön weit, könnte man meinen. Aber unser Sonnensystem ist trotz dieses Ausmaßes ein Nichts im Weltraum. Der unserem Sonnensystem nächst gelegene Stern ist Proxima Centauri und dazwischen liegt eine Distanz von sage und schreibe 40 Billionen km. Das Licht legt in einem Jahr etwa 9,4 Mrd. km zurück und braucht bis dahin gut 4250 Jahre. Nun schweben wir aber nicht wild durch den Weltraum, sondern sowohl unser Sonnensystem als auch Proxima Centauri sind Teile unserer Galaxis. Diese Milchstraße besitzt ca. 100 Milliarden Sterne und hat einen Durchmesser von ca. 100 000 Lichtjahren. Das am weitesten entfernte Objekt, das das menschliche Auge ohne Hilfsmittel wahrnehmen kann, ist der Andromedanebel, eine Galaxis, ähnlich der unseren. Er besteht aus ca. 200 Milliarden Sternen und ist 3 Millionen Lichtjahre entfernt. Das Licht, das wir heute von ihm erhalten, ist also bereits 3 Millionen Jahre unterwegs und wurde ausgestrahlt, als der Mensch noch eine affenähnliche Gestalt hatte. Nun würde man erwarten, mit zwei so großen Sternensystemen würde das Universum reichlich überfüllt sein. Tatsache ist aber, daß trotzdem noch eine Menge Platz übrig ist. Wissenschaftler schätzen die Anzahl der Galaxien im Universum auf mehrere Tausend Milliarden.

Vielleicht regen diese Beispiele zum Nachdenken an, und wir ziehen daraus das Resümee, daß es für uns Menschen wahrlich keinen Grund gibt, der Natur gegenüber derart überheblich zu sein. Zu einem Minderwertigkeitskomplex braucht das sich Besinnen nicht zu führen, aber etwas mehr Bescheidenheit wäre wohl angebracht.

Schon solche rechnerisch noch einfach zu erarbeitenden Größenordnungen sind für uns Menschen nicht mehr vorstellbar. Wären nicht die Wissenschaftler so hartnäckig gewesen, wir würden immer noch glauben, wir lebten auf einer Scheibe. Das und nichts anderes ist es, was unser Gehirn noch verstehen kann. Daß wir aber unten sein können, ohne von unserem Planeten herunterzufallen, ist für unser Verständnis schon wieder sehr hoch. Wir wissen es aus Erfahrung, oder weil wir daran glauben, aber wirklich begreifen können wir es nicht. Schon der Gedanke daran, auf einer frei schwebenden Kugel zu leben, die mit einer Geschwindigkeit von mehr als 1000 Kilometer pro Stunde durch das lebensfeindliche Weltall saust, läßt uns den Atem stocken. Dabei ist das ein ganz normales Geschehen im großen Universum.

Es ist wohl so, das Große überfordert eindeutig unser geistiges Vermögen, deshalb wenden wir uns lieber dem Kleinen zu. Da fühlen wir uns vielleicht sicherer. Aber leider schon wieder Fehlanzeige! Können wir uns vorstellen, daß es jenseits unseres visuell wahrnehmbaren Bereiches, also kleiner als ein winziges Staubkorn, noch Leben gibt? Daß es etwas gibt, was wir überhaupt nicht sehen können? Nein! Doch es ist bekannt, daß es summenmäßig jenseits unseres wahrnehmbaren Bereiches mehr Leben gibt als diesseits. Wir würden auch annehmen, so kleine Lebewesen seien unvollständig ausgebildet und nur durch Zufall existenzfähig. Leider wieder ein Trugschluß. Die Welt jenseits unserer Augen ist genauso vollkommen wie dort, wo unsere Wahrnehmung noch funktioniert. Wie klein darf es sein? Manches können wir unter dem Lichtmikroskop noch erkennen. Dies aber ist nur der Anfang des Kleinen. Das Elektronenmikroskop dringt noch tiefer in den nicht sichtbaren Bereich der Materie ein und kann auch Strukturen darstellen, die selbst nicht mehr leben, aber in der Lage sind, ganze Organismen durch Umprogrammieren der Zellen zu Fall zu bringen. In der unbelebten Natur verkleinert sich alles nochmals um ein Vielfaches und dort reicht dann auch das Elektronenmikroskop nicht mehr aus. Genau hier aber finden wir die Bausteine, aus denen wir gemacht sind: Moleküle und Atome. Damit sind wir aber immer noch nicht am Ende angelangt. Es gibt so kleine Teilchen, die eventuell schon durch mehrere Himmelskörper hindurch geflogen sind, bevor sie auf die Erde treffen, ohne dabei mit irgend einem anderen Teilchen kollidiert zu sein. Und wenn es nicht unwahrscheinliches Pech hat, fliegt es auch durch die Erde hindurch, ohne diese zu bemerken.

Wir bleiben wohl besser in unserer wahrnehmbaren Welt. Da stimmen unsere Eindrücke wenigstens mit der Wirklichkeit überein, glauben wir! Wenn wir morgens aufstehen, ist es draußen schon hell und wir können davon ausgehen, es wird ein wunderschöner Tag.

Aber weit gefehlt, im gesamten Weltall ist es dunkel, also auch auf unserer Erde. Was wir wahrnehmen, existiert in dieser Form gar nicht. Was es wirklich gibt, sind Energiewellen oder energetische Zustände.

Als erstes Beispiel nehmen wir die Radiowellen. Sie sind energetische Zustände. Aber so sehr man sich auch bemüht, niemand kann sie wahrnehmen. Erst durch ein Gerät, das in der Lage ist, diese Energieform zu verarbeiten und sie für das menschliche Ohr aufzubereiten, entstehen Worte oder Musik. Auch die vom Auge eingefangenen Lichtwellen, unser zweites Beispiel, werden im Kopf zu Bildern zusammengesetzt. Energiewellen werden zu Bildern und Farben, und jetzt erst erstrahlt die Erde in ihrem Glanz.

Nur unserem Gehirn ist es zu verdanken, daß wir unsere Umwelt so wahrnehmen können. Man bedenke, daß es in unserem Kopf ganz dunkel ist und die Energie, die unsere Augen auffängt, nicht direkt als Licht in das Gehirn gestrahlt, sondern auf Sensoren übertragen wird. Von diesen Sensoren gelangen nur noch Impulse in unser Gehirn. Da gibt es keine Röhren, die etwa Licht weiterleiten könnten. Was wir ebenfalls als sehr störend empfinden würden ist die Tatsache, daß alle Bilder, die die Augensensoren erhalten, stets auf den Kopf gestellt sind. Das merken wir aber gar nicht, weil auch dieser Fehler gleich mit umgerechnet wird. Das Auge, wie wir es kennen, ist aber nur eine Methode, die Konturen der Umwelt wahrzunehmen. Fledermäuse z.B. arbeiten mit einer Art Ultraschall und nehmen auf diese Weise ihre Umwelt so genau wahr, daß sie während ihres Fluges - auch im Dunkeln - Insekten schnappen können.

Wärme, für uns ein behagliches Gefühl, ist energetische Strahlung. Wissenschaftler nennen sie Infrarot-Strahlung. Unsere Sensoren nehmen diese Strahlung auf und diesmal verarbeitet sie unser Gehirn in eine ganz neue Art von Empfindung. Nicht zu Licht und Farben sondern in ein Gefühl, das wir Wärme nennen. Für uns unsichtbar, wohl aber spürbar.

Wenn Töne unser Ohr berühren, so glauben wir, ist ihnen der Wohlklang schon beigefügt. Aber alles, was Instrumente oder auch Lautsprecher erzeugen, sind Schwingungen. Schwingungen, die über die Luft weitergeleitet werden und dann auf die Sensoren in unserem Ohr treffen. Dort werden sie als Signale weiter in das Gehirn geleitet, und erst jetzt entsteht die Musik, die uns gefällt, oder die wir gräßlich finden. Wir finden es normal, daß man Töne hören kann. Leider hilft es nichts, angestrengt in eine Trompete hineinzuschauen. Mit den Augen können wir diese Schwingungen niemals wahrnehmen.

Die Aufzählung unserer Sinnesorgane könnten wir beliebig erweitern. Wir würden erkennen, daß es weder Salziges noch Süßes gibt, daß es weder übel noch angenehm riecht. Unsere ganze Wahrnehmungsempfindung hat keinen Anspruch auf Absolutheit. Zwar sind Energien vorhanden, denn sonst wären keine Signale zu empfangen und zu verarbeiten, aber eben nicht in der Form, wie wir sie erkennen und empfinden.

Es ist wichtig zu verstehen, daß alle Informationen die das Gehirn erreichen, sei es Licht, Farbe, Klang oder Wärme, nicht in der Weise existieren, wie wir sie wahrnehmen. Daß diese Schwingungen z.B. so und nicht anders verarbeitet werden, liegt einzig und allein an der Bewertung durch unseren Körper. Ähnlich wie die Senderwahl eines Radios, greift diese Einrichtung sich ein Schwingungsspektrum heraus und interpretiert es in einer für den betreffenden Organismus ausgesprochen zweckmäßigen Weise.

Auch mit jeder anderen Wahrnehmung ist es ähnlich. Ein Anblick ist nicht etwa schön, weil er einfach schön ist, sondern weil unser Gehirn es uns als schön mitteilt. Ein Kadaver stinkt nicht etwa von sich aus, sondern unser Gehirn meldet, wie wir es zu empfinden haben. So meldet es für uns "unangenehmer Geruch", wenn wir an einer Fäkaliengrube vorbeigehen. Das Gehirn einer Fliege dagegen meldet "Wohlgeruch" bei gleichem Ausgangsereignis. Doch damit nicht genug. Bleiben wir bei den "Düften" und deren Situationsabhängigkeit. Auch die jeweilige Situation entscheidet, wie ein Geruch zu interpretieren ist. Hat jemand Schweißfüße, können wir diesen unangenehmen Geruch kaum ertragen. Es könnte uns davon übel werden. Sind wir aber Liebhaber z.B. von Parmesankäse oder Limburger, so wirkt dieser (ähnliche) Geruch eher appetitanregend.

Langsam erkennen wir die Mechanik, die in uns steckt. Wir können unsere Umwelt nicht so wahrnehmen, wie sie wirklich ist, aber es ist uns nun auch klar geworden, daß sie nicht so ist, wie wir sie wahrnehmen.

Daran zu glauben, daß wir rein mechanisch funktionieren, fällt uns äußerst schwer. Verständlich, denn unser innerer Computer meldet uns auch, wie wir etwas zu begreifen haben. Genauso wie er uns vorgibt, was wir als Duft oder als üblen Geruch zu empfinden haben, was Musik oder was nur Krach ist. Genauso wählt er bei unseren Gedanken aus, was wir gerne glauben wollen und was wir abzulehnen haben. Deshalb ist es gut, sich nicht nur auf sein Gefühl zu verlassen, sondern über eine Sache genau nachzudenken. Damit wird unterstellt, daß der Eindruck, den uns unser innerer Computer vermittelt, in Wirklichkeit oft gar nicht stimmt.

Nehmen wir als Beispiel die schönste Jahreszeit, den Frühling. Für uns ist er der Inbegriff des Frohsinns, des Erwachens der Natur, der Freude über all den Nachwuchs, der sich in der Tierwelt einstellt. Überall zeigen sich Harmonie und Lebensfreude. Für uns Menschen scheint es wenigstens so. Aus Sicht der Elterntiere sieht das aber ganz anders aus. Alle haben sie für Nahrung zu sorgen, und viele tun dies, indem sie sich an das reichhaltige Angebot der vielen Jungtiere halten. Es entbrennt ein unerbittlicher Kampf, in dem sich jeder bei dem Schwächeren bedient. Jede Art kämpft für sich und ihr eigenes Überleben. Zu keiner Jahreszeit ist dieser erbarmungslose Krieg so heftig, wie im Frühjahr.

Es ist eben dieser Blick hinter die Kulissen, den uns unser innerer Computer nicht automatisch liefert. Dieser Einblick verlangt uns Arbeit ab. Die Erkenntnis aber bleibt immer dieselbe: hinter den Kulissen sieht die Welt ganz anders aus. Sie ist hart und erbarmungslos. Aber genau das ist die echte Wirklichkeit.

Wir Menschen sind wohl auf dieser Erde die einzige Spezies, der dieser Blick hinter die Kulissen ermöglicht wird. Seien wir aber auf dieses Vorzugsmerkmal nicht zu stolz. Jedes Lebewesen hat sein eigenes automatisches Weltbild, das es akzeptieren muß. Jede andere Daseinsform hat dieselbe Existenzberechtigung wie wir. In ihrer Logik fühlen sich der Wurm und die Henne äußerst wohl. Keiner erkennt die Wirklichkeit. Jeder lebt in seiner Welt, einer Welt, die ihm der innere Computer vorgaukelt.

Aus dieser Erkenntnis müssen wir Menschen aber auch den Schluß ziehen, daß nicht alles, was wir tun, auch aus übergeordneter Sicht richtig ist. Unser innerer Computer checkt dies leider nicht ab. Nur Ereignisse, die eine unmittelbare Gefahr bedeuten, und die über die Sensoren wahrnehmbar sind, werden erkannt und uns auch als solche mitgeteilt. Andere aber, wie z.B. Radioaktivität, Rückstände von Spritzmitteln in unserer Nahrung, die Gefahren einer Umweltvergiftung, meldet uns der innere Computer nicht. Er ist darauf nicht programmiert. Es wird also höchste Zeit, daß wir uns selbst über verschiedene Dinge ein Bild machen. Dazu ist unser Gehirn durchaus fähig. Allerdings bedeutet dies eine gewisse Anstrengung. Gerade diese Fähigkeit aber unterscheidet uns vom Wurm oder von der Henne. Aber wirklich nur dann, wenn wir uns bemühen und davon Gebrauch machen!

Wie wichtig ist die Realität

Es gibt Tage, da freut man sich, ein Mensch zu sein. Man fühlt sich rundum wohl. Das Leben scheint ein einziger Genuß. Vielleicht liegt man gerade im Liegestuhl und schaut sich den strahlend blauen Himmel an. Man beobachtet, wie eine Ameisenmannschaft einen Baumstamm hochklettert, wie andere Ameisen entgegenkommen, und man bedauert diese Kreaturen ein wenig, weil sie so rastlos sind. Hier scheint sich das Leben nur auf Schwerstarbeit und Brutpflege zu beschränken. Warum nur plagen sich diese Tiere den ganzen Tag? Wer treibt sie so maßlos an? Zugegeben, niemand! Es ist reiner Instinkt, der sie veranlaßt, ihrem stumpfsinnigen Geschäft nachzugehen. "Niedere Wesen", resümiert man ein wenig überheblich. Ist ja auch klar, die denken ja nicht! Man lehnt sich wieder zurück, schließt die Augen und freut sich darüber, daß man als Mensch die Natur im Griff hat und das Gesetz des Handelns selbst bestimmen kann.

Aber manchmal spüren wir doch die harte Faust der Natur, z.B. wenn uns Wirbelstürme, Hochwasser, Erdbeben und Brände heimsuchen. Sind solche Ereignisse nur Ausnahmen? Haben wir tatsächlich alles fest im Griff? Nein, in Wirklichkeit ist dem gar nicht so, und die Frage ist eher: woher nehmen wir Menschen bloß das immense Vertrauen in unser Leben und in diese Erde? Welcher Umstand gestattet es uns, seelenruhig und untätig auf einem Pulverfaß zu sitzen? Den Ameisen fehlt der Einblick in die Geschehnisse. Wir jedoch wissen über vieles Bescheid und leben dennoch unbekümmert in den Tag hinein. Was könnte uns wohl aus unserer Ruhe aufschrecken?

Nun, da wäre z.B. unser Untergrund zu nennen. Wir alle wissen, daß wir auf einer mit Glut gefüllten Kugel leben. Im Vergleich ist die Erdkruste dünner als die Schale eines Apfels. Gigantische Drücke herrschen da unten. Energien, die in der Lage sind, Bergkuppen bis in die Stratosphäre zu schleudern, Kräfte, die Kontinente verschieben und die Gebirge über acht Kilometer Höhe emporheben können. Erdbeben, Vulkanausbrüche und riesige Erdspalten geben Zeugnis dieser Urgewalt. Unsere Erde, auf der wir so sicher und unbekümmert leben, fliegt, wie bereits erwähnt, mit rasender Geschwindigkeit von über tausend Kilometern pro Stunde durch das Weltall. Eine Kollision mit einem anderen Himmelskörper wäre unweigerlich das Ende. Abgesehen von unserem Planeten ist nichts in erreichbarer Entfernung, was Leben auch nur annähernd gestatten würde. Die Erde ist für uns eine Insel im endlosen Weltall, die Sonne unser Lebensspender. Doch da sie eines Tages ihren Dienst versagen wird, geht es auch mit uns zu Ende. Mit uns oder unseren Nachkommen.

Aber auch hier, um uns herum, sieht es nicht so rosig aus, wie wir gerne glauben. Ein Heer von Krankheitserregern wartet ständig auf die Gelegenheit zum Angriff. Die Krankenhäuser sind voll von

Menschen, denen diese unsichtbaren Teufel das Leben zur Hölle machen. Zudem setzen wir uns aber auch dort Gefahren aus, wo wir dies vermeiden könnten. Sonnenbäder sind bekanntlich sehr riskant. Harte UV-Strahlung kann die Zellkerne unserer Haut treffen und beschädigen. Hautkrebs, eine schreckliche Vision, kann die Folge sein. Auch hier sind viele tausend Menschen lebende Zeugen dieser tückischen Krankheit.

Aus purem Leichtsinn fordern wir das Risiko heraus, ohne dies zu registrieren. Wir empfinden es als "chic" und "in", im Auto durch die Landschaft zu fahren. Und dies möglichst schnell, denn wer hat heute schon Zeit - denn Zeit ist Geld und beides ist knapp. Was die Statistik aufweist, nämlich 8.000 Tote und 100.000 Schwerverletzte jedes Jahr allein in Deutschland, macht uns kein bißchen Angst.

Diese Aufzählung könnte beliebig fortgesetzt werden. Es ist aber schon hier klar geworden, daß wir Menschen eigentlich "blind" durchs Leben gehen. Ja, wir wollen die Gefahr gar nicht wahrhaben, wir verdrängen sie so gut es geht. Jeder von uns wurde sicher schon einmal mittelbar oder unmittelbar Zeuge eines Unfalls mit Personenschaden. Man ist erschüttert, schockiert und es wird einem plötzlich bewußt, daß man selbst allzu leicht hätte Opfer werden können. Wie lange aber hält dieses Gefühl an? Wie lange dauert es, bis die Erinnerung wieder verblaßt und die Geschwindigkeit wieder zum Maß aller Dinge wird?

Machen wir uns nichts vor. Auch wir Menschen sind Abhängige. Wir sind so programmiert, daß wir die Gefahr ignorieren oder dort, wo wir ihr begegnen, sie schnell wieder verdrängen. Wäre es anders, würden wir vor Angst und Kummer verzweifeln. Verdrängen und Vergessen sind bedeutende Wegbegleiter des Menschen. Wohlgemerkt, Grund zum Verzweifeln gäbe es genug. Schon alleine die Tatsache, daß jeder einzelne Mensch zum Sterben verurteilt ist, könnte uns jegliche Freude am Leben nehmen.

Denken wir z.B. an die in der Presse veröffentlichten Berichte aus den Todeszellen. Dort wird das Warten auf den Tod durch das Verdrängungsprogramm nicht geschützt. Im Gegenteil, dort verlangt der Selbsterhaltungstrieb, daß die Situation mit allen Mitteln bereinigt wird. Das geht so weit, daß dieser Druck unerträglicher empfunden wird als der rasche Tod.

Draußen aber, im wirklichen Leben, beherrschen wir die Kunst der Ignoranz, doch nicht durch unseren Willen gesteuert, sondern eben als Automatismus. Diese Ignoranz geht so weit, daß uns Gefahren, die uns täglich direkt bedrohen und von denen wir auch Kenntnis haben, nur sehr peripher tangieren.

Die Problematik unserer Nahrungsmittel ist ein typischer Fall. Das Saatkorn wird in Gift gewälzt, bevor es in den Boden verbracht wird. Während die Pflanze wächst, werden ihr laufend Giftbehandlungen zuteil. Gift gegen Unkraut, Gift gegen Schädlinge, Gift gegen Krankheiten, Gift, um den Halm kurz zu halten und ggf. auch noch Gift, um die Lagerfähigkeit zu erhalten und zu verlängern. Es gibt Zusätze, um den Nahrungsmitteln eine schöne Farbe zu geben, Konservierungsmittel gegen das Verderben, Geschmacksstoffe, die den Eßgenuß erhöhen usw.

Haben Sie schon einmal versucht, Menschen auf diese Gegebenheiten aufmerksam zu machen? Vielleicht haben Sie sogar erwartet, daß die Ihnen für diese Erkenntnis dankbar wären. Aber weit gefehlt. Die meisten wollen nichts davon wissen. Man beschimpft Sie höchstens als "Grüner" oder als "Weltverbesserer" oder als einen ewigen Nörgler. Da die Gefahr eher latent vorhanden und vor allem schwer in den Griff zu bekommen ist, sind Worte der Beschwichtigung, wie „dann dürfte man ja überhaupt nichts mehr essen", meist die einzige Resonanz. Und der Raucher oder Trinker unterstellt, man wolle ihm noch die einzige Freude am Leben vermiesen.

Kernkraftwerke sind ein weiterer Stein im Mosaik der Blindheit. Zum ersten Mal haben Menschen eine Technik geschaffen, die keine Fehler mehr erlaubt. Woher nehmen wir den Glauben daran, daß dies machbar sei? Die Titanic und der Jumbo-Jet Boeing 747 wurden von ihren Erbauern als absolut sicher eingestuft. Die Titanic sank bereits auf ihrer Jungfernfahrt. Auch beim Jumbo-Jet dauerte es nicht sehr lange bis zur ersten Katastrophe. Dabei stießen sogar zwei solcher Exemplare direkt auf der Rollbahn zusammen und gingen in Flammen auf. So schrecklich diese Unglücke auch waren, verglichen mit einem Reaktorunfall sind sie eher harmlos. Erbschäden und Mißbildungen an Kindern, Krebsleiden ohne Ende und eine Landschaft, die für eine Nahrungsmittelproduktion für Jahrzehnte ungeeignet sein würde, wären die Folgen. Ungeachtet dessen schießen weltweit Kernkraftwerke wie Pilze aus dem Boden.

Auch die lebensnotwendige Lufthülle wird nicht geschont. Sie ist der größte Mülleimer der Menschheit. Bereits heute, etwa 100 Jahre nach Beginn der industriellen Revolution, atmen viele Menschen nur noch gesundheitsgefährdende Luft. Atemwegserkrankungen auf breiter Front sind die Folge. Sogar der schützende Ozongürtel in großer Höhe beginnt sich allmählich zu zersetzen. Die Folgen davon sind gar nicht absehbar. Durch die verstärkte UV-Strahlung wird die gesamte Natur aufs Äußerste gefährdet. Im Verhalten der Menschen bewirken diese Erkenntnisse aber kaum einen

Umdenkungsprozeß. Klimaveränderungen mit immer mehr Umweltkatastrophen als Zeichen der sich anbahnenden Apokalypse bleiben ohne Wirkung. Erst wenn man selbst davon betroffen ist, kommt die Reaktion. Leider ist es dann meistens zu spät. So hilft man sich aus dem psychologischen Dilemma, indem man die Schuld anderen zuschiebt. Genauso wie die anderen immer die Schuldigen sind, geht man auch insgeheim davon aus, daß es sowieso immer und hoffentlich die anderen trifft.

Zu Beginn waren es die Tannen, die zu schwach waren, die Umweltbelastung zu ertragen. Dann kamen die Laubbäume wie Pappel, Eiche und Ahorn hinzu. Mittlerweile sind alle Baumarten betroffen, und wir nehmen es einfach hin. Der Wald, den wir betrachten, schaut uns traurig an. "Lamettasyndrom" heißt das bei den Tannen und Fichten. Bei den Laubbäumen gibt es immer mehr Kronen, die nur noch zu einem Bruchteil mit Blättern bedeckt sind oder solche, die schon bald nach dem Austreiben ihr Laub wieder abwerfen. Für uns Menschen sind das alles keine Gründe zur Besorgnis. Es reicht nicht einmal dazu, unsere Lebensweise ein wenig zu verändern. Es sei nur an die immer noch zunehmenden Blechlawinen zu Beginn einer jeden Urlaubszeit erinnert.

Obwohl, eigentlich passiert schon etwas. Wir versuchen, uns den Veränderungen anzupassen. Wir suchen Baumarten, die gegen unseren Umweltwahnsinn toleranter sind. Wir kaufen Sonnenhüte und Sonnenschutzmittel mit extremen Lichtschutzfaktoren gegen die steigende UV-Strahlung, und wir behalten vielleicht auch unsere Kinder während der gefährlichen Ozon-Tageszeit im Haus. Aber vernünftige Maßnahmen mit Weitblick sind nicht in Sicht.

Kommen wir aber wieder zu unserer Ausgangsbetrachtung zurück. Wir Menschen scheinen in gewisser Weise ähnlich stumpfsinnig zu sein, wie die eingangs beobachteten Ameisen. Auch wir sind Opfer oder Sklaven unserer eigenen Programme. Da ein Gegensteuern bedeuten würde, vielleicht einen Schritt rückwärts zu machen, gibt es hier einen Zielkonflikt mit unserer einprogrammierten Lebensphilosophie. Es muß ja vorwärts gehen. Das Heute ist entscheidend. Kurzfristige Annehmlichkeiten haben weit größeres Gewicht als das ferne Inferno!

Wir Menschen brauchen die Realität überhaupt nicht, um auf unsere Art glücklich zu sein. Uns reichen die Bilder unserer Phantasie. Glauben heißt das Zauberwort. Der Glaube ist die Oberfläche, die unser Ich als Entscheidungskriterium heranzieht. Was mit uns nach dem Tod passiert, ist uns unklar. Wenn wir aber daran glauben, daß uns später ein tolles Leben im Himmel bevorsteht, haben wir keine Angst vor dem Sterben. Glauben wir hingegen, daß nach dem Tod alles aus ist, daß wir im Boden verscharrt werden und nichts mehr von uns übrig bleibt, so fürchten wir uns. Glaube daran, daß es dir schlecht geht, wenn du dies oder jenes machst, und du wirst es nicht tun. "Aberglaube" nennt die Kirche solches Verhalten, oder "Götzendienst". Doch mit genau denselben Mitteln zieht sie heute noch die Menschen in ihren Bann und es funktioniert nach wie vor ausgezeichnet. Für sein Seelenheil gibt der Mensch alles, wenn er daran glaubt. Wenn man jemandem sagt, sein Nachbar sei ein minderwertiger Ausländer, so wird ihn das anfangs kaum berühren. Hört er dies aber öfter, beginnt er langsam daran zu glauben, und dann wird es kritisch.

Der Glaube braucht für seine Begründung keine Realität. Allein die Tatsache, daß auch andere der gleichen Meinung sind, ist ihm Begründung genug. Die Kette ist bereits dann geschlossen, wenn zwei an die Richtigkeit einer Aussage eines Dritten glauben. Im Dritten Reich glaubte ein ganzes Volk daran, zur Rasse der "Herrenmenschen" zu gehören, und daß diese Rasse von vielen "Untermenschen" bedroht wäre. Die Folgen sind uns allen bekannt. Wer es schafft, Menschen dazu zu bringen, zu glauben, der hat sie in der Hand. Alle Steuerprogramme greifen auf diese Oberfläche zu. Die Macht des Glaubens ist aber auch der Beweis dafür, daß der Mensch mit seiner Vernunft noch nicht allzuviel anzufangen weiß.

Leider sind wir Menschen so geschaffen, daß unser "Automatisches System" möglichst keine Kenntnis der Realität zuläßt, es ignoriert sie ganz einfach. Sie ist nicht nur außerordentlich kompliziert, sie ist grausam, schafft soviel Unsicherheit und Ausweglosigkeit, daß ein Leben in diesem Bewußtsein gar nicht zu ertragen wäre. Auch die Ameise lebt in ihrer Scheinwelt, wenn sie den ganzen Tag ihren Dienst tut. Sie erfüllt automatisch einen Auftrag, von dem sie eigentlich nichts weiß. Sie hinterfragt nicht. Glaubt auch sie an die Richtigkeit ihres Tuns?

Kapitel 2: Die Analyse

Die Evolution als Hypothese

Um der Evolution auf die Spur zu kommen, müssen vor allen Dingen erst einmal Exemplare (oder Teile) von Lebewesen vergangener Epochen gefunden werden. Da sämtliche Weichteile sehr rasch verwesen, bleiben für die Auswertung des Lebens früher Epochen nur noch Knochen und Versteinerungen übrig. Man geht nun generell davon aus, je ähnlicher der Knochenbau der jeweiligen Funde ist, desto größer ist auch die entwicklungsmäßige Verwandtschaft. Die daraus resultierende Interpretation, der Mensch sei ein nicht allzu ferner Nachfahre eines Affengeschlechtes, scheint uns daher auch plausibel. Daß jedoch baumkatzenartige Wesen die Ur-Ureltern des Menschen sein sollen, nötigt uns dagegen schon einige Phantasie ab. Nun darf jedoch die Fähigkeit zur Phantasie nicht die Basis dafür sein, ob man einer Theorie vertraut oder nicht. Es geht hier vielmehr darum, nachzuprüfen, ob solches Geschehen im Bereich des Möglichen liegt. Andererseits liegt es für unser Verständnis klar auf der Hand, daß man auf eine Entwicklungskette schließt, wenn in einem fortschreitenden Zeitraster immer komplexere Baugruppen gefunden werden, die sich wie die Glieder einer Kette aneinanderreihen. Und wer Augen für die Wirklichkeit hat, der erkennt - wenn auch nicht auf den ersten Blick -, daß der Mensch den anderen Säugetieren sehr ähnlich ist. Der Aufbau in Kopf, Rumpf und Extremitäten, oder die wesentlichen Organe wie Herz, Lunge, Leber, Magen, Darm oder Niere, das alles finden wir auch bei den Säugetieren. Auch die Verhaltensmuster, von der Nahrungsaufnahme bis hin zur Partnerwerbung und dem Paarungstrieb, erinnern an eine tierähnliche Vergangenheit. Ohne Zweifel, wir sind ein Glied in der Kette des Lebendigen und nicht etwa eine völlig neue biologische Konstruktion. Welches Tier nun dem Menschen vom Bautyp her am ähnlichsten ist, und welche Baureihen weiter zurückliegen, ist für uns nicht die entscheidende Frage. Wichtig ist die Erkenntnis: wir Menschen können uns von unserem biologischen Wesen nicht freimachen. Aus übergeordneter Sicht sind wir nichts weiter als intelligente Tiere. Wir müssen auch akzeptieren: der Baukasten des Lebens enthält genau 20 Bausteinarten und aus diesen wurde alles Leben gebildet, von der Zelle bis zum Menschen. Was viel bedeutsamer ist, ist die Frage: sind die Spielregeln der Evolution oder anders ausgedrückt, die Naturgesetze, so ausgelegt, daß sie nach dem Zufallsprinzip in der Lage sind, diese großen Werke zu vollbringen oder ist es zwingend, eine Ingerenz, also eine Einmischung von außen zu vermuten?

31

Nicht alles was in den Lebewesen angelegt ist, läßt sich mit einer Auslese zum Tüchtigeren hin erklären. Welchen Lebensvorteil bringt die Fähigkeit, musikalisch zu sein, oder Trauer verspüren zu können? Welchen Vorteil bringt der eingliedrige Huf gegenüber einem mehrgliedrigen Fuß? Wie konnte sich das Federkleid neben dem bewährten Haarkleid behaupten? Welche Kraft gab den Anstoß dazu, daß perfekt ausgestattete Landtiere sich mit dem höchstgefährlichen Fliegen befaßten? Abgesehen davon, daß all diese Anlagen einer hochkomplexen genetischen Steuerung bedürfen, sind sie mit einer linearen Entwicklung zum lebenstüchtigeren Individuum hin nicht zu begründen. Um das Geschehen innerhalb der bisherigen Erklärungsmodelle begründen zu können muß deshalb ganz schön getrickst werden.

Hierzu ein konstruiertes Beispiel: Nehmen wir einmal an, wir sollten die Entstehung des Rades ergründen. Wir wissen bereits wie ein vollständiges Exemplar aussieht, nicht aber welche Entwicklungsschritte dafür notwendig waren. Gehen wir weiter davon aus, wir würden bei Ausgrabungen zunächst ein halbes Rad, dann ein viertel Rad, und dann immer kleinere Segmente finden, ähnlich wie Stückchen eines Kuchens, und diese Teile würden sich in ein abnehmendes Zeitraster einordnen lassen. Also, je tiefer und älter die Gesteinsschichten, um so schmaler die Segmente. Wäre es dann nicht zwingende Logik davon auszugehen, das Rad habe sich nach diesem Schema entwickelt? Soweit wäre für uns alles klar, bliebe da nicht noch die Frage, welchem Zweck die zunächst kleinen Stückchen gedient haben könnten? Als Radersatz ganz sicher nicht. Da hätten wir nun eine für uns einleuchtende Entwicklungsgeschichte, die allerdings nach den Spielregeln der Evolution nie und nimmer mit dem Ziel starten konnte, ein Rad zu erzeugen. Die Anhänger der Evolutionstheorie haben sich an dieser Stelle eine Krücke gezimmert. Sie nennen solches Geschehen eine emergente Entwicklung. Auch wir wären nun gezwungen Emergenzen zu unterstellen, also Entwicklungen auf Nebenschauplätzen. Wir müßten auch davon ausgehen, die ursprünglichen Stücken hätten einem anderen Zweck gedient. Je mehr Teile sich aneinander reihten, umso sinnvoller wurde das Objekt für das Bestehen in der Umwelt. Als sich am Ende dann der Radius schloß, entstand eine ganz und gar neue Funktion, die überhaupt nicht beabsichtigt war.

Eine Entwicklung hin zu einem immer perfekter werdenden System wird nun schlagartig auf eine andere Schiene katapultiert. Der neue Zweck wird von nun an favorisiert, der ursprüngliche verliert allmählich an Bedeutung. Emergenz, ein tolles Erklärungsmodell, dem allerdings irgendwie der evolutionäre Makel einer vorausschauenden Entwicklung anhaftet. Ein Makel deshalb, weil man gleichzeitig ein planmäßiges Vorgehen vermuten muß, auch wenn die Zeiträume oft sehr groß sind. Aber genau das ist der springende Punkt. Weil nun die Evolutionstheorie verlangt, daß alles Leben sich aus bereits bestehendem Leben durch Versuch und Irrtum entwickelt haben muß, werden nun wilde Interpretationen konstruiert. Auf diese Problematik angesprochen, erwiderte ein Fachmann: „... es gehört nun mal zu unserem Berufsrisiko Agnostiker zu sein. Ein Leitprinzip (planmäßiges Vorgehen) dürfen wir nicht unterstellen". Manchmal ist eben der Mensch in seinem Denkschema zu stark fixiert. Es ist etwa so, als würde man am anderen Ufer eines Baches einen Menschen sehen und deshalb daraus schließen, daß eine Brücke vorhanden sein muß. Dabei wird außer acht gelassen, daß es meistens mehrere Erklärungsmöglichkeiten für ein Ereignis geben kann. In diesem Fall kann man ein Gewässer auch an einer seichten Stelle überqueren.

Macht man sich aber von dieser fragwürdigen Logik frei, so ist sowohl die Hand, die Klaue wie auch der Huf eine jeweils vollendete Konstruktion. Im fertigen Zustand sind diese Einrichtungen so perfekt, daß jede Veränderung daran als eine Verkrüppelung gewertet werden muß. Verschlechterung ist jedoch gleichbedeutend mit Aussortierung. Nicht vergessen sollte man bei diesen Betrachtungen, daß die Steuerungsmechanismen im Gehirn oder Rückenmark, zur Verwendung eines Körperteils ebenfalls immer optimal abgestimmt sein müssen. Eine Hand zu bewegen, erfordert eine ganz andere Sensorik, als die Bewegung eines Hufes. Es ist also essentiell, daß beide Komponenten, Steuerung und Bewegungsapparat, zusammenpassen. Ja, noch mehr. Es bedarf bei jeder Veränderung des Bewegungsapparates auch einer neuen Statik und Logistik. Knochenbau, Sehnen und auch Versorgungsgefäße müssen angepaßt werden. Die Veränderung nur einer Komponente führte ins Chaos. Veränderungen im Bewegungsapparat oder im Phänotyp, machen aber auch gleichzeitig eine Anpassung der instinktmäßigen Handlungen erforderlich. Während sich die Urtiere mit den Krallen ihrer Vordergliedmaßen wehren konnten, bedarf es beim Huf einer anderen Technik. Für das Huftier bedeutet dies nun, sich entgegen der bisherigen Technik, um 180 Grad gegen den Feind zu drehen und mit der "Hinterhand" von unten nach oben zu schlagen, anstatt wie bisher, von oben nach unten.

Der Kern der Frage ist nicht, wie sich Pflanzen, Tiere und auch der Mensch entwickelt haben sondern der, wie es zu der ersten funktionierenden Zelle kam. Das große "Wunder" ist eben nicht der hochwertige Mensch, sondern die unscheinbare Zelle. Zur Entstehung dieses Gebildes mußten ungleich größere Schwierigkeiten überwunden werden wie zur Schaffung des darauf aufbauenden Lebens. Es ist eben so, daß bei der Konstruktion der ersten Zelle bereits alle essentiellen Techniken geschaffen wurden oder besser geschaffen werden mußten, die im Laufe der weiteren Entwicklung nur einer Vervielfältigung und höheren Organisation bedurften. Bereits eine Zelle muß so komplex aufgebaut sein, daß sie mit einer Industriestadt verglichen werden kann. Sie benötigt eine Verwaltung, Verkehrswege, Energiedepots, Verbindungswege nach außen, eine Abfallentsorgung ein Selbstversorgungssystem usw. Hinzu kommt die wohl größte aller Aufgaben: die automatische Selbstreproduktion, von der unsere Städte zum Glück befreit sind. Allein in einer einfachen Bakterienzelle mit einem Durchmesser von einem Tausendstel Millimeter läuft ein Chemismus ab, der bisher in keinem noch so großen Labor nachgebildet werden kann.

Der Weg über Versuch und Irrtum zu einem erwünschten Ergebnis zu kommen, ist nicht sehr effektiv. Noch unproduktiver wird das Ganze, wenn man überhaupt kein Ziel vor Augen hat. Um nur eine Problematik im Entstehen der Zelle aufzuzeigen, greifen wir ein Enzym heraus. Damit die Lebensprozesse, d.h. der energetische Austausch eines Lebewesens mit der Natur überhaupt stattfinden kann, sind Botenstoffe, auch Enzyme genannt, notwendig. Enzyme haben ganz spezifische Aufgaben und sind von relativ komplexer Natur. Eines davon ist das Cytochrom c. Es ist für die Zellatmung ausschlaggebend. Wie kam es in die erste Zelle? Wie wurde es entdeckt? Wir wissen es nicht, aber wir können errechnen wie hoch die Wahrscheinlichkeit ist, daß eine Evolution es zufällig gefunden hätte. Wohlgemerkt, wenn es irgendwo aufgetaucht wäre, hätte es sofort festgehalten und eingebaut werden müssen.
Allerdings wußte die Natur damals überhaupt nichts von der Bedeutung dieser chemischen Verbindung. Die Ausgangssituation war also die: niemand suchte das Enzym, niemand brauchte es, eigentlich war es für jene Zeit vollkommen wertlos. So wertlos als würde ein Eingeborener, der noch niemals Kontakt mit der Zivilisation hatte, einen kurzen Abschnitt eines Tonbandes finden. Finden ist schon wieder übertrieben, es würde eben irgendwo im Dschungel herumliegen. Selbst wenn darauf die Formel für die Goldherstellung festgehalten wäre oder besser noch Hinweise über eine Medizin, die in der Lage wäre sämtliche Krankheiten zu heilen, welche Aufmerksamkeit würde er diesem Stück Kunststoff schenken? Er wüßte ja nichts von der Bedeutung dieses Schnipsels und noch weniger könnte er damit ohne die entsprechende Technik anfangen. Doch zunächst müßte er eben erst darauf stoßen!

Die zwanzig verschiedenen Bausteine im Baukasten des Lebens haben wir bereits erwähnt. Konkret heißt das, von den über 100 möglichen Aminosäuren sind in der belebten Natur nur 20 eingebaut. Die restlichen finden keine Verwendung. Cytochrom c besteht nun aus 104 aneinander geketteten Aminosäuren in einer ganz bestimmten Sequenz. In der Natur müßte nun diese chemische Verbindung irgendwo durch Zufall entstanden sein, sie müßte durch irgendeinen Prozeß herausgepickt worden sein, analysiert, codiert und der Code dann anschließend in eine vermehrungsfähige Struktur (Genom) eingefügt worden sein.

Allein die Entstehung ist ein Unding, von den anderen Problemen ganz zu schweigen. Am besten stellt man sich hierzu einen Topf voll Perlen vor, die aus 20 verschiedenen Farben bestehen. Nun greift man hinein und holt nach dem Zufallsprinzip eine nach der anderen heraus, bis man insgesamt 104 Perlen auf einer Schnur aufgereiht hat. Das müßte man nun so oft versuchen bis irgendwann einmal genau die Sequenz vorhanden ist, die dem Cytochrom c entspricht. Damit hier nicht Generationen und Heerscharen von Menschen sich damit zu befassen haben, kann man diese Wahrscheinlichkeit mathematisch ermitteln. Und jetzt kommt etwas Erstaunliches zum Vorschein: das Ergebnis lautet $1:10^{130}$, also eine 1 mit 130 Nullen. Die Wahrscheinlichkeit, daß eine passende Kette gezogen wird entspricht also der Zahl die entsteht, wenn man 1 durch 10^{130} teilt. Man könnte auch sagen sie ist null. Im Vergleich hierzu und um die Größenordnung zu veranschaulichen: seit dem Urknall bis heute sind erst 10^{17} Sekunden vergangen und man geht davon aus, daß sich die Gesamtzahl der Atome im Universum auf 10^{80} beläuft. Da die Erfindung dieses Moleküls wenig bringt, wenn es nicht gleichzeitig so angelegt wird, daß es reproduziert werden kann, müßten also bereits Gene in einer vermehrungsfähigen Organisation vorhanden gewesen sein. Desweiteren müßten Rezeptoren dagewesen sein, die damit etwas anzufangen wußten. Auf der anderen Seite ist mit *einem* Enzym überhaupt keine Zelle zu steuern. Die anderen Enzyme hätten je nach Kettenlänge eine ähnlich unwahrscheinliche Prognose. Es sieht also nicht so gut aus mit dem automatischen Entstehen dieser Urzelle. Dieses Cytochrom c war jedoch ein solcher Kunstgriff, daß für den gleichen Zweck keine andere Substanz mehr erfunden wurde. Seit ihrem Erscheinen ist sie in jeder lebenden Zelle auf dieser Erde vorhanden. Von der Bäckerhefe über den Weizen, den Frosch, das Huhn, bis hinauf zum Menschen. Man könnte auch sagen, die Natur hat gleich zu Beginn die optimale Zusammenstellung gewählt, obwohl diese unendlich schwer zu bekommen war.

Wenn innerhalb der Evolutionstheorie stillschweigend vorausgesetzt wird, daß sich gleichzeitig ein System gebildet habe, das in der Lage war, diesen genetischen Code zu interpretieren, bedeutet das folgendes: die Doppelhelix der DNS (Desoxyribonukleinsäure = genetische Information) muß für gezielte Lesevorgänge an der richtigen Stelle aufgebrochen werden, der Bauplan wird dann von einem beweglichen System abgetastet und einem weiteren System zugeführt das in der Lage ist, die Botschaft zu decodieren und die entsprechenden Maßnahmen einzuleiten. Ein äußerst komplexer Vorgang! Es reicht eben nicht aus, Informationen nur zu speichern, sie müssen auch wieder verfügbar gemacht werden können. Gespeicherte Informationen haben wir auf jeder Musik-Cassette oder CD. Für diese fehlerlose und naturgetreue Speicherung ist ein erheblicher technischer Aufwand notwendig. Doch dieser Aufwand ist sinnlos, wenn er nicht in einer Form vorgenommen wird, die einen Zugriff darauf möglich macht. Nun machen Sie solch einen Datenträger einmal einem armen Menschen in der 3. Welt zum Geschenk. Was kann er damit anfangen? Ohne Wiedergabegerät hat er keine Chance die großartige Musik zu genießen. Was nun der Natur im Bereich der Evolutionstheorie unterstellt wird ist so ähnlich, als würden wir von diesem Beschenkten erwarten, daß er sich das Abspielgerät einfach durch Versuch und Irrtum selbst zusammen bastelt. Ein Ding der Unmöglichkeit. Umsonst schreibt mir ein Chinese ein Kochrezept auf, wenn ich nicht in der Lage bin chinesisch zu lesen. Und selbst wenn ich es lesen könnte und es begänne damit: man nehme Basilikum und Lorbeerblätter müßte ich erst wissen was gemeint ist, wie solche Kräuter aussehen und wie man sie schließlich beschaffen könnte. Diese Primitivbeispiele zeigen, welche gigantische Probleme an den sog. Schnittstellen auftauchen.

Fassen wir noch einmal zusammen: die Evolutionstheorie macht dort einen Sinn, wo es darum geht, Zusammenhänge bei der Entwicklung der belebten Natur darzustellen. Die entsprechenden Forschungsmethoden zeigen u.a. auf, in welcher Zeit und in welcher Reihenfolge Lebewesen aufgetaucht sind, wie sie sich im Laufe der Zeit gewandelt haben und auch wann sie wieder verschwunden sind. Es wird auch die Hypothese bestätigt, daß Lebewesen zu Veränderungen und Anpassungen befähigt sind. Daraus aber den Schluß zu ziehen, das Leben habe sich hier auf der Erde nur nach dem Zufallsprinzip selbst entwickelt und organisiert, ist wissenschaftlich nicht fundiert und deshalb unzulässig.

Technische und biologische Systeme - ein Vergleich

Eine Analogie zwischen der Bauart biologischer und technischer Systeme ist unschwer zu erkennen. Ähnlichkeiten sind von einem solchen Ausmaß, daß sie unser Erstaunen hervorrufen müssen. Technische Systeme sind von einem intelligenten System, dem

Menschen erdacht und stellen aus dieser Sicht ein Untersystem dar. Niemand würde auch nur einen Gedanken daran verschwenden, daß ein technisches System, wie z.B. ein Computer, eine Waschmaschine, ein Fotoapparat oder eine Mondrakete von sich aus, so einfach als Produkt zufälliger Ereignisse, entstanden sein könnte. Zu viele Faktoren müßten gleichzeitig zusammentreffen. Vor allem müßten sich, nur für diesen speziellen Zweck, Materialien mit einer enormen Paßgenauigkeit bilden. Aber gut, wenn sich schon nicht ein so komplexes Gerät selbständig entwickeln kann, dann vielleicht das eine oder andere Bauteil davon? Vielleicht ein Transistor oder eine Schraube oder nur ein Metallteil mit einer bestimmten Legierung? Nein! Ganz und gar unmöglich. Und selbst wenn das völlig Unerwartete einträfe, daß in der Natur durch Zufall eine Legierung mit der gewünschten Dotierung entstehen würde, so wäre es allenfalls ein unförmiger Metallklumpen geworden. Keine Spur von einer gewünschten Paßform. Dabei wäre schon der Versuch vergeblich, unter allen Steinen dieser Erde einen einzigen finden zu wollen, der die primitive geometrische Form eines Würfels, mit der Kantenlänge von z.B. 10,04 cm hätte.

Betrachtet man aber biologische Systeme, so haben sich viele Menschen der Meinung angeschlossen, hier wäre alles möglich. "Alles möglich" würde ja in gewissen Grenzen noch zutreffen, genauso wie in der Technik auch, wenn planende Intelligenz vorhanden ist, nur hier geht man von einem Automatismus aus, der jeglicher Grundlage entbehrt. Die wenigsten dieser Menschen haben sich über die Fülle der Probleme wirklich tiefergehende Gedanken gemacht. Deshalb ist die These, der Entstehung des Lebens und der Arten aus sich selbst heraus, fest zementiert wie ein Dogma. Um dieses zu untermauern ist jede fadenscheinige Arbeitshypothese gut genug. Aber alle diesbezüglichen Forschungen haben keine wirklich befriedigende Ergebnisse gebracht. Können sie auch nicht bringen. Als revolutionär wurden jene Versuche von Miller gewertet, bei denen es gelang, in einer Anordnung, bei der die Bedingungen auf der Urerde simuliert wurden, einfache Aminosäuren zu erhalten. Zwar sind Aminosäuren die Grundbausteine der Eiweiße und diese spielen tatsächlich eine wesentliche Rolle im Bereich des Lebendigen. Nur, welchen Stellenwert haben solche zufällig gebildeten? Sie sind genauso unbedeutend, als würde jemand feststellen, das unter natürlichen Bedingungen, eine einfache Metallegierung von relativ unwichtiger Art entstehen könnte.

Bereits das Lesen des genetischen Codes aus der DNS heraus ist so raffiniert angelegt, daß man nur staunen kann. Die 4 Buchstaben der DNS Codierung hängen aneinander wie Perlen an einer Kette oder um ein realistischeres Bild zu wählen, wie die Sprossen einer

Leiter. Beim Verarbeiten dieser genetischen Information wird nun immer in 3er Packs gelesen. Also immer 3 Perlen oder eben wenn man so will 3 Sprossen. Die jeweilige Kombination der Buchstaben dieses Triplets entspricht immer einer Aminosäure. Das heißt nichts anderes, als daß eine nachgeordnete Decodierungsorganelle diesen Schlüssel kennen muß und nun die entsprechende Aminosäure zuordnet. Rechnerisch lassen sich mit 4 Buchstaben nun 64 Kombination als 3er Pack erstellen 4^3. Das ist gleichbedeutend mit 64 möglichen Codierungen oder eben Aminosäuren. Tatsächlich werden aber, wie bereits aufgezeigt wurde für den Bau allen Lebens auf der Erde nur 20 verwendet. Die nicht unerhebliche Differenz von nunmehr 44 Möglichkeiten, denen keine Aminosäure zugeordnet ist, wird dadurch relativiert, daß hier noch einige Informationschlüssel codiert sind, so z.B. Anfang und Ende einer Kette. Trotzdem, wäre beim Lesen ein anderes Prinzip verwendet worden, z.B. das Lesen von immer nur 2 Sprossen, wäre gerade die Codierung von 16 Aminosäuren möglich gewesen. Wenn man also genau 20 Aminosäuren verwenden will, gibt es nur eine sinnvolle Lösung, nicht 2 oder 4 Sprossen, sondern genau 3 auf einmal einzulesen.

Diese Problematik ist auch innerhalb der EDV ständig aktuell. Wird ein Datenfeld zu klein gewählt, lassen sich nicht alle Informationen unterbringen. Wählt man es zu groß, ist es eine ungeheure Platzverschwendung weil dann in jedem Datensatz diese überflüssigen Felder mit herumgeschleppt werden. Hier bereits zu Beginn ein System auszuklügeln das selbst zukünftigen Anforderungen für alle Zeiten gerecht wird, stellt selbst Ingenieure und Informatiker vor ein unlösbares Problem. Als das Betriebssystem DOS kreiert wurde, hat man ihm eine Speicheradressierungsmöglichkeit mitgegeben, die für damalige Verhältnisse gigantisch war. Bereits wenige Jahre später war es hoffnungslos veraltet. An so kleinen Beispielen kann man erkennen, daß beim Erschaffen der ersten Zelle eine Intelligenz vorhanden sein mußte, die der menschlichen weit überlegen war.

Aber zurück zu unserer Ausgangsbetrachtung. Ob sich unter natürlichen Bedingungen Gold, Silber, Granit, Kalkstein eine Metallegierung oder auch eine Aminosäure bildet, jedesmal handelt es sich um ein Wechselspiel natürlicher Kräfte, das zwar Nützliches erzeugt, aber keine brauchbare Organisation für einen nahtlosen Einsatz in komplexe Systeme liefert. Im besten Falle ist es etwa so, als würde eine Baufirma das ganze Material wie Ziegelsteine, Zement, Bauholz, Kies, Schalungsteile, Eisen usw. auf einen Haufen werfen. Obwohl nun alle Zutaten vorhanden wären, bliebe dies alles ein Haufen unnützes Zeug, wenn nicht die planende Hand dazukäme, die Ordnung in die Teile bringt und weiß, was damit gemacht werden kann. Ein System ist eben mehr als die Summe der benötigten Einzelteile. Es ist sogar viel mehr, denn die kreative, planerische Komponente ist viel bedeutender als man ihr schlechthin zubilligt. Im Vergleich zu technischen Systemen bedürfen biologische noch eines viel höheren Organisationsgrades, deshalb ist die Annahme, gerade sie könnten sich selbst entwickelt haben, noch irrsinniger, als die Annahme, technische Systeme könnten dies tun. Kein noch so kompliziertes, von Menschenhand geschaffenes, technisches System, kann sich mit dem einfachsten biologischen System messen. Jede tierische Zelle, (vom Vogelei u. dgl. abgesehen) meist so klein, daß sie nur mit einer mindestens 600-fachen Vergrößerung unter dem Mikroskop, von den Umrissen her sichtbar, ist, ist in ihren Lebensfunktionen unendlich komplizierter, als die modernsten und leistungsfähigsten Computer. Ja, in einem solchen Vergleich würde ein heutiger Computer geradezu als lächerliche Erscheinung gewertet werden müssen. Primitive Steinzeit! Funktionen der Zelle, die wir als selbstverständlich erachten, sind jede für sich genommen, höchste Präzision und stellen vom Stand der Erkenntnis des Menschen aus betrachtet, ein gigantisches "know how" dar, das mit unserem derzeitigen Verstand nur in Ansätzen begriffen werden kann.

Hier als Beispiel ein paar Aufgabenkomplexe die eine Zelle mindestens erfüllen muß um existieren zu können. Reproduktion: Ein ungeheuer komplizierter Vorgang, bei dem alle Systeme kopiert und dann so geteilt werden müssen, daß sowohl die alte als auch die neue Zelle gleich ausgestattet ist und beide Zellen lebensfähig bleiben. Stoffwechsel: Aus der Fülle der existenten Atome und Moleküle müssen diejenigen erkannt und herausgefiltert werden, die die Zelle zum Erhalt ihrer Lebensfunktionen braucht. Das erfordert nicht nur ein feinfühliges Unterscheidungssystem sondern auch ausgeklügelte Mechanismen, die den Austausch durchführen können. Reinigungssysteme: Bei den Umformungsprozessen zur Energiegewinnung oder zur Bereitstellung von Aufbaustoffen fallen Abfallprodukte an, die für die Zelle ab einer gewissen Konzentration, giftig wirken. Sie benötigt Mechanismen, die einen Abtransport dieser Stoffe aus der Zelle in die Umgebung bewerkstelligen können. Sensoren: Jedes lebendige System kann nur innerhalb gewisser chemischer bzw. physikalischer Bedingungen überleben. Hitze, Kälte, Licht, chemische Konzentrationen usw. können biologische Systeme abtöten. Nur das Erkennen dieser und anderer Gefahren und eine entsprechende sinnvolle Reaktion darauf, ermöglichen der Zelle das überleben. Steuerung: alle diese und tausend andere Prozesse die in jeder Zelle, oft gleichzeitig ablaufen, bedürfen einer Steuerung. Viele Prozesse müssen sinnvoll koordiniert werden und dürfen nur unter ganz bestimmten Gegebenheiten ablaufen. Hierzu ist *kein* denkendes Gehirn notwendig, aber auf jeden Fall ein Programm, in dem alle auftretenden Fälle und die zu vollziehenden Reaktionen gespeichert sein müssen.

Wenn wir einmal höher entwickelte biologische Systeme, also keine Zellen, sondern höhere Tierarten mit technischen Systemen vergleichen, so gibt es ebenfalls interessante Parallelen. Der Bewegungsapparat eines Tieres, der Knochenbau mit Gelenken und Sehnen sowie der Muskeln, erinnern in einem erstaunlichen Ausmaß an ein ausgeklügeltes technisches System. Das Auge mit seiner verstellbaren Linse sowie der Iris zur Lichteinfallssteuerung, das Befeuchtungssystem des Augenlides der Tränenkanal, das Ohr mit Trommelfell und Gehörknöchelchen zum Erkennen von Luftschwingungen, alles vermittelt einen technischem Charakter. Alles gut durchdacht, nur nicht mit unseren Mitteln aus Eisen oder Holz bzw. Plastik oder ähnlichen Materialien erstellt, sondern viel höherwertiger und effektiver. Also, auch hier Ähnlichkeiten mit unserer Technik, die sich selbständig nie hätte durch Zufall entwickeln können.

Was zudem stark an unsere technische Entwicklung erinnert, ist die Tatsache, daß alles fein ausgeklügelt ist. Nichts ist überflüssig oder ohne Funktion. Es gibt eine sinnvolle Anordnung der Einrichtungen und die Funktionen sind exakt aufeinander abgestimmt. Je mehr wir über biologische Systeme lernen, um so mehr staunen wir über deren Perfektionismus. Das geht sogar so weit, daß Wissenschaftler dieses Reservoir nutzen um von der "dummen" Natur abzugucken.

Der Baumeister dieser höchst komplizierten Systeme soll also die Evolution und der Zufall gewesen sein? Nur unsere Unwissenheit über die Komplexität des Lebendigen entschuldigt diese Annahme. Wie klein wir denken, zeigt unser Erstaunen darüber, daß sogar eine Kartoffel, in der Summe, mehr Wissen abgespeichert hat, als es jemals ein menschliches Gehirn getan hat. Warum? Nun, die Kartoffel ist in der Lage, aus Boden, Dreck oder Humus eine weitere Kartoffel zu machen. Keine leichte Aufgabe. Sie geht sogar noch weiter und stattet diesen Nachkommen mit allen Funktionen des Lebendigen aus, bis hin zur Fähigkeit, wieder aus Erde eine Kartoffel zu machen! Die Fähigkeit Sonnenlicht als Energiequelle zu nutzen, dem Boden Wasser und Nährstoffe zu entziehen u.v.a.m. Eigentlich klar und doch ein wenig schockierend diese Erkenntnis. Vielleicht denken wir nun an den winzigen Karottensamen, der gleichwertige Fähigkeiten besitzt. So klein und so wahnsinnig schlau. Man muß hierzu noch bedenken, das meiste an einem Samen und sei er noch so klein, wird für die Wissensspeicherung gar nicht benötigt. Es handelt sich hierbei in der Hauptsache um Nährstoffbeigaben bzw. um eine Schutzumhüllung. Das gesamte Wissen ist in einer so kleinen

Kapsel verborgen, daß sie für das menschliche Auge gar nicht existiert.

Wenn wir also auf unser Gehirn so stolz sind, sollten wir es nicht wegen des darin gespeicherten Wissens sein. Für die Speicherung des gesamten Wissens eines sehr intelligenten Menschen, wäre der Kopf einer Laus völlig überdimensioniert. Es wäre immer noch so, als würde man ein Hochhaus verwenden, um einen Tischtennisball zu deponieren.

Nahrungsaufnahme als Energiezufuhr

Was für uns alle selbstverständlich ist, das tägliche Essen und Trinken, mußte irgendwann einmal erfunden werden. Die sehr allgemeine Zeitangabe "irgendwann" kann präzisiert werden. Die Stoffaufnahme aus dem umgebenden Medium, ist eine essentielle Funktion des Lebendigen. Bereits die allererste Lebensform mußte über diese Funktion verfügen. Es ist ein ungemein komplexer und komplizierter Vorgang. Warum? Nun, ganz selten werden Substanzen aufgenommen, die bereits eine solche Form besitzen, daß sie direkt verwendet werden können. Meist sind es große chemische Komplexe, die erst einmal zerlegt und abgebaut werden müssen. Es ist so, als würden wir in den Tank unseres Autos Erdöl oder noch besser erdölhaltigen Schlamm füllen. Hätte unser Auto ähnliche Qualitäten wie die Organismen, müßte es in der Lage sein, diesen Schlamm so aufzubereiten, daß der Motor daraus nutzbare Energie erhält. Bei Organismen muß ein gigantisches chemisches Labor vorhanden sein um die meist großen Moleküle in verwendungsfähige kleinere zu zerlegen. Dieses Labor muß aber auch genau wissen, welche Stoffe benötigt werden. Genau genommen sind eigentlich zwei Labors erforderlich, denn meist reicht die Zerlegung nicht aus. Es ist in der Regel notwendig, aus den entstandenen Bausteinen geeignete, vom Organismus verwertbare Substanzen neu zu synthetisieren.

Bereits bei den niedrigsten Lebensformen ist ein ungemein kompliziertes Verfahren verwirklicht. Erst in jüngster Zeit sind wir in der Lage, diese Vorgänge zu verstehen und nachzuvollziehen. Wir Menschen dürfen es ruhig zugeben: die Komplexität dieser Vorgänge übersteigt nahezu unsere geistige Kapazität. Stück für Stück arbeiten sich Spezialisten in der Materie voran. Um überhaupt der Aufklärung dieser Vorgänge ein wenig näher zu kommen, haben sich verschiedene Disziplinen gebildet. Was Forscher hier leisten ist feinste Detektivarbeit. Es gilt ein Puzzle aus vielen winzigen, oder treffender gesagt, aus unsichtbaren Teilen zusammenzubauen.

Wir Menschen bedienen uns viel einfacherer Formen der Energiebereitstellung, für unsere technischen Systeme. Eine Möglichkeit ist die Ausnutzung von Wasser und Windkraft. Auf dieser einfachen Stufe wird eine vorhandene Energie nicht mehrmals umgewandelt, sondern direkt zum Antrieb der Maschinen verwendet. Man darf diese Energieformen nicht geringschätzen, denn immerhin wurde so über viele Jahre hinweg Getreide zu Mehl verarbeitet, Sägewerke betrieben, Wasser gepumpt, Güter über die Weltmeere transportiert u.v.a.m. Hier arbeitet man jedoch nur mit der Energieform, welche die Natur zur Verfügung stellt: aus der Bewegung des Wassers wird die Bewegung eines Mühlsteines. Eine bereits großartige Erfindung war die Nutzbarmachung der Wärmeenergie. Damit konnten Dampfturbinen und Dampfmaschinen betrieben werden. Wenn man dem Wasser Wärmeenergie zuführt, so kann man das heiße Wasser an sich noch nicht verwenden um nutzbare Bewegungsenergie zu gewinnen. Allein der entstehende Wasserdampf, der einen ungeheuren Druck entwickelt, kann über geeignete technische Maßnahmen die gewünschte Bewegungsenergie erzeugen. Das ist schon eine Methode auf höherem Niveau. Mittlerweile hat der Mensch mehrere Möglichkeiten entdeckt, die benötigte Bewegungsenergie zu erzeugen. Wir kennen den Benzin- und Dieselmotor als Verbrennungsmaschinen. Der Elektromotor ist bereits schon wieder eine Stufe höher angesiedelt, denn er braucht zum Funktionieren keine direkte Wärmeenergie. Seine Kraft erhält er durch elektromagnetische Felder. Unsere bisher neueste Errungenschaft, die Atomkraftanlagen, haben bis dato nur die Aufgabe, Wärme zu erzeugen. Sie tun dies in einer ganz neuen Art und Weise über Atomspaltung oder Fusion, münden dann aber, wenn es darum geht Bewegungsenergie zu produzieren, in die altbewährte Dampftechnologie.

Die Nutzbarmachung von Energie hat also viele Gesichter. Der denkende Mensch tut sich schwer, neue Formen der Energiebereitstellung zu entwickeln, weil alle Techniken einen Pferdefuß haben. Wir kennen die Probleme der atomaren Strahlung bei Atomkraftwerken sowie bei der längerfristigen Speicherung von elektrischer Energie. Um die beste Energiequelle, die Sonne zu nutzen, steckt unsere Technik noch in den Kinderschuhen. Die angeblich nicht denkende und nicht forschende Natur hat einen ganz anderen Weg beschritten. Einen sehr komplizierten aber gleichzeitig so genialen, daß es schwerfällt, darin das Werk des Zufalls oder das Ergebnis aus Versuch und Irrtum zu sehen. Ein Kind könnte vielleicht die dumme Frage stellen, warum man den Tieren, anstatt Wasser nicht auch Diesel oder Benzin zu trinken gibt? Warum füttert man nicht Kohle? Solche Fragen scheinen dem

Erwachsenen sehr absurd, doch würden sie genau unserem einfachen Weltbild entsprechen. Auch die Natur hätte vielleicht andere, einfachere Energieträger zum Betreiben biologischer Systeme verwenden können. Vielleicht reine Sonnenenergie? Nun, das ist genau das vorherrschende Prinzip bei den Pflanzen. Ein höheres Tier, das seinen Energiehaushalt durch reine Sonnenenergie bestreitet, sozusagen die Körperoberfläche voller Solarzellen wäre vielleicht auch denkbar, aber eher ein Irrweg. Wie kann man diese Energie sinnvoll speichern? Was machen die Nachtiere, was jene, die unter er Erde leben? Solches Leben hätte sich nicht entwickeln können. Es wäre unmöglich gewesen, alle notwendigen Nischen zu besetzen.

Wo wir im Bereich des Lebendigen auch immer hinschauen, wir finden keine einfachen und primitiven Lösungen. Auch nichts, was uns auf Anhieb einleuchten würde. Dagegen stoßen wir immer auf perfekte und gleichzeitig geniale und sehr effektive Vorgehensweisen. Deshalb sind unsere Pflanzen nicht einfach primitivere Lebewesen als die Tiere. Sie haben nur einem anderen Zweck zu dienen. Sie sind eine riesige biologische Maschinerie um Sonnenenergie einzufangen, zu speichern und verfügbar zu machen. Nebenbei sind sie aber auch noch Produzenten des für die Tierwelt lebensnotwendigen Sauerstoffs. Aus der Sicht von uns Menschen wird hier ein Verfahren verwendet, das alles, was wir bisher in dieser Richtung hervorgebracht haben, bei weitem in den Schatten stellt. Auch ist der Stiel wieder umgedreht: der geistreiche Mensch schaut bei der "dummen" Natur ab. Er ist gerade dabei, eine der Funktionen die die Blätter haben, nämlich Sonnenenergie verfügbar zu machen, nachzubilden. Einig ist man sich darüber: die Pflanzen haben in ihren Blättern ein so geniales Sonnenenergie-Versorgungssystem, daß es wohl kaum ein besseres geben wird.

Warum konnte sich das Leben überhaupt in einer so energieverschwendenden Art entwickeln, wo doch die Energiebereitstellung, aus unserer Sicht, ein ganz erhebliches Problem darstellt? Schwere dumme Körper als Energieverschwender! Tonnenschwere Saurier, Elefanten, Wale, Nilpferde usw. Kolosse, die nicht nur in Sachen Energiebedarf sondern auch in ihrer Statik und Steuerung erhebliche Probleme aufwerfen. Wäre es aus der Sicht einer dummen Natur nicht bereits eine ungeheure Leistung gewesen, den Einzeller (Algen u. Bakterien) hervorzubringen und sich damit zu begnügen? Immerhin sehr aufwendige Wesen, aber klein, mit einem geringen Stoffwechsel und das Ganze im Wasser, einem tragenden und schützenden Medium. Doch auch hier heißt es wieder umdenken. Energie gibt es nämlich im Überfluß. Das Weltall platzt diesbezüglich förmlich aus allen Nähten. Das Problem ist einzig und allein, sie verfügbar zu machen. Zudem ist aus der Sicht des Universums selbst ein Diplodocus oder ein Blauwal ein kleines niedliches Tierchen.

Wo Genialität herrscht, gibt es nicht nur ein, sondern sogar zwei vollkommen unterschiedliche Energiegewinnungsverfahren: das der Pflanzen und das der Tiere. Pflanzen und Tiere sind jedoch keine Konkurrenten sondern eher Nutznießer der jeweils anderen Lebensform. Das eine System produziert als Abfallprodukt den Sauerstoff und benötigt das Kohlendioxid und das andere System benötigt den Sauerstoff und erzeugt als Abfallprodukt das Kohlendioxid. Ein Kreislauf von gigantischer Tragweite. Pflanzen- und Tierwelt ergänzen sich nicht nur, sie bedingen sich sogar. Auch an dieser Stelle fällt es schwer von einer zufälligen Entwicklung zu reden, hier liegt uns ein ganzes Konzept zu Füßen. Abfall wird zu Lebensgrundlage und umgekehrt. Wir denkende Menschen haben es noch nicht geschafft, ein so schlüssiges Konzept zu entwickeln sind aber bereit, es dem dummen Zufall zuzutrauen.

Erstaunlich ist auch die Tatsache, daß die Nahrungsaufnahme und der Stoffwechsel so gut funktionieren. Wo wir hinschauen handelt es sich um dumme Wesen, die keine Ahnung von der ganzen Problematik haben. Weder Pflanzen noch Tiere haben sich jemals darüber Gedanken gemacht, welche Nährstoffe sie aufnehmen und was mit diesen geschieht. Alles ist perfekt organisiert und funktioniert ganz automatisch. Woher kommt aber nun diese Automatik? Kein Tier und auch nicht der Mensch erkennt in dem, was er zu sich nimmt, jene Energie- und Aufbaustoffe, die der Körper letztendlich braucht. Essen und Trinken haben eher genußbringenden Charakter. Nicht einmal unter einem Mikroskop wäre es möglich, die Bestandteile zu sortieren und sie dann gezielt dem Körper zu verabreichen. Es wäre einfach unmöglich, müßte der Verstand die Dosierung und die Auswahl der Bestandteile vornehmen. Er wäre zu dumm dazu. Trotzdem, müßten wir nicht erwarten, daß es die vornehmste Pflicht der Vernunft wäre, sich diesem Prozeß vorzuschalten? Tut sie aber nicht. Statt dessen übernimmt der Organismus den gesamten Vorgang vollautomatisch. Vom Hunger- bzw. Durstgefühl, über die mechanische Zerkleinerung, hin zur chemischen Zersetzung und weiter zur Sortierung der Moleküle bis schließlich zur Zuteilung an die Körperzellen und der damit oft noch benötigten Neustrukturierung der vorliegenden Verdauungsprodukte. Daneben entstehen bei diesem Vorgang Abfallstoffe und Gifte, die unschädlich gemacht und beseitigt werden müssen. All dieses managed der Organismus automatisch und in so vorzüglicher Weise, daß diese Vorgänge meist gar nicht bewußt wahrgenommen werden.

Tiere nehmen ihre Energie als Nahrung auf, indem sie sie

verinnerlichen. Sie lassen alle aufgenommenen Partikel durch ihren Körper hindurch wandern. Der Organismus nimmt sich aus dem vorhandenen flüssigen Nahrungsbrei all das, was er benötigt. Aber nicht nach einem primitiven Siebprinzip. Bei vielen Nährstoffen ist es ein richtiges "Herauspicken" aus dem Nahrungsbrei. Dabei diffundiert die gewünschte Substanz nicht einfach durch die Darmwand sondern wird über ein Transportsystem durchgeschleust. In schlechten Zeiten nutzt der Körper das Angebot intensiver, in guten Zeiten betreibt er einen Luxuskonsum. Was nicht benötigt wird, scheidet er aus. So stellt sich der Vorgang, in einem groben Raster dar. Nur, ganz so einfach läuft der Prozeß der Verdauung eben nicht ab. Mundspeichel wird produziert, Kaubewegungen, Schluckperistaltik, Magensäfte aus vielerlei Drüsen kommen hinzu, der lange Weg durch den Darm beginnt, Herausfiltern der Stoffe, Blut - u. Lymphbahnen als Transportwege, Entgiftung des Körpers über die Nieren, Verarbeitung der gewonnenen Nährstoffe in der Leber, Verdickung des Darminhaltes um den Wasserverlust zu verringern und schließlich der Ausscheidungsprozeß, der ebenfalls ein nicht einfaches Verfahren darstellt. Dieser Schnelldurchlauf durch die Verdauung läßt die Problematik nur erahnen, die damit zusammenhängt. In Wirklichkeit ist er tausendmal komplizierter. Hier arbeitet ein sich selbst steuernder Mechanismus, bei dem alles bis auf den i-Punkt stimmen muß, sonst gibt es gewaltige Probleme. Jeder von uns kennt das eine oder andere davon aus eigenem Erleben.

Pflanzen haben eine grundsätzlich andere Methode. Sie stülpen sozusagen ihren Darm um, bringen ihn in das Nährstoff-Medium und versorgen sich daraus nach Bedarf. Ja, sie verinnerlichen sich die Nahrung nicht, um sie dann über einen sehr komplizierten Prozeß zu verarbeiten, sondern sie lassen das Grobe draußen und holen sich nur jene Stoffe die sie wirklich benötigen. Wurzeln sind somit ebenfalls eine sehr geniale Erfindung, denn sie müssen wissen, was der Organismus braucht und in welcher Dosierung. Auch hier darf nicht der Eindruck entstehen, als wäre bei diesem Prozeß irgend etwas einfach. Höchst komplizierte Mechanismen laufen ständig ab. Der Saftstrom wandert von der Wurzel in Leitungsbahnen bis in die entferntesten Zellen der Blattspitzen. In den Blättern werden die Einfachbausteine mit Hilfe von Sonnenenergie zu hochenergetischen Substanzen zusammengebaut. Überschüssige Nähr- und Energiestoffe wandern wieder in die Wurzel zurück um dort gespeichert zu werden.

Keiner von all diesen Prozessen arbeitet nur so einfach vor sich hin. Jeder ist sehr fein auf den Organismus abgestimmt. Das ist eben auch ein Kennzeichen der Arten, daß eine jede ihren besonderen Stoffwechselprozeß hat. Ganz wichtig ist aber die Feststellung, daß keine der vielen Funktionen von dem einzelnen Lebewesen gelernt werden kann. Entweder alles funktioniert von Anfang an reibungslos, oder der Organismus hat keine artgemäße Lebenserwartung. Die gesamte Steuerung ist als Programmpaket festgelegt und wird dem werdenden Leben bereits bei der Verschmelzung von Ei- und Samenzelle, also bei der Befruchtung, mitgegeben. Diese Programme sind sehr vielseitig jedoch nicht absolut. Sie decken nicht jedes denkbare Ereignis ab. Sie reichen aber aus, um die Organismen ausreichend sicher durch ihr Leben zu führen.

Für die Logik des Lebendigen, ist es von großer Wichtigkeit, daß die Steuerungsmechanismen immer wieder an der Realität gemessen werden. So wird ein Defekt in der Erbinformation erkannt und durch Ausmerzung des Individuums, eine Weitergabe an die Folgegeneration verhindert. Mechanismen, die sehr selten dieser Prüfung unterliegen, können bis zum Eintreffen einer auslösenden Situation bereits so deformiert sein, daß sie ihre Funktion gar nicht mehr erfüllen. Sind keine entsprechenden Funktionen vorhanden, um einer neuen Situation zu begegnen, wird es für das Individuum fatal. Ein klassisches Beispiel hierfür sind die Antibiotika. Vor wenigen Jahrzehnten als Wundermedizin gefeiert, trat es einen erbarmungslosen Kampf gegen bis dahin hochgefährliche Krankheitserreger an. Die kleinen Teufel hatten nichts, womit sie sich hätten zur Wehr setzten können. Trotzdem war dieses Gift nicht für alle Erreger tödlich. Ausgemerzt wurden jene Mikroorganismen die sich nicht widersetzen konnten. Übrig geblieben und rasant vermehrt haben sich diejenigen, die dagegen resistent waren. Mit diesen selektierten oder sollten wir aus Sicht der Erreger lieber "verbesserten Varianten" sagen, beginnt der Kampf von Neuem. Somit wird eine Lungenentzündung oder eine Angina wieder zur lebensbedrohenden Krankheit. Auch für uns Menschen bedeutet dies, dort ganz besonders aufzupassen, wo wir keine schützenden Regelmechanismen haben. Ein Beispiel hierfür ist die Ähnlichkeit der Elemente Kalzium und Strontium. Normalerweise gibt es dabei keine Probleme, da in der Natur, die Berührung mit Strontium so gut wie ausgeschlossen ist. Seit dieses Element jedoch technische Bedeutung erlangt hat, ist seine Verbreitung zu einem kritischen Faktor geworden. Der Organismus kann nämlich die beiden Stoffe nicht auseinander halten. Für diesen speziellen Fall existiert kein Programm. Er baut Strontium genauso in die Knochensubstanz ein, als würde es sich um Kalzium handeln. Da Strontium jedoch ganz andere Eigenschaften besitzt, oft sogar in radioaktiver Form in die Umwelt gelangt, stellt es ein ganz erhebliches Gesundheitsrisiko dar. Die Knochen werden weich und können ihre Stützfunktion nicht mehr wahrnehmen. Auch das Kohlenmonoxid ist ein gefährlicher Stoff. Dieses Gas ist normalerweise für Mensch und Tier kein Problem, weil es so gut wie nicht vorhanden ist. Es hat jedoch eine höchst problematische Eigenschaft. Es lagert sich bei der Atmung noch intensiver an die roten Blutkörperchen an als Sauerstoff. Unser Körper erkennt aber diesen Schwindel nicht. Er kann dagegen nichts machen. Tritt also bei einer unvollständigen Verbrennung Kohlenmonoxid in erhöhtem Maße auf und wird eingeatmet, so erhalten die Körperzellen keinen Sauerstoff mehr. Ohne daß der Organismus eine Warnung abgibt, wird er kollabieren und wenn nicht schnell Hilfe zur Stelle ist, hat er keine Überlebenschance. Man darf in diesen Fällen jedoch nicht leichtfertig von Unzulänglichkeiten sprechen. Der Mensch hat hier Karten ins Spiel eingebracht, die im Sinne der Natur regelwidrig sind. Ähnlich wie die Radioaktivität haben sie, in höheren Konzentrationen, im Spiel des Lebens nichts zu suchen.

Zusammenfassend kann der Stoffwechselprozeß als ein hervorragend gelungenes Werk betrachtet werden. Er ist sehr kompliziert, funktioniert phantastisch gut, ist aber leider nicht unfehlbar. Auch hier ist keine göttliche Allmacht ersichtlich. Er ist aber ebenfalls kein Prozeß, der sich irgendwie langsam und zufällig entwickeln kann, sondern er muß von Anfang an voll funktionsfähig sein. Es ist auch kein x-beliebiger Prozeß, der da abläuft, sondern es handelt sich um ganz gezielte und sinnvoll abgestimmte Funktionen, deren Grundmuster im genetischen Code als fest installiertes Programmpaket vorliegen muß.

Der Regelkreis

Haben Sie sich vielleicht auch schon einmal gefragt, warum es auf dieser Erde soviel "Ungeziefer", Bakterien, Viren und Krankheiten gibt? Aus der Sicht des gepiesakten Individuums, sind dies nur Plagen, die höchst überflüssig sind und nur das Leben auf dieser schönen Erde erschweren. Viele Menschen sind der Meinung, es handele sich um gottgewollte Plagen, Strafen oder Prüfungen. Doch hier werden einem System, das total nüchtern und sachlich ist, menschliche Gefühlsneigungen unterstellt. Verständlich, denn was soll man hinter soviel Boshaftigkeit auch anderes vermuten? Nun, viele Krankheiten sind einfach auf eine Überforderung der Organsysteme zurückzuführen. Hier handelt es sich oft um Wohlstandserscheinungen, deren Ursache ein zu überschwenglicher Lebenswandel ist. Anders sieht es da bei bakteriellen, viralen und parasitären Erkrankungen aus. Diese überfallen uns ganz heimtückisch. Aus der Sichtweise des Individuums wirken sie ausnahmslos destruktiv. Gehen wir aber in unserem Denkschema einmal eine Stufe höher. Betrachten wir das Ganze einmal aus einer übergeordneten Warte. Dazu wollen wir einmal Schöpfer spielen: In unserem Labor haben wir Bäume geschaffen und danach auf der Erde angesiedelt. Um den harten Lebensbedingungen gerecht zu werden wurden sie mit einem äußerst stabilen Stoffwechselsystem ausgestattet. Zur Sicherung des Fortbestandes, erhielten sie ein leistungsfähiges Vermehrungssystem. Nun stellen wir fest, daß sich unser Organismus auf der Erde wesentlich besser entwickelt, als wir angenommen haben. Wenn wir nicht bremsen, laufen wir Gefahr, daß bald die ganze Erde nur noch von diesen Bäumen bewachsen sein wird. Es ist dringend geboten, etwas dagegen zu unternehmen. Natürlich könnte dem Problem mit Feuer oder Trockenheit begegnet werden, vielleicht auch mit Giften, doch dazu müßte der Bestand ständig kontrolliert werden, um dann bei Bedarf immer wieder korrigierend eingreifen zu können. Ständiges Kontrollieren ist uns auf Dauer zu aufwendig. Ja es würde uns ganz einfach überfordern. Auch die Gegenmaßnahmen müßten in einem so großen Rahmen stattfinden, daß wir dazu gar nicht in der Lage wären. Wir brauchen also eine andere Methode, möglichst eine, die automatisch und für lange Zeit funktioniert. Es bietet sich geradezu an, ebenfalls etwas Lebendiges zu schaffen, das für uns diese Aufgabe der Überwachung und Gegensteuerung im Bedarfsfalle übernimmt. Deshalb haben wir nun nach intensivem Planen eine geeignete Spezies kreiert. Ein Tierchen, daß einer übermäßigen Ausbreitung der Fichten Einhalt gebieten soll. Selbstverständlich haben wir dieses mit einer Vermehrungsautomatik ausgestattet wie auch mit entsprechenden Sensoren, die nur auf diese Bäume ansprechen sollen. Die Sensoren haben wir sehr genau geprüft und ständig verbessert, bis wir nun sicher sein können, daß das Tierchen wirklich nur auf Bäume losgeht. Da wir aber nicht wollen, daß alle Bäume vernichtet werden, sondern nur eine Vermehrungsregulierung erfolgen soll, damit auch für andere Lebewesen noch Platz bleibt, muß unser Tierchen noch "gebremst" werden. Dazu verwenden wir einen Trick. Da wir ja wollen, daß sich viele gesunde Bäume auch weiter vermehren, haben wir unsere Tierchen so programmiert, daß sie nur in schwachen und kranken Bäumen leben können. Gesunde Bäume sind in der Lage, durch ihr Abwehrsystem, diese Tierchen weitgehend zu bekämpfen. Als Regulierungsstrategie haben wir eine bewährte Methode erwogen. Unser Tierchen ernährt sich von der Rinde, legt dort auch seine Eier ab, so, daß sich die Jungen ebenfalls sofort wieder am gleichen oder einem benachbarten Objekt zu schaffen machen. Die Vermehrung wird solange anhalten, wie es schwache und kranke Bäume gibt. Dann wird auch mancher gesunde Baum, diesem Ansturm nicht mehr gewachsen sein. Gibt es also sehr viele Bäume, wird es auch viele schwache oder durch Sturm geknickte Exemplare geben. Dann findet auch eine sehr starke Regulierung statt. Gibt es weniger

Bäume, nimmt auch unsere Tierchenpopulation ab, weil Futter- und Brutplätze knapp sind. Wir haben alle Möglichkeiten erwogen und ausgetestet und sind nun der Meinung, daß es klappen müßte.

Doch halt! Aus Erfahrung wissen wir, das derartige komplizierte Systeme nie ganz vollkommen sind. Was würde passieren, wenn das Programm irgendwann einmal beschädigt würde und die Tierchen bevorzugt auf gesunde Bäume losgehen würden? Fatal! Vielleicht gibt es auch eine weitere Pflanze, die die Tierchen dann erkennen und sich dort vielleicht rasant vermehren. Das ist ein beträchtliches Restrisiko! Ein unkontrollierter Organismus kann sich wie ein Feuer ausbreiten. Wir brauchen also nochmals eine Sicherheit. Eines ist klar: wenn wir den Organismus freigegeben haben, können wir ihn nicht mehr aufhalten. Wir haben auch weder die Zeit noch die Mittel dazu, ihn permanent zu beobachten und zu kontrollieren. Was wir brauchen ist ein Regelkreis der sich selbst steuert.

Hierfür gibt es einige Möglichkeiten. Ein neuer Organismus, den wir aber wieder beherrschen müßten! Eventuell Krankheitserreger, Räuber, die speziell nur unsere Tierchen erkennen. Eine andere Methode wäre, unsere Tierchen mit einer Kälteempfindlichkeit zu versehen, so daß die Population in jedem Winter um einen hohen Prozentsatz dezimiert würde. Der Winter als Regulator. Aber nicht alle Winter sind hart genug. Da bleibt eine Menge Unsicherheit. Eine andere Möglichkeit erscheint uns da günstiger. Unsere Tierchen sondern mit dem Kot ein Sekret ab, das für sie selbst leicht giftig wirkt. Es ist für sie im Normalfall total unschädlich. Nimmt aber die Population sehr stark zu, wird sich auch dieser Stoff verdichten und unsere Tierchen schwächen. Sie werden daraufhin einen Schutzstoff, der sie vor Angriffen aus der Mikrowelt bewahrt, nicht mehr produzieren. Als Sicherung verwenden wir nun einen ganz einfachen Organismus, eigentlich nur einen toten Apparat mit einer genetischen Information, die nur auf unser Tierchen anspricht, wenn diese den Schutzstoff nicht mehr produzieren. Diese Apparate haben eine lange Lebensdauer, vermehren sich aber nur im Organismus der Tierchen und werden überall auf diese Gelegenheit lauern. Verzehrt nun eines der Tierchen in seiner Freßlust solch einen Apparat und ist der Schutzstoff nicht vorhanden, wird es vernichtet. Für unser Tierchen ein hartes Los aber nur so gelingt es uns auf günstige Art und Weise, seine übermäßige Ausbreitung zu unterbinden. Unsere Sicherung nennen wir Virus 1. Gibt es viele ungeschützte Tierchen, wird sich unser Virus 1 in ihnen explosionsartig vermehren und alle ungeschützten Tierchen werden getötet. Wir gehen davon aus, daß dann am Ende wieder eine akzeptable Populationsdichte erreicht ist.

Damit ist unsere Schöpfung abgeschlossen. Wir freuen uns darüber, daß alles so gut gelungen ist. Auch viele Jahre später werden wir feststellen, daß unser Regelkreis einwandfrei funktioniert. Für uns ein toller Erfolg, auf den wir mit Recht stolz sind. Was haben wir nun eigentlich getan? Wir haben mit dem Baukasten des Lebens gebastelt und Teile daraus in einer Weise so kombiniert, daß eine funktionsfähige Organisation im Sinne biologischer Schöpfung entstanden ist. Betrachtet man nun aber die Angelegenheit aus der niederen Sicht des geschaffenen Individuums, so ist dort die Freude über diese Regelmechanismen nicht so groß. Sie bedeuten ständige Gefahr und Tod. Aus diesem Blickwinkel kann nur ein sadistischer und grausamer Schöpfer soviel Unheil erfinden.

Überall dort wo der Mensch nicht eingreift, wo die Systeme ihrem freien Kräftespiel ausgesetzt sind, funktionieren die Regelkreise ausgezeichnet. Aus der Sicht des Menschen, wo das "am Leben bleiben" des Einzelnen das Wichtigste ist, gelten diese Spielregeln als eher grausam. Auf der anderen Seite aber, ist dies der beste Artenschutz, den man sich vorstellen kann. Ziel dieser Regeln ist es, eine große Artenvielfalt zu ermöglichen.

Was macht aber der Mensch? Er schafft Monokulturen, weil er hier zweckmäßig arbeiten kann. Große Obstkulturen, riesige Getreidefelder, Gemüseplantagen usw. Was er nicht bedenkt ist, daß nun Steuerungssysteme aktiviert werden, die erkennen, daß sich hier ein Organismus übermäßig ausbreitet. Die Steuersysteme wirken nun mit aller Kraft diesem Umstand entgegen. Der Mensch hat große Mühe seine Pflanzenbestände zu retten. Bei Tierbeständen ist der Kampf nicht weniger aufwendig. Hühnerhaltungen mit vielen Tausenden von Tieren auf kleinstem Raum, Massenbestände an Mastschweinen und Fleischrindern. Hier die Hygiene aufrecht zu erhalten ist nahezu unmöglich. Was in der Natur, bei dünnen Populationen ausgezeichnet und ganz von selbst funktioniert, bedarf jetzt einer großen Mühe der Verantwortlichen. Die Antwort heißt: massiver Einsatz von Chemie. Nur durch diese leicht und schnell auszubringenden Stoffe können wir den Steuerungskräften der Natur Paroli bieten. Doch selbst hier stellen sich Folgen ein, die wiederum regulativen Charakter haben. Niemand braucht sich also zu wundern, wenn Krankheiten und Siechtum ihre Runde machen. Wenn Gifte gegen die Natur ausgebracht werden, treffen sie auch uns, da auch wir ein Teil der Natur sind. Auch wir unterliegen diesen Regelkreisen und werden erbarmungslos von ihnen in die Schranken gewiesen.

Regelkreise in der Natur sind, wie wäre es anders zu erwarten, natürlich viel ausgereifter, als unser einfaches Beispiel. Jeder der sich mit der Manipulation natürlicher Systeme befaßt, kann da ein Lied davon singen. Nicht zuletzt die Medizin ist hiervon in starkem

Maße betroffen. Ist eine Geisel der Menschheit besiegt, taucht eine andere auf. Hilft ein Medikament gut gegen die eine Krankheit, muß man mit gravierenden Nebenwirkungen rechnen. Da hilft es nicht einen Gott zu tadeln, der solche Schranken auferlegt. Die Kräfte sind deshalb vorhanden, um üppiges Leben überhaupt erst zu ermöglichen. Wer leben will muß sie akzeptieren und sich auf seinen Teil beschränken. Wir sollten aus diesem Grund unseren Verstand dazu nutzen, uns so zu verhalten, daß vernichtende Regelkreise erst gar nicht aktiviert werden.

Artenvielfalt und Regelkreise bedingen sich also gegenseitig. Was für das Individuum wie ein Fluch aussieht, ist aus einer gesamtheitlichen Sicht betrachtet ein Segen. Auch diese Steuerungssysteme weißen Züge auf, die eine Intelligenz im Hintergrund vermuten lassen. Davon auszugehen, diese Organisation müßte sich automatisch entwickelt haben, weil sich eben Gleichgewichte ständig selbst einstellen, ist naiv. Erst muß eine intelligente Regelung einprogrammiert werden, dann kann sie sich manifestieren. Wer sich mit diesen Regelkreisen auseinandersetzt der spürt bald, daß sie kalt, brutal und unbarmherzig sind. Sie entsprechen so ganz und gar nicht unserem Verständnis einer liebevoll behüteten Welt. Sie reihen sich aber ein in ein Weltbild, das wir noch nicht verstehen oder nicht verstehen wollen. Aus dieser Sicht sind sie jedoch notwendig sinnvoll und sie sind berechenbar. Sie lassen sich im Rahmen der Ökologie sogar in Formeln ausdrücken.

Wie läßt sich die Entstehung des Lebens erklären

Wir Menschen haben uns seither mit Erklärungen abgefunden, die nicht schlüssig waren. Weder der Glaube an einen allmächtigen Gott als Schöpfer, noch die Theorie einer planlosen Evolution kann die Entstehung des Lebens, sowie die darin enthaltene Ordnung und Regelung, auf unserem Planeten erklären. Warum also, halten so viele Menschen krampfhaft an diesen Fragmenten fest? Warum sind sie sogar ungehalten, wenn man anderer Ansicht ist, bzw. wenn man nach einer logischeren Erklärung sucht?

Zunächst kann man feststellen, daß alle Religionen eine Art Schöpfung als Grundlage zur Schaffung des Lebendigen zum Inhalt haben. Man darf davon ausgehen, daß dieser einhelligen Meinung ein Stück Wahrheit innewohnt. Wie wir bisher festgestellt haben, widerspricht diese Annahme den biologischen Gegebenheiten in keiner Weise. Wenn wir aus dem großen Pool des Lebendigen wieder den Menschen herausgreifen, so kann er als "geniale

Leistung mit erheblichen Mängeln" bezeichnet werden. Zwei besonders verhängnisvolle Merkmale des Menschen sind seine Aggression, die in ihrer Konsequenz den absoluten Wahnsinn einer Atombombe hervorgebracht hat, sowie seine Gier nach Macht und Geld, die Ursache für die Zerstörung unserer Lebensgrundlagen schlechthin ist. Ein allmächtiger Gott hätte den Mensch sicher besser geschaffen. Aus dieser Erkenntnis heraus, müssen wir von der Vorstellung, ein allmächtiges Wesen habe uns geschaffen, Abschied nehmen. Ganz besonders aber müssen wir uns von der Vorstellung trennen, wir Menschen hätten eine Sonderstellung im Reich des Lebendigen. Wir müssen akzeptieren, daß außer unseren zusätzlichen Freiheitsgraden, die uns unser Verstand ermöglicht, nichts existiert, was uns vom Tier unterscheidet. Wir sind durch diesen Umstand nur um eine Dimension höher postiert, als das zweitintelligenteste Tier. Das ist alles. Wir dürfen für uns keine Sonderposition erwarten, nur weil wir am oberen Ende der Entwicklungsskala angesiedelt sind. Wir sollten eher davon ausgehen, daß dies nur eine Erscheinung auf Zeit ist.

Wir müssen uns auch von der Unterstellung frei machen, die Erde würde mit Liebe und Großmut, mit Gefühl und Herzenswärme regiert. Wie bereits beschrieben, herrschen in der Natur Gesetze, die erbarmungslos Anwendung finden. Wenn wir manchmal sicher sind, einen Schutzengel zu haben, so handelt es sich dabei eher um eine Ausnahme, welche die Regel bestätigt.

Viele Soldaten, viele Mütter und Väter die den 2. Weltkrieg miterlebt haben, konnten sich nicht erklären, wie ein gütiger Gott solche Schrecken zulassen konnte. Viele haben diesem nicht zu begreifenden Gott den Rücken gekehrt. Auch heute ist der Schrecken ständig präsent. Wir erleben das große Schlachtfeld "Straßen- und Luftverkehr" täglich mit seinen grausamen Opfern. Daneben sind schwere Krankheiten immer noch Geißeln der Menschheit. Kinder, die von Geburt an verstümmelt sind oder bereits in jungen Jahren verunglücken. Die Zeitungen sind voll davon: "Kind im Baggersee ertrunken", "bei der Feldarbeit vom Traktor überrollt", "Bus mit Schulkindern vom Zug erfaßt und zertrümmert" usw. Jeder, der von solchem oder ähnlichem Schicksal getroffen wird, kann nicht verstehen, daß ein allmächtiger, die Menschen liebender Gott, so etwas geschehen lassen kann. Auch die Verweise der christlichen Kirchen auf eine "Prüfung" des Betroffen bzw. der Angehörigen, machen solches Geschehen nicht verständlich. Nein, wir brauchen für alles eine neue Erklärung. Eine Erklärung, die wie ein Raster auf die Wirklichkeit gelegt werden kann.

Nachdem sich unsere Umwelt so genial darstellt, so viele Muster intelligenten Planens aufweist, sich aus den beschriebenen Gründen nicht von selbst generiert haben kann, liegt die Vermutung einer Schöpfung sehr nahe. Aus logischen Gründen heraus muß unser Schöpfer ein Wesen sein, welches unserer geistigen Entwicklung weit voraus ist, jedoch nicht den Anspruch erheben darf, ein allmächtiger Gott zu sein. Es bedarf auch dieser märchenhaften Allmacht überhaupt nicht, um dieses Schöpfungswerk zu bewerkstelligen. Alles was wichtig ist, ist eine wesentlich höhere Intelligenz als wir sie besitzen. Warum nur legen wir soviel Wert auf diese Allmacht? Ist dies nicht eine Eigenschaft aus der Phantasie- und Fabelwelt, die mit Realitätssinn gar nichts zu tun hat? Der Glaube an Zauberer und Hexen! Der Glaube daran, daß das gesprochene Wort sich augenblicklich in Taten verwandelt. Naiv!

Wenn wir Menschen, in vielleicht 20 oder 50 Jahren, die erste leidlich funktionierende lebende Zelle, mit Hilfe von Computern in Labors erschaffen werden, wird diese uns vielleicht auch als ihren allmächtigen Schöpfer und Gott bezeichnen, nicht ahnend, daß wir ihr zwar entwicklungstechnisch weit voraus sind, keineswegs jedoch den von ihr erhobenen Anspruch erfüllen können. Auch unser Anspruch an unsere Schöpfer ist zu groß. Auch sie haben sich nicht die Naturgesetze selbst gemacht, sondern mußten sie als Rahmenbedingungen akzeptieren.

Noch vor wenigen Jahrhunderten wären solche Worte als Frevel bezeichnet worden. Damals war die Existenz der Menschen und der Tiere ein reines Wunder. Man hatte keine Erklärung, wie neues Leben entstehen und sich reduplizieren kann. Jedoch die Entdeckung von Samen- und Eizellen sowie des genetischen Codes läßt uns begreifen, daß sich alles Leben planmäßig erschaffen läßt. Leben, das aufgebaut und organisiert ist wie ein Computerprogramm. Programmiert wie ein Roboter, nur eben auf einer viel höheren Ebene. Deshalb sind Vergleiche zwischen intelligenter Technik und intelligenter Biologie durchaus erlaubt. Was Computerprogramme alles leisten können ist bekannt. Dabei geht es nicht nur um Rechenprogramme oder kaufmännische Software, die immerhin so leistungsfähig ist, daß sie ganze Betriebe steuert und viele Menschen arbeitslos gemacht hat. Wohlgemerkt, Computer verrichten ihre Arbeit auch in den Bereichen, in denen bisher nur der menschliche Verstand dazu in der Lage war. Noch interessanter aber sind jene Computerleistungen, die Maschinen automatisch steuern. Das Fliegen mancher Flugzeuge, oder die Unternehmungen der Weltraumfahrt, wären ohne sie gar nicht denkbar. Hier werden Leistungen erbracht, zu denen der Mensch nicht in der Lage ist. Was dabei meist nicht bedacht wird ist die Tatsache, daß schon für die Realisierung des kleinsten Programmes, etwa 90% des know how's eingebracht werden muß, welches auch für große Programme erforderlich ist. Dabei geht es von der Erfindung des Binärcodes bis hin zum funktionsfähigen Prozessor. Hinzu kommt die ganze Datensteuerungs- und Speicherungstechnik, bis hin zur Schaffung einer leistungsfähigen Programmiersprache. Hat man dann die richtige Konzeption einmal erfunden und technisch realisiert, kann alles weitere auf dieser Basis aufgebaut werden. Denken wir nur einmal zurück an die primitiven Anfänge. Diese Rechenanlagen erst mechanisch, dann mit Relais- und Röhrentechnik waren noch nicht sehr zuverlässig, zeigten jedoch, daß der geistige Ansatz richtig war und funktionierte. Blaise Pascal erfand bereits 1642 eine Rechenmaschine, die Pascaline, die jedoch nur zu Additionen wirklich taugte und rein mechanisch funktionierte. Klein, mechanisch, wenig praktikabel aber eine Idee, die zum Weitermachen anspornte. 1945 dann der ENIAC. Der Dinosaurier unter den Computern. 30 Tonnen schwer, fünfeinhalb Meter hoch und 24 Meter lang. Ein Koloss, der Techniker und Berichterstatter begeisterte. Leider war er trotz seiner Größe sehr unflexibel. Wichtig war aber das hier verwendete Prinzip. Von nun an ging die Entwicklung rasend schnell, mit der Tendenz: immer kleiner, immer schneller, immer leistungsfähiger.

Wenn wir dem Lebendigen auf dieser Erde ein grobes Raster auflegen, können wir einen ähnlichen Werdegang wieder entdecken. Einfache "primitive" Zelle, immer größer werdende Tierarten bis hin zum gigantischen Brontosaurus. Dann wieder eine Verkleinerung der Arten in Verbindung mit einer immer größeren Leistungsfähigkeit. Lassen sich der genetische Code und der Computer-Programmcode ebenfalls vergleichen? Sehr wohl! Vom einfachsten Lebewesen bis heute hat sich nichts am Prinzip des genetischen Codes geändert. Einmal erfunden, konnte damit durch Vergrößerung und Ausbau der Programme, alles weitere geschaffen werden. Die Ähnlichkeit dieser beiden Systeme ist so verblüffend, daß man sich das Ganze erst einmal langsam auf der Zunge zergehen lassen muß! Man denke insbesondere an die Reduplizierung selbst von kompliziertesten Codestrukturen. Dies ist in beiden Fällen eine schnelle und einfache Angelegenheit. Eine Bakterienzelle verdoppelt sich in weniger als einer halben Stunde. Ein Computerprogramm, in dem vielleicht hundert Mannjahre Entwicklungsarbeit stecken, kann jeder per Knopfdruck in wenigen Minuten duplizieren. In beiden Fällen ist eine Sachkenntnis über den eventuell hochkomplizierten Inhalt der Daten unwichtig. Was ist nun der wesentliche Unterschied beider Systeme abgesehen davon, daß das eine biologisch und das andere elektronisch funktioniert? Nun, der Computer arbeitet mit nur 2 Schaltzuständen - ein und aus, während der genetische Code 4 Schaltzustände, Basen genannt, kennt. Die Wirkungsweise beider Prinzipien ist aber schon wieder verblüffend ähnlich. Aus der Abfolge der Schaltzustände, kann das entsprechende System erkennen, welche Tätigkeiten auszuführen sind. Wahnsinnig aufregend und genial zugleich, aber keine Zauberei.

Sollen wir die Entstehung des Lebens auf der Erde, als eine planmäßige Schöpfung durch hochintelligente Wesen verstehen? Planmäßigkeit und Intelligenz sind unabdingbare Voraussetzungen. Wenn wir uns einmal dazu durchgerungen haben, diese Hypothese zu akzeptieren, dann fügen sich alle bisher unerklärbaren biologischen Vorgänge auf dieser Erde, wie die Teile eines Puzzles ineinander. Wenn wir uns selbst als Produkt einer anderen Intelligenz, mit ihren Stärken und Schwächen begreifen, dann fallen uns alle bisherigen Ungereimtheiten wie Schuppen von den Augen. Dann haben wir auch die Freiheit, uns nicht als gottähnliche, sondern als gewöhnliche Geschöpfe mit Fehlern zu begreifen und genau diese Erkenntnis ist für uns alle essentiell. Wenn wir uns nämlich erst einmal diese Unvollkommenheit eingestehen, dann erwächst daraus die Pflicht, alle unsere Handlungen auf ihre Sinnhaftigkeit hin doppelt und dreifach zu überprüfen. Allerdings wird dann das Leben für uns ein Stück komplizierter. Wir müssen auch davon ausgehen, daß wir den Steuerknüppel unserer Existenz selbst in Händen halten. Das System ist uns zwar vorgegeben, die Klippen und Untiefen zu umschiffen, wird aber plötzlich zu unserer eigenen Aufgabe. Vorbei ist die Hoffnung, ein gütiger Gott würde uns bei all unseren Dummheiten beistehen.

Verstehen wir uns also als durch biologische Programme gesteuerte Organismen, die als biologische Art in ein System hinein entlassen wurden und sich nun im Rahmen ihrer Fähigkeiten darin zu bewähren haben. Es bleibt uns nichts anderes übrig als zu akzeptieren, daß alle Prozesse in uns automatisch ablaufen. Bei manchen Entscheidungen glauben wir, selbst die Weichen zu stellen. Aber wenn von innen heraus die Motivation, der Antrieb, die Lust fehlen, wenn diese Kräfte uns nicht automatisch zufließen, wird es nichts. Nur im Rahmen dieser Stimmungen bewegen wir uns. Unsere Hauptaufgabe besteht darin, die von den Programmen in unserem Körper geforderten Leistungen zu erbringen.

Können wir uns unsere Schöpfer vorstellen?

Wer denkt bei diesem Thema nicht sofort daran, diese Frage von den Kirchen beantworten zu lassen. Aber auch Pfarrer und Kardinäle sind nur Menschen. Selbst der Papst hat keine realistischere Vorstellung von Gott, als jeder andere Mensch.

Niemand hat ihn gesehen und auch die Kirchen haben keinen besseren Draht zu ihm. Deshalb gibt es auch die phantasievollsten Darstellungen und Erklärungen zu seinem Wesen. Früher wurde er als ältere Vaterfigur mit Bart dargestellt. Man gab ihm ein menschliches Aussehen, denn Gott und der Mensch sollten sich ja ähnlich sein. Heute, da diese Figur etwas kitschig geworden ist, wird eher verbal argumentiert. Man behauptet nun, man brauche sich ihn nicht vorzustellen, er spräche aus seiner Schöpfung heraus und das genüge. Er sei in jedem von uns, er sei überall aber eben nicht körperlich. Früher hieß es, Gott ist im Himmel über uns. Seit der Weltraumfahrt sucht man diesen Himmel vergebens ab. Ja, der Himmel ist sogar zum Forschungsobjekt des Menschen geworden. Er ist eine phantastische Unendlichkeit, aber keine Himmelspforte, keine umherfliegenden Engel, kein Gott. Wieder stürzt ein Kartenhaus zusammen. Nichts als naiver Glaube. In der neuen kirchlichen Formel heißt es nun: „Wo Gott ist, da ist der Himmel." Es ist möglich, daß auch dieser morsche Balken wieder eine Weile hält. Nur, wer kann mit so vielen vagen Aussagen etwas anfangen. Der Versuch, sich eine Vorstellung von Gott zu machen, entstammt noch einer sehr frühen Zeit. Seither wurde alles getan, um dieses naive Bild zu erhalten. Da aber dieses alte Bild nicht mehr zu der neuen Zeit paßt, ist der Mensch dazu übergegangen, sich gar keines mehr von Gott zu machen, sondern seine Existenz einfach zu akzeptieren. Etwas ist da, es muß rein logisch vorhanden sein, aber niemand weiß wie es aussieht. Gar keine so schlechte Ausgangslage. Weniger ist oft mehr, lieber gar keine Vorstellung, als eine total verkehrte. Weite Teile unseres modernen Weltbildes sind genauso aufgebaut. Man weiß, daß etwas existiert, kennt seine Eigenschaften, kann sich aber kein Bild davon machen. Beste Beispiele hierfür sind der elektrische Strom, das Atom, die elektromagnetischen Wellen usw. Der große Vorteil, den diese physikalischen Größen gegenüber Gott haben ist der, daß man hierfür Nachweismethoden hat und sie auch manipulieren kann. Allerdings sind dies auch Größen aus unserer Dimension, und das macht einen gewaltigen Unterschied.

Unser Entwicklungsstand erlaubt es uns aber trotzdem, unseren Schöpfern Eigenschaften zuzuordnen, die aufgrund unserer Analyse zwingend sind. Jeder, der die Natur betrachtet, oder noch besser, der sich mit biologischen Fragen auseinandergesetzt hat kann abschätzen, wie ungeheuerlich kompliziert das System Mensch, Tier oder Pflanze ist. Selbst wenn wir nur ein Organ unseres Körpers näher untersuchten, wären wir von seiner Funktionalität, so weit wir sie begreifen können, außerordentlich beeindruckt. Ob Auge, Ohr, Leber oder jedes andere beliebige Organ, wir sind erst dabei sie zu verstehen. Aber je mehr wir Stück für Stück an Erkenntnis gewinnen, je tiefer wir in die Strukturen vordringen, nichts wird etwa schlampiger oder unorganisierter sondern immer komplizierter und funktioneller. Aber vor allem, nichts ist überflüssig. Es gibt keinen Rest. Auch bei einem mechanischen Uhrwerk ist es ähnlich. Es wirkt zunächst sehr kompliziert. Es ist vielleicht auf Anhieb in seinen einzelnen Funktionen gar nicht zu verstehen. Als Laie glaubt man, bei so vielen Zahnrädchen müßte es doch möglich sein, auf eines zu verzichten. Und doch können wir sicher sein, es gibt nicht ein Bauteil, das hier entbehrlich wäre, ohne die Funktion zu beeinträchtigen. Ein Mechaniker würde uns dann noch erklären, was wir nicht sehen können. Es kommt eben nicht nur auf die exakte Abstimmung der Zahnräder an. Ganz wichtig ist auch die Wahl eines geeigneten Materials, um die Funktionssicherheit zu gewährleisten. Ebenso kommt es auf eine besonders reibungslose und belastbare Lagerung an.

Es soll hiermit aufgezeigt werden, daß es einem unkundigen Betrachter nicht möglich ist, die wirkliche Qualität eines Systems erschöpfend zu erfassen. Auch im Falle der Betrachtung unserer Natur können wir die Komplexität, wie auch die Kompliziertheit nur erahnen. Einerseits fehlt uns dazu die nötige Sachkenntnis und andererseits können wir auch davon ausgehen, daß unsere zur Verfügung stehenden Mittel, also unser Entwicklungsstand, dazu gar nicht ausreichen würde. Viel zu schnell werden oft Schlüsse gezogen, die einleuchtend sind, einen großen Anhängerkreis finden, vehement vertreten werden um später dann revidiert zu werden. Als man die Erbsubstanz analysierte stellte man fest, daß nur etwa 2 bis 5 Prozent auf aktive Gene entfallen. Was war mit dem Rest, mit den anderen 95 bis 98 %? Weil die Untersuchungsmethoden keine Rückschlüsse zuließen, nannte man diesen Rest "Abfall-DNS". Heute geht man davon aus, daß hierin Steuerungsmechanismen für den Aufbau der DNS und für die Zellteilung programmiert sind. Sicherlich wird man in der Zukunft noch viele andere Funktionen finden die diesem "Abfall" zugeordnet werden können.

Was schließen wir daraus? Ein Wesen, das in der in der Lage ist, ein solch komplexes System wie unsere belebte Natur zu entwerfen und zu realisieren, muß unserer Entwicklung sehr weit voraus sein. Diese Möglichkeit zu akzeptieren dürfte uns nicht schwerfallen. Weiter haben alle bisherigen Forschungen ergeben, daß alles mit rechten Dingen zugeht, d.h., es gibt trotz aller Großartigkeit nicht die Spur eines Wunders. Alles läßt sich mit den Spielregeln der Naturgesetze erklären. Unser vermutetes Wesen ist also genauso wie wir selbst, in den Wirkungskreis der Naturgesetze einbezogen, die für den ganzen, uns bekannten Kosmos gelten. In seiner Schöpfungsfähigkeit also nicht allmächtig, sondern begrenzt.

Wenn wir anhand von Fossilien den Lauf der biologischen Entwicklung verfolgen, so entspricht auch die Vorgehensweise der Schöpfung unseren Erwartungen. Vom Einfacheren zum Komplizierteren. Erst die einfachere Zelle, dann Zellverbände, dann Organismen mit Organen und Sinnen usw. bis schließlich das Gehirn entstand, zunächst in einfacher Form dann immer komplexer werdend, bis zu unserer eigenen Entwicklungsstufe hin. Nur eine planmäßige Schöpfung ist in der Lage, alle Voraussetzungen vom Startzeitpunkt eines Systems an zu gewährleisten.

Selbst wenn wir berücksichtigen, daß unsere Schöpfer selbst wieder Geschöpfe eines noch höheren Wesens sind, so muß sich irgendwann einmal eine Form von Intelligenz entwickelt haben, die unserem eigenen Wesen gar nicht gleichen kann. Denn unsere Lebensform besitzt nicht die Eigenschaft, sich von selbst zu entwickeln. Bevor wir Menschen in der Lage waren, genetische Informationen in Zellkernen abzuändern oder auszutauschen, haben wir bereits recht komplizierte technische Systeme entworfen. Das Entwerfen biologischer Systeme ist nämlich um ein vielfaches komplizierter als das technischer. Wann wir einmal in der Lage sein werden eine so komplexe Struktur, wie sie der Mensch darstellt, zu entwerfen und funktionsfähig zu machen, ist heute noch gar nicht absehbar. Daß es möglich sein wird, ist denkbar. Wir können also davon ausgehen, daß unsere Schöpfer aus ihrer Sicht Anspruchsvolles geschaffen haben, als sie das biologische Leben starteten, sicherlich aber auch etwas, was weit unter der Qualität ihrer eigenen Erscheinungsform liegt. Diese Urintelligenz muß jedoch folgenden Bedingungen genügen: sie muß sich spontan entwickeln können und sie muß planerisch also rational vorgehen können. Bestenfalls können wir uns hierzu eine körperlose, nicht biologische Intelligenz vorstellen. Oder wäre Geistwesen ein besserer Ausdruck? Worte, Begriffe!

Ein Bild können wir uns von dieser Intelligenz leider nicht machen. Vermutlich gibt es gar kein Bild davon. Bilder sind Erscheinungsformen aus unserer biologischen Welt. Außerhalb davon gibt es nur Energiezustände. Zumindest stellt es sich uns so dar. Das Resümee ist nicht ganz befriedigend. Wir müssen davon ausgehen, daß wir ein Produkt eines aus unserer Sicht äußerst intelligenten Wesens sind, haben jedoch keine Anhaltspunkte, es uns vorzustellen. Genau an dieser Stelle haben sich bisher die naiven Vorstellungen entwickelt, die wir immer noch vor Augen haben. Doch wir sollten damit aufhören, uns ständig in die eigene Tasche zu lügen. Wir müssen akzeptieren, das es etwas gibt, dessen Eigenschaften wir nur im Rahmen unserer wachsenden Erkenntnisse abschätzen können. Ist das nicht bereits eine ganze Menge? Ist das nicht besser, als ein unnützes Trugbild mit sich herum zu tragen? Es ist, als hätten wir ein versiegeltes Paket vor uns, von dem wir einige Eigenschaften bereits kennen. Was wir leider nicht kennen, ist dessen Inhalt.

Aus den bisherigen Betrachtungen heraus, haben wir festgestellt, daß Materie, aus der unser Sonnensystem, darin die Erde und alles Leben auf dieser Erde besteht, nicht geeignet ist, von sich aus komplexe biologische Strukturen zu entwickeln. Leben von der hohen organisatorischen Qualität, wie wir es kennen, bedarf einer höheren Intelligenz und kann nicht mit einer "dummen" und planlosen Evolution begründet werden. Als mögliche Erklärung für unsere Existenz können wir die Hypothese wählen, daß sich auf anderen Himmelskörpern des Alls eine Form von Intelligenz schneller und günstiger entwickelt hat, als das Leben auf dieser Erde. Dann könnten wir ein Produkt jener Intelligenzen sein. Daß Leben, wie wir es kennen, konstruierbar ist, ist in der heutigen Zeit keine Frage mehr. Nur bedarf es dazu eines weit höheren Entwicklungsstandes als des unseren. Doch selbst wenn wir solche 0Intelligenzen als unsere Baumeister akzeptierten, bliebe unsere eingangs aufgestellte Hypothese, wonach sich biologisches Leben nicht dazu eignet, sich selbst entstehen zu lassen. Ist es jedoch einmal programmiert, kann es so gesteuert werden, daß es sich im Rahmen der Programme von selbst variiert also auch höher entwickelt. Somit vermuten wir als den ursprünglichsten aller Baumeister eine Intelligenz, bestehend aus einer nicht biologischen Substanz. Eine Substanz die eventuell gar nicht die Begrenztheit hat wie biologisches Leben, die Äonen überdauern kann und nicht auf ständige Reproduktion angewiesen ist. Sicherlich stochern wir bei dieser Suche in einer dichten geistigen Nebelsuppe herum. Natürlich befinden wir uns im Bereich des Spekulativen aber auf der anderen Seite sind das genau die Bedingungen die wir brauchen, um unsere Existenz erklären zu können. Vielleicht hat die Bibel dort recht wo es heißt: „.... Du sollst Dir kein Bild von Gott (Deinem Schöpfer) machen". Vielleicht gibt es gar kein Bild von ihm, jedenfalls keines das sich primitive biologische Wesen in ihren mit Zellstrukturen aufgebauten Gehirnen machen können. Wie soll man sich auch Energie vorstellen?

Es lohnt sich erst einmal zu sortieren, was wir bisher über die Entstehung unseres Universums wissen. Vor dem sogenannten Urknall existierte das Weltall bereits und niemand weiß wie lange. Nur gab es damals noch keine Materie. Alles war Strahlung. Strahlung wie etwa die Lichtwellen, Radiowellen, Röntgen- oder Gammastrahlung. In der Physik lassen sich viele Erscheinungen der Strahlung gut ableiten und erklären, wenn man sie als "aus kleinen Paketen bestehend" betrachtet. Der Unterschied, der die einzelnen Strahlungsarten auseinanderhält, ist die Energiemenge, die in den Paketchen steckt. In der Wissenschaft heißen diese Pakete

Photonen. Die Einstein'sche Formel verbindet nun Strahlung und Materie. $E=mc^2$ besagt, daß Energie in Materie und Materie in Energie umgewandelt werden kann. Die Formel gibt auch zugleich das Verhältnis an, in dem das geschieht. So folgt daraus, daß in einem Gramm Materie etwa soviel Strahlungsenergie gebunden ist, wie bei der Atombombenexplosion über Hiroshima im zweiten Weltkrieg freigesetzt wurde. Gewaltige Energiemengen also.

Der Urknall produzierte jedoch nicht all die Elemente, die wir heute auf unserer Erde vorfinden, auch nicht jene wie Kohlenstoff, Sauerstoff, Stickstoff und viele andere mehr, die zum Bau biologischer Wesen benötigt werden. Im Urknall wurden unvorstellbare Mengen an Wasserstoff und geringe Mengen Helium produziert und nach dem heutigen Stand der Erkenntnis war das alles. Wasserstoff, der durch Schwerkraft zusammengehalten wurde, bildete die Sterne unseres Universums. Solche Sonnen sind sehr langlebig. Aber erst wenn sie (die richtige Größe vorausgesetzt) sterben, entstehen die schwereren Elemente in einer Supernova. Erst jetzt sind die Bausteine vorhanden, mit denen biologisches Leben gebaut werden kann. Die Materie der Erde ist also kein Ursprungsprodukt aus dem Urknall, sondern ein Sekundärprodukt kosmischer Entwicklung. Deshalb auch die Zeitdimensionen auf dem Weg unserer Entwicklung: vor 15 Milliarden Jahre der Urknall und vor 4,5 Milliarden Jahre die Bildung dieser Erde. Aufgrund dieser gigantischen Zeitintervalle ist es durchaus denkbar, daß sich ein anderer Himmelskörper, mit ähnlichen Qualitäten wie unsere Erde, woanders im Weltraum schon früher entwickelt haben kann. Wenn man noch bedenkt, daß die Anfänge des Menschen vor etwa nur 4 Millionen Jahren liegen, dann wäre ein Zeitvorsprung von 1 Million Jahre auf einem derartigen Himmelskörper, aus entwicklungstechnischer Sicht, bereits gewaltig.

Entscheidender ist eben die Feststellung, daß vor dem Urknall nicht NICHTS war! Im Urknall selbst wurde auch keine neue Energie geschaffen, sie wurde nur aus bereits vorhandener umgewandelt. Wäre es also nicht denkbar, daß es Intelligenz auch außerhalb der Materie gibt? Technisch sind wir heute noch nicht soweit, daß wir ohne Materie also nur im Bereich der Strahlen intelligente Strukturen nachbilden könnten. Trotzdem verwenden wir Strahlen schon seit geraumer Zeit als Informationsträger. Denken wir nur an den Radio- oder Fernsehempfang oder an die gewaltigen Informationsmengen auch aus dem Telefonbereich, die via Satellit jeden Punkt der Erde erreichen können. Materie kann viel, die entscheidende Frage ist jedoch: kann Strahlung eventuell viel mehr? Das wird uns die Zukunft zeigen.

Noch ein Gesichtspunkt: Größendimensionen scheinen für unsere

Baumeister keine Bedeutung zu haben. Was wir mit bloßem Auge nicht mehr erkennen, stellt sie vor keine Probleme. Wir müssen akzeptieren, daß jene biologischen Strukturen, die wir nur unter einem Mikroskop sehen können genauso perfekt ausgestattet sind, wie solche Kolosse wie etwa die Saurier, Wale oder Elefanten. Ja es scheint sogar so zu sein, daß unseren Baumeistern die winzigen Dimensionen weitaus gelegener sind als die größeren. Wenn wir die Zeiträume vor dem Urknall mit in unsere Überlegungen einbeziehen, dann bleibt auch für die Entwicklung von großen intelligenten Strukturen wesentlich mehr Spielraum. Vielleicht werden Menschen von heute es noch erleben, daß aus Strahlung intelligente Strukturen geformt werden können. Dann sind wir der Suche nach unserem Schöpfer einen entscheidenden Schritt näher gekommen.

Die Kräfte der Evolution

Manchmal klingen die Geschichten von der Entwicklung einzelner Tierarten wie Märchen, in denen am Ende sich ein sehnlicher Wunsch erfüllt. So z.B. hat die Giraffe deshalb einen so langen Hals bekommen, weil das Futter so hoch hing. Aufgrund dieser Darlegung könnte man meinen, ein Tier, das am Verhungern war, habe die Früchte in den Kronen der Bäume gesehen und sich so sehr nach diesen gesehnt, daß es am Ende einen langen Hals bekommen habe. Als die Meerestiere im Devon das Festland besiedelten, ... Auch hier wird der Eindruck erweckt, als öffne sich ein Kokon und heraus kommt ein Tier mit jenen Eigenschaften, die nunmehr besonders Vorteilhaft sind, einfach weil es jetzt an der Zeit ist. Was bisher Raupe war, wird nun zum Schmetterling. Wäre toll. Aber so einfach geht es nicht. Kein Wunsch ist in der Lage, am Körperbau etwas zu verändern, was nicht im genetischen Code einprogrammiert ist. Alle Entwicklung beginnt also mit der Programmierung der Gene. Welche Möglichkeiten hat nun die Natur, von sich aus tätig zu werden? Wie ist sie in der Lage, das Lebendige zu verändern, zu manipulieren?

Ganz am Anfang dieser Kette steht die Veränderung des Erbgutes. Bei dieser Betrachtung wird vorausgesetzt, daß ein funktionsfähiger Organismus bereits vorhanden ist. Es gibt nun verschiedene Einflüsse, die in der Lage sind, die DNS zu verändern. Dazu zählen die radioaktive Strahlung, die harte UV-Strahlung aber auch verschiedene chemische Substanzen. Solche Einwirkungen sind aber als grundsätzlich zerstörerisch zu bewerten. Wie schrecklich diese Auswirkungen sein können, sehen wir an den Krebskranken und den Nachkommen von radioaktiv verstrahlten Menschen und Tieren. Daß hier Erbgut verändert wurde, ist offensichtlich.

Die Möglichkeit, die die Natur hat um die Erscheinungsformen des Lebens zu verändern, ist das Selektieren. Lebende Organismen haben bei sich ändernden Lebensbedingungen nur die Wahl, zu sterben oder ... . Ja sie können sich leider nicht anpassen, jedenfalls nicht genetisch. Aber wenn es in ihrer genetischen Veranlagung vorgesehen ist, sind sie in der Lage auch abseits ihrer gewohnten Lebensweise zu existieren. Dabei stellen aus unserer Sicht oft geringfügige Veränderungen die Organismen vor gewaltige Probleme. Weil die Uferschwalbe nur in Höhlen brütet und vielerorts diese Steilhänge zum Bau der Höhlen knapp wurden, drohte sie in jenen Gebieten auszusterben. Für ihre genetische Veranlagung gibt es keine Nester in Bäumen oder Sträuchern. Vielen Tieren und Pflanzen wird genau dieses genetische Korsett zum Verhängnis. Das sich nicht anpassen können an eine sich verändernde Umwelt wird dadurch zum Ausdruck gebracht, daß nach vorsichtigen Schätzungen täglich ca. eine Art ausstirbt. Aber es gibt auch Leben, das so großzügig programmiert ist, daß es sich flexibel zeigt. Solche Arten sind in der Lage, bei sich ändernden Umweltbedingungen, zu überleben. Allerdings ist damit nicht gesagt, daß sie bei jeder weiteren Veränderung wiederum zu den Glücklichen zählen werden. Das ist das Prinzip der natürlichen Auslese. Aber wie gesagt, es muß erst etwas vorhanden sein, damit es selektiert werden kann. Das Erbgut ändert sich nicht dann, wenn es die Umweltbedingungen erfordern. Die Fähigkeiten müssen bereits vorhanden sein und kommen erst durch die Auslese besonders zum Tragen.

Nach dieser Grobauslese, die relativ kurzfristig verlaufen kann, erfolgt eine erneute Spezialisierung, eine Art Feinsiebung, die ständig stattfindet. Besonders auffällig ist dies, wenn Organismen in einer Fortpflanzungsisolation gehalten werden. Bei dieser Feinsiebung kommen positive Genveränderungen sofort zum Zug. Nimmt man aus einer Ursprungspopulation ein paar Exemplare heraus und vermehrt sie isoliert, dann mischen sich die Gene nicht mehr vollkommen. Im Laufe vieler Generationen tauchen dann Unterschiede in den beiden Gruppen auf. Wird dieser Prozeß lange genug fortgesetzt, verstehen sich die Keimzellen untereinander nicht mehr. Nachkommen dieser unterschiedlichen Linien lassen sich nicht mehr paaren. Neue Arten haben sich gebildet. Ist dieser Prozeß positiv zu bewerten? Das kommt auf den Standpunkt an. Auf der einen Seite bilden sich so absolute Spezialisten heraus. Tiere und Pflanzen, die z.B. fast ohne Wasser leben können. Auf der anderen Seite sind es gerade diese Spezialisten, die dann auf weitere Veränderungen wieder sehr unflexibel reagieren.

Arten kommen und gehen. Für die Natur ist das ganz normal. Die Artenbildung scheint eine Art Reifungsprozeß zu sein, bei dem immer

Nachschub geliefert wird. Findet lange Zeit keine Umweltkatastrophe statt, bilden sich sehr viele spezifische Arten heraus, die dann eben vom nächsten selektiven "Sturm" massenweise fort geweht werden. Die einzelne Art an sich scheint also nicht der Quell zu sein, aus dem die Evolution schöpft. Es sind wohl die flexibelsten Vertreter einer Gattung, oder noch besser, einer Familie. Spezialisierte Arten sind z.B. Hauskatze und Wildkatze. Sie gehören beide zur gleichen Gattung *Katze*. Mit Löwe, Tiger, Luchs und Gepard bilden sie die Familie der *Katzenartigen*. Ob nun bei einer Selektion die Hauskatze oder der Löwe das Rennen macht, ist unerheblich. Das Genpool der Katzenartigen bleibt bewahrt. Aus der anpassungsfähigsten Art werden sich dann in der Folge wieder weitere Arten abspalten.

Die Artenbildung ist also ein fortlaufender Prozeß und ohne Wunder erklärbar. Geklärt ist aber weder wie es zu dieser großartigen Organisation innerhalb der genetischen Information, einem offensichtlichen Leitmotiv und dem planvollen Hinarbeiten auf ein Ziel kam, noch woher der sogenannte Überschuß an Erbinformation kommt, der die Evolutionskräfte durch günstige Erbanlagen unterstützt. Abfall-DNS haben es die Forscher genannt. Genetische Information, die sich nicht in Merkmalen prägt. Enthält sie etwa den Schlüssel zu einem Entwicklungsprozeß, der in seiner Art und Weise sowohl Zielstrebigkeit wie auch Intelligenz vermuten läßt?

Werfen wir noch einmal unseren Blick auf das analoge Geschehen in der Computerwelt. Sie ist um ein vielfaches flexibler als die mechanische Welt, auf der unsere Denkgewohnheiten basieren. Computerprogramme haben die Fähigkeit sich zu entscheiden. Für einen Anwender gibt es viele Wege sich in einem Programm zu bewegen. Von allem anderen, was die Software sonst noch leisten kann, merkt er meistens nichts. Schon allein die Fehlerverhinderungs- und Fehlerverarbeitungsroutinen sind so umfangreich, daß sie einen beträchtlichen Anteil eines guten Programmes ausmachen. Sie werden jedoch nur dann angesprochen, wenn der Bediener Eingabefehler macht, oder das Programm Fehler aufspürt. Das Computerzeitalter ist noch sehr jung. Von geologischen Zeiträumen kann überhaupt nicht gesprochen werden. Trotzdem zeichnet sich ein deutlicher Trend ab. Es gibt kaum noch Programme, die nur eine Funktion erfüllen. Z.B. ein Adressenverwaltungsprogramm, ein Etikettenschreibprogramm oder ein strenges Textverarbeitungsprogramm. Damals, als die Speicher noch klein und die Computer noch langsam waren, gab es viele dieser Einfachprogramme. Heute bedient man sich eines Programmsystems. Ein modernes Textverabeitungsprogramm ist nicht mehr ein Schreibmaschinenersatz, sondern erlaubt nebenbei z.B. eine Rechtschreibprüfung, läßt Grafiken einfügen, erstellt das

Inhaltsverzeichnis oder ein Stichwortregister u.v.a.m. Die Funktionen sind heute so umfangreich, daß selbst ein Profi nur einen Teil davon nutzt. Ist der Rest Abfallsoftware? Nur für den Moment, denn wird irgendwann eine Funktion benötigt, von deren Existenz man bisher gar nichts wußte, ist man froh, daß die Konstrukteure so weitsichtig waren.

Doch damit nicht genug. Neue Technologien und Einsatzbereiche erfordern, daß die Software in der Lage ist, sich selbst zu kontrollieren und auch selbst zu programmieren. Moderne Roboter prüfen ihre Werkstücke und gleichen Toleranzen durch Nachregulierung selbständig aus. Expertensysteme besitzen eine Problemlösungskomponente, die dem Benutzer vielfältige Möglichkeiten zu seiner Problemlösung aufzeigen kann. Und sie werden in der Zukunft eine Lernfähigkeitskomponente erhalten, dazu Ein- und Ausgabe in natürlicher Sprache und die Fähigkeit, über Wahrscheinlichkeitsrechnungen Vorhersagen zu treffen. Das ist sehr beachtlich. Aber das wirklich Faszinierende ist der Computer als Verwandlungskünstler, die Oberfläche mit der er mit dem Menschen kommuniziert, meistens der Bildschirm. Diese Oberfläche verwandelt sich je nach Funktion, die angestoßen wird, zum Verwaltungsgenie oder zum Flugsimulator, zum gigantischen Gedächtnis wenn es um Adressen geht, oder zum Schachpartner. Es ist müßig, ja sogar unmöglich, alle Fähigkeiten dieses Allrounders aufzuzählen. Unmöglich deshalb, weil ständig neue Bereiche hinzukommen. Stichwort heute: Multimedia. Und morgen? Doch alles aus der gleichen Kiste!

Die Zukunft auf diesem Sektor wird eine Maschine hervorbringen, die in der Lage ist, sich völlig selbst zu verwalten. Die zudem lernfähig sein wird und mit den wachsenden Aufgaben immer intelligenter werden wird. Wenn wir also die Vorgänge in der Natur verstehen wollen, dürfen wir uns nicht an einer strengen Determination festklammern. Es können nicht alle Möglichkeiten voraus erdacht werden. Niemand weiß, welches Gemälde ein Anwender mit einem Malprogramm zeichnen wird. Trotzdem sind dem künstlerischen Genie keine Grenzen gesetzt. Ob es eine einfache Strichzeichnung, ein detailgetreues Stilleben oder naive Kunst sein soll, der Computer wird jeden zufriedenstellen. Auch die Natur arbeitet so! Es ist naiv zu glauben, jedes Lebewesen müsse jeweils durch eine Intelligenz neu konstruiert werden. Das ist Steinzeit des Denkens. Man muß sich davon freimachen. Wir kennen heute die Macht der Logik und der logischen Schaltungen. Wir wissen, daß dieses so problematische und komplizierte Feld nicht als Wunder zu bezeichnen ist, sondern daß es über entsprechende Schaltungen möglich ist, Maschinen automatisch arbeiten zu lassen, den Sternenhimmel zu einem beliebigen Zeitpunkt zu berechnen und graphisch darzustellen oder eben ein Atomkraftwerk nahezu automatisch zu steuern.

Was wird durch logische Schaltungen also möglich? Wir geben einer Maschine die Spielregeln mit, innerhalb derer sie sich zu bewegen hat. Wir geben ihr auch ein Ziel mit, das sie anzustreben hat. Und dann lassen wir sie einfach arbeiten. Allerdings, bevor die Maschine loslegen kann, ist sehr viel geistige Arbeit und jede Menge Intelligenz eingebracht worden. Bis zu diesem Startzeitpunkt hat sich nichts von selbst getan. Doch jetzt wählt die Maschine nach Versuch und Irrtum selbst aus und bewertet das Ergebnis. Es kommen eventuell die verrücktesten Kombinationen zustande, die aber immer noch im Bereich der Bandbreite der Spielregeln liegen. Insgesamt werden aber nur jene Ereignisse voll zum Tragen kommen, die in Richtung auf das Ziel den größten Erfolg versprechen. Wir haben also eine Maschine, die für den äußeren Betrachter vollkommen selbst funktioniert, die teilweise Absurdes hervorbringt, die jedoch, wenn man das Ganze auf einer Zeitachse betrachtet, durchaus sinnvoll arbeitet.

So eine Maschine ist die gesamte lebendige Natur. Jede Zelle kennt die Spielregeln. Das Ergebnis nennen wir Evolution. Die Spielregeln sind das Leitmotiv, das bereits dem ersten aller Organismen mitgegeben werden mußte. Wurden im Laufe der Zeit Korrekturen an diesem System vorgenommen? Wir wissen es nicht ganz genau. Allerdings scheint die lange Phase der Riesenechsen eine Art Sackgasse gewesen zu sein. Der Mensch könnte eine weitere darstellen. Das ist genau die Erfahrung, die man bei rückgekoppelten Systemen öfter machen kann. Alles funktioniert bis zu einem gewissen Zeitpunkt ausgezeichnet und dann stellt man fest, daß sich das Ganze in irgendeiner Nische festgefahren hat. Natürlich bewegt es sich immer noch im Rahmen der Spielregeln, aber es kommt nicht mehr voran. Man könnte dieses Geschehen mit den Spielautos vergleichen, die beim Auftreffen auf ein Hindernis eine andere Richtung einschlagen. Nun würde man annehmen, solch ein Fahrzeug müsse sich aus jeder Lage befreien können. Tatsache aber ist, daß es Winkel gibt, wo es nicht mehr loskommt. Es fährt nur noch ein kleines Stück vorwärts dann wieder zurück und verfängt sich aufs neue. An dieser Stelle hilft nur noch ein Eingriff von außen.

Wir Menschen bedienen uns einer analogen Strategie schon lange. Wo? Beim Kartenspielen, beim Fußballspiel oder beim Schach. Es gibt unendlich viele Möglichkeiten diese Spiele zu spielen. Nie wird ein Spiel wie das andere sein. Auch das Ende ist nie vorhersehbar. Der Rahmen, in dem sich alles zu bewegen hat, ist das Fußballfeld, das Kartenspiel oder das Schachbrett mit seinen immer gleichen

Figuren. Das Ziel ist Bestandteil der Spielregeln. Das Ergebnis immer offen.

Der Tiermensch

Der Begriff Tiermensch erweckt bei vielen Menschen das Bild eines furcherregenden, gefährlichen und unberechenbaren Werwolfs. Obwohl diese Adjektive auch den Homo sapiens sehr trefflich charakterisieren würden, geht es an dieser Stelle um etwas anderes: Wir wollen hier die geistige Mauer einreißen, die unsere aufgeklärte Kultur errichtet hat, um den Menschen als eine "ganz besondere Spezies", von dem Rest der Natur zu trennen. Es bringt dem Menschen nichts, wenn er diesen Traum vom gottähnlichen Wesen weiter träumt. Im Gegenteil, dieser Traum hat eine gefahrbringende Überschätzung unserer Fähigkeiten zur Folge. Die Hoffnung darauf, daß für uns alles machbar ist, hat unsere Sinne vernebelt. Der falsche Glaube daran, ein höheres Wesen würde unsere Fehler rechtzeitig neutralisieren, verleiht uns eine Scheinsicherheit, mit der wir wie die Lemminge vorpreschen.

Fassen wir noch einmal zusammen: die Existenz der belebten Natur steht im wesentlichen auf drei Säulen. Die Erste ist die Zelle, aus der heraus sich alles Leben entwickelt hat. In diesem ursprünglichsten Leben steckt das gigantische Paket der Organisation, das an alle Kreaturen weitergegeben wurde. Die zweite Säule gibt den Entwicklungsrahmen vor. Es sind die Spielregeln, die Bedingungen innerhalb derer sich das Leben zu bewegen hat. Diese stellen ein Pendant zur unbelebten Natur dar. Während die unbelebte Natur ständig dabei ist, bestehende Strukturen in Richtung eines "Energiegefälles" abzubauen, hat die belebte Natur aufbauenden Charakter. Im Gegensatz zum Wasser, das immer nur bergab fließen kann, fließt der Strom des Lebens stets bergauf. Beiden Strömen bleibt jedoch der Weg, den sie nehmen werden, offen. Sie werden jedoch beide im Rahmen eines Leitprinzips bewegt. Hinzu kommt noch die dritte Säule, und das ist die Zeit. Gerade dieser Faktor wird aus Mangel an Vorstellungskraft meistens unterschätzt. Ganz im Gegensatz zu unserer Denkweise gibt es bei Entwicklungen im Kosmos keinen Zeitdruck. Zeit gibt es einfach im Überfluß.

Wenn wir das Zeitraster eines Menschenlebens oder auch unserer 2000-jährigen Zeitrechnung auf die Entwicklung des Lebens legen, erhalten wir keine Ergebnisse. In diesen engen Kategorien scheint die Entwicklung still zu stehen. Selbst eine Zeitdauer von 100 000 Jahren läßt in der Regel keine evolutionäre Bewegung erkennen. Das Raster, das wir benötigen, ist in der Größenordnung von einer Million Jahre. Selbst hierbei kann es noch passieren, daß eine Bewegung nicht ersichtlich ist. Diese Dimensionen sind für unser

Vorstellungsvermögen problematisch. Wir können zwar damit rechnen, aber sie übersteigen unsere Vorstellungskraft. Lassen wir uns also die folgenden Zeiträume langsam auf der Zunge zergehen. Die ersten Affen tauchten vor etwa 50 Millionen Jahren auf. Erst 16 Millionen Jahre später spricht man von niederen Menschenaffen. Nun vergehen bis zur Entwicklung der Gibbons weitere 12 Millionen Jahre. Bis zur Abspaltung der Orang-Utans dauert es wiederum 5 Millionen Jahre. Weitere 7 Millionen Jahre vergehen bis zu den Gorillas. Nach weiteren 3 Millionen Jahren gibt es Schimpansen. Jetzt entwickelt sich langsam der aufrechte Gang. Nach weiteren 3 Millionen Jahren taucht der Australopithecus afarensis auf. Erst jetzt kristallisiert sich allmählich der Urmensch heraus. Noch einmal vergehen 2 Millionen Jahre bis zum Homo habilis. Weitere 1,25 Millionen Jahre werden vergehen bis zum Homo erectus dem aufrecht Gehenden. Und noch einmal braucht es ca. 1,25 Millionen Jahre bis zum Homo sapiens. Nun sind wir bei etwa 450 000 Jahren vor unserer Zeit angelangt. Vor ca. 100 000 Jahren tauchen dann moderne Homo sapiens unter ihnen der Neandertaler und nachfolgend der Cro-Magnon-Mensch auf. Wenn es uns also schwerfällt, an eine kontinuierliche Entwicklung zum Menschen hin zu glauben, dann wohl deshalb, weil diese Zeiträume geistig nicht mehr nachvollziehbar sind.

Doch tief in jedem von uns ist das Erbe dieser vergangenen Jahrmillionen weiterhin konserviert. Wir tragen diesen "Schmutz" immer noch mit uns herum. Es fehlt also nicht an Beweisen, sondern nur noch am Bekenntnis. Keinem Glaubensbekenntnis sondern ein Wissensbekenntnis. Dann heißt es nicht mehr: „Ich glaube an Gott den Vater, den Allmächtigen ..." sondern: „ich weiß, daß ich gemeinsam mit anderen Lebewesen ein Produkt evolutionärer Entwicklung bin, ein Wesen, das sich über viele Jahrmillionen innerhalb des Tierreiches entwickelt hat, dessen gesamtes Erscheinungsbild in seiner Erbmasse einprogrammiert ist, und das als einer von Millionen Partnern am Spiel des Lebens teilnimmt."
In jedem von uns steckt die gesamte "Mechanik" der Tierwelt. Sehen, hören, riechen sind Eigenschaften aus der Tierwelt. Essen, Trinken und Verdauen sind Vorgänge, die wir mit der Tierwelt teilen. Innere Organe (Herz, Lunge, Leber, Niere usw.), Blutkreislauf und Nervenbahnen haben wir gemeinsam. Knochen, Sehnen, Haut und Haare, Gebiß und Gliederung der Körpers unterscheiden uns nicht von der Tierwelt. Wir sind in all diesen Funktionen auch nicht etwa besser als die Tiere, im Gegenteil, für die Leistungen unserer Sinnesorgane läßt sich jeweils ein tierischer Vertreter finden, der uns z.T. haushoch überlegen ist.

Das gleiche trifft auch auf viele unserer Verhaltensweisen zu. Geradezu peinlich berührt es uns, wenn wir im Frühjahr den höheren

Affen im Zoo bei ihren sexuellen Handlungen zuschauen. In vielen Aktionen erkennen wir uns wieder, nur, diese Tiere sind nicht so gehemmt wie wir. Sie lassen ihren Trieben freien Lauf. Aber auch andere Verhaltensmuster lassen sich beobachten: Verhalten wenn der Hunger kommt, Habgier, Rangordnung und Abstandsverhalten. Das Revierverhalten teilen wir noch mit vielen Tieren, die weit unter dem Niveau der Affen liegen. Auch die Gefühle der Trauer und der Freude, aber auch des Schmerzes der Angst und der Lust sind Teil unseres Erbes aus der Tierwelt. Tiere sind gute Mütter und auch gute Väter. Sie gebären und säugen (zum Teil wenigstens) wie die Menschen auch.

Die Austauschbarkeit von Organen wurde bereits angesprochen. Selbst Medikamente wirken bei Tieren und Menschen ähnlich. Sogar das Immunsystem zeigt eine so große Übereinstimmung, daß man Antikörper im Tierorganismus erzeugen kann um sie dann dem Menschen zu injizieren. Selbst das Denken wurde für den Menschen nicht erfunden, sondern nur weiterentwickelt. Auch Tiere sind in der Lage Entscheidungen zu treffen. Sie können lernen und sich erinnern. Von diesen Fähigkeiten lebt nicht nur der Zirkus. Sie waren die Grundlage dafür, daß der Mensch seine "evolutionären Vorgänger" in seine Dienste stellte und sie als Arbeitstiere einspannte.

Wir können uns also in allen Kategorien Stück für Stück zerlegen und finden immer ein Pendant in der Tierwelt. Bedarf es noch weiterer Beweise? Nicht nur wir Menschen sind etwas Besonderes, die Pflanzen und Tiere sind es ebenso.

Trotzdem ist die noch offene Frage, worin sich denn der Mensch überhaupt vom Tier unterscheidet, schon ein wenig provokativ. Sind wir doch so gelehrt worden, daß sich alles Lebendige in drei Lager teilt. Pflanzen, Tiere und mit einem gewaltigen Abstand hiervon den Menschen. Der Mensch, bei dem wir an ein gütiges, hilfsbereites Wesen denken, dessen Handlungen durch den Verstand bestimmt sind, dessen Mitglieder gute Väter und liebevolle Mütter sind und das ständig bemüht ist, die Grausamkeiten der Natur aus seiner Welt zu eliminieren, um das Leben für sich und seine Nachkommen so reibungslos und angenehm wie nur möglich zu gestalten. Soweit das Menschenbild, betrachtet durch die trübe Brille eines unrealistischen, idealisierten Dogmatismus. Wieviel Anstrengungen sind nötig um nur den fahlen Schein dieses Bildes zu erhalten? Staatliche Gesetze, sozialer Druck, gesellschaftliche Zwänge, Erziehung im Elternhaus und in der Schule, ein religiöses Bekenntnis, Vorbilder und vieles mehr. Hinzu kommen noch viele Faktoren, die den Menschen in seinem überschwenglichen Zerstörungsdrang einschränken. Wenig Geld, viel Zeitaufwand zur Beschaffung der

Nahrungsmittel, eine labile Gesundheit, eine bedingungslose Abhängigkeit von der Natur, die Angst davor, seine Taten könnten nicht nur andere sondern auch ihn selbst treffen usw. Denken wir uns einmal diese ganzen Zwänge weg, was bleibt dann noch übrig? Ist der Mensch dann wirklich von seinem Wesen her derartig reif und erhaben? Wir wissen es genau. Es bleibt nichts mehr übrig. Wie ein Raubtier wütet er auf den selbst errichteten Schlachtfeldern, ermordet seinesgleichen, nicht nur den Gegner sondern auch unschuldige Frauen und Kinder. Schlimmer noch, er würde den Untergang seiner Art riskieren, nur um für sich selbst, für ein einzelnes Individuum, unbegrenzte Macht zu erlangen. Seine Handlungen sind fast ausschließlich von seinen Trieben bestimmt und Mitleid und Altruismus sind für ihn nicht existent. Überall, wo er Schwäche vorfindet, raubt, mordet oder versklavt er. Betrachten wir die religiös motivierten Kreuzzüge, den Umgang mit den Indianern bei der Besiedelung Amerikas, die despotischen Herrscher in vielen Ländern, die Gewalt gegen Frauen und Kindern im Alltag. Ist es nicht so, daß sich heute keine Frau nachts ohne Angst auf die Straße trauen kann? Ermahnen wir nicht unsere Kinder keinesfalls mit Fremden mitzugehen? Müssen wir nicht unsere Häuser mit massiven Türen und oft schon durch Alarmanlagen gegen Einbrecher schützen? Ohne all die oben genannten Zwänge hätte das Gute in der Welt keine Chance. Es würde von den Bösewichten ausgelöscht. Das geht an der Spitze soweit, daß sich große militärische Blöcke auf der Erde gegenüberstehen und sich mit einem so gigantischen Vernichtungspotential in Schach halten, daß damit die Erde mehrmals in Schutt und Asche gelegt werden könnte! So gesehen ist eher der Vermutung der Vorrang zu geben, daß mit dem Menschen nicht das Gute in die Welt kam, sondern eher die Gewalt eine ganz neue Dimension erhalten hat.

Auch das macht uns eben so tierähnlich. Wir sehen in den Mitgeschöpfen nur ein Reservoir an Roh- und Nährstoffen und nicht die Genialität dieser Schöpfung, nicht das am Überleben interessierte Individuum. Beim Esel denken wir an Salami und bei der Gans an einen Festtagsbraten. Das Kotelett erhalten wir vom Schwein und für eine gute Suppe benötigen wir ein Teil vom Rind. Wir empfinden hier genauso wie die Tiere selbst. Auch für sie teilt sich die Welt auf, in "Eßbares" und "Anderes". Wobei alles, was zu "anderes" gehört, eigentlich eher als lästig, gefährlich oder sogar als überflüssig angesehen wird.

Nicht zuletzt hängen wir Menschen in der gleichen "Lebenskette" wie die Tiere. Das nackte Überleben hängt bei beiden von den gleichen Faktoren ab: Luft, Wasser, Nahrung, Gesundheit und Lebensraum. Geht einer dieser Faktoren zur Neige ist es aus, für das Tier und auch für den Menschen. Es gibt hierbei keine Unterschiede und keine Privilegien. Der Mensch und das Tier sitzen so gesehen in einem Boot. Sie sind Wesen mit gleichen Ansprüchen, gleichen Vorfahren und eben nur durch ein paar Millionen Jahre Entwicklungsgeschichte getrennt. Aus dem geologischen Zeitverständnis heraus betrachtet eine Nichtigkeit.

Auch die knappe zeitliche Distanz zu unseren tierischen Vorfahren bestätigt, was wir alle bereits ahnen: der Mensch ist erst dabei, sich zum Menschmenschen zu entwickeln. Wir sind auf einem Weg, dessen Richtung wir glauben beschreiben zu können, dessen Ziel wir aber nicht kennen. Von unserer Physis her sind wir immer noch Tiere und von unserer Psyche aus betrachtet noch sehr primitive Menschen. Wir benötigen noch Krücken um in unserer neuen Dimension klarzukommen. Es haben sich für uns Einsichten eröffnet, mit denen wir noch große Probleme haben. Es haben sich Fragen aufgeworfen, die für die Tiere völlig belanglos sind. Wir wollen wissen, warum wir überhaupt existieren, wir suchen nach dem Sinn, wir stellen die Frage nach unserem Schöpfer, wir wollen als Individuum wertvoll sein, wir suchen nach Fixpunkten, an denen wir uns festklammern können und doch spüren wir, daß alle unsere Fragen noch nicht beantwortet werden können. Deshalb haben wir uns Götzen geschaffen. Wir haben uns selbst Ankerpunkte geschaffen, die in der Realität nicht vorhanden sind. Und weil das alles für den Einzelnen so ungeheuer schwierig ist, haben die Kirchen als hilfreiche Institutionen ihre Dienste angeboten. Sie füllen das Vakuum auf, das auf dem Weg vom Tier zur Menschwerdung entstanden ist. Nicht, daß sie uns etwas Handfestes anzubieten hätten. Woher auch? Aber sie haben über unsere labile Psyche ein morbides Dach gewoben, eine Art Spinnennetz, in dem sie die unreifen Psychen gefangen halten. Heiligenverehrung, Marienanbetung, Kruzifixe, Glaubensbekenntnis, Gotteshäuser, Himmel, ewiges Leben und einen unfehlbaren Papst. Weil dies alles jedoch nicht restlos befriedigt, und weil weiterhin wichtige Fragen in den Köpfen nach Antworten suchen, mußte noch ein wenig Angst mit in die Rezeptur aufgenommen werden. Wer sich also erdreistet, an all dem Unfug Kritik zu üben, dem wird mit dem Teufel, der Hölle und dem Fegefeuer gedroht. Der Mensch wird zu einem durch und durch sündigen Wesen erklärt, dessen Heil nur durch die Kirchen erlangt werden kann. Dieses zweifelhafte Spiel der Kirchen hat nur deshalb Erfolg, weil wir mit unseren neuen geistigen Errungenschaften noch nicht zurecht kommen. Nachdem wir aus der Instinkthaftigkeit der Tierwelt ein wenig herausgewachsen sind, haben wir Freiheiten erlangt, in deren Labyrinth wir uns noch verirren. Götter werden deshalb beschworen, Opfergaben bereitet und moralische Ketten angefertigt. Ein Armutszeugnis, daß wir immer noch davon ausgehen, die Kirche könnte uns Sünden vergeben. Zwanzig Ave Marias für eine Untat, Geld für einen Ablaß. Kaum zu glauben, daß dieser Schwindel noch funktioniert. Doch er tut es und wird es noch lange Zeit tun. Wir Menschen sind leider durch unsere Halbfertigkeit noch sehr anfällig und besonders empfänglich für solche Krücken. Bildhaft ausgedrückt sind wir mit den Füßen noch in der Tierwelt verwurzelt, und der Kopf schwebt in einem angsteinflößenden halbdunklen, verwirrenden Freiraum. Wir wollen das Tier in uns verleugnen und haben doch noch keine Größe. Unser momentaner Zustand schafft in uns mehr Unsicherheit als er uns Befriedigung verleiht.

Lassen wir uns also nicht durch die relativ hohe Kultur, die wir erlangt haben, über das wahre Wesen Mensch täuschen. Das Erreichte war nur deshalb möglich, weil wir uns selbst dieses "Übersystem" der Repressalien geschaffen haben. Physische und psychische Zwänge sind es, die uns davon abhalten so zu sein, wie es unserem innersten Drang entspricht. Nur aus Furcht vor der Staatsgewalt, aus Furcht vor dem Teufel oder aus Angst davor, man könnte sich durch seine Handlungen selbst vernichten ist es möglich, das "Tier" im Menschen an die Kette zu legen. Es ist aber nicht tot, es wartet beständig auf seine Chance.

Der Menschmensch

Es ist nicht einfach, ja eigentlich ist es unmöglich, den Menschen ohne seine Verwurzelung im Tierreich zu betrachten. Immerhin ist es schon bemerkenswert, daß der Bonobus Affe, von dem sich der Mensch vor ca. 8 Millionen Jahren und der Schimpanse vor 3 Millionen trennten, ca. 98% des menschlichen Erbgutes besitzt. Hier sind also nicht nur die Körperfunktionen ähnlich sondern auch das Verhalten. Dies geht soweit, daß sogar die Sexspiele von Bonobus und Mensch weitgehend identisch sind.

Auf der heutigen Stufe der Entwicklung ist der Mensch Tiermensch und Menschmensch zugleich. Von seinen körperlichen Funktionen her hat er keine Möglichkeit, sich vom Tierreich loszusagen. Nur sein Verhalten und seine geistigen Fähigkeiten geben ihm die Möglichkeit, sich anders zu entfalten. Es ist eben so, daß Körperbau und Körperfunktionen bei der Entwicklung zum Menschen fast nicht verbessert wurden. Ebenso wie die Tiere sind auch wir immer noch Gefangene unserer Systeme. Auch wir haben noch keine Möglichkeit, uns einen zusätzlichen Finger wachsen zu lassen und wenn uns unser Kleinwuchs nicht gefällt, müssen wir trotzdem damit leben. Auch die Fettpölsterchen, die wir gerne los wären, gehorchen nicht unseren Befehlen. Ob Verdauung, Blutkreislauf oder die Bildung von Knochensubstanz, nichts geschieht nach unserem Willen. Alles was wir tun können um unseren Körper ein wenig nach unserer Pfeife tanzen zu lassen ist, die Rahmenbedingungen zu verändern. Wir essen vielleicht weniger, obwohl wir Hunger haben; wir genehmigen uns einen Magenbitter, um die Verdauung zu fördern; wir treiben Sport, um den Kreislauf zu stärken. Aber selbst hier sind die Einflußmöglichkeiten sehr begrenzt, was jeder weiß, der schon einmal eine Schlankheitskur versucht hat.

Im Grunde genommen hat sich also der Mensch, aus der Sicht der Gene, gar nicht sehr viel weiterentwickelt. Allerdings hat ihm das Wenige ganz neue Möglichkeiten eröffnet. Dieses etwas leistungsfähigere Gehirn hat uns eine Türe von immenser Tragweite geöffnet. Zu diesen neuen Möglichkeiten zählen eine Sprache, die Schrift und damit verbunden die Fähigkeit, die Gesetze der Mathematik zu ergründen und anzuwenden. Es ist eben ganz wesentlich zu erkennen, daß die Leistungen des einzelnen Menschen nicht direkt seinen individuellen geistigen Fähigkeiten entstammen. Wir kennen es gar nicht anders, als daß die angesammelten Kenntnisse durch Weitergabe in Wort und Schrift erworben werden. Damit entfällt die ständige Neuerfindung ein und des selben Tatbestandes. Nicht jede Generationen beginnt wieder von vorne, sondern jede neue Generation baut auf dem Wissenstand der Vorgänger auf. Was sich hier in einem Satz so einfach ausdrücken läßt, kann in seiner Bedeutung für die kulturelle Entwicklung des Menschen nicht hoch genug bewertet werden. Allerdings darf dieses Geschehen nicht als besonders schnelle evolutionäre Entwicklung verstanden werden. Denn aus evolutionärer Sicht haben wir uns in den wenigen Jahrtausenden unserer Hochkulturen so gut wie überhaupt nicht weiterentwickelt.

Die Schrift ermöglicht es nicht nur, Wissen zu konservieren und für nachfolgende Generationen bereitzustellen, sie ist auch gleichzeitig das erweiterte Speichermedium unseres doch so lückenhaften Gehirnes. So werden nicht nur wissenschaftliche Daten aufgeschrieben, es wird auch Tagebuch geführt und die Firmen müssen sämtliche Geschäftsvorfälle in ihren Büchern dokumentieren. Aber auch die Geschichte eines Landes, Kriege und Katastrophen bleiben so für die Nachwelt erhalten. Dadurch können sämtliche Aktivitäten, egal wieviel Zeit inzwischen verflossen ist, rekonstruiert werden. Der Makel unseres Gehirns, nämlich zu vergessen, zu verdrängen oder Tatbestände zu verändern, wird damit ausgeglichen. Unser Gehirn selbst wäre absolut außerstande, diese Unmengen an Daten zu speichern und dann in einem Zeitraster ablaufgerecht wiederzugeben.

Die Mathematik ermöglicht es, einen weiteren Hebel anzusetzen. Komplizierte logische Vorgänge, die oft nur wenige Menschen in der Lage sind zu verstehen, werden in Formeln gepackt. Die Anwendung dieser Formeln ist nun um ein Vielfaches einfacher als das Verständnis des sich dahinter verbergenden Sachverhaltes. Ob es nun die Oberfläche einer Kugel ist oder die Maximierung des Volumens einer Dose mit gegebener Oberfläche, oder die Flugbahn eines Körpers, für einen geschulten Menschen lösen sich diese Aufgaben anhand von Formeln durch eine einfache mechanische Vorgehensweise: auswählen der Formel, einsetzen der erforderlichen Größen, ausrechnen. Der menschliche Geist für sich alleine könnte ohne Mathematik und ohne die Möglichkeit der Schrift solche Aufgaben nicht lösen.

In diesem Zusammenhang darf nicht vergessen werden, was wir bereits angesprochen haben, daß der Mensch durch Organisation in der Lage ist, die Leistung mehrerer Gehirne parallel zu schalten. Das bedeutet nun, viele Gehirne einzusetzen und auf ein gemeinsames Ziel hinarbeiten zu lassen. Sei das bei der Verwaltung eines Betriebes, der Entwicklung eines Autos oder der Planung eines Einkaufszentrums. Die evolutionäre Entwicklung hat also nur einen kleinen Anstoß gegeben und den Rest hat der Mensch aufgrund der erworbenen Fähigkeiten daraus entwickelt. Der Gipfel dieser sekundären Entwicklung stellen im Moment die Elektronengehirne dar, die wesentlich schneller arbeiten als der menschliche Verstand, die auch wesentlich schneller Entscheidungen treffen können, und die bereits in der Lage sind, viele Aufgaben zu erfüllen, zu denen bisher der menschliche Geist benötigt wurde. Hier entsteht ein neuer Hebel mit immenser Tragweite.

Menschmensch sein bedeutet aber mehr, als nur eine entsprechende geistige Kapazität zu besitzen. Ja, es ist sogar eher bedauerlich, daß diesem Fetisch "Intelligenz" so viel Tribut gezollt wird. Es müssen eben auch edle Verhaltensweisen hinzukommen, die den Menschmenschen auszeichnen. Denken wir an Anstand, an Moral, an Ordnung und Organisation. Gerade in diesen Werten, die in ihrer Gemeinsamkeit Charakter bildend wirken müssen, haben wir noch ein weites Arbeitsfeld vor uns. Obwohl wir also eine ziemlich genaue Vorstellung davon haben, wie der frühe Menschmensch sein sollte, so können wir trotzdem ohne Einschränkung behaupten, daß er im Moment in dieser Vollendung noch nicht existiert. Besonders die Eigenschaften mitzufühlen und sich in andere Wesen hineinzuversetzen, müssen sich noch stärker entwickeln. Hierbei sei insbesondere an Kinder und Erwachsene, die sich in ärztliche Behandlung begeben müssen und denen hierbei Schmerzen zugefügt werden, aber auch an Tierversuche und den Umgang mit Schlachtvieh gedacht. Es muß auch mehr Anteil genommen werden an der Tatsache, daß viele Kinder und Erwachsene auf dieser Erde täglich elend verhungern oder verdursten. Stellen wir uns nur einmal vor, wir müßten hilflos erleben, wie unser Baby, zunächst nach Nahrung schreiend und dann immer stiller werdend, langsam stirbt. Und das in Kenntnis der Tatsache, daß viele Menschen in einem derartigen Wohlstand leben, daß es für sie zum größten Problem geworden ist, die zuviel "angefressenen" Pfunde wieder abzuspecken. Menschmensch kann der Eingeborene im tiefsten Urwald sein, ein Eskimo oder Indianer weitab jeglicher Zivilisation. Dabei ist es heute unbestritten, daß jene Menschen den gleichen Intelligenzquotienten besitzen, wie die Bewohner der sogenannten zivilisierten Länder. Es wäre im Sinne des Allgemeinwohles oft nützlicher, intelligente Handlungen zu unterlassen, als alles Machbare auch zu tun. Intelligente Handlungen erfüllen nicht gleichzeitig den Anspruch auf ethische Unbedenklichkeit.

Es gibt zum Glück sehr viele Menschen, deren Wesen von Gutmütigkeit und Aufopferung geprägt ist. Denken wir z.B. an die Pflege von alten, kranken und gebrechlichen Mitmenschen. Diese Aufgaben werden oft bis zur eigenen Erschöpfung erfüllt. Nicht zuletzt verzichten deshalb Frauen auf Heirat und Kinder. Es wird in Kauf genommen, daß man hier Tag und Nacht im Einsatz ist, somit auf Urlaub und viele andere Annehmlichkeiten verzichten muß. Leider wird es Menschmenschen in unserer heutigen Gesellschaft nicht leicht gemacht. Ihre Gutmütigkeit wird von Gaunern (Tiermenschen) schamlos ausgenutzt. Nicht zuletzt werden solche Menschmenschen als naiv bezeichnet, während man den Tiermenschen nachsagt, sie wären geschäftstüchtig. Selbst unser Staat bläst in das gleiche Horn. Den aufopfernden Dienst an Eltern und Verwandten quittiert er durch das Versagen einer angemessenen Rente. Ähnlich ergeht es Müttern, die sich ausschließlich der Familie und der Kindererziehung gewidmet haben. Sie haben den geringsten Status und genießen so gut wie kein Ansehen.

Ob sich die "weisen Tauben" gegen die "Falken" durchsetzen werden, ist bislang noch nicht entschieden. Die meisten Menschen führen ein Zwitterdasein als Tiermensch und als Menschmensch, je nach Aufgabenstellung. Privat sehr umgänglich, werden sie am Arbeitsplatz oft zu Tyrannen. Oft ist die Hilfsbereitschaft im Einzelfall außerordentlich großzügig und wird in einem anderen dringenden Fall vielleicht aufgrund von Pauschalurteilen versagt. Nicht zuletzt riskierten selbst im Hitlerreich viele Menschen ihr eigenes Leben um anderen zu helfen. Das ist begründeter Anlaß zur Hoffnung.

Auf dem kulturellen Weg des Menschen hat sich all das angesammelt, was er mit seinem Verstand erreichen konnte. Obwohl wir manche Errungenschaften mit großem Respekt betrachten, zieht sich doch eine breite Blutspur durch diese Zeit. Es ist eben nicht die Kultur eines großen Geistes sondern im wesentlichen eine Kultur der Gewalt. Einer der großen Namen der Vergangenheit ist Christoph Kolumbus. Aus politischer und wissenschaftlicher Sicht verdient er großen Respekt, nicht jedoch als Vorbild für ethische Grundwerte. Der große Seefahrer und Entdecker ließ gutgläubige Eingeborene auf grausamste Weise foltern, Gliedmaßen abhacken und hinrichten, nur um an das Gold dieser Menschen zu gelangen. Amerika die große Weltmacht hat in der Vergangenheit Familien in Afrika unbarmherzig zerrissen, Frauen, Kinder und Männer entführt, unter dem Kalkül hoher Verluste nach Amerika transportiert, um sie dort als Sklaven zu mißhandeln. Bei der Besiedlung des Westens der USA wurden die rechtmäßigen Ureinwohner, die Indianer, niedergemetzelt und nahezu ausgerottet. Selbst die christliche Religion hat auf ihren Kreuzzügen und bei der Inquisition unschuldiges Blut vergossen, um ihre Machtposition auszubauen. Und als Krönung des Ganzen hat der Mensch die größte und schrecklichste aller Vernichtungswaffen, die Atombombe, erfunden. Stets wurde dieses Unrecht von Menschen angeprangert, die solches Treiben der Obrigkeit nicht billigten. Es waren zu jeder Zeit Menschmenschen vorhanden, die den Verfolgten und Todgeweihten unter Lebensgefahr ihre Hilfe anboten.

Aus wirtschaftlicher Sicht wird die Welt in zwei Lager eingeteilt. Das eine sind die industrialisierten Länder mit hohem Bruttosozialprodukt. Die Bewohner dieser Staaten haben sich zum Ziel gesetzt, die Natur zu ergründen und sie, wo immer es möglich ist, auch auszutricksen und auszubeuten. In das andere Lager gehören jene Menschen, die wir gerne als "Dritte Welt" bezeichnen. Man könnte sich nun aus begründetem Anlaß die Frage stellen, welche dieser beiden Lebensphilosophien im Hinblick auf das Überleben der Menschheit den längeren Atem hat? Jene ewig gestrigen oder die Hochmodernen und Hochtechnisierten? Für unsere Betrachtungsweise ist jedoch ein anderer Aspekt viel wichtiger. Auch wir teilen die Menschheit in zwei Lager. In das eine mit aggressiven, triebhaften, unfreundlichen, arroganten, lügenden und egoistischen Menschen. Und in das andere mit hilfsbereiten, gutmütigen, stets ein offenes Ohr habende, ehrliche, vertrauensvolle und liebenswerte Menschen. Es spielt also überhaupt keine Rolle, welche Nationalität, welche Hautfarbe, welchen Bildungsstand oder zu welcher Wohlstandskategorie Menschen zählen. Es kommt auch insbesondere nicht darauf an, ob man überhaupt einer, und wenn ja, welcher Religionsgemeinschaft angehört. Die geistige Grundhaltung und der Umgang mit anderen Kreaturen ist es, worauf es ankommt.

Der Weg zum Menschmenschen beginnt beim Gesinnungswandel. Er beginnt dort, wo man sich Gedanken darüber macht, ob es notwendig ist, daß für den eigenen Sonntagsbraten ein Schwein oder Huhn geschlachtet wird. Oder da, wo es einem leid tut, wenn man mit dem Auto oder Flugzeug zur Arbeit oder in den Urlaub fährt und dadurch die Umwelt belastet. Der Menschmensch ist sich bewußt, daß das Experiment Mensch nur gelingen kann, wenn dieser ein viel sozialeres Verhalten entwickelt. Ein soziales Verhalten gekoppelt mit dem Weitblick für seine Taten und einem schlechten Gewissen dort, wo man gegen ein nicht menschmenschgerechtes Verhalten verstößt. Am Anfang des Menschmenschseins muß also nicht unbedingt die Tat stehen, sondern der Wunsch und das Bedürfnis, so sein zu wollen. Erst in einem zweiten Schritt wird man dann auch die psychischen und körperlichen Schranken überwinden. Oberster Grundsatz ist, von einem Menschmenschen darf niemals eine Aggression oder Provokation ausgehen. Menschmenschen benötigen auch kein Distanz erzeugendes "Sie" mehr. Diese herrschaftliche Anrede, die dazu dient, einen höheren Rang zu dokumentieren, wird überflüssig.

Der Menschmensch distanziert sich vom täglichen Streß und erhält auf diese Weise einen ruhigen und ausgeglichenen Charakter. Er arbeitet um leben zu können, aber nicht im Sinne einer Wegwerfgesellschaft und nicht für unnütze Dinge. Für ihn ist Freizeit, in der er sich mit geistigen Dingen und der Natur auseinandersetzen kann, mindestens gleich wichtig. Er widmet sich besonders fürsorglich seiner Familie und schließt in diese Fürsorge auch bedürftige Menschen mit ein.

Der Weg zum wahren Menschmenschen ist noch weit. Ein Hemmnis sind jene Programme im Menschen, die aus verschiedenen Merkmalen des Gegenübers dessen Wesen einschätzen und dann vorgeben, wie man mit diesem umzugehen hat. Freundliche und gutmütige Menschen werden so als ungefährlich taxiert und im Umgang mit ihnen wird keine besondere Rücksichtnahme für erforderlich gehalten. Es wird gemeldet, daß man bei diesen Personen ein leichtes Spiel haben würde. Dabei sollten unsere Programme ein ganz anderes Verhalten aktivieren, denn gerade solche Menschen sind eine Zierde. Sie verdienen besonderen Respekt und es sollte besonders höflich und entgegenkommend mit ihnen umgegangen werden. Doch bis diese Automatik innerhalb der Menschheit umgepolt sein wird, kann noch viel Zeit vergehen. Es besteht jedoch Grund zur Hoffnung: Manche Menschen haben diesen Sprung schon geschafft, der Anfang ist gemacht.

Das wesentliche am Menschmenschen ist, daß das soziale Ordnungsbewußtsein aus dem Menschen selbst herauswächst.

Heute bedarf es noch vielfältiger Druckmittel, sei es die Gewalt des Staates, die religiösen Vorgaben oder der soziale Druck der Familie, der Verwandtschaft oder der Gemeinde, in der man lebt. D.h., das Individuum wird in einen Rahmen gestellt, in dem es sich bewegen kann und darf, ohne mit Repressalien von außen rechnen zu müssen. Allerdings wird hier in diesem System das Individuum animiert, von dem zur Verfügung stehenden Kuchen immer möglichst viel für sich zu beanspruchen. Dadurch entsteht nicht nur ein gewaltiger Konkurrenzkampf, sondern auch eine Grauzonenmentalität. Es ist so ähnlich wie bei Formel-1-Rennen: Siegen kann man nur, wenn man bis an die Grenzen aller Möglichkeiten geht. Die Energien des Individuums strömen also ungebremst, um den Löwenanteil des Kuchens zu bekommen. Der Menschmensch bescheidet sich aus eigenem Antrieb. Er wir mit einem guten Gefühl belohnt, wenn er anderen hilft oder sich in Altruismus übt. Er ist bestrebt sich überall korrekt, fair und taktvoll zu verhalten. Ein Sieg seinerseits darf den Mitbewerber weder innerlich verletzen noch körperlich gefährden. Einen Sieg um jeden Preis gibt es nicht mehr. Lieber keinen Sieg als einen, der mit unsauberen Mitteln errungen wird. Damit wird sehr viel krimineller Druck von der Gesellschaft genommen.

Das Prinzip der staatlichen Gewalt besteht heute darin, daß Menschen, die sich nicht an Gesetz und Ordnung halten, bestraft werden. Dieses Uralt-Modell müßte in einem ersten Schritt dahingehend erweitert werden, daß Menschen, die sich in besonderer Weise sozial engagieren, die Gutes vollbringen und ein Vorbild für die Gesellschaft sind, für ihre Leistungen belohnt werden. Es muß also eine Balance hergestellt werden zwischen der Bestrafung von Übeltätern und der Belohnung von Wohltätern und Vorbildern. Besonders für die junge Generation ist es wichtig, daß wieder Tugenden benannt werden, die als Orientierung dienen. Diese Tugenden müssen allgemein anerkannt sein und somit fest wie ein Fels in der Brandung stehen. Sie müssen sich in guten wie in schlechten Zeiten bewähren. Genauer genommen müssen sie in guten Zeiten erlernt werden, damit sie in schlechten Zeiten ein Absinken der Gesellschaft in Rücksichtslosigkeit und egoistische Hamstermentalität verhindern. Diese Tugenden zu bestimmen und festzulegen und auch dem Bürger nahezubringen, darf nicht weiter nur Aufgabe einer Religionsgemeinschaft sein, sondern muß im Staatswesen verankert werden. Wir brauchen also eine Art Verfassung für die Tugenden, die ein Land für wichtig hält und das Beste wäre natürlich, sie wie die Menschenrechte, weltweit zu propagieren (z.B. internationale Tugendkonvention). Wie bereits erwähnt, werden Menschmenschen schon aus eigenem Antrieb heraus Untaten vermeiden. Um diese Entwicklung zu festigen und zu beschleunigen, ist ein Belohnungssystem ein hervorragendes Mittel.

Haben wir Menschen einmal diese hohe Entwicklungsstufe erreicht, zeigt die Erde ein anderes Gesicht. Es hat sich dann eine weitere aufbauende Kraft entwickelt. Neben dem aufbauenden Element des Lebendigen innerhalb der Evolutionskräfte kommt das pflegerische Element des Intelligenten hinzu. Die Intelligenz, als Mittel um Unzulänglichkeiten im genetischen Potential auszugleichen. Wir Menschen sind ständig dabei, davon Gebrauch zu machen. Bedauerlicherweise haben uns jedoch die Triebe und Gefühle des Tiermenschen noch zu fest im Griff. Um Menschmensch zu werden, müssen wir erst lernen, diesen zu widerstehen. Darauf zu warten, bis die Natur unser Genpool bereinigt hat, ist nicht möglich. Zu groß sind die Zeitdimensionen und zu gering unser zeitlicher Spielraum. Dabei stellt sich obendrein noch die Frage, ob dies aus der Sicht der biologischen Spielregeln überhaupt zu erreichen ist?

Der Wert des Menschen

Ist es nicht vermessen, ja nahezu unverschämt, nach dem Wert eines Menschen zu fragen? Nach unserer landläufigen Auffassung sind wir doch eindeutig unbezahlbar. Man stelle sich nur vor, jeder hätte einen Preis und man könnte wie Ware auf dem Markt gehandelt werden! Einen Preis zu nennen impliziert eben gleichzeitig, daß ein Produkt auch zu diesem Preis käuflich zu erwerben ist. Menschen kaufen oder verkaufen? Das grenzt an Barbarei. Deshalb wollen wir hier auch nicht vom Preis in irgendeiner Währungseinheit, sondern vom Wert eines Menschen reden. Es ist auch dabei nicht nötig, einen entsprechenden Gegenwert in Geld, Gold, Edelsteinen oder sonstigen Äquivalenten zu finden. Es soll hier ganz allgemein darum gehen, den qualitativen Wert des Menschen innerhalb einer Skala von unschätzbar, besonders hoch, niedrig oder gegen Null gehend, einzuordnen. Selbst diese Taxierung ist nicht unproblematisch, wir wollen es einmal aus verschiedenen Blickwinkeln versuchen.

Betrachten wir den Menschen als biologisches Produkt. Dann stellen wir fest, daß er beliebig oft reproduzierbar ist, also ganz gewiß keine Rarität darstellt. Sechs Milliarden Menschen mit einer steigenden um nicht zu sagen explodierenden Tendenz. Da könnte man schon fast von einer schädlingshaften Vermehrung sprechen. So gesehen haben wir für die Natur den gleichen Stellenwert wie jedes andere Lebewesen. Wir können uns als Individuum durchaus mit einer Ameise, einer Stubenfliege oder einem Feldhasen vergleichen. Wir haben in der Natur ganz gewiß keine bevorzugte Stellung. Machen wir Fehler, werden diese von der Natur in gleicher Weise quittiert wie bei anderen Lebewesen auch. Vom Ergebnis her ist es vollkommen egal, ob ein Mensch oder ein Reh in eine tiefe Schlucht stürzt. Es ist auch vom Verletzungsgrad her betrachtet gleichgültig, ob ein Fuchs, eine Katze, eine Kröte oder ein Mensch unvorsichtig die Straße überquert und von einem Auto erfaßt wird. Wer giftige Nahrungsmittel zu sich nimmt, erduldet schwere Qualen und stirbt evtl. sogar daran. Dabei macht es keinen Unterschied, ob es sich um eine Stubenfliege, eine Ratte oder um einen Menschen handelt. Auch wenn wir es gerne anders hätten, aus der Sicht der Natur gibt es für uns Menschen überhaupt keine Sonderstellung. Auch die Schwerkraft versagte nicht, als Menschen unter der Guillotine starben. Das schwere Messer sauste in der gleichen Weise nach unten, als ginge es darum, ein Stück Holz zu spalten.

In Sachen Privilegierung bleiben für uns bestenfalls die Versprechen der Religionen übrig: die Vermutung, daß es Schutzengel für Menschen gibt, die Hoffnung auf ein ewiges Leben im Himmel - speziell für Menschen, die Zusage, daß Gott mit jedem von uns ist und uns behütet, die Aussage, daß wir Gottes Kinder sind und der Trost, daß jedes Schicksal, das uns ereilt, einen ganz bestimmten Sinn hat. Nun, wer diese Zusicherungen gerne glauben möchte, der kann dies auch weiterhin tun. In Wahrheit sind das Worte, gedacht als Balsam für unsere Psyche. Es bleiben aber Worte, nichts als Worte, Schall und Rauch. Die Religionen versuchen ein theoretisches Bild zu zeichnen, ein Modell. Mit diesem Modell wird die unbezwingbare "nichtwesenhafte Natur" durch eine ähnlich potente (allmächtige) Wesenheit ersetzt. Diese Persönlichkeit macht aber nur dann Sinn, wenn sie all die Erscheinungen bewirken kann, die in der Realität vorkommen: Krankheiten, Erdbeben, Stürme, Dürreperioden, Überschwemmungen usw. Dabei sind sich die Kirchen immer noch nicht einig, was den größeren Nutzen bringt: eine Persönlichkeit, vor der sich der Mensch fürchtet, oder eine Persönlichkeit, die der Mensch so tief lieben soll, daß alles Schreckliche, das passiert, aus einer höheren, dem Menschen nicht zugänglichen Betrachtung heraus, nicht schadet sondern nützt. Diese Wesenheiten werden als Gott oder Teufel bezeichnet. Wer die Predigten unserer Pfarrer hört, der spürt, welche Anstrengungen unternommen werden, um das Bild der Realität und das Gottesbild kongruent zu bekommen. Bei all dem, was hier zusammengereimt und kundgetan wird, ist es sehr erstaunlich, daß nicht eine Welle der Empörung durch die Gemeinde geht. Keinem anderen Berufsstand wird soviel Wohlwollen entgegengebracht wie den Predigern. Daß die Gläubigen so kritiklos sind, liegt an der unreifen Konstitution unserer Psyche. Die Programme sind immer noch so geschaltet, daß sie die gnadenlose Realität verdrängen und ignorieren sollen. Andererseits verlangt die ständige Konfrontation mit harten Schicksalsschlägen nach tröstenden Erklärungen. Gerade in dieser

Unzulänglichkeit auf dem Wege der menschlichen Entwicklung, stoßen die Religionen auf sehr fruchtbaren Boden. Sie klären nicht auf, indem sie den Menschen die Ursachen der harten Wirklichkeit erläutern und nahebringen. Im Gegenteil, sie bestätigen indirekt die Tatsache des noch mangelhaften menschlichen Bewußtseins. Sie nützen die Schwächen der Menschen aus, um sie mit Schlagworten wie "Sündhaftigkeit" und "Sündenvergebung" sowie "gläubig sein" und "ewigem Leben" einzuwickeln und für ihre Zwecke gefügig zu machen. Wie erfolgreich die Kirchen dabei sind, zeigen Klöster, Münster, Basilikas und andere Kirchengebäude. Hinzu kommen gigantische Ländereien die die "Schäfchen" bereit waren, den Kirchen für ihr Seelenheil zu spenden. Die Religionen puffern mit wohl ausgewählten Worten die grausame Wirklichkeit ab. Das gefällt unserer Psyche. Deshalb sind auch viele Menschen bereit, sich von den Worten der Prediger einfangen zu lassen. Und wer würde es auch anders erwarten, je härter die Zeiten, je schlimmer die Schicksale um so mehr bedarf die Psyche dieses Fallnetzes. Daß dieses Netz nur aus Worten gewoben ist und in Wirklichkeit gar nicht existiert, ist der unterentwickelten Psyche, oder anders ausgedrückt, unseren Programmen egal. In unserer Unvollkommenheit erhalten Worte sehr oft den Rang eines real existierenden Tatbestandes. Ja schlimmer noch, Worte sind sogar in der Lage, echte Wahrnehmungen unserer Sinne zu übermalen, so daß unser Bewußtsein die Scheinrealität der Worte als wahrheitsnäher bewertet. Nur unsere Unvollkommenheit ist es also, die den Kirchen diese fruchtbaren Weidegründe beschert. Ist es nun Realitätssinn oder Überheblichkeit, wenn der Mensch diesbezüglich gerne mit einem Schaf verglichen wird, das auf einer grünen Weide gehütet wird? Immerhin, dieser Vergleich mit dem dummen Schaf, das keine Kritik übt, das nahezu willenlos seinem Schäfer nachfolgt, kommt der Realität im Religionsalltag sehr nahe. Werden also alle Aussagen durch das Sieb der Wahrheit gefiltert, bleibt für die angebliche besondere Wertstellung des Menschen in Bezug auf religiöse Prosa nichts mehr übrig.

Zu einer besonders hohen Bewertung, aus dem Blickwinkel der Natur gesehen, reicht es also nicht. Die Natur kennt weder Liebe noch Fürsorge für irgend ein lebendiges Wesen. Da macht auch der Mensch keine Ausnahme. Sie verteilt nur Chancen an biologische Systeme, die in der Lage sind, mit den Bedingungen auf dieser Erde zurecht zu kommen, und die selbst dafür sorgen können, daß ihnen keine letalen Fehler unterlaufen. Diese Chancen werden aber ohne jeglichen Anspruch auf gutes Gelingen vergeben. Es ist eben so: Leben oder nicht leben ist in der Natur in allen Bereichen des Lebendigen gleichwertig. Wer nicht aufpaßt, stirbt. So einfach sind die Spielregeln.

Schauen wir uns einmal an, welche Wertschätzung uns von den anderen Mitgeschöpfen zuteil wird. Oder besser gesagt, betrachten wir uns aus deren Sicht. Tun wir einfach einmal so, als könnten sie zu uns sprechen. Fragten wir einen Baum, welche Meinung er von dem Menschen hätte, lautete die Antwort wahrscheinlich ganz spontan: "Töten, so lange noch Zeit dazu ist." Das Gift, das aus den Auspuffen und Schornsteinen in die Atmosphäre gelangt, ist ein immenser Risikofaktor für die Wälder. Nach aktuellen Erhebungen ist mindestens jeder fünfte Baum geschädigt. Die gleiche Antwort erhielten wir wohl auch vom Fisch, der in Flüssen, Seen, ja selbst in den Weltmeeren mit großen Schadstoffmengen belastet ist und dessen Nachkommenschaft in gewissen Regionen durch menschliche Eingriffe stark gefährdet ist. Dabei sind Überfischung, Verklappung oder Einleitung von kommunalen Abwässern nur die eine Seite der Medaille und vielleicht noch die unproblematischste. Neue Auswüchse der menschlichen Unvernunft sind das Versenken von radioaktivem Müll im Meer sowie die verheerende Auswirkung der verstärkten UV-Strahlung auf das Plankton. Könnten wir das Meer selbst befragen, das heute an manchen Stellen so stark belastet ist, daß es bereits selbst Schadstoffe emittiert oder die Luft, die als gigantischer Abfallschlucker herhalten muß, wir erhielten ebenso die Antwort: „Vernichten, solange noch nicht alles zerstört ist." Die Tiere des Waldes, die in einer heimtückischen Jagd erlegt werden, die Milchkühe, die oft ihr ganzes produktives Dasein an einer Kette im Stall fristen müssen, das Legehuhn, dem in seinem Käfig nicht einmal mehr ein Minimum an Würde zugestanden wird, oder dem Mastschwein, das die Sonne erst dann erblickt, wenn es sich auf dem Weg zum Schlächter befindet, sie alle sind des Menschen überdrüssig. Überall greift er wie ein Despot ein, um sich zu bedienen und zu zerstören. Auch aus diesem Blickwinkel heraus ginge der Wert des Menschen gegen Null.

Wie sieht es denn aus, wenn wir uns einmal die Wertschätzung betrachten, die der Mensch bei seinen Artgenossen besitzt. Der Mensch als Soldat hat nicht viel Wert. Dieser Wert reduziert sich auf die Fähigkeit, eine Waffe bedienen zu können. Ist das nicht mehr der Fall, ist er unbrauchbar. Der Mensch als proklamierter Feind ist sowieso nur dazu da, gejagt und getötet zu werden. Nicht einmal einen Schuß Pulver waren viele Gefangene der KZ's im Hitlerreich wert. Selbst das Gas war noch zu teuer. Der zweite Weltkrieg dauerte knapp sechs Jahre und kostete ca. 55 Millionen Menschen das Leben. Gleichmäßig verteilt starben damit während dieser Zeit in jeder Stunde 1000 Menschen. Angesichts dieser Verachtung von Menschenleben fällt es einem schwer, dem Menschen aus der Sicht seiner Mitmenschen einen Wert zuzuweisen. Den gleichen Eindruck erhält man, wenn man die Opfer im Straßenverkehr, bei Flugzeugabstürzen und Menschen als Versuchskaninchen in radioaktiv verseuchten Gebieten betrachtet. Der Mensch wird zum reinen Objekt degradiert. Ist er tot, hinterläßt er statistisch gesehen eine Lücke, die ihn voll ausfüllt. Weiter kann man im Wert nicht sinken.

Nach diesen vernichtenden Urteilen sollte man meinen, der Mensch selbst, als Individuum, würde sich selbst wenigstens höher bewerten. Das stimmt teilweise auch. Trotzdem geht er immer wieder enorme Risiken ein, in denen er das eigene Leben aufs Spiel setzt. Schon die Teilnahme am Straßenverkehr ist ein verwegenes Unternehmen. Aber die Risikobereitschaft geht noch viel weiter: Bergsteigen, Drachenfliegen, S-Bahn- und Aufzugsurfen, Bungeespringen, Wildwasserfahren, Teilnahme an Weltraumflügen, Weltumsegeln in "Nußschalen", Freiklettern und viele andere gefährliche Unternehmungen. Das Äquivalent zur eigenen Werteinschätzung ist hier der oft nur Sekunden dauernde Kick, den diese lebensbedrohenden Wagnisse auslösen. In den Bereich der Risikobereitschaft kann man auch das Rauchen, Trinken und den Konsum von Drogen einordnen. Auch wenn die Dauer des guten Gefühles hier länger anhält, so handelt es sich doch in allen Fällen um eine Demontage der Gesundheit mit dem ständigen Risiko, daran zu sterben. Zum anderen sind nicht alle Menschen glücklich, die man mit medizinischer Technik wieder in Leben zurückholt. Auch lebensverlängernde Maßnahmen stehen zunehmend in der Diskussion. Leben um jeden Preis ist für viele Menschen nicht das oberste Ziel.

Mit dem Wert des Menschen ist es demnach nicht sehr weit her. Auch innerhalb einer Gemeinschaft gibt es Sachverhalte, die dem Individuum übergeordnet sind und jeglichen Wert des Menschen ignorieren. Nehmen wir als Beispiel eine florierende Wirtschaft. Hier wird vielerorts den Menschen die Würde genommen. Die Bedingungen sind oft so hart, daß man sich bis zum Herzinfarkt verausgabt, andere müssen krebserregende oder sonstige gesundheitsgefährdende Stoffe einatmen. Auch viele Verkehrsopfer gehen auf das Konto "Streß in der Arbeitswelt". Straßenanlieger müssen oft 24 Stunden lang den Verkehrslärm aushalten, Menschen, die in Einflugschneisen leben, wird das Gedröhne der startenden und landenden Flugzeuge zugemutet. Zum Zwecke der Haltbarmachung von Lebensmitteln werden gesundheitsschädliche Stoffe eingesetzt. Um den Verkauf zu fördern, werden Farbstoffe zugefügt, die im Verdacht stehen, Allergien zu erzeugen. Da kommen nicht einmal Skrupel auf, selbst wenn die Zielgruppe Kinder sind.

Noch verächtlicher mit der Wertschätzung des Menschen, gehen Staaten mit hohem Nationalbewußtsein um. Hier heißt es lapidar:

das Wohlergehen des Staates ist alles, der Einzelne ist nichts. Nationalistisch geprägte Staaten mit ihren menschenverachtenden Auswüchsen sind stets unberechenbar. Sie haben ein Terrorsystem nach innen, um das eigene Volk gefügig zu machen. Auch für die angrenzenden Länder stellen sie ein erhebliches Risiko dar. Unbedingter Gehorsam, Wehrhaftigkeit nach innen und außen und die ständige Bereitschaft, schwächere Nationen zu unterdrücken und sich einzuverleiben, gehören zu ihren Grundprinzipien. Tod und Leid wird dabei billigend in Kauf genommen. Menschliche Bedürfnisse werden nur insoweit akzeptiert, als sie mit den Staatszielen konform gehen.

Ein ebenfalls übergeordnetes Gut ist der wissenschaftliche Fortschritt. Hier werden ständig Risiken eingegangen, die nahezu unkalkulierbar sind. Denken wir nur an die gefährliche Röntgenstrahlung, die Radioaktivität oder an Genversuche. Durch die Röntgenstrahlung starben etliche Menschen, bevor die Gefährlichkeit richtig eingeschätzt wurde. Auch der Radioaktivität wurden - vor allem in Rußland und den USA - Menschen für wissenschaftliche Erkenntnisse geopfert. Natürlich war man sich auch hier anfangs des Risikos nicht bewußt. Und in der Genforschung? Hier sind die Gefahren bekannt. Die Szenarien wurden bereits in vielen Science-fiction Filmen vorweggenommen. Wer aber glaubt, das würde Wissenschaftler bremsen, der irrt sich. Es grenzte an ein Wunder, würden hierbei nicht ebenfalls gigantische Schäden an Menschen, Tieren und der restlichen belebten Natur entstehen. Oder noch schlimmer, eine ungebremste Vermehrung von Organismen - ein Alptraum! Die Forschung an Genen wäre im Grunde genommen zu akzeptieren. Die Verpflanzung von Genen von einem Organismus in einen anderen, kommt allerdings zu früh. Die Frage ist nämlich: wie kann man Gene, die sich im Laufe der Zeit als ungünstig erweisen, wieder abschalten? Man braucht also zunächst einen Notschalter. Solange Gene nur angeschaltet werden können, es aber keine Möglichkeit gibt, sie wieder zu eliminieren oder abzuschalten, solange muß die Manipulation an einem lebenden Organismus unterbleiben.

Wirtschaft und Wissenschaft sind von anfänglichen Hoffnungsträgern für eine bessere Zukunft zu Triebfedern für die Zerstörung der Umwelt geworden. Besonders die langfristigen Schäden sind es, die Sorge bereiten. Verseuchung des Bodens, Grundwasserverschmutzung, Luftverschmutzung, CO_2 Eintrag in die Atmosphäre bis hin zu der Zerstörung der Ozonschicht. Bei all diesen Aktionen werden Tausende, ja sogar Millionen von Menschenleben aufs Spiel gesetzt. Man kalkuliert sie sehenden Auges ein. Doch was heißt hier Menschen? Das sind keine Individuen, das ist Statistik!

Bleibt noch die Betrachtung des Menschen als soziales Wesen: als Vater, Mutter, Freund, Kind, Verwandter und Bekannter. In diesem privaten Bereich verwandeln sich jene, die sich sonst als Urheber bei Plünderung, Vergiftung oder Zerstörung dieser Erde manifestieren, in Juwele. Durch die Arbeit des Vaters oder der Mutter kann die Familie leben. Niemand fragt sie danach, wieviel Umwelt sie für ihren Lohn zerstören müssen. Ob sie dafür Luft, Wasser oder Boden verunreinigen, wieviel Opfer auf der Strecke blieben, wieviel Schmerzen und Leid anderen zugefügt wird. Die monatliche Auffüllung des Kontos wirkt wie ein warmer Sommerregen. Man genießt das gute Essen, die Kinder freuen sich über üppige Geschenke und auch bei Freunden und Bekannten ist man nicht zuletzt durch die gewisse Großzügigkeit, die man sich ja leisten kann, gern gesehen. Hier in diesem kleinen Bereich ist man Ehemann oder Ehefrau, nicht nur Verdiener, sondern liebenswerter Vater oder aufopfernde Mutter. Man ist Helfer in der Not des anderen. Man wird hier nicht allein des Geldes wegen geschätzt, sondern aufgrund der Gefühle, die man gibt, und die man bei anderen erzeugt: Sicherheit, Geborgenheit, Liebe, Vertrauen, Zuverlässigkeit, Hilfsbereitschaft oder Optimismus. Es ist auch oft Klugheit und Lebenserfahrung, die man einbringen kann, Ideenreichtum oder auch Humor. Das alles sind Eigenschaften, die mit einer hohen Wertschätzung belohnt werden. Wenn man also den Wert des Menschen sucht, so findet man ihn fast ausschließlich im Kleinen, auf dieser untersten Ebene seiner sozialen Organisation, in dem individuellen Bereich. Der wahre Wert findet seinen Gegenwert in der Freude um das Wiedersehen, in der Trauer um den Verlust, in der Sorge um das Wohlergehen oder in der Hoffnung, daß sich Schlechtes wieder zum Guten wendet. Er drückt sich also in den Gefühlen aus, die andere für uns hegen.

Das große Geschäft, der "Run" nach Geld und Macht, nach materieller Sicherheit sowie der Kick, der vom Traum eines Lebens in Luxus ausgeht, hat unseren Blick für die wahren Werte getrübt. Nicht nur, daß wir entferntere Mitmenschen nur noch als Masse wahrnehmen, wir zerstören auch durch unser Handeln die eigenen Lebensgrundlagen. Dann bleibt am Ende für das große Glück im kleinen Bereich nichts mehr übrig. Wir mißachten die "Individualität" unserer Mitmenschen und der restlichen Natur, sehen in ihr nur noch Mittel zum Zweck. Vieles wird auf die Funktion als Rohstoff reduziert. So wurden z.B. Nashörner nur wegen des Hornes, das auf dem Markt in Gold aufgewogen wurde, niedergemetzelt und nahezu ausgerottet. Schmerzen, die man den oft noch lebenden Tieren beim Heraussägen zufügte, spielten keine Rolle. Krokodile werden bei lebendigem Leib aufgeschlitzt, Schildkröten qualvoll über einem Feuer geröstet, Fröschen die Schenkel herausgerissen und der noch lebende Rest dann als Abfall weggeschmissen. Der Verlust einer Tierart wird dabei ohne Bedenken in Kauf genommen. Das Verlassenheitsgefühl des Jungen nach der Tötung der Mutter, wird ignoriert. Dabei liegt meistens der Nutzen für den Räuber weit unter den überaus starken Gefühlen des Schmerzes oder der Trauer, die solches Handeln hervorruft. Doch sie spielen für ihn keine Rolle, da er sie nicht selbst ertragen muß.

So hart die Natur sich uns auch im Großen offenbart, im Kleinen schafft sie ihre Werte. Gerade wir Menschen, die wir uns oft nur mit dem Großen befassen und mit den dadurch zu erzielenden materiellen Werten rechtfertigen, sollten wieder lernen, in kleine Strukturen hinein zu blicken, hinein zu horchen und hinein zu fühlen. Wir müssen uns die Fähigkeit erhalten, Verluste anderer als eigenen Schmerz wahrzunehmen. Eben deshalb, weil alles, was uns selbst ausmacht, auch bei anderen in solchen Strukturen begründet liegt.

Wenn wir also bei der Suche nach dem Wert des Menschen Resümee ziehen, dann können wir das Ergebnis nur als eine große Pleite bezeichnen. So kann es natürlich nicht weitergehen. Erträglich ist es nur, wenn wir es als Zwischenstation auf dem Weg zum Menschmensch-Sein betrachten. Zwischenstation heißt aber auch, wir haben uns immer stärker darum zu bemühen, daß unser Wert im Reigen des Lebendigen ständig steigt. Unser erstes Ziel muß es sein, mit der Plünderung, dem Ausnutzen und dem Ruinieren dieses Planeten aufhören. Dieses Ziel kann mit rein wirtschaftlichem Denken nicht erreicht werden. Für uns heißt das, wir müssen in ganz anderen, etwa in Moralkategorien denken. Dinge die wir tun, dürfen nicht ihre Rechtfertigung aus dem wirtschaftlichen Profit erhalten, den wir daraus erzielen. Oberstes Prinzip muß sein, daß alles Tun ethisch in Ordnung ist. Ethisch kann etwas auch dann in Ordnung sein, wenn es aus wirtschaftlicher Sicht unsinnig erscheint. Es könnte sogar sein, daß bei solchem Handeln zusätzliche Aufwendungen erforderlich sind. Hauchdünn ist die Schnittstelle zwischen Moral und Kommerz. Wenn man moralische Aspekte beiseite läßt, dann beginnt sich eben eine Spirale zu drehen, deren Ende nicht absehbar ist. Wird alles nur noch logisch nüchtern betrachtet, dann bleibt von Gefühlen, Würde und Menschlichkeit am Ende nichts mehr übrig. Besonders wir Menschen müssen den Umgang mit unserer eigenen Art neu definieren und neu erlernen. Nicht nur das Ziel, sondern auch der Weg dorthin muß edlen Grundsätzen entsprechen. Es versteht sich von selbst, daß wir Menschen anderer Nationalitäten und anderer Hautfarbe nicht niedriger einstufen als uns selbst. Dann ist auch nicht zu tolerieren, daß Eltern einen riskanten Lebenswandel führen und am Ende Waisen oder Halbwaisen in unendlichem Schmerz zurücklassen.

Dann heißt es bei allen Taten: prüfe dein Werk auf moralische Unbedenklichkeit und bedenke das Ende.

Seine einzige Waffe: der Verstand

Ursprünglich war der Mensch ein gleichwertiges Glied im Reigen des Lebendigen. Die Natur bot ihm genug zum Überleben und sie forderte ihren Tribut. Seine körperliche Ausstattung erlaubte es ihm, sich gut genug in seiner Nische zu behaupten. Alle Tiere und Pflanzen leben nach diesem Prinzip. Es war eine Respektierung der Gegebenheiten und eine notgedrungene Einordnung in das große Ganze, das man nicht begreifen konnte. Doch mit der wachsenden Leistungsfähigkeit des Gehirns kamen Einblicke in Zusammenhänge der Natur. Das Interesse, begreifen zu wollen, alles zu hinterfragen, wuchs. Die Erfahrungen der Eltern wurden an die Kinder weitergeben. Neben dem eigenen Erleben und der Selbsterfahrung gewann das Lernen von den Älteren, den Klügeren zunehmend an Bedeutung. Was jedoch niemand bedenkt: lernen bedeutet heute (ganzheitlich betrachtet), sich für den Kampf gegen die Natur zu rüsten. Das muß nicht notwendiger Weise so sein, aber in der bisherigen Menschheitsgeschichte war das die Triebfeder. Die Natur verstehen, um sie bestmöglich ausbeuten zu können. In der Auseinandersetzung mit ihr, als Sieger hervorzugehen.

Lust am Siegen ist in der Natur normalerweise kein Thema. Allerdings war Siegen in vielfältiger Weise wichtig, um in der harten Umwelt bestehen zu können. Für Lebewesen gibt es nämlich viele Gegner: Frost und Hitze, eine kritische Umgebung mit Klippen, Sümpfen und Wasserläufen, Unbilden der Witterung mit Sturm und Hagel, heftigen Regen oder auch Trockenheit und besonders gefährlich, das Feuer. Dann gibt es die krankmachenden Faktoren wie Viren, Bakterien, Innen- und Außenparasiten sowie vielfältige Giftstoffe. Damit man in einer solch risikoreichen Umwelt überleben kann muß ein Körper gut bewaffnet sein. Er muß diese Faktoren ertragen, abwehren oder noch besser, meiden können. Doch das ist nur die eine Seite der Medaille. Ein Organismus ist nämlich nicht nur eine Maschinerie, die es verstehen muß, mit den Umweltbedingungen zurecht zu kommen, sondern ist auch gleichzeitig Nährstoffquelle für andere Lebewesen. Man braucht also Möglichkeiten, sich selbst und die Nachkommen vor Räubern zu schützen. Auf der anderen Seite ist man aber als Organismus ebenso auf Nahrung angewiesen und deshalb gezwungen, auch Waffen für den Nahrungserwerb zu besitzen.

Gerade in diesem Bereich war die Natur sehr erfinderisch. Sie entwickelte Gebisse, Giftdrüsen, Hufe, Hörner, Stacheln, Krallen oder auch Hochspannung um nur einiges davon zu nennen. Gleichzeitig wurde aber auch der passive Schutz nicht vernachlässigt. Wer die Möglichkeit hat zu fliehen, kann auf besondere Waffen zur Verteidigung verzichten. Er läuft auch nicht Gefahr, sich bei einer Auseinandersetzung zu verletzen. Wer auf eine gute Tarnung setzt, kann die Entwicklung anderer Waffen umgehen. Erst gar nicht entdeckt zu werden, ist besonders günstig. Kein risikoreicher Kampf, keine energieverschwendende Flucht. Dazwischen liegen nun die sogenannten Superschlauen die etwas vorzuspiegeln versuchen, was überhaupt nicht vorhanden ist. Sie können z. B. durch Verändern ihres äußeren Erscheinungsbildes zu einer furchterregenden Gestalt werden. Dies geschieht durch Aufblähen von Hautsäcken, Sträuben des Gefieders oder Aufrichten des Körpers. Andere wiederum verwenden Warnfarben, die in der Natur bekannt sind und deren Träger als besonders wehrhaft eingestuft werden. Das ist z.B. die Schwarzgelb-Färbung der Wespen, ein Kleid, das sich u.a. die Schwebefliegen angezogen haben.

Aus einer allgemeinen Sicht heraus betrachtet, kann man Waffen auch als Werkzeuge bezeichnen. Es sind beides Hilfsmittel, die bestimmten Zwecken dienen. Dieser Zweck kann eben auch die Verteidigung sein. Auch hier hat die evolutionäre Entwicklung den gleichen Weg genommen wie der Technisierungsprozeß des Menschen. Jedes Werkzeug wurde zunächst für einen ganz bestimmten Zweck entwickelt. So wie man mit einem Hammer hauptsächlich Nägel einklopft, oder ein Schraubendreher seinen Hauptzweck darin hat, daß man mit ihm Schrauben festzieht oder löst, so kann ein Stachel eben nur stechen und ein Horn nur stoßen. Auch wenn ein Werkzeug wie z.B. das Gebiß sowohl zum Zerreißen der Beute wie auch zum Kauen oder zum Festhalten gewisser Gegenstände geeignet ist, so ist es doch in seiner Anwendung sehr begrenzt. Wie auch immer, um sich in der Natur durchsetzen zu können, hat jedes Tier seine fest installierten Werkzeuge, oder eben Waffen. Damit ist auch festgelegt, wie es seine Beute fängt und wie es sich zu verteidigen hat. Diese Waffen wurden im Laufe der Entwicklung in hervorragender Weise perfektioniert. Trotzdem oder gerade deshalb geben sie einen bestimmten engen Rahmen vor, innerhalb dessen sich ein Organismus zu bewegen hat. Obwohl dieses Prinzip sehr unflexibel ist, hat es doch dem Leben auf dieser Erde seine Prägung gegeben.

Mit der Entstehung des Menschen wird nun ein neuer Weg beschritten. Natürlich wird hierbei nicht alles auf den Kopf gestellt sondern gleichfalls auf Altbewährtem aufgebaut. Viele Systeme bleiben weiterhin unter der Kontrolle des Organismus: Immunsystem, Hitze- und Kälteregulierung, Hormonausschüttung im Angriffs- oder

Fluchtverhalten um nur ein paar zu nennen. Allerdings, wo sind die Körperwaffen geblieben, die für jedes Tier so spezifisch sind? Sie sind schlichtweg nicht mehr vorhanden. Kein schützendes Fell, keine harten Hufe oder spitze Krallen, kein Giftstachel und kein kräftiges Gebiß. Der Mensch ist, wenn man so will, eine bloßgestellte Kreatur, die in der harten Wirklichkeit nicht bestehen könnte. Sein Körper weist keine Tarnung auf und eignet sich auch nicht zur Flucht vor Raubtieren. Jeder Räuber würde den Menschen umgehend einholen, von der Reaktionsschnelligkeit ganz zu schweigen.

Nun ist aber die Wehrhaftigkeit ein Grundprinzip, um in der Natur bestehen zu können. Da der Mensch sehr armselig mit äußeren Standardwaffen ausgerüstet ist und es trotzdem geschafft hat, sich die gesamte belebte Natur zu unterwerfen, entsteht die zwingende Vermutung, daß er eine Waffe besitzen muß, die alle bisherigen Mechanismen übertrifft. Eine Waffe die so gut ist, daß sie es sowohl mit dem schnellsten Raubtier, wie auch mit dem kräftigsten Feind aufnehmen kann. Eine Waffe, bei der weder Schnelligkeit, Größe, Stärke noch Tarnung mithalten können. Diese Waffe ist der Verstand. Es ist eine Waffe die noch besser verborgen ist, als die Krallen einer Katze. Es ist ein absolut unscheinbares Werkzeug. Während man den Pranken eines Bären oder dem Gebiß eines Wolfes die Gefährlichkeit noch ansieht, ist dies bei dem Verstand nicht mehr möglich. Man muß ihn erleben, um seine Gefährlichkeit einschätzen zu können. Aber Vorsicht, er wird sich morgen ganz anders zur Wehr setzen wie heute und das macht ihn unberechenbar. Zum ersten Mal hatte ein Wesen einen kreativen Verstand und damit die Entscheidungsfreiheit, sich entweder mit dem Status quo zu begnügen, wie es die anderen Arten zwangsweise tun müssen, oder aber durch den Einsatz des Verstandes in den Wettstreit mit der Natur zu treten. Dies bedeutete für das Individuum Mensch, nicht alle Unbilden einfach zu ertragen, sondern die auslösenden Ursachen ergründen zu können und in der Folge Vermeidungsstrategien zu entwickeln.

Die Schlauheit kam trotzdem nicht erst durch den Menschen in die Welt. Viele Tiere bedienten sich ihrer, als es den Menschen noch gar nicht gab. So bauen viele Vögel ihre Nester in Bäume oder hochgelegene Geländeteile, um Bodenfeinde auszutricksen. Sie wissen auch über die Schwächen ihrer Feinde so gut Bescheid, daß z.B. Bodenbrüter sich durch entsprechende aktive Tarnung und gute Verstecke weitgehend schützen können. Ein Stück Schlauheit ist es auch, seinen Feind durch Imponiergehabe in die Flucht zu schlagen. Ein Kabinettstückchen ist es ebenfalls, sich das Kleid eines wehrhaften Tieres anzuziehen, um seine Feinde damit zu täuschen. Aber hier handelt es sich fast ausschließlich um fest einprogrammierte Schläue, die in ihrer Wirkung zwar unbestritten ist, aber leider so gut wie keine Flexibilität aufweist. Diese Art von Schlauheit unterliegt keinem frei steuerbaren Willen. Sie ist starr, und nur innerhalb gigantischer Zeiträume über die Veränderung der Gene formbar. Das eben macht die Gefährlichkeit des menschlichen Verstandes aus: ein leistungsfähiges Gehirn, das Ereignisse speichern kann, das in der Lage ist, Szenarien zu entwerfen, also kreativ zu sein, und dessen Aktivität, wenn auch nur zu einem Teil, dem freien Willen unterworfen ist. Unser Gehirn steht eben nicht nur unserem Willen zur Verfügung, sondern auch unserer Automatik. Auch ohne unser Zutun ist unser Gehirn meist aktiv, trifft Auswahlen, bewertet Situationen und zwingt uns Dinge zu tun, die unser Wille oft gern anders hätte. Meistens steuert die Automatik gleichzeitig den Willen so, daß wir das wollen, was sie will. Diese Kombination wird zu einer so verheerenden Waffe, daß die gesamte belebte Natur vor ihr kapitulieren muß.

Flucht-, Angriffs- und Verteidigungsverhalten sind in der belebten Natur wesentliche Bestandteile der Überlebensstrategie. Wer keines dieser drei Muster besitzt hat schlechte Chancen. Er wird von seinen Freßfeinden abgepflückt wie eine Pflaume. Zwei dieser Verhaltensmuster zu besitzen ist nichts Ungewöhnliches. Viele höhere Tierarten und auch der Mensch besitzen sogar alle drei. Angriff ist ein Verhaltensmuster der Räuber. Es dient hauptsächlich zum Töten zwecks Fleischbeschaffung. Verteidigen müssen sich dagegen jene, die angegriffen werden oder jene, die ihre Nachkommen schützen. Das Fluchtverhalten ist besonders sinnvoll, wenn entweder keine Waffen zur Verteidigung vorhanden sind, oder wenn die Aussichten auf Erfolg bei einer Auseinandersetzung äußerst schlecht sind. Diese Verhaltensmuster haben sich in der Natur sehr bewährt und die starren Waffen oder Werkzeuge der Tiere begrenzten den Handlungsspielraum dieser Strategien auf das nötige Maß. Wenn beim Wolf in einer Auseinandersetzung das Gebiß nicht mehr ausreicht, hat er noch die Möglichkeit zu fliehen. Ist der Gegner auch noch schneller, so sind seine Chancen minimal. Selbst ein Reh, eine Gazelle oder ein Büffel kann nur so schnell fliehen, wie es der Bewegungsapparat zuläßt. Den jeweiligen Aktionen sind also eindeutige Grenzen gesetzt. Erstmals in der Geschichte der Natur und der Evolution auf dieser Erde gibt es nun aber ein Wesen, das es geschafft hat, diesen Käfig der Begrenztheit zu verlassen. Die Konsequenz, die sich daraus für die Natur ergibt, kann nicht kritisch genug bewertet werden. Ohne zu übertreiben, kann dies als die größte evolutionäre Katastrophe bezeichnet werden. Der Verstand wirft alle bisherigen Konzepte und Regelmechanismen über den Haufen. Man muß sich dies vor Augen führen: der Mensch, der von Natur aus kaum in der Lage ist 30 km/h schnell zu rennen, schafft mit seinen Hilfsmitteln mehr als doppelte Schallgeschwindigkeit. Der Mensch, der von Natur aus so gut wie keine herkömmlichen Waffen aus dem Tierreich besitzt, hat sich Hilfsmittel geschaffen, durch die er jederzeit in der Lage ist, diese Erde mit allem, was darauf lebt, schlagartig zu vernichten. Er hat sich Distanzwaffen geschaffen, mit denen er jedes Tier auf einer für ihn ungefährlichen Entfernung erlegen kann. Andere Tiere, die sich verkriechen, tötet er mit chemischen Mitteln. Scheue und sehr vorsichtige Tiere fängt er in Fallen. Er jagt zu Fuß, in Autos oder Hubschraubern, und wenn es ihm beliebt, verfolgt er die Tiere mit Hilfe von Kameras oder Minisendern. Er ortet sie mit Mikrophonen, Ultraschall oder auch Radar. Er ist auf dem Land, auf dem Wasser, unter Wasser sowie in der Luft vertreten und ist dabei jedem noch so spezialisierten Lebewesen überlegen.

Es ist gewaltig, wieviel Werkzeuge, oder anders ausgedrückt, Waffen sich der Mensch geschaffen hat, um in der Auseinandersetzung mit der Natur bestehen zu können. Muß es für die Opfer nicht schrecklich sein zu wissen, daß ihr Gegner zu jeder Zeit, an jedem beliebigen Ort auf sie lauern kann. Zu wissen, daß der Mensch, auch wenn er nicht präsent ist, trotzdem seine Fühler ausgestreckt hat und per Video oder Sender sämtliche Aktivitäten bei Tag und Nacht verfolgen kann, oder daß dieses Wesen in der Lage ist, sich über beliebige Distanzen hinweg zu verständigen und Strategien zu entwickeln. Zum Glück sind die Tiere nicht fähig, dieses gewaltige Potential an Tötungsvarianten, Bevormundung und Überwachung auch nur ansatzweise zu begreifen. Trotzdem ist es ein interessantes Gedankenspiel, sich vorzustellen, man wäre selbst in dieser Rolle des Unterlegenen.

Wäre nun der Mensch von seinem verhaltensmäßigen Grundmuster her gesehen einer friedliebenden Tierart entsprungen, vielleicht einem Pflanzenfresser mit Fluchtinstinkt und gutmütigem Verhalten, dann wäre das alles nicht so schlimm. Da der Mensch jedoch ein enormes Agressionspotential in sich birgt, bedarf es nahezu eines Wunders, um einer durch den Verstand provozierten Apokalypse zu entgehen. Doch Apokalypse für wen? Es geht hier insbesondere um die Vernichtung der eigenen Art nach dem Motto: Mensch du bist selbst dein größter Feind. Dabei könnte einem der Gedanke kommen, daß gerade dieses Risiko der Selbstvernichtung der für den Menschen begrenzende Faktor ist. Wenn wir zuvor gesagt haben, wir Menschen hätten den Käfig der Begrenztheit verlassen, so stimmt das eben nicht ganz. Wir sind in unseren Aktionen doch nicht ganz frei. Wir haben zwar die Freiheit, es uns gut gehen zu lassen. Technische Errungenschaften sowie Kenntnisse über Naturgesetze, Agrarwissenschaften und Medizin erlauben ein relativ angenehmes Dasein auf dieser Erde. Aber das ist dem Menschen nicht genug. Die Habgier und das Machtstreben bringen ihn dieser Begrenztheit, der Selbstzerstörung, sehr nahe. So stehen sich auf dieser Welt immer wieder aufs Neue kämpfende Nationen gegenüber, mit immer mehr Sprengkraft im Gepäck. War es früher die Keule oder der Pfeil und Bogen, später dann der Säbel, der Vorderlader, das Maschinengewehr; so sind es heute Kampfpanzer, Artillerie, Raketen und Bomben jeglicher Art. Man muß sich diese gewaltige Sprengkraft, die heute zur Verfügung steht, einmal vorstellen: ein Panzer der über eine 7 kg TNT Sprengmine fährt, wird so schwer beschädigt, daß Panzer und Besatzung außer Gefecht gesetzt werden. Hiroshima wurde mit einer Sprengkraft von etwa 20 000 000 kg TNT zerstört. Heute sind Atomsprengköpfe mit einer Sprengkraft von 100 000 000 kg TNT nichts besonderes mehr.

Der Verstand, eine solch gewaltige Waffe in einem Tiermenschen, war das so gewollt? Die Gier nach Macht und Besitz ist wie ein Fluch, der über unserer Kultur schwebt. Nichts macht den Menschen so froh wie das Gefühl der Überlegenheit. Lustgewinn durch Streben nach Überlegenheit! Hat sich der moderne Mensch auf ein Gleis begeben, das zum Abgrund führt? Es scheint so! Was wir heute als normalen Alltag erleben, ist in Wirklichkeit der große Wahnsinn. Es ist als wolle der Mensch, von panischer Eile getrieben, seine Lebensgrundlagen zerstören. So sehr wir auf unsere technischen und kulturellen Errungenschaften stolz sein können, es wäre für den gesamten Globus und auch für die Menschheit günstiger gewesen, wir hätten vor dem Erlangen unseres Verstandes unsere inneren Qualitäten zunächst gewaltig verbessert. Hier scheint tatsächlich ein Manko in den biologischen Spielregeln vorzuliegen. Ein derart leistungsfähiges Gehirn sollte sich nur in einem Organismus entwickeln, der von seiner Grundausstattung her friedfertig ist. Man könnte das Problem auch von einer anderen Seite her betrachten: der Mensch hat es zu früh geschafft, sich der Technik zu bedienen. Für ihn wäre es wesentlich besser gewesen, noch ein paar Millionen Jahre im Urwald zu verbringen, um dem Gehirn Zeit zu geben, vom Tiersein Abstand zu nehmen. Wie auch immer, wir haben das Privileg oder auch die Last, mit diesem Moloch zu leben.

Beim genauen Hinsehen ist der Mensch bereits dabei, sich der durch ihn geschaffenen Technik zu unterwerfen. Die Technik, die er ursprünglich entwickelt hat, damit sie ihm diene und ihm das Leben erleichtere, hat in allen Bereichen seines Lebens Einzug gehalten. Man könnte nun meinen, der Mensch wäre dadurch glücklicher geworden, wird ihm auf diese Weise doch sehr viel harte Arbeit abgenommen. Aber in weiten Bereichen ist es bereits anders gekommen. Der Mensch ist zum Sklaven seiner Technik geworden. Nicht daß die Technik ihm vorschriebe, was er zu tun und zu lassen hätte, das ist noch Zukunftsmusik. Der Zwang entsteht dadurch, daß sich die teure Technik dann besonders lohnt, wenn sie möglichst stark genutzt wird. Der Mensch hat also die Aufgabe, seine technischen Systeme oft 24 Stunden am Tag zu begleiten und zu überwachen. Da die Technik keine menschlichen Bedürfnisse kennt, aber nonstop einsatzfähig ist, hinkt der Mensch in seiner Leistungsfähigkeit hoffnungslos hinterher.

Durch diese Mechanismen wurde das Leben, insbesondere in den letzten 50 Jahren, immer hektischer. Es hat heute einen Streßpegel erreicht, der allem Anschein nach an der oberen Grenze der menschlichen Belastbarkeit liegt. Wo immer man hin blickt sind die Menschen durch das vorherrschend aggressive Arbeitsklima und die von ihnen abverlangte Leistung überfordert. Arbeit wird zum Streßfaktor Nummer eins. So ist es nur eine logische Konsequenz, daß Auseinandersetzungen mit Kollegen und Vorgesetzten an der Tagesordnung sind. Die Überlebens-Verhaltensmuster, die in der Natur nur hin und wieder abgerufen werden, sind nun ständig aktiv. Angriff, Verteidigung, Flucht. Jeder versucht den anderen niederzumachen in der Hoffnung, so auf eine sichere Position zu gelangen. Man konkurriert, man verteidigt sich, indem man den anderen abschreckt, man bläst sich auf. Die meist gebrauchte Waffe ist dabei die Sprache. Den Gegner verbal in die Enge zu treiben ist das Ziel. Angriff und Verteidigung wechseln so lange, bis einer aufgibt, in die Flucht geschlagen ist. Nicht selten wird solch ein psychischer Schlagabtausch mit schärferen Waffen fortgesetzt.

Gerade wegen der Aggressivität im wirtschaftlichen- und arbeitstechnischen Bereich, ist das Fluchtverhalten beim Menschen besonders stark ausgeprägt. Beim Fluchtverhalten geht es darum, durch Schnelligkeit in einen sicheren Hafen zu gelangen. Sicherheit für den Hasen ist die Strauchgruppe in der Feldflur oder noch günstiger, der etwas fernere Waldrand. Wenn er eines von beiden erreicht, hat er das Spiel gewonnen. Der kritische Faktor ist hierbei die Zeit. Er muß das sichere Gebiet schnell erreichen. Die Lösung hierzu ist die Erhöhung der Geschwindigkeit auf das maximal Mögliche. Wir Menschen verwenden weitgehend das gleiche Prinzip. Auch wir sind ständig dabei, vor unseren Verfolgern zu fliehen. Wir lassen uns von unseren Chefs, von unseren Aufgaben und oft auch von unserer eigenen Unzulänglichkeit jagen. Fliehen, das bedeutet hier, für eine Aufgabe zu wenig Zeit zu haben. Etwas schnell zu erledigen, oder Fehler bzw. Unzulänglichkeiten kurzfristig bereinigen zu müssen. Fliehen heißt, in Zeitstreß zu geraten. Wir sind oft gezwungen, durch unsere vermutete Unzulänglichkeit eine hohe Geschwindigkeit zu erreichen.

Daß die Verfolger in der Übermacht sind, zeigt sich z.B. an ständig wachsenden Aktenbergen in den Büros, am überheblichen Nachfragen, wie lange das Ganze noch dauert, oder wenn es heißt, „das muß heute aber unbedingt noch raus!" Für die

Erledigung eines Auftrages wird einem immer weniger Zeit zugestanden. Unsere Automatik ist aber leider nicht in der Lage, diese Vorgänge sachgerecht zu interpretieren. Sie registriert allerdings sehr deutlich die kritische Situation und leitet als Antwort auf diese Übermacht das Fluchtverhalten ein. Sie treibt uns an, fordert Geschwindigkeit, versetzt uns in einen Alarmzustand. Wir werden innerlich angeheizt (Hormone) und die Welt um uns wird immer kleiner. Nun sind wir nur noch auf dieses eine Ziel fixiert. Wir müssen jetzt hier durch und ein Scheitern wird aus Sicht unserer Psyche als große Niederlage interpretiert. Diese Niederlage bedeutet für den Hasen den sicheren Tod. Gefahren, die durch die Flucht erst entstehen (Hindernisse, Verletzungsgefahr, Klippen, Kreislaufkollaps) werden ignoriert. Sie erhalten vorübergehend einen untergeordneten Stellenwert. Ganz eklatant zeigt sich dies auch auf unseren Straßen. Hier kann man den Fluchtinstinkt sehr realistisch ausleben, es verwandelt sich nämlich der Zeitdruck direkt in Geschwindigkeit. Viele Menschen, und nicht nur die Berufskraftfahrer, verausgaben sich oft bis zur Erschöpfung. Unsere Automatik weiß nun nicht, daß für diese Aktionen nur unwesentlich mehr Energie gebraucht wird, da wir ja nicht wirklich davon rennen. Sie ist so programmiert, daß sie in solchen kritischen Situationen immer auch den Stoffwechsel auf ein Maximum anfährt. Für den Hasen ist dies auch sinnvoll. Beim Menschen wirkt dieser Überschuß an Energie kontraproduktiv. Der Organismus gerät in Unordnung. Vernunft wird zur Nebensache. Der Fahrer hat nun keine Zeit mehr sich hinten einzuordnen. Wer schneller ist, und seien es auch nur ein bis zwei Stundenkilometer, der muß seinen Vordermann überholen. Auch die Gefahr des Gegenverkehrs wird unterbewertet. Das Überholen der Artgenossen erhöht in der Natur ebenfalls die eigenen Überlebenschancen beträchtlich, da der Verfolger sich nun wahrscheinlich mit einem langsameren Opfer auseinandersetzt. In diesem erregten Zustand haben wir Menschen auch manche guten Sitten vergessen. Es gibt sie eben immer weniger, die edle Selbstbeschränkung. Wenn der Selbsterhaltungstrieb erwacht, zählt nur noch die eigene Person.

Zum Zeitpunkt unserer panischen Bemühungen wissen wir noch nicht, ob sich unser hoher Einsatz lohnen wird. Auch der Hase weiß nicht, ob sich seine Anstrengung lohnt. Möglicherweise holt ihn sein Verfolger noch kurz vor dem rettenden Gebüsch ein. Vielleicht rennt er auch direkt in einen Schutzzaun oder stürzt einen Abhang hinunter. Er muß eben alles geben, in der Hoffnung, daß es genügt. Der kleinste Vorsprung kann lebensrettend sein. Doch darüber braucht er nicht nachzudenken. Diese Vorgänge werden in ihm automatisch gesteuert. Auch bei uns Menschen ist das so. Wir fragen uns dann am Ende, wie wir uns nur so kopflos, so unvernünftig, so risikobereit verhalten konnten.

Aber auch wir wissen zunächst nicht, ob uns die Hektik, in die wir uns stürzen, letztendlich zum Erfolg verhilft. Auch wir geben alles, in der Hoffnung, daß es für dieses Mal ausreichen wird. Doch wie lange kann man ein solches Tempo durchstehen? Für uns Menschen ist "nicht lange genug" die ganz klare Antwort. Je leistungsfähiger man ist, um so mehr wird einem abverlangt. Die Spirale dreht sich weiter und irgendwo hat jeder seine Grenze. Die Praxen der Ärzte und Psychotherapeuten füllen sich immer mehr. Zunächst sind es einfache Symptome wie Verspannungen, Kopfschmerzen, unruhiger Schlaf, erhöhter Blutdruck. Doch wer diese Warnungen nicht ernst nimmt, der befindet sich auf dem direkten Wege zum Magengeschwür, zu Depressionen oder auch zum Herzinfarkt.

Die Waffen, die der Mensch geschaffen hat, um gegen die Natur anzutreten, richten sich nun allmählich gegen ihn selbst. Dies ist ein Phänomen, das an Weisheit aber auch an Gerechtigkeitssinn nicht zu überbieten ist. Die restliche Natur jedenfalls, könnte sie denken, würde dies sicherlich so empfinden.

Der Mensch muß sich, will er überleben, anderer Werte besinnen. Er braucht eine neue Basis, auf der er seine Zukunft errichten kann. Er muß sich vor allem bewußt werden, daß viele seiner Taten einer sehr primitiven genetischen Anlage entspringen. Einer Anlage, die ihn auffordert, seine biologische Nische mit Hilfe der Waffe Verstand ständig neu zu definieren und auszuweiten. Somit ist alles Wirken des Verstandes in erster Linie auf diesen Auftrag hin ausgelegt. Wir sind genaugenommen Sklaven dieses Programmes, ohne davon Kenntnis zu haben. Es wird sehr schwierig, von dieser falschen Schiene herunterzukommen. Ganz wichtig wird sein, den sogenannten kreativen Verstand nicht nur destruktiv, sondern endlich produktiv einzusetzen.

Es scheint so, als komme eine gewaltige Aufgabe langsam aber gnadenlos auf uns zu. Die äußerst kritische Umweltsituation, die wir selbst verschuldet haben, stellt uns vor eine gigantische Herausforderung. Wollen wir nämlich überleben, müssen wir den Kampf gegen die Zerstörung unserer Umwelt aufnehmen. Im ersten Kampf gegen die Feinde und Störenfriede innerhalb der Natur, waren wir weitgehend erfolgreich. Den zweiten, die Gegenstrategie zu unserem weitgehend zerstörerischen Verhalten, haben wir erst begonnen. Der Ausgang ist ungewiß. Die phantastische Nische, die wir im ersten Kampf errungen haben, ist in Gefahr zerstört zu werden. Wollen wir sie wieder funktionsfähig machen, müssen wir uns verändern. Wir müssen über unseren eigenen Schatten springen. Der Mensch muß sich weg von einem materiell orientierten und hin zu einem geistig orientierten Wesen entwickeln.

Der Verstand als Schwert muß zu einer "Pflugschar" umgeschmiedet werden. Wenn das nicht bald geschieht, rast dieser Zug ins Verderben. Zur Zeit kann ihn noch nichts aufhalten.

Das Glied mit der höchsten Potenz

Es leuchtet eigentlich jedem ein, weil logisch, daß in der Hierarchie der Arten, eine die Beste sein muß. Die Beste, heißt hier nicht die Schnellste, die Größte oder die Schönste, es werden vielmehr alle für das Leben und Überleben relevanten Qualitäten gewertet und aufgerechnet. So zeigt es sich, daß alle goldmedaillenverdächtigen Einzeldisziplinen wie z. B. das Besitzen der empfindlichsten Nase, die Befähigung zu explosionsartiger Vermehrung, das Überdauern längerer Trockenperioden, das Ertragen grimmiger Kälte oder auch eine geniale Vielseitigkeit, sich im Wasser, auf Land und in der Luft ausgezeichnet zu bewegen, für den ersten Platz nicht genügen. Weder der Hund, noch die Laus, noch das Kamel, noch der Pinguin oder die Wildente sind heute die erfolgreichsten Arten auf unserer Erde. So genial und perfekt diese Qualitäten im einzelnen sind, sie sind doch starr und unflexibel. Fast könnte man es als Ironie bezeichnen, daß das armseligste Geschöpf, das diese Erde jemals hervorbrachte, diesen obersten Rang einnehmen soll. Kommt es doch in einem solch jämmerlichen Zustand zur Welt, daß es über ein Jahr braucht, um überhaupt die ersten Gehversuche machen zu können. Dann braucht es nahezu 20 Jahre, um alle Stadien bis zum vollwertigen Artgenossen zu durchlaufen. Es hat so gut wie keine Anlagen, die nicht irgend eine andere Art in wesentlich vollkommenerer Weise besitzt. Doch gerade hieraus läßt sich die große Potenz des Verstandes ermessen. Er allein ist es, von dem der Mensch mehr besitzt als alle anderen Arten dieser Erde, und er ist auch der Grund dafür, warum wir Menschen auf dem Siegertreppchen der Arten stehen können. Der Verstand - kein starres, sondern ein flexibles Potential!

Bei Polynomen gibt es in der Mathematik folgenden Grundsatz: Das Glied, mit der höchsten Potenz entscheidet letztendlich den Kurvenverlauf. Er wird aus folgender Konstellation abgeleitet:

$$f(x) = ax^n + bx^{n-1} + ... + dx^2 + ex^1 + f$$

Dies ist die allgemeine mathematische Form irgendeines Kurvenverlaufes. Werden nun für a, b, d, e, oder f Werte ungleich 0 eingesetzt, so bestimmt immer das Glied mit der höchsten Potenz, also hier ax^n, den Kurvenverlauf, egal welche Werte für b, d oder beliebig weitere Glieder eingesetzt werden. Alles was danach kommt, beeinflußt den Verlauf zwar auch noch, aber in untergeordneter Weise.

Potenz kann man in unserer Betrachtungsweise gleichsetzen mit Energie, Kraft, der Fähigkeit sich durchzusetzen. Dieses Gesetz findet auch in der belebten Natur seine Gültigkeit. Die Art mit dem größten Durchsetzungsvermögen nimmt sich die Umwelt, die sie braucht und die ihr angemessen ist. Wenn sie will, ohne Rücksicht auf die Belange anderer. Der Rest an Umwelt kann dann unter anderen Lebewesen weiter verteilt werden. Eine wichtige Epoche mit sehr starker Ausprägung war die Zeit der Saurier. Sie bestimmten viele Millionen Jahre lang, was als Rest für andere zu Verfügung stehen sollte. Als sie ausstarben, wurde ihr Bereich neu verteilt. Viele Arten und Gattungen konkurrierten in diesem entstandenen Freiraum miteinander. Rein hypothetisch hätte man vielleicht noch vor wenigen Millionen Jahren die Vermutung geäußert, daß irgendeine Insektenart diese oberste Position einnehmen würde, vielleicht die Ameise, die Biene oder die Laus. Rekordverdächtig wären auch Ratte oder Maus aus der Klasse der Säugetiere gewesen! Nun, heute wissen wir, wer diese Königsposition nach wenigen Jahrmillionen erklommen hat: der Mensch. Man kann das nicht als selbstverständlich bezeichnen, denn von Natur aus ist er gar nicht so optimal ausgestattet. Er war im Vergleich zu seinen Beutetieren sehr langsam, für die Unbilden der Natur nur dünn behäutet, er hatte nicht die Waffen wie ein Tiger oder ein Haifisch. Kurz er war eigentlich im Vergleich zu anderen Arten eine Mißgeburt. Er hatte eigentlich nur den einen, anscheinend kleinen Vorteil gegenüber allen anderen Lebewesen, er war etwas intelligenter. Was aber nutzte ihm seine Intelligenz damals, als ihm seine Beute davonlief, als Frost und Wind ihn auszehrten, als er selbst vielen Räubern zum Opfer wurde?

Trotz allem hat er sich eine Position erobert, die vor ihm kein Lebewesen auf dieser Erde innehatte. Und heute entscheidet er, was an Umwelt für alle anderen Lebewesen zum Verteilen übrigbleibt. Er macht das mit einer Härte, die nicht zu überbieten ist. Rücksichtslos nimmt er sich Stück für Stück und kümmert sich um den Rest der Natur genau so wenig, wie es seinerzeit die Saurier taten. Er ist heute das Glied mit der höchsten Potenz im Reigen des Lebendigen. Seine Intelligenz so scheint es, macht sich allmählich sehr bezahlt. Es gibt so gut wie nichts mehr, was ihn auf dieser Erde wirklich bedrohen kann. Was ihn bedroht, wird vernichtet. Er hat sich Hilfsmittel geschaffen, die alle seine Nachteile gegenüber der anderen belebten Natur mehr als ausgleichen. Dadurch besitzt er die größte Schnelligkeit und die besten Waffen. Er ist Herr über die Tiere, über das Land, über die Meere und über die Lüfte.

Er ist allerdings kein guter Herr. Man könnte ihn vielleicht treffender als Gewaltherrscher bezeichnen. Vor einigen tausend Jahren hätte vielleicht ein Außenstehender gehofft, nun werde alles auf dieser Erde besser. Endlich ein Lebewesen mit Verstand. Ein Lebewesen, das Ordnung und Gerechtigkeit schaffen könnte. Das den Bann, wobei nur der Stärkere siegen kann, durchbrechen würde und auch dem Schwachen eine Chance bliebe. Aber weit gefehlt. Das Gegenteil ist eingetreten. Immer weniger Arten haben eine Chance zu überleben. Rücksichtslos beutet er seine Umwelt aus. Nichts entgeht seiner Habgier.

Doch es gibt keinen Grund, diesem mächtigsten aller Lebewesen eine ewige Herrschaft zu verheißen. Es scheint eine Logik zu geben, wonach potente Systeme aus sich heraus ihr Ende erzwingen. Dies kann dann zutreffen, wenn sie ihren Lebensraum derart geplündert haben, daß ein Weiterleben nicht mehr möglich ist. Der Mensch hat dieses Stadium beinahe erreicht. Sein Verstand sagt ihm auch, daß er auf lange Sicht keine Überlebenschance hat, wenn er so weitermacht. Sein inneres Wesen aber gestattet es ihm nicht, sich zu ändern. Es ist, als folge er einer Kraft, aus deren Bann er sich nicht befreien kann. Es ist, als säße er in einer Kapsel, die der Schwerkraft folgend, ihn immer der Erdoberfläche näher bringt. Er weiß zwar, daß er zerschellen wird, wenn er diese erreicht, hat jedoch keine Chance, diesen Verlauf zu beeinflussen.

Auch wenn wir es nicht wahrhaben wollen, der Mensch, als biologisches System, hat sein Ende bereits vor Augen. Die Vorteile, die er allen anderen Lebewesen gegenüber hat, wurden ganz und mit Erfolg ausgespielt. Nun, da die essentiellen Ressourcen, die er braucht, um wie bisher weiterleben zu können, zur Neige gehen, müßte er in der Lage sein, sich von Grund auf zu ändern. Da alle biologischen Systeme jedoch nur einen gewissen (kleinen) Spielraum haben, ist es sehr wahrscheinlich, daß es auch für ihn nicht genügen wird. Er wird wahrscheinlich die erste Art sein, die sehenden Auges ihren Niedergang erlebt.

Wo lauern nun die Gefahren? Da gibt es einige Stichworte: Ozonloch, UV-Strahlung, Radioaktivität, Treibhauseffekt, Unfälle bei der Genforschung, Gift im Trinkwasser, Gift in der Atemluft, Abfälle der verschiedensten Art. Je länger es den Menschen noch geben wird, desto umfangreicher wird auch diese Skala werden. Das Kuriose an der ganzen Entwicklung ist, daß das gesamte Bedrohungsmaterial nicht absichtlich geschaffen wurde, sondern als sogenanntes Neben- oder Abfallprodukt in Erscheinung tritt. Beabsichtigt war es, eine komfortable Welt zu schaffen. Maschinen sollten alle beschwerlichen Arbeiten übernehmen. In den

Haushalten wurde ebenfalls alles elektrifiziert. Gleichzeitig wurde das überbrücken von Distanzen immer leichter und schneller. Die letzten hundert Jahre waren für die Technik ein einziger Siegeszug. Auf der anderen Seite entstanden aber so viele Abfallprodukte bei der Erstellung oder beim Betreiben dieser Technik, daß diese Errungenschaften mit dem Preis einer weitgehend zerstörten Umwelt bezahlt wurden. Viele Tier- und Pflanzenarten waren diesem Umbruch nicht gewachsen und starben aus. Vielleicht ist es heute noch zu früh, aber in etwa 30 Jahren wird die Frage sicherlich heiß diskutiert werden, ob die Annehmlichkeiten der Technik, der chemischen Industrie und der Genforschung, den hohen Umweltpreis wert waren.

Das Ganze ist vergleichbar mit dem Stau zur Urlaubszeit, der ja auch nur ein nicht erwünschtes Nebenprodukt ist, entstanden aus einem triebhaften Tun, von dem der Mensch sich Erholung und Entspannung erhofft. Hier übt er seine Rolle als Glied mit der höchsten Potenz ohne Einschränkung durch Einsicht oder Weitsicht aus. Auch hier reicht seine Intelligenz und sein Verstand nicht aus, diese Negativerscheinung durch Änderung seiner Verhaltensweisen zu verhindern. Der Staustreß zum Urlaubsparadies und dann wieder zurück, wiegen nicht selten die Entspannung und Erholung im Urlaub wieder auf.

Seine Freiheit

Der Roboter ist die Vision einer Maschine mit menschlichen Eigenschaften. Horrorvisionen hat die Auseinandersetzung mit diesem Thema bei vielen Denkern und Filmemachern hervorgerufen. Eine herzlose Maschine, die in der Lage ist, selbst zu handeln, selbst zu entscheiden, ja vielleicht sogar eines Tages die Fähigkeit haben wird, sich selbst nachzubauen. Was früher, d.h. so etwa 1960, noch wie Science-fiction klang, ist heute am Rande des 21. Jahrhunderts in greifbare Nähe gerückt. Miniaturisierung ist hier das Stichwort. Mikroprozessoren! Die meisten Bausteine, die für einen menschenähnlichen Roboter benötigt werden, sind bereits entwickelt. Wo steckt denn das Problem? Das Problem sind geeignete, sichere Sensoren, beim Menschen als Sinne bezeichnet. Doch so elegant wie beim Menschen müßten die Systeme ja nicht unbedingt funktionieren. Es würde genügen, wenn eine derartige Maschine gesprochene Befehle verstehen würde, und wenn sie in der Lage wäre, ihre Umwelt wenigstens soweit zu erkennen, daß sie sich sicher in Räumen bewegen und auch verschiedene Dinge visuell erkennen könnte. Die Steuerungszentrale wäre ein Gehirn, wie wir es bereits in Computern verwirklicht haben. Alles andere, wie z.B. das Ausführen exakter Bewegungen, das millimetergenaue Zupacken usw. das ist Mechanik, die bereits erfolgreich im Einsatz ist.

Doch wie kann man den Roboter mit Leben erfüllen? Er soll sich ja irgendwie intelligent verhalten. Wenn wir ihm sagen: „hol' mir ein Glas Wasser aus der Küche", so müssen viele intelligente Funktionen ausgeführt werden. Er muß wissen, wo die Küche ist, er muß wissen, was ein Glas Wasser ist, er muß den Weg in die Küche gehen können, er muß wissen, wie man ein Glas füllt und wie man es trägt, ohne den Inhalt zu verschütten, und er muß es bringen und übergeben. So einfach sich diese Punkte formulieren lassen, es steckt eine ganz Menge Aufwand dahinter, sie zu programmieren. Und doch, wenn die Sensorik funktioniert, ist eine solch einfache Maschine realisierbar. Einfach heißt hier natürlich im Vergleich zum Menschen. Es ist höchst interessant, daß viele Funktionen, die bisher nur lebenden biologischen Systemen möglich waren, heute technisch nachvollzogen werden können. Auch wenn viele biologische Systeme immer noch feinfühliger arbeiten, so sind manche technische Systeme den biologischen bereits überlegen. Zunächst nur in bestimmten Funktionen und nicht als Gesamtorganismus. Bis zu einer sich selbst versorgenden und reduplizierenden Maschine ist noch ein sehr weiter Weg.

Wenn man heute Computer mit dem menschlichen Gehirn vergleicht, so haben manche Zeitgenossen dafür nur ein müdes Lächeln übrig. Sie sind der Meinung, Computer seien unwahrscheinlich dumm und sie selbst seien außerordentlich intelligent. Darin liegt nun aber gerade der große Irrtum. Nehmen wir an, Computer seien dumm, wir Menschen aber seien auch dumm, so wäre der Aussagegehalt wahrer und die Gemeinsamkeiten beider Systeme besser beschrieben. Hier ein paar Beispiele dafür, worin uns der Computer heute schon haushoch überlegen ist:

1. Ein Computer vergißt nicht. Stellen sie sich vor, Sie würden ein wissenschaftliches Werk lesen und könnten sich nach der 1000sten Seite noch an jedes Wort erinnern. Für das Lesen der tausend Seiten hätten Sie gerade etwa 20 Sekunden benötigt. Sämtliche Wissensinhalte, von der Grundschule bis zum Abitur, könnten so an einem Abend erworben werden. Das wäre doch eine Superleistung. Für den Computer ist das nichts Außergewöhnliches. Und wir Menschen, wir fassen einen Gedanken, und noch während wir uns unserem Gesprächspartner zuwenden, ist er uns wieder entfallen; oder z.B. Schillers Glocke. Wer kennt als Schüler nicht die Qualen, die das Auswendiglernen dieses Gedichtes bedeuteten?

2. Blitzschnell kann ein Computer komplizierte Sachverhalte errechnen und rückkoppeln. Er verarbeitet hunderte von Formeln nach einem vorgegebenen Algorithmus und verwendet die Ergebnisse wieder als Variablen in anderen Formeln. Wenn er das viele Millionen Mal gemacht hat, ist vielleicht eine Wetterkarte von übermorgen errechnet. Wäre er ein Mensch, würde man sagen, er kann das Wetter vorhersehen, er kann weissagen. Da er aber nur eine Maschine ist, reduzieren wir das Ganze auf den Begriff "Rechnen". Würde diese Rechenleistung von Menschen erbracht werden - und nur Hochgebildete dieser Spezies wären überhaupt in der Lage dies zu tun - so könnte man nur mutmaßen, wieviel hundert Mathematiker, wieviel Jahre rechnen müßten um die Wetterkarte vom nächsten Wochenende zu ermitteln, von Rechenfehlern ganz abgesehen.

3. Das Schwierigste für das menschliche Gehirn ist das Erkennen und Verarbeiten logischer Zusammenhänge. Formuliere einen Sachverhalt in einer Gleichung mit 2 Unbekannten und löse sie. Das geht vielleicht gerade noch, aber löse ein Gleichungssystem mit 20 Unbekannten, oder errechne die Position der Erde im Weltraum zum Jahre 2050. Egal, für den Computer sind alle Formeln gleich schwer oder eben gleich leicht. Dort, wo die meisten Menschen versagen, triumphiert er geradezu. Errechne die Lage eines Würfels im Raum, nach einer Drehung von 20 Grad. Einfach ein Wahnsinn, nicht jedoch für den Computer! Erstellen Sie bis heute Abend den Monatsabschluß eines mittelständischen Betriebes. Jeder Mensch wäre überfordert, für den Computer ist es kein Problem.

So gibt es bereits eine große Anzahl von Beispielen, in denen der Computer unserem geistigen Leistungsvermögen weit überlegen ist. Man beachte dabei, daß der Computer heute nach etwa 50 Jahren Entwicklungszeit noch in den Kinderschuhen steckt. Welche Fähigkeiten er am Ende seiner Entwicklung haben wird, ist weder absehbar noch zu erahnen. Auf jeden Fall gibt es keinen Grund anzunehmen, daß eine Maschine mit der entsprechenden Sensorik, nicht auch in der Lage sein soll, tasten und fühlen zu können! Dann haben wir eine Maschine, die uns Menschen schon gewaltig ähnlich ist. Wer ist dann aber besser, klüger, leistungsfähiger, menschlicher?

Wie schon gesagt, würden wir Menschen uns als dumme Wesen empfinden, wären wir der Wahrheit ein großes Stück näher. Wir würden dann auch bereit sein zu erkennen, daß unser Tun größtenteils ein relativ stumpfsinniges, kritikloses und in weiten Bereichen monotones Mitschwimmen in der Masse ist, mit der Tendenz, diesen Trend noch zu verstärken. Was ist intelligent daran, jeden Tag um die gleiche Zeit aufzustehen, zur Arbeit zu fahren, sich wiederholende Tätigkeiten auszuführen, abends kaputt heimzukommen und sich bis zum Schlafengehen vor dem Fernseher zu langweilen. Immer wieder die gleichen Filme. Einer wird umgebracht, der Täter wird eine Stunde lang gesucht, am Ende gefaßt und seiner gerechten Strafe zugeführt. Immer nicht besonders spannend, aber doch gut genug uns zu fesseln.

Stichwort Urlaubsverhalten: Alle zur gleichen Zeit auf den Straßen, Stau, Streß und eine weitere unnötige Zerstörung unseres Lebensraumes, ohne zwingenden Grund. Was ist daran intelligent? Wo man hinschaut, viel Getue, aber nur wenige intelligente Handlungen, und auch diese sind meist von geringer Qualität. Das einzig wirklich Große, was wir zu erbringen in der Lage sind, ist das Produzieren von Nachkommen. Doch was ist dabei geistige Eigenleistung? Es gibt keine. Dieser aufwendige Vorgang wird von unserem internen Computer, von einer Automatik, vollständig übernommen. Unser Bewußtsein ist nicht in der Lage, auch nur den Fingernagel für den kleinen Paul herzustellen. Wir haben nicht einmal die Möglichkeit in irgendeiner Form daran mitzuarbeiten. Schmerzlich wird uns dies Bewußt, wenn eine Mißbildung festgestellt wird und uns nichts weiter übrig bleibt, als es demütig hinzunehmen. Stichwort Nahrungsaufnahme: Wir alle sind nur in der Lage, die Beschaffung und die Zerkleinerung zu vollziehen. Alles andere übernimmt unser innerer Computer automatisch. Wir sind einfach zu dumm dazu. Solche großen Aufgaben können wir nicht bewältigen.

Aber wir sind immerhin in unserem Willen frei, entgegnen gutgläubige Zeitgenossen, und das unterscheidet uns wesentlich von Maschinen. Aber wo, könnte man zurück fragen, sind wir Menschen in unserem Wollen wirklich frei? Sie wollen ganz einfach abnehmen. Sie erleben, wie ihre innere Automatik mit ihnen umspringt. Plötzlich finden Sie sich vor dem Kühlschrank wieder und haben nicht die Kraft, ihrem Inneren zu widersprechen. Oder versuchen sie doch einfach einmal, drei Nächte hintereinander wach zu bleiben. Ein ganz einfaches Vorhaben, denn sie brauchen keine komplizierten Tätigkeiten verrichten. Sie können tun, was ihnen Spaß macht. Nur, sie müssen wach bleiben. Wie sehr sich der Körper dagegen wehrt, ist darin ersichtlich, daß man solche Methoden bei Verhören oder Folter einsetzt. Eher ist man bereit, ein Geheimnis preiszugeben, als diese Qualen zu ertragen. Oder noch eine ganz einfache Übung: Sie sind seit mehreren Wochen Single und haben zum anderen Geschlecht keinen Kontakt gehabt. Nun sollen Sie einen Erotikfilm sehen und dürfen dabei nicht in Erregung geraten. Sie müssen so cool bleiben, als würden sie die Tagesschau ansehen. Wahrscheinlich gelingt Ihnen dieses nicht ganz, weil die innere Automatik ihnen einen Streich spielen wird. Aber Sie können ja noch folgende Übung versuchen: Sie haben sich über ihren Chef geärgert. Sie wollten ein klärendes Wort mit ihm reden. Gehen Sie einfach morgen zu ihm in sein Büro und verlangen Sie eine angemessene Gehaltserhöhung. Dann können Sie vieles wieder leichter ertragen. Passieren kann Ihnen nichts, er kann höchstens ablehnen und dann ist eben alles wieder wie zuvor. Werden Sie das schaffen? Nicht ganz leicht. Ihre innere Automatik verschafft ihnen schon bei dem Gedanken, ein flaues Gefühl in der Magengegend. Wie wird das erst sein, wenn die Stunde gekommen ist?

Es ist ein besonders schöner Tag, ausgesprochen gute Laune, man beschließt mit Freunden irgendwann mal eine Wochenendtour zu machen, malt sich aus, wie toll das Ganze werden wird und kann den Tag kaum erwarten. Wird das Vorhaben aber konkret, verläßt einen oft das zu Beginn vorhandene gute Gefühl und man bereut es, sich darauf eingelassen zu haben. Man möchte nicht mehr, man hat keinen "Bock" mehr dazu. Der innere Computer hat umgeschaltet. Besonders typisch sind auch sexuelle Stimmungen. An manchen Tagen ist das sexuelle Bedürfnis so groß, daß man sich kaum beherrschen kann und geht insgeheim davon aus, daß dieses nun der Normalzustand sei. Sex pur, das schönste Erlebnis der Welt. Es prickelt beim Aufschlagen einer Illustrierten oder beim Stadtbummel. Überall werden Objekte der Lust entdeckt. Tage später ist dieser Spuk vorbei. Zum Teil wirkt es sogar wie eine Befreiung aus einer psychischen Zwangslage. Partner, die sich gestern noch liebten, nehmen nur noch oberflächlich Notiz voneinander. Man wurde von innen her wieder umgepolt und kann sich kaum noch vorstellen, daß sich Tage zuvor alles ausschließlich um Erotik drehte.

Das sind eben alles Vorgaben, die unser Innerstes für uns festlegt. Wenn es will, ist eine Sache entweder ganz toll oder abscheulich. Für ein und denselben Tatbestand entwickeln wir völlig konträre Empfindungen. Wo sind wir denn nun eigentlich frei? Frei, wie wir glauben es zu sein? Wir sind auf jeden Fall dort frei, wo es unserer inneren Automatik ins Konzept paßt. Wir spüren nur nicht, daß wir ständig von innen resultierende Befehle ausführen. Zum Dank dafür vermittelt uns der innere Computer ein gutes Gefühl. Selbst so dumme Handlungen, wie ein zehntes Bier zu trinken und dann noch mit dem Auto nach Hause fahren, kann von unserer inneren Automatik mit einem Lustgewinn belohnt werden. Eine sinnvolle Tätigkeit, wie zum Beispiel das Reinigen einer öffentlichen Toilette ohne Entgelt, einfach deshalb, weil man sich schon oft über den Schmutz aufregte, würde uns nicht einmal im Traum einfallen. Dafür haben wir kein Programm.

Vieles, was wir gegen unsere inneren Programme unternehmen, hat am Ende seelische Konsequenzen. Wir zwingen uns, elegant zu erscheinen, obwohl wir den Tag lieber leger in Jeans verbringen würden. Wir verzichten auf unseren Urlaub obwohl alle anderen verreisen, wir leben in einer kleinen Dachwohnung mit 5 Personen und jeder, der davon Kenntnis erhält, bedauert uns. Wir leben in einer hektischen Stadt im 10 Stock eines Hochhauses und haben uns, wie wir glauben, an das Silodasein und die Unruhe um uns herum gewöhnt. Unser freier Wille erlaubt uns, dies alles eine Zeitlang zu tun. Danach spüren wir auch den anfänglichen Druck nicht mehr. Dann allerdings, wenn unsere Psyche sich bemerkbar macht, das kann z.B. bei Nacht sein, dann flackert die Unruhe auf, die in uns steckt. Man müßte nun in der Lage sein, dies als Warnsignal zu deuten. Allerdings sind wir gar nicht darauf eingestellt, in uns hinein zu horchen. Oft lassen sich auch die Umstände und die täglichen Zwänge gar nicht so ohne weiteres ändern. Was dann am Ende übrig bleibt, ist nicht selten der Gang zum Psychotherapeuten. Denn die innere Automatik hat eine ziemlich genaue Vorstellung davon, wie angemessenes Leben einer Art auszusehen hat. Wird davon zu weit abgewichen, reagiert sie sauer. Dann stellen sich alle möglichen Wehwehchen, Eigenheiten und Krankheiten ein.

Freiheit, ein Wort für den Dichter und Poeten, nicht jedoch für den realistisch Denkenden. Wenn wir unser Leben einmal unter diesem Aspekt betrachten, sind wir dann nicht willenlose Roboter, biologische Maschinen, die dabei sind alles zu zerstören, nur weil ihre Programme eben so ausgelegt sind? Programmierte Systeme, deren Programme noch mit Fehlern behaftet sind. Für manchen wird nun vielleicht auch ersichtlich, daß alles Lebendige nur als "biologischer Roboter" zu begreifen ist. Sehr weit entwickelt zwar, aber dennoch nur zu dem fähig, was ihnen an Hard- und Software mitgegeben wurde. Wohl alle Tiere und auch die meisten Menschen haben nicht einmal die Freiheit, sich über diesen Sachverhalt Gedanken zu machen. Es befällt sie ein ungutes Gefühl bei solchen Gedanken. Vielleicht sind wir sogar so programmiert, daß wir über uns selbst und unsere Schwächen großzügig hinwegsehen müssen. Als Ersatz haben wir den *Glauben* mit in die Wiege bekommen. Er soll uns dort ein positives Gefühl geben, wo die Realität uns verzweifeln läßt.

Programme

Stellen wir uns einmal vor, ein Säugetier käme zur Welt, es wäre kerngesund aber es gäbe nichts in ihm, was ihm eine Hilfestellung für den Start ins Unbekannte, geben könnte. Die Elterntiere würden vergeblich auf eine Reaktion warten. Wie würde dieses Junge an die lebenswichtige Nahrungsquelle kommen? Das Kleine bekäme wohl irgendwann großen Hunger und würde eine erfolglose Suche beginnen. Es würde den Boden, die umherstehenden Pflanzen vielleicht auch die Mutter abschnuppern. Aber wonach würde es eigentlich suchen? Nach etwas Eß- oder Trinkbarem, und wie sollte es das Richtige erkennen? Nie würde es merken, daß es bei der Mutter eine Einrichtung gibt, der man äußerlich nicht unbedingt ansieht, daß sie durch einfaches Saugen den lebenswichtigen Grundstoff liefert. Man erkennt bereits an diesem einfachen Beispiel, wie unmöglich es wäre, am Leben zu bleiben, wenn es nicht Einrichtungen gäbe, die für alle lebenswichtigen Situationen schon die passenden Maßnahmen kennen würden. In diesem ersten Schritt ins Leben macht zwar der Mensch wiederum eine Ausnahme - er muß nicht lange suchen, ihm wird die Brust gereicht - aber daß es nun an ihm liegt zu saugen, daß muß er bereits schon wissen. Das Ganze geht aber nicht über den Verstand. Es läuft eine Automatik ab. Man weiß aber zunächst nicht, wozu die Aktion nützt und ob sie erfolgreich ist. Man weiß nicht, daß da eine Schnittstelle zwischen Mutter und Nachkomme existiert. Man folgt einer Neigung und tut dabei genau das Richtige. Nicht selten sind die von innen kommenden Aufforderungen in der Durchführung mit großem Aufwand verbunden. Sei es der Nestbau, der Vogelzug, das Aufsuchen der Laichgründe bei Amphibien oder Lachsen, oder das wochenlange Bebrüten von Gelegen. Allen ist jedoch gemeinsam, daß sie in der Regel den Organismus so lenken, daß es zu seinem Vorteil ist.

Wenn es sich dabei um ein fest einprogrammiertes Verhaltensmuster handelt, nennen wir es Instinkt. Wenn von innen heraus nur das Bedürfnis geweckt wird, der Weg zum Ziel jedoch über Versuch und Irrtum erlernt wird, handelt es sich um einen Trieb. Instinkte sind bei uns Menschen kaum noch vorhanden. Dagegen werden wir von vielen Trieben und Neigungen hin und her gerissen. Nicht nur daß es sehr schwer ist dagegen anzukämpfen, oft führen solche Handlungen eben zu einem nicht erahnten Erfolg. Gerade deshalb, weil man oft im Leben damit Erfolg gehabt hat, haben wir auch dieses Urvertrauen entwickelt wenn es darum geht, Dinge zu tun, die einer inneren Neigung entspringen.

Wir staunen darüber, daß jedes Tier, ob Schnecke, Schwalbe oder Hase, sofort weiß, wie es weitermachen muß, nachdem es zur Welt gekommen ist. Es ist, als steckte in jedem Lebewesen ein guter Geist, eine Art *Mutter- oder Vatergeist*, der ihm in jeder Situation die richtigen Schritte weist. Doch man merkt schnell, daß junges Leben nicht sehr flexibel ist. Werden die Bedingungen nicht genauso angetroffen wie "erwartet", dann scheitert der junge Organismus. Das Vogeljunge geht davon aus, daß das erste sich bewegende

Objekt seine Mutter ist. Ein Ferkel weiß, daß es sich an der Bauchnaht entlang tasten muß, um die Zitzen zu erreichen. Insektenlarven gehen davon aus, daß sie sich bereits in oder am Rande einer Futterquelle befinden, wenn sie zur Welt kommen. So obliegt es bereits den Elterntieren dafür zu sorgen, daß ihre Jungen einen artspezifischen, optimalen Brutplatz erhalten. Woher aber weiß der Kohlweißling, der sich von Blütennektar auf einer Blumenwiese ernährt, daß er für die Eiablage eine Kohlpflanze auswählen muß? Er könnte es sich ja viel einfacher machen und seine Eier an die Blätter der Blütenpflanze kleben, die er gerade für sich als Nahrungsquelle auserwählt hat. Nun, wir sehen, das Leben ist sehr kompliziert und voller Tücken. Weder ein Mensch, noch ein Tier wäre in der Lage, alle nötigen Situationen sofort zu erfassen um sich richtig zu verhalten. Deshalb gibt es in jedem Organismus ein dickes "Buch", in dem alle essentiellen Situationen mit den dafür entsprechenden Verhaltensweisen beschrieben sind. Um dieses gesamte Wissen herum wurde eine Automatik gebaut. Dies bedeutet, der Organismus braucht weder zu lesen noch zu denken und ist doch fest mit diesen Lebensweisheiten verknüpft. Er wird so stimuliert, daß er sich seiner Art entsprechend richtig verhält. Um nun jedoch Fehler durch die Eigenwilligkeit des Individuums auszuschließen, wurde diese Verknüpfung sehr intensiv vollzogen. Das bedeutet nichts anderes, als daß das Individuum sich diesen Anweisungen beugen muß, buchstäblich als Sklave dieser Einrichtung. Und als sollte die Unantastbarkeit dieser Einrichtung noch unterstrichen werden, wurde das Ganze als Einbahnstraße angelegt. Es können nur Befehle daraus empfangen werden, das Eingreifen, das Verändern dieses Systems ist nicht möglich.

Wer nun davon ausgeht, das alles sei nur in der Tierwelt verwirklicht, sei primitives Verhalten, der irrt. Auch wir Menschen sind Gefangene dieses Systems und gleichzeitig profitieren wir in weitem Umfange davon. Auch wir Menschen haben schon als Baby eine ganz bestimmte Erwartungshaltung an unsere Umwelt. Wenn diesen Erwartungen nicht entsprochen wird, kann es gewaltige Probleme geben. So ist das Kleinkind stets bemüht, seine Grenzen zu suchen. Es erwartet aber gleichzeitig, daß die Umwelt ihm diese Grenzen auch zeigt. Wenn nun die Eltern ihrer Pflicht nicht nachkommen, verzweifelt das Kind in seiner Suche. Es stellt die unmöglichsten Sachen an, nur um irgendwo wenigstens einen Grenzpfahl setzen zu können.

Doch nicht nur in den ersten Lebenstagen oder -jahren gibt es diese Systemabhängigkeit, sie dauert das gesamte Leben. Auch wir Erwachsenen kommen zu keiner Stunde davon los. Wir bleiben darin gefangen, unabhängig von Bildungsniveau und Alter.

„Wie konnten sie diese Person nur töten", fragt der Richter den Angeklagten, „Sie sind doch sonst ein sehr besonnener Mann." „Ich kann es mir selbst nicht erklären", antwortet der Angeklagte, „es ging alles so blitzschnell, ich war einfach außer mir vor Zorn. Als ich wieder klar denken konnte, war es schon passiert. Nie habe ich so etwas gewollt!"

Können sie sich einen Menschen mit freiem Willen vorstellen, der dann plötzlich davon spricht, daß alles wie von selbst ging? Da muß etwas mehr dahinterstecken. Wir alle kennen solche und andere Geschichten. Menschen in Not! Plötzlich riskiert ein Helfer etwas, was er sich niemals zugetraut hätte. Er ist verwundert. Sprang er doch von einer Brücke aus etwa 20 Metern in die Tiefe, in ein Gewässer, von dem er gar nicht wußte, ob es für einen solchen Sprung tief genug war. In ein Gewässer, wo ab und zu auch Krokodile gesehen wurden. Wahnsinn! Was trieb ihn dazu? Er kann es sich selbst nicht erklären.

In vielen extremen Situationen schaltet unser Verstand einfach ab. Eine Automatik kommt in Gang, von der wir bis dahin gar nichts wußten. Und doch beherrscht uns diese Automatik Tag für Tag, nur merken wir es nicht. Innere Programme laufen ab und leiten uns durch die Wirren des Alltags. Irgendwo bewegt sich etwas, wir haben es noch gar nicht gesehen, aber unser Auge schnellt von selbst auf dieses Etwas. Tatsächlich, dort eine Spinne, eine Mücke oder sonst etwas, was sich bewegt hat. Unser kontrolliertes Bewußtsein hätte dieses Objekt gar nicht bemerkt. Sie fassen auf eine heiße Herdplatte und noch bevor sie das Unheil bewußt wahrnehmen, hat die Automatik schon Ihre Hand zurückgezogen.

Sie gehen auf der Straße und sehen einen Bekannten. Schon meldet Ihnen Ihre Automatik, wie Sie zu dieser Person stehen; sei es durch Erschrecken, ein frohes Gefühl oder durch aufsteigende Wut. Selbständig hat Ihr innerer Computer den Speicher abgefragt und Informationen zu dieser Person verarbeitet. Das Ergebnis kann er Ihnen nicht durch Worte mitteilen, jedoch über das Gefühl. Oft ist dieser Computer ihrem Denken weit voraus. Man trifft jemanden und denkt spontan: „Der gefällt mir nicht". Man spürt, mit dem stimmt etwas nicht, ohne es begründen zu können.

Ja, in uns arbeiten Programme, ähnlich wie in einem Computer. Sie sind so umfangreich, daß sie fast alle unsere Handlungen kontrollieren. Hier sind auch Überlebensstrategien festgelegt. Eines dieser Programme geht davon aus, daß das, was für andere gut ist, auch einem selbst gut tun muß. Das trifft zum Beispiel dann zu, wenn man an einer Person vorübergeht, die genüßlich ein Eis lutscht. Plötzlich hat man selbst Verlangen nach einem Eis. Das gleiche gilt für das Hunger- und das Durstgefühl. Bei Kindern wird dies ganz besonders deutlich. Sie haben noch nicht den Filter eingebaut, der durch eine sogenannte gute Erziehung entsteht. Sie sind sehr spontan und wollen genau das, was ihr Gegenüber auch hat. Selbst wenn dies etwas ist, was sie bisher total ignoriert hatten.

Leider passen manche dieser Programme nicht mehr in die Welt, die wir uns geschaffen haben. Sie passen in weiten Teilen nicht mehr in unsere Zeit. Eines davon steuert die vielen Interessen und Bedürfnisse, die wir haben. Früher blieb die Lust auf etwas meistens ein Traum, eine Sehnsucht, die man zeitlebens mit sich herumtrug. Man hatte ebenso wie heute viele Wünsche, konnte sich aber, aus den verschiedensten Zwängen heraus, nur wenige davon erfüllen. Heute gibt es kaum mehr Sehnsüchte, denn noch bevor ein Wunsch die Geburtswege passiert hat, wird er meist schon realisiert. Zugegeben, nicht jedermann ist in dieser glücklichen Lage. Und doch zeitigt diese ungehemmte Bedürfnisbefriedigung eine enorme Umweltbelastung. Dabei geht es nicht nur um Sportarten, die sogar die letzten Regionen der Alpen nicht auslassen. Auch die Angewohnheit, ständig das ganze Haus wohl temperiert zu halten, oder die ungezählten Reisen rund um den Globus, bis hin zu jenen Eingeborenenstämmen, die noch nie einen weißen Menschen gesehen haben, erzeugen negative Einflüsse in Bezug auf unseren Lebensraum.

In Kriegs- oder Krisenzeiten war es oft lebenswichtig, sich einer Menge anzuschließen, die offensichtlich über mehr Information verfügte, als man selbst. Dies war vielleicht ein Flüchtlingsstrom, oder eine Menschenschlange vor einem Gebäude, in dem es Lebensmittel gab. Man nennt diese Eigenschaft auch Herdentrieb. Man sucht unbewußt die Sicherheit, die im Inneren einer Herde vorhanden ist. Was aber ist der Gipfel dieser Steuerung? Menschen, die immer auf ihre Gesundheit geachtet hatten, die immer brav ihren Lebensunterhalt im Visier hatten, haben plötzlich Lust in den Krieg zu ziehen. Der Nachbar, der Freund, einige Bekannte sind bereits im Kampf, also muß das richtig sein. Krieg ist angesagt, alle wollen Krieg. Man ignoriert die vielen Toten, die Wunden anderer. Auch hiervon sind nicht alle Menschen gleichermaßen betroffen und Männer mehr als Frauen. Aber es ist schon erstaunlich, daß dort, wo sich Kriege anbahnen, die Menschen nicht mit aller Macht versuchen sie zu verhindern, sondern ständig nach Möglichkeiten suchen, diesen zu begründen und noch zu verstärken. Allein im Jugoslawienkrieg machten sich viele Männer aus sicheren Drittstaaten auf um mitzukämpfen.

Ein anderes Phänomen ist die Mode. Diesem Programm sind eher die Frauen unterworfen. „Das sieht unmöglich aus, so etwas würde ich nie tragen!" Diese Meinung hält eine Weile an. Dann verstärkt sich dieser Modetrend und plötzlich findet man ebenfalls Gefallen daran. Man könnte es ja mal probieren. Wenig später ist man selbst hell begeistert und verurteilt alle, die anders denken, als rückständig und altmodisch. Das dauert so lange, bis die Modediktatoren einen neuen Stil kreieren - und das Spiel beginnt von neuem.

Diese Beispiele, in denen wir dem Diktat unserer Programme und unseres inneren Computers hilflos ausgeliefert sind, lassen sich beliebig fortsetzen. Die Freiheit, die uns hier gewährt wird, ist oft nur ein kurzes Verweigern auf Zeit. Entziehen können wir uns diesen Weisungen nicht, ohne psychische Probleme zu bekommen. Wie schön wäre es doch, wenn unser innerer Computer von uns verlangen würde, in der Schule und im Leben sehr fleißig und akkurat zu sein, tolle Noten zu schreiben, einen anspruchsvollen Beruf zu haben, 24 Stunden am Tag leistungsfähig zu sein und im Wohlstand zu leben. Dann wäre der Weg dahin für uns keine Anstrengung mehr, sondern das reinste Vergnügen. Aber unsere inneren Programme wurden vor Tausenden von Jahren geschrieben und damals waren solche Bedürfnisse nicht wichtig.

Allerdings, Sicherheitsstreben und "besser als andere zu sein" brachte schon immer Vorteile. Diese Anlagen waren früher wichtig und tragen heute unter geänderten Lebensbedingungen die seltsamsten Blüten. Viel Geld zu haben bedeutet heute Sicherheit. Es gibt immer mehr Menschen, die hier sehr erfolgreich sind. Nur, sie können gar nicht mehr damit aufhören. Sie haben alles, was das Herz begehrt, und dazu noch jede Menge Geld in sicheren Anlagen. Sie könnten sich ein Leben wie im Schlaraffenland gönnen, statt dessen arbeiten sie weiter, immer mehr, immer härter. Sie wissen gar nicht mehr, wofür sie arbeiten. Viele sterben an den Folgen dieses gesteigerten Sicherheitsbedürfnisses, vielleicht auch wegen ihres ausgeprägten Geltungsdranges. Andere, die nicht so begütert sind, mieten sich ein großes Auto um wenigsten den Anschein zu erwecken, als wären sie ihren Zeitgenossen voraus. Da gab es den Spleen, ständig ein Surfbrett auf dem Autodach zu transportieren, um die Beachtung der Menge auf sich zu ziehen. Ein Surfbrett als Symbol der Sportlichkeit, der Stärke und auch um zu zeigen, ich kann es mir leisten. Manch einer konnte mit dem Sportgerät überhaupt nicht umgehen!

Wenn wir diese Beispiele überdenken, dann können wir uns vorstellen, daß diese automatische Führung mehr Gewalt über uns hat, als wir bisher glaubten. Früher, bei unseren Vorfahren, machten solche Verhaltensweisen noch Sinn. Sie waren durch die eingeschränkten Möglichkeiten gebremst und drückten sich in anderen Dingen aus. Heute sind sie die Ursache für die Zerstörung unseres Lebensraumes. Unser Verstand hat das längst begriffen. Unsere innere Automatik jedoch hat keine Möglichkeit, darauf zu reagieren. Deshalb helfen auch Ermahnungen und Appelle nicht viel. Wir machen weiter wie bisher. Erst wenn es wirklich ernst wird, wenn es uns hautnah betrifft, wenn es ums Überleben geht, erst dann werden die Prioritäten in unserer Automatik wieder anders gesetzt. Wieviel Siechtum und Leid wird erst zu ertragen sein, bis irgendwann einmal eine vergiftete, lebensfeindliche Umwelt wieder renaturiert sein wird?

Wenn wir erkennen, daß in diesen Uraltprogrammen unser Schicksal begründet liegt, sollten wir vielleicht daran gehen, sie näher zu studieren um sie über Umwege vielleicht beeinflussen zu können. Wenn es dazu eine Möglichkeit gibt, dann über die Rahmenbedingungen. Dazu müssen wir uns jedoch Stück für Stück den Befehlen unserer Automatik verweigern. Wir müßten vieles selbst steuern, und das bedeutet wiederum andere, neue Fehler zu machen und zudem eine Menge eigener Denkleistung zu erbringen. Möglich auch, daß wir in der Zukunft manche gefährlichen Programme löschen oder umprogrammieren können. Gäbe es in unserer Gesellschaft solche Roboter, alt und technisch weit überholt, die auf Aggression und Zerstörung ausgelegt wären, wir würden sie per Gesetz eliminieren oder auf den neuesten Programmstand bringen müssen. Wir Menschen tun aber so, als wäre bei uns alles in Ordnung. Wir glauben an unseren freien Willen und daran, daß unser Tun irgendwie richtig sein muß. Ähnlich wie die Vogelmutter, die auf ihren Eiern sitzenbleibt und am Ende ihren Lohn in Form der ausgeschlüpften Brut erhält, hoffen auch wir insgeheim, unser Handeln würde gleichfalls irgendwann als richtig bestätigt. Doch es wird endlich Zeit, alte Zöpfe abzuschneiden. Wir haben die Fähigkeit zur Projektion. Wir können uns unsere Zukunft ziemlich genau ausmalen. Auf eine späte Gnade zu hoffen, erscheint unter den gegebenen Umständen als absolut töricht.

Teileaustausch

Im Gegensatz zu unseren technischen Systemen, bei denen es selbstverständlich ist, daß defekte oder verschlissene Teile ausgetauscht und durch neue ersetzt werden können, scheint der Organismus der Tiere und auch des Menschen eine kompakte Einheit zu bilden. Es gibt keine angeschraubten Teile, nichts ist flexibel miteinander verbunden. Schon eher wird man hierbei an ein geschweißtes oder geklebtes Objekt erinnert. Noch charakteristischer ist die Vorstellung einer Form, die mit Beton oder flüssigem Metall ausgegossen wurde, wo nach dem Erkalten alle Moleküle irreversibel miteinander verschmolzen sind.

Ein biologischer Organismus ist jedoch mehr als eine pure Ansammlung von Molekülen. Materie wird so organisiert, daß die Systeme intelligente Fähigkeiten erhalten. Bei manchen niederen Tierarten kommt es deshalb dazu, daß abgerissene Gliedmaßen von selbst wieder nachwachsen. Bei höher entwickelten Lebewesen kommt es immerhin noch zu einem Wundverschluß. Eine kleine Schnittwunde verheilt mit etwas Sorgfalt so gut, daß die Narbe mit bloßem Auge kaum mehr sichtbar ist. Schürfwunden ziehen oft unangenehme Vereiterungen nach sich. Selbst wenn der erste Eindruck auch schlimm war, der Körper kriegt das wieder erstaunlich gut hin. Das ist schon phantastisch.

Augenscheinlich findet man eine kompakte Einheit vor und trotzdem ist das nur die halbe Wahrheit. In den Händen eines Laien ist der menschliche Körper zwar ein sehr zartes und anfälliges Gebilde, schon eine kleine Wunde kann leicht zum Tode führen. Noch vor wenigen Generationen kam eine infizierte Fleischwunde einem Todesurteil gleich. Wer jedoch die Rahmenbedingungen und Arbeitsweisen eines Organismus kennt, dem eröffnen sich beinahe unbegrenzte Möglichkeiten. Es bedarf also eines beachtlichen Sachverstandes, oder anders ausgedrückt, einer hohen Intelligenz, um die Sperren zu überwinden, die das Lebendige vor Manipulationen schützen. Dann jedoch erweisen sich lebende Systeme als hilfsbereite Partner. Dann genügt es schon, wenn man die Flächen, die zusammengehören, einfach grob zusammenbringt. Das ordnungsgemäße Zusammenwachsen übernimmt das System vollautomatisch. Wer also früher der Meinung war, ein Organismus wäre so göttlich geschaffen, daß er von Menschenhand nicht manipuliert werden könne, der irrte sich gewaltig. Paradoxerweise stellt sich der Körper in der Hand eines Meisters als das pure Gegenteil heraus. Er ist in nahezu allen Teilen modellierbar. Er ist so geschaffen, daß Teile weggenommen, ausgetauscht oder auch angebracht werden können. Manches von dem man früher glaubte, es sei unmöglich, stellt sich heute oft als einfache Routinearbeit dar. Ja, der tierische oder menschliche Organismus ist so gesehen geradezu dafür geschaffen, um von kompetenten Fachleuten manipuliert werden zu können.

Es ist erschreckend, welche Auswüchse heute der Handel mit menschlichen Organen hervorbringt. Oft ist es so, daß Menschen in den Augen mancher Geschäftemacher nur noch Ersatzteillager darstellen. Noch nie in der Vergangenheit hatte der Begriff vom "Ausschlachten" solche Gültigkeit wie heute. Man muß sich wirklich erst daran gewöhnen, daß Menschen ihrer Augen, ihrer inneren

Organe, vielleicht auch bald ihrer Gliedmaßen beraubt werden, bevor man sie beerdigt. Ja, wenn die Tendenz so weitergeht, gibt es vielleicht bald nichts mehr zu beerdigen. Eines zeigt das Ganze jedoch klar auf: eine Analogie des menschlichen Organismus zu technischen Systemen. Der Mensch ist keine einmalige Einheit, nicht ein Guß, kein absolutes Unikat. Er ist in gewissem Sinne eine Massenproduktion. Ein Mitmensch in Afrika, den ich gar nicht kenne, der mit mir auch nicht verwandt ist, kann für mich im Notfall Organspender sein, und umgekehrt. Wir sind so stark genormt, daß Bauteile "problemlos" ausgetauscht werden können.

Es ist sogar möglich, biologische Systeme im Menschen, durch technische Systeme zu ersetzen. Bei Nierenunterfunktion kann die Blutreinigung an einem Dialysegerät stattfinden. Ist der Herzrhythmus unregelmäßig, wird ein Herzschrittmacher eingesetzt. Gelenke werden künstlich hergestellt, eingebaut und verwachsen danach mit dem natürlichen Gewebe. Selbst Gehirntote können mit der Herz-Lungen-Maschine weiter am Leben gehalten werden. Manche Blinde können darauf hoffen, zukünftig mit Siliziumchips wieder sehen zu können, und es wird nicht mehr lange dauern, bis ein zuverlässiges künstliches Herz die Spenderproblematik der Vergangenheit angehören läßt.

Die Aufzählung könnte noch lange fortgesetzt werden und jedes Jahr kommen neue Möglichkeiten hinzu. Wir müssen uns darüber klar sein, daß wir erst am Anfang stehen, was die Manipulation von Organismen anbelangt. Schon hat das alte Skalpell in manchen Bereichen der Lasertechnik weichen müssen. Operationen werden z.T. überflüssig, weil sich durch programmierte Mikroorganismen der gewünschte Effekt viel problemloser erreichen läßt. Wie auch immer, neue Technologien werden Eingriffe immer leichter machen. Für unsere Betrachtung ist es nur wichtig zu erkennen, daß es mit der Einmaligkeit des menschlichen Individuums gar nicht so weit her ist. Daß sowohl menschliche als auch tierische Systeme so kompliziert erscheinen, ist nicht kein Indiz dafür, daß sie etwas ganz Außergewöhnliches sind, sondern nur eine Folge unseres mangelnden Wissens bzw. unserer primitiven Entwicklungsstufe.

Noch ein anderer Aspekt muß an dieser Stelle erwähnt werden. Alles Lebendige wird, wie auch alle unsere technischen Systeme, aus den Grundmaterialien dieses Planeten und des Universums gebaut. Es gibt nicht einen einzigen Stoff, der auf wundersame Weise die Existenz biologischer Systeme erst ermöglichen würde, ein Stoff also, der unser physikalisches Weltbild sprengen würde. Jedoch hier, wie auch bei jedem technischen Gerät, kommt es auf die innovativen Kräfte an. Gerade dadurch und nicht durch die Grundmaterialien, eröffnet sich der gigantische Spielraum.

Was die biologischen Systeme anbelangt wissen wir heute, daß alle Verknüpfungsregeln, die das Individuum betreffen, im Erbgut festgelegt sind. Es ist ein Bauplan, der zwar genial ist, aber nicht eines Wunders bedarf, um zu funktionieren. Er beruht auf den gleichen Naturgesetzen, die auch wir für den Bau unserer primitiveren technischen Systeme verwenden.

Die Hypothese einer Ingerenz durch weit intelligentere Wesen als wir es sind, auch wenn diese nur zum Zeitpunkt der ersten Zellen bestanden hätte, ermöglicht es uns, unser ganzes Sein in einem neuen, einem realistischeren Licht betrachten zu können. Wir erkennen Grundüberlegungen, die auch wir anstellen müssen, wenn wir Systeme entwerfen. Wir erkennen Fehler, die auch bei unseren Entwicklungen nicht vermeidbar sind. Wir erkennen einen gewissen Weitblick über das Entstehungsdatum hinaus, auch das ist bei unseren Entwicklungen unverzichtbar.

Das Sein vor der Geburt und jenes nach dem physischen Tod, geben uns einen gewissen Spielraum für Phantasien. Natürlich wird die Energie in uns nicht einfach verschwinden. Daß auch hier Energien eines alten, verbrauchten Körpers in einen neuen übernommen werden können, scheint wahrscheinlich. Doch handelt es sich hierbei wahrscheinlich um "datenbeladene Energiefelder". Würde uns jemand diese Zusammenhänge erklären, wir wären sicher in der Lage, sie auch zu verstehen. Ähnlich, wie wir auch die Zusammenhänge verstehen können zwischen dem Senden eines Rundfunkprogrammes und dem Empfang in unserem Radio. Zum Begreifen des ganzen Geschehens ist es jedoch noch ein weiter Weg. Wir berühren hier Dimensionen, für die unser Bewußtsein noch nicht geöffnet ist, auch fehlen technische Geräte, die uns befähigten, wenigstens Meßwerte zu erhalten. Was den Werdegang eines menschlichen Organismus anbelangt, scheint jedoch vieles daraufhin zu deuten, daß es sowohl ein Davor als auch ein Danach gibt. Auch hier können wir sicher sein, es spielt sich alles im Rahmen der Naturgesetze ab. Obwohl wir zu diesen Sphären noch keinen Zugang haben, sollten wir nicht mutlos sein. Wir haben bisher große Fortschritte im Verständnis unseres Seins und den Gesetzen der Natur gemacht. Die Forschung hat jedoch erst einen kleinen Teil des riesigen Potentials der Erkenntnisse gelüftet.

Kapitel 4: Automatisches System

Im Griff des automatischen Systems

Wir Menschen sind denkende Wesen. Das stimmt soweit auch. Wir ersinnen etwas, führen es durch und sind deshalb der Meinung, wir hätten uns aufgrund unseres Verstandes voll im Griff. Das bedeutet, alles was wir machen, wird zunächst in unserer Denkzentrale geplant bzw. erdacht und dann bewußt und kontrolliert ausgeführt. Erst kommt die Sinnerwägung, dann die Tat. Im Umkehrschluß würde das bedeuten, wir Menschen überlassen fast nichts dem Zufall. Tätig zu sein nach Gefühl und Wellenschlag gibt es bei uns nicht. Stimmt diese These?

Da stellt sich natürlich zunächst die Frage, ob unser Verstand überhaupt in der Lage ist, alle unsere Handlungen über vorgeschaltete Denkprozesse zu steuern. Haben wir einen so großdimensionierten Verstand mit entsprechend hoher Leistungskapazität? Beobachtet man einmal ein Schulkind bei den Hausaufgaben, entsteht der Eindruck, diese für die Erwachsenen oft einfachen Aufgaben dienten in der Hauptsache dazu, den Schüler zu quälen. Keine Spur von schneller Auffassungsgabe, hervorragendem Gedächtnis und damit Spaß an der Arbeit, die man kurz einmal mit "links" erledigt. Unser Verstand ist nämlich ein sehr langsames Medium. Würden wir z.B. beim Gehen ausschließlich auf unseren Verstand angewiesen sein, so könnte uns beinahe eine Ameise überholen. Gehen muß man lernen. Aber sobald man es kann, übernimmt eine automatische Steuerung diesen Vorgang. Auch sprechen will gelernt sein. Doch auch diese Aufgabe wird an ein automatisches System übergeben. Das Übergeben von Fertigkeiten an das automatische System nennen wir üben. Während des Übens merken wir, wie es immer leichter geht. Ja, oftmals glauben wir anfangs sogar, etwas gar nicht erlernen zu können und sind dann über alle Maßen erstaunt, wenn sich Erfolge einstellen.

Wenn Sie schon lange nicht mehr über einen Baumstamm balanciert sind, dann versuchen Sie dies doch einmal wieder. Beim ersten Mal muß man sich gewaltig konzentrieren. Es geht sehr langsam und vor allem sehr unsicher. Später ist es dann gar keine Anstrengung mehr. Das gleiche gilt für das Erlernen einer Fremdsprache oder auch fürs Autofahren. Ach, wie war das Autofahren anfangs schwierig: In den Rückspiegel schauen, blinken, Kupplung drücken, auf den Motor hören, Kupplung langsam kommen lassen und dabei immer den Verkehr im Auge behalten. Viele Fahrschüler waren und sind nach der ersten Fahrt schweißgebadet. Mit etwas Übung läuft dann alles wie von selbst. Zum Schluß kann man sich bei manchen Fahrten an gewisse Passagen gar nicht mehr erinnern. War die Ampel etwa rot? Habe ich nach rechts geschaut, habe ich beim Überholen den rückwärtigen Verkehr beobachtet? In der Regel wurde dies alles beachtet, nur ging es von den Augen direkt zum automatischen System. Unser Verstand war damit also gar nicht belastet.

Bei vielen Tätigkeiten wird der Verstand eben gar nicht bemüht. Er schlummert dann so vor sich hin. Mancher Autofahrer hat schon einmal erlebt, daß er durch die Lande gefahren ist, hunderte von Kilometern und dann just die lang ersehnte Autobahnausfahrt "verschlafen" hat. Solches passiert nicht, weil man sich zu sehr auf den Verkehr und das Fahren konzentriert, sondern weil alles wie von selbst läuft. Dann kann es durchaus sein, daß sich der Verstand einfach ein anderes Thema aussucht und vor sich hin träumt. Peinlich kann es werden, wenn beim Sprechen der Verstand nicht aktiviert ist, und das ist oft der Fall. Man formuliert die Bilder und Themen im Kopf und das automatische System bildet die Worte dazu. Ohne störende Einflüsse funktioniert das auch ganz gut. Besonders dann, wenn es um einen Wortwechsel mit bekannten Personen geht. Da kann man die tollsten Urlaubsschilderungen oder Berichte über interessante Ereignisse hören. Steht aber die gleiche Person vor einem Plenum und soll ihre Schilderung abgeben, hört sich das ganz anders an. Es kann ein wirrer, zusammenhangloser, mit Wortdrehern versehener Vortrag werden, bei dem am Ende vielleicht noch Zweifel aufkommen, ob diese Person überhaupt in ihrer Muttersprache gesprochen hat. Wenn Streß oder Überlastung dazukommen, konkurrieren mehrere automatische Funktionen miteinander und es kommt zu den kuriosesten Versprechern.

So geschah es, daß ein überarbeiteter Mensch seinen besten Freund, der Klaus heißt, oft mit Karl anredet, dem Namen eines Arbeitskollegen. Auch Freudsche Versprecher haben ihre Wurzeln in diesem Umstand. Dann kann es schon mal vorkommen, daß man sagt: „Ich bin 5.000 Jahre alt ...", obwohl man sagen wollte „Ich bin 50 Jahre alt und habe 5.000 Mark gewonnen". Oft ist die formulierende Funktion schneller als die sprechende. Dann werden schon mal Wörter oder Wortteile vertauscht. So stand eine etwas unerfahrene Dame am Mikrofon und wollte nach einer gut vorbereiteten und gut gehaltenen Ansprache noch ein paar freie Worte an das Auditorium richten. Sie begann mit den Worten: „Jetzt wo ich schon am Pultnerred (Rednerpult) stehe...". Das Bemerkenswerte bei den meisten Versprechern ist, daß der Redner davon meist nichts mitbekommt.

Besonders gut werden Dialekte vom automatischen System

bewältigt. Ist ja auch klar, denn man lernt die Sprache als Kind, und sie wird durch tägliches Anwenden fest "eingebrannt". Dabei spielt es überhaupt keine Rolle, um welche Sprache oder um welchen Dialekt es sich handelt. Da gibt es Schwarze, die in Stuttgart geboren wurden und sich in urtümlichem Schwäbisch artikulieren, daß man beinahe erschrickt, wenn man plötzlich merkt, wer da redet. Der Dialekt wird so gut eingeprägt, daß man nicht mehr davon loskommt. Wenn man sich dann im Beruf oder im Gespräch mit norddeutschen oder gar ausländischen Gästen des Schriftdeutschen bedienen möchte um besser verstanden zu werden, kommt es zur Katastrophe. Man stottert, findet die Worte nicht oder kann keinen vernünftigen Satz formulieren. Eigentlich erstaunlich wenn man bedenkt, daß man in der Zeitung, im Radio, im Fernsehen oder beim Lesen eines Buches, ständig mit dem Schriftdeutschen konfrontiert wird. Aber gerade das ist für die automatischen Funktionen typisch. Sie können nur das, was auch konkret geübt und erlernt wurde. Also, wer eine Sprache gut lesen kann, muß sie noch lange nicht gut sprechen können. Wer Spielregeln im Schlaf beherrscht, ist noch lange kein guter Spieler. Theoretischer Unterricht ohne Übungen erzeugt zwar Wissen, aber noch lange keine Fertigkeiten.

Schnelle Abwehrbewegungen, Ausweichmanöver, Augenzwinkern bei einer Fremdkörpereinwirkung, manchmal auch das Ohrenzuhalten bei plötzlich starkem Lärm, oder das sich zu Boden werfen bei Gefahr, sind typische Reaktionen des automatischen Systems. Bevor wir noch zum Denken kommen, haben wir schon reagiert. Viele Situationen erfordern einfach eine solch schnelle Reaktion, daß zum Denken, Überlegen oder Auswählen keine Zeit mehr bleibt. Hier werden dann Muster angewendet, die man sich als Kind im Spiel, im Sport oder auch in einem speziellen Training angeeignet hat. Allerdings kommt es manchmal auch zu falschen Reaktionen. Besonders dann, wenn es sich um eine neue, noch nicht geübte Situation handelt. Das sind also Extremsituationen, bei denen insbesondere angeborene Verhaltensmuster zur Anwendung kommen. Dies ist bei Panik der Fall. Unser automatisches System kennt "weglaufen" als Fluchtreaktion. Vor dem Feuer, vor einem Feind, vor einem Tier, ja manchmal sogar vor einem Auto. Nur schnell weg aus dieser Situation, die eine massive Bedrohung darstellt. Feuer in einer Diskothek - Panik! Junge Menschen treten andere, hilflos am Boden liegende Menschen, zu Tode. Im Normalfall würde man das nicht übers Herz bringen. Hier aber gibt es keinen Spielraum für Mitgefühl. Wenn ein Kind plötzlich vor einem großen Hund steht, wird es nach der ersten Schrecksekunde in panischer Angst davon rennen. Das hat jedoch überhaupt keinen Zweck, denn erstens wird in dem Hund nun der Verfolgungstrieb geweckt und zweitens ist er natürlich um ein Vielfaches schneller.

Und was tun, wenn im 6. Stock eines Hochhauses Feuer ausbricht und das Treppenhaus bereits unter Flammen steht? Wir alle würden sagen, da hat Weglaufen keinen Sinn mehr, da müßte man andere Maßnahmen erwägen. Soweit die Vernunft. Doch was passiert? Man gehorcht nur den inneren Befehlen, die zu einem Befreiungsschlag auffordern, egal wie. Weil das Fenster die einzige Möglichkeit zur Flucht bietet, springen Menschen hinaus, obwohl sie wissen müßten, daß dies den sicheren Tod bedeutet. Aber in solch extremen Fällen gestattet das automatische System dem Verstand nicht einzugreifen.

Wurden sie schon einmal angebrüllt? Wenn jemand vor Zorn einen anderen anschreit, so sind die dabei verwendeten Worte zunächst zweitrangig. Der Ton wird aber sofort vom automatischen System adaptiert, und nun entsteht augenblicklich, ohne daß wir Einfluß darauf nehmen eine Stimmung, die evtl. "Flucht", vielleicht auch "klein beigeben", oder "Abwehrhaltung einnehmen", bedeutet. Dies alles hängt davon ab, wie unser automatisches System die Situation beurteilt. Erst dann denkt unser Verstand über die gesagten Worte nach.

Eine ähnliche Situation herrscht beim sogenannten Lampenfieber. Man kann sich tausendmal einreden, es sei alles nicht so schlimm. Es hilft nichts. Der Verstand kann das automatische System nur ganz bedingt beeinflussen. Unser automatisches System hat ein Repertoire an angeborenen Verhaltensmustern. Diese Verhaltensmuster passen manchmal nicht mehr in unsere Zeit und kommen oft in ganz unangemessenen Situationen, und dann besonders störend, zum Vorschein. Da muß man eine Rede halten und ist so nervös, daß man kaum einen Satz unverstümmelt hervorbringt. Offensichtlich gibt es hierzu keinen Grund. Bei uns und in der heutigen Zeit wenigstens nicht. Dabei hat diese Angst oft etwas mit einer Todesangst gemeinsam. Glaubt unser System vielleicht, jemand aus dem Plenum würde dem Sprecher etwas antun? Oder ist es ganz einfach eine Fehlfunktion? Doch ist eines auch klar: in einem Herdenverband hat nur einer das Sagen. Das ist das Leittier. Auch bei den Organisationsformen des Menschen, sind zwei Chefs schon einer zuviel. Es spricht viel dafür, daß hier bereits im automatischen System eine Hemmung vorgesehen ist für all jene, die keine Leitfunktionen haben. Deshalb auch das Sprichwort: „Wem Gott gibt ein Amt, dem gibt er auch Verstand." Oft treten mit dem Erreichen einer Position verborgene Fähigkeiten zutage und Hemmungen verschwinden.

Viele solcher angeborenen Verhaltensmuster begleiten uns tagtäglich. Die meiste Zeit verbringen wir deshalb als "Roboter", als Wesen, die von ihrem automatischen System gesteuert werden.

Raucher z.B., die ihre Kippen einfach auf den Boden werfen, Menschen, die Sachen einkaufen, für die sie gar keine Verwendung haben, Trinker, die über den Durst hinaus trinken und ihre Sicherheit und Gesundheit dabei vergessen. Dieses unreflektierte Verhalten ist auch jene Stufe, auf der sich die Tiere bewegen. Das soll nicht abwertend verstanden werden. Anders ausgedrückt bedeutet dies, die Tiere sind uns eben ähnlicher als wir es wahrhaben wollen.

Unkonzentriert zu sein bedeutet, die Kontrolle an das automatische System abzugeben. Wenn das automatische System gut geschult ist, kann man sich das auch leisten. Da will eine Mutter am Bett ihres kranken Kindes wachen und schläft dabei ein. Doch schon beim ersten Geräusch ist sie wieder hellwach.

Manchmal aber zieht das automatische System auch die Kontrolle an sich und verhindert damit eine erwartete Leistung. Spitzensportler können davon ein Lied singen. Alles geht gut, bis man kurz vor dem Sieg steht und dann? Gerade jetzt, wo es darauf ankommt besonders gut zu sein, verkrampft man sich, verschießt den Elfmeter, spielt den Tennisball ins Netz, übertritt als Weitspringer usw. Phänomene, die dem Unwissenden vollkommen unverständlich sind. Aber alle diese Leistungen werden, ohne daß wir bisher darüber nachgedacht haben, vom automatischen System ausgeführt. Beim Üben hat der Verstand noch eine große Bedeutung. Ausloten der korrekten Schlägerhaltung, taktisch günstige Plazierung des Balles beim Tennis, abgezählte Schrittzahl und ausgeklügeltes Anlaufen beim Weitsprung. Wir üben solange, bis es optimal klappt. Das bedeutet nun, das automatische System verrechnet die Situationen so, wie wir es gerne hätten. Kommt es nun aber beim Wettkampf zu einer anderweitigen Beeinflussung unseres automatisches Systems, so ergibt sich ein Interessenkonflikt. Zwei oder mehrere Programme laufen jetzt nebeneinander ab. Es kommen neue Komponenten hinzu: Lampenfieber, man will jetzt ganz besonders gut sein, man will jetzt bewußt jeden Fehler vermeiden, man will sich jetzt besonders gut konzentrieren und vielleicht verschwendet man auch schon einen Gedanken daran, was für ein Gefühl es wohl sein wird, als Sieger gefeiert zu werden. Damit sind die Rahmenbedingungen, die unser automatisches System zu verrechnen hat, auf einmal viel umfangreicher geworden. Das Ergebnis ist in der Regel der Mißerfolg.

Menschen, die von dieser Mechanik Kenntnis haben, können ihr Verhalten besser kontrollieren. Auf der einen Seite, können sie sich manches Verhalten besser erklären, auf der anderen aber führt eben nur ausdauerndes Üben in der Ernstsituation zum angestrebten Erfolg. Ohne unser automatisches System würden jedoch viele unserer Fähigkeiten in den Ansätzen steckenbleiben.

Insbesondere Tanzen und Musizieren gehören in diese Rubrik. Da bleibt keine Zeit zum Überlegen. Allein die Schnelligkeit der Finger eines Klavierspielers oder die Bein- und Körperbewegung eines Tänzers, sind Leistungen, die unser Verstand, unser denkendes Gehirn nicht mehr bewältigen könnte. Auch das Schwimmen oder die Balance beim Fahrradfahren sind solche Leistungen. Nicht zuletzt sei hier noch an das Rechtschreiben erinnert. Wenn hier Unklarheiten auftreten, hilft oft das Niederschreiben und Betrachten der denkbaren Varianten. Das automatische System signalisiert dann per Gefühl, welche Schreibweise zu wählen ist, mit erstaunlichem Erfolg!

Systembelastung

Unsere Steuerung, unser Verwaltungssystem ist von guter Qualität. Es funktioniert immer und ist ständig aktiv. Es ist so gut, daß wir davon in der Regel nichts bemerken. Unsere Programme sind so ausgelegt, daß sie sich selbst kontrollieren und das System immer wieder ins Gleichgewicht bringen. Ihre wichtigste Aufgabe ist es, den Organismus in allen Lebenssituationen und Lebensfunktionen zu steuern und vor Schaden zu bewahren. Sie sind ausgesprochen umfangreich, leisten vorzügliche Arbeit, sind jedoch in ihrer Anpassungsfähigkeit nicht sehr flexibel. Für solch relativ starre Anlagen, wäre es am besten, wenn die Umweltbedingungen unverändert blieben. Änderungen der Lebens- und Umweltbedingungen bedeuten immer eine große Herausforderung für die Steuerungssysteme. Viele Individuen, oft ganze Arten, schaffen den Sprung in eine neue Anforderungsstruktur nicht. Sie bleiben auf der Strecke und werden aussortiert. Ein schlimmer Vorgang für die Betroffenen, der jedoch innerhalb der Natur zum Alltäglichen gehört. Bei den erfolgreichen Zeitgenossen reicht das Potential des Steuerungssystems noch aus, um mit der neuen Situation klar zu kommen. Oft ist dies aber für die Individuen ein äußerst unbefriedigender Zustand. Schon eine weitere, geringfügige Änderung kann für den einen oder anderen das Aus bedeuten. Neben den glücklicherweise seltenen, großen Naturkatastrophen, die solche qualitativen Adaptionen auslösen, gibt es auch die häufigen kleinen Änderungen in den Umweltbedingungen, die eine ständige qualitative Selektion bewirken. Wer eine größere Veränderung überdauert hat, lebt eben trotzdem noch mit den ursprünglichen Steuerungsmechanismen. Daß es hierbei ständig zu Fehlreaktionen kommt, liegt klar auf der Hand. Auch wir Menschen, oder besser gesagt unsere Steuerungssysteme, machen da keine Ausnahme. Unser System ist an ein Leben angepaßt, von dem wir uns immer mehr entfernen. Für unsere Steuerprogramme geht es immer noch um die Auseinandersetzung mit einer ungezähmten Natur. Wenn wir diese Schablone auf unseren heutigen Tagesablauf legen, dann paßt sie nirgends mehr. Wir, die Industrienationen, haben uns von der bisherigen, für uns gut angepaßten Lebensphilosophie sehr weit entfernt. Dieses Entfernen wäre nicht so problematisch, würden dadurch nicht gleichzeitig unsere Systeme an die Grenzen ihrer Leistungsfähigkeit gebracht.

Wir gehen immer davon aus, daß der Körper stets in der Lage ist, sich jeder noch so extremen Situation anzupassen. Die Betrachtung der Entwicklung des Menschen, auf seinem bisherigen Weg durch die Geschichte, scheint dieser Annahme auch recht zu geben. Allerdings ist es falsch davon auszugehen, wir besäßen ein System, das mit den gesteigerten Anforderungen mitwächst. Unsere Belastbarkeit ist eher mit der eines Gummibandes zu vergleichen. Ab einem gewissen Spannungszustand, wird es spröde, verliert immer mehr an Elastizität und am Ende reißt es. Wir in den Industrienationen sind bereits an dem kritischen Punkt einer zerstörerischen Überdehnung angelangt.

Solche Grenzen sind dann erreicht, wenn unsere Programme auf ein Problem keine Antwort mehr wissen. In Sachen Immunsystem ist bekannt, daß hier ein überaus leistungsfähiger Apparat zur Verfügung steht. Über ausgefeilte Mechanismen werden Fremdstoffe und Erreger erkannt, für den Körper unschädlich gemacht und beseitigt. Dieses System ist so leistungsfähig, daß es sogar in der Lage ist zu lernen und auch Informationen zu speichern. Aber eben nicht grenzenlos. Chemikalien, noch dazu wenn sie in Form eines heftigen "Gewitterregens" auf das Immunsystem niederprasseln, bringen dieses zu Fall. Plötzlich treten widersinnige Reaktionen auf. Am Ende wird der Körper durch dieses System nicht mehr geschützt, sondern massiv geschädigt. Man spricht dann von Allergien. Diese haben mittlerweile einen erschreckenden Umfang erreicht. Daneben gibt es aber auch Belastungen, die das psychische System überfordern. Ständige Leistungsbereitschaft, Zeitdruck, Streß in seinen vielfältigen Erscheinungsformen und die Angst, den ständig neuen Herausforderungen irgendwann einmal nicht mehr gewachsen zu sein, sind hierfür verantwortlich.

Es gibt kaum einen Handwerker, der aufgrund seiner Arbeit bzw. der allgemeinen Anforderungen, die sein Beruf an ihn stellt, in psychische Bedrängnis geraten ist. Wobei man mit dieser Feststellung schon wieder vorsichtig sein muß, denn auch im Handwerk gehen die psychisch gesunden Zeiten allmählich dem Ende entgegen. Selbst Menschen, die ihr Leben lang sehr hart gearbeitet haben, stehen am Ende immer noch seelisch ungebrochen da. Man sieht ihnen zwar die harte Arbeit an, die ihnen abverlangt wurde, nicht selten traten körperliche Gebrechen auf wie z.B. Rheuma, verschlissene Gelenke oder ähnliches. Aber seelisch waren sie gesund bis in hohe Alter. Die Anforderungen des täglichen Lebens standen im Einklang mit der Leistungsfähigkeit der psychischen Steuerungssysteme während die Leistungsfähigkeit des physischen Apparates oft bis an die Grenze der Belastbarkeit ausgereizt wurde.

Der moderne Trend, weg von körperlicher Arbeit, hinein ins Büro, Aufstieg in führende Positionen, also Leistungen, die nicht körperlich sondern in der Hauptsache geistig zu bewerkstelligen sind, hat ein Krankheitsbild geschaffen, das meist einen Psychotherapeuten oder Psychiater erfordert. Ähnlich auch der Prüfungsdruck der Studenten. Manche dieser gequälten Naturen kippen, vom Lernstreß gepeinigt, kurz vor der Prüfung einfach um. Viele jener Menschen, die sogenannte gute Positionen besetzen, kommen ohne Psychopharmaka gar nicht mehr aus. Schlafstörungen, Magenleiden, Verdauungsstörungen, Verspannungen und Depressionen sind die Folge dieser kritischen Entwicklung.

Da war eine Familie, die das Glück gepachtet zu haben schien. Sie bewohnten kein normales Haus mehr, sondern schon eher ein kleines Schloß. Der terrassenartige Garten ermöglichte einen herrlichen Blick über eine weite Landschaft, die von Hügeln eingerahmt wurde. Es war ein Paradies. Geldsorgen kannten sie nicht. Der Mann, der dieses Heim erarbeitete, war Geschäftsführer eines Unternehmens. Nicht ohne Stolz zeigte er den Besuchern sein Reich. Seine Freude daran war jedoch sehr gebremst. Er hatte es zu etwas gebracht, das war unbestritten. Der harte Einsatz jedoch, der ihm abverlangt wurde, machte ihn zu einem schwerkranken Menschen. Nur durch Operationen, Medikamente und strenger Diät war er überhaupt in der Lage, weiter zu leben. Lohnt sich solch ein Einsatz, nur um auf der Prestigeleiter ganz oben stehen zu können?

Streßsymptome, wie immer sie sich artikulieren, sind ein Alarmzeichen des Körpers. Von zunächst leichten Defekten geht es nahtlos in Zerstörung über: Augenzwinkern, Vergeßlichkeit, Nervosität, Kopfweh, Stechen, Magenleiden, Infarkt. Die Ausdrucksformen sind sehr vielseitig. Wir tun gut daran, bereits die ersten Anzeichen ernst zu nehmen und sie als Warnung zu deuten. Sie zeigen an, daß für unsere Steuerungseinrichtung die Grenze überschritten ist und unsere Automatik keine Antwort mehr auf die aktuelle Problematik hat. Allerdings tritt im Laufe der Zeit eine Art Gewöhnungseffekt auf. Man spürt dann die Problematik nicht mehr so deutlich. Es ist als würde sich die Psyche mit einer Art Hornhaut überziehen. Zarte, sensible Strukturen werden dann rauh und unempfindlich. Gleichzeitig wird aber auch die Sensibilität der Wahrnehmung über das automatische System immer stärker herabgesetzt. Man zerbricht die psychische Schranke. Das System versucht den Organismus zurückzuhalten, aber die äußeren Gegebenheiten lassen dies nicht zu. Sie reißen einen immer weiter in den zerstörerischen Strudel hinein. Ein Chef hat sich einem gequälten und bis an die Grenzen seiner Leistungsfähigkeit gebrachten meuternden Arbeiter so ausgedrückt: „Das ist alles eine Frage der Einstellung. Hat man sich erst einmal überwunden, dann geht es beim nächsten Mal schon leichter". Nach diesem Prinzip arbeiten viele Strukturen, haben die Todesengel in den KZ's gearbeitet und gewöhnen sich heute Menschen an das Leben in Lärm, an die Hektik der Großstädte, an den Streß am Arbeitsplatz, an die Toten im Straßenverkehr, an Leukämie bei fremden Kindern und an den Gedanken der potentiellen Selbstvernichtung durch atomare und biologische Waffen. Und auch daran, daß durch immer neuere und brisantere Technologien, einmal der große, alles vernichtende Fehler gemacht wird.

Wenn die innere Stimme versucht einen zurückzuhalten, ist es nicht von vornherein gesagt, daß der Organismus durch das beabsichtigte Handeln auch Schaden nehmen würde. Hier sei nur an das Lampenfieber erinnert, nach dessen Überwindung sich großes Glück, Genugtuung und Zufriedenheit einstellen kann. Gerade hier wird die Situationsfremde der alten unangemessenen Programme deutlich. Doch oft ist uns nicht klar, ob diese innere Stimme wirklich recht hat und weise spricht, oder ob sie die aktuelle Situation völlig falsch einschätzt. Das macht manche Entscheidung so überaus schwierig. Gerade an dieser Grenze kann unser Verstand ein guter Ratgeber sein. Es lohnt sich schon, die Qualen des Lampenfiebers auszuhalten und sich zu überwinden. Doch manche Überwindung wurde auch schon mit dem Tode bezahlt: Drachenfliegen, Bungeespringen oder die berühmten zwei Möglichkeiten beim russischen Roulette.

Im psychischen Bereich ist die Überlastung als Folge einer Überforderung der Grund für Störungen. Nicht allein die Art der Belastung, sondern insbesondere die Dauer bzw. die Menge ist es, die Schaden verursacht. Die Programme werden bis in Grenzbereiche und darüber hinaus belastet. Es treten Konfliktsituationen auf, die nicht mehr bewältigt werden können. Diese Problematik gibt es auch im technischen Bereich: man will die Niederschlagsmenge automatisch messen und baut dazu ein elektronisches Regenauffang- und Meßgerät mit einer Kapazität, die doppelt so groß ist wie das Maximum an Niederschlägen, das jemals in dieser Region aufgetreten ist und glaubt, damit eine genügend große Sicherheitsmarge zu haben. Aufgrund von Klimaveränderungen kommt es nun aber auf einmal zu einem solchen Unwetter, daß es unaufhörlich wie aus Kübeln schüttet. Das Meßgerät kann diese Wassermassen nicht mehr bewältigen. Wie reagiert nun das System? Geht das System in einem solchen Fall vielleicht davon aus, daß ein Defekt vorhanden ist und verwirft die Daten? Das würde bedeuten, es hätte überhaupt nicht geregnet. Hat die Umrechnungstabelle für diesen hohen Wasserstand vielleicht gar keine Umrechnungswerte mehr, so daß das System irrsinnige Werte anzeigt? Führt dieser Zustand vielleicht zur Zerstörung des Gerätes? Man sieht, schon so kleine Probleme können automatische Steuerungen zu Fall bringen.

Wenn unsere Körperprogramme Werte erhalten, mit denen sie nichts Sinnvolles anfangen können, geraten auch sie in Unordnung. Was hat ein Magenleiden mit einer hohen seelischen Anspannung am Arbeitsplatz zu tun? Ein Magenleiden könnte man sich eher als Folge einer Aufnahme von verdorbenen Nahrungsmitteln vorstellen, nicht aber als Folge von z.B. Zeitdruck. Wieso kippen Studenten vor der Prüfung um? Sie sind körperlich kerngesund? Es sind die Steuerprogramme, die falsch reagieren, nicht zu schwach oder zu heftig, sondern total verrückt. Jedenfalls ganz anders als man es erwarten würde. Sie haben einfach keine Antwort mehr auf die Daten, die ihnen die Sensoren liefern.

Körperliche Extremforderungen, werden von unseren Steuerungssystemen gut bewältigt. Hier werden fast alle möglichen und unmöglichen Erscheinungsformen berücksichtigt. Zudem steht hier auch ein ausgezeichnetes Warnsystem zur Verfügung. Hier gibt es bereits deutliche Meldungen, bevor es zu irreparablen Schäden gekommen ist. Erschöpfungszustände, Seitenstechen und sonstige Schmerzen, die in der Regel genau die Stelle markieren, an der die Überlastung auftritt. Dagegen werden psychische Extremforderungen nur ungenügend angezeigt. Es kommt zu Erscheinungsformen, die mit der wirklichen Ursache in keinem Zusammenhang stehen.

Was bedeuten diese Erkenntnisse für uns Menschen? Wir müssen dafür sorgen, daß unsere Systeme bewußt vor zu großen Anforderungen geschützt werden. Wir müssen lernen, die ersten Anzeichen einer Unordnung in unseren Systemen zu erkennen, diese dann auch ernst nehmen und dagegensteuern. Wir müssen zur Kenntnis nehmen, daß unsere Systeme nur begrenzt ausgelegt sind. Wir müssen sie unterstützen, indem wir sie bewußt vor schädlichen Einflüssen abschirmen. Wir dürfen sie nicht über einen kritischen Punkt hinaus belasten. Nachdem wir bereits viele tierische und pflanzliche Systeme zu Fall gebracht haben und sich weiterhin viele

Organismen im kritischen Grenzbereich befinden (Rote Listen), sollten wir den Ernst der Lage endlich auch für uns selbst erkennen.

Das Wesen biologischer Steuerungssysteme

Unsere lebende Natur arbeitet mit automatischen Systemen, die nicht nur die inneren Funktionen des Organismus zu steuern haben sondern auch die Schnittstelle zur Außenwelt bewerkstelligen müssen. Davon sind alle Pflanzen und Tiere, von den einfachsten Lebensformen bis hinauf zum Menschen, betroffen. Es findet ein ständiger Austausch zwischen den Systemen des Individuums selbst, wie auch zwischen Individuum und Umwelt statt, ein laufendes Nehmen und Geben. Spätestens hier müssen wir von der Vorstellung Abschied nehmen, ein allem übergeordneter Operator, ein Gott, hätte alle Fäden in der Hand und würde die Geschicke aller Organismen zu deren Wohl lenken. Genau das Gegenteil ist der Fall. Zentraler Ausgangspunkt dieser sich beeinflussenden Größen ist nicht eine übergeordnete, alles steuernde Intelligenz, sondern das Individuum selbst. In ihm werden alle Funktionen verwaltet, die nötig sind, um dieses Leben existenzfähig zu machen und zu erhalten. Das sind z.B. Verdauung, Blutkreislauf, Bewußtsein, Reiz- und Schmerzleitung sowie die Steuerung des Tagesrhythmus und das Heilen des Organismus bei Erkrankungen und Verletzungen. Zusätzlich zu diesen elementaren Funktionen – und das ist das Besondere – sind Informationen vorhanden, die der Kommunikation mit neben- und übergeordneten Systemen dienen: Verständigung mit den Artgenossen, Geschlechtsleben, Gefahrenerkennung und deren Bewältigung, Nahrungserkennung und Zuführung, notwendige Anpassung im Jahresablauf usw.

Schon geringe Mängel, führen zu beträchtlichen Auswirkungen. Ein Küken, das nicht piepsen kann, wird von seiner Mutter nicht als solches erkannt und wie ein Feind behandelt. Eine junge Eidechse, die nicht weiß, welches Futter für sie geeignet ist, oder ein Frosch, der nicht in der Lage ist, Mücken zu fangen, sind von vornherein zum Tode verurteilt. Hier sind Schnittstellen vorhanden, die angepaßt sein müssen. Sonst ist das etwa so, als wenn man im Ausland den vorhandenen Rasierapparat einstecken möchte und feststellt, daß der Stecker nicht zu der Dose paßt. Es ist, als befände man sich auf hoher See, umgeben von lauter Wasser und muß trotzdem verdursten. Obwohl Lungen und Kiemen lebenswichtige Schnittstellen zur Außenwelt darstellen, wären Lungen für Fische genauso unbrauchbar wie Kiemen für Landlebewesen.

Nun ist es aber nicht so, daß sich *alle* Systeme innerhalb der Natur untereinander verstehen müssen. Gerade die Natur ist voll von solchen, die sich nicht verstehen. Sperrt man z.B. einen Maikäfer und einen Kartoffelkäfer zusammen in ein Glas und füttert sie mit Kohlblättern, so paßt überhaupt nichts zusammen. Die Tiere werden ohne jegliches Interesse aneinander im Glas herum krabbeln und keiner wird in dem Kohlblatt etwas Eßbares vermuten. Hier treffen drei Systeme aufeinander, die sich nicht verstehen. Hätte man nun anstatt Kohl, Birkenblätter gefüttert, so würde immerhin der Maikäfer darin eine Nahrung entdecken. Für den Kartoffelkäfer hingegen würde sich nichts ändern. Noch interessanter wäre der Test, brächte man noch einen andersgeschlechtlichen Maikäfer hinzu. An der Lebenssituation des Kartoffelkäfers würde sich zwar immer noch nichts ändern, aber der Maikäfer würde plötzlich ein ganz besonderes Interesse entwickeln. Die beiden Partner würden sich nicht nur erkennen und verstehen, sie würden auch organisch zusammenpassen. Zwischen dem Kartoffel- und dem Maikäfer gibt es keine Abhängigkeit, deshalb braucht es auch keine Schnittstellen zu geben.

Das automatische System muß also nicht nur die eigenen Lebensvorgänge, wie Verdauung, Fortbewegung oder Sinne verwalten, sondern es muß darüber hinaus auch nach außen hin zu all dem eine Beziehung aufbauen können, was für sein Überleben wichtig ist. Da sind nun jene Spielregeln besonders wichtig, die es dem Individuum erlauben, sich innerhalb der eigenen Art zu behaupten und auch mit anderen Artgenossen in Verbindung treten zu können. Das sind zum Beispiel Drohgebärden oder Unterwerfungsgesten, aber auch Rituale zur Partnerwerbung. Oftmals geht es auch um den Schutz des Einzelnen in der Herde (Bisons, Wildpferde). Manchmal ist das Leben von Individuen ohne Gemeinschaft gar nicht möglich (Bienen, Ameisen). Somit stellen die Artgenossen und der Staat oder die Herde Systeme dar, die dem Individuum übergeordnet sind, und die sich gegenseitig verstehen müssen.

Weiterhin bestehen Schnittstellen zu vielen anderen Arten, die entweder als Nahrung oder als Feind erkannt werden müssen. Schnittstellen zu Organismen, die als Nahrung dienen, sind sehr aufwendig. Hierbei geht es nicht nur um das Erkennen der Nahrung. Genauso wichtig ist auch das Unterscheiden von Genießbarem und Ungenießbarem bzw. Giftigem oder Gefährlichem. Essentiell ist die Abstimmung des Verdauungsmechanismus, beginnend mit den Mundwerkzeugen. So braucht ein Pflanzenfresser ein mahlendes Gebiß, wohingegen Fleischfresser ein reißendes und schneidendes benötigen. Das große Problem beginnt aber erst nach der mechanischen Zerkleinerung. Jetzt müssen Behältnisse, Säfte und Mechanismen vorhanden sein, um den Nahrungsbrei ordnungsgemäß zu verarbeiten. Pflanzenfresser beziehen ihre Energie hauptsächlich aus Stärke und Zucker, während Fleischfresser hierzu Fette und Eiweiße verwenden. Neben dieser Grobeinteilung gibt es noch viele Zwischenstufen. Solche Tiere, die z.B. nur Fische verdauen, andere die Insekten fressen oder solche die sich von Holz ernähren. Viele einfache Lebewesen sind nur auf eine oder wenige Pflanzen- oder Tierarten spezialisiert. Während der Maikäfer einige Laubgehölze als Nahrungsquelle akzeptiert, hat der Kartoffelkäfer ein ganz enges Spektrum. Er akzeptiert nur die Kartoffelpflanze. Wenn hier die Schnittstellen nicht ganz exakt stimmen, gibt es Probleme. Selbst wir Menschen, die wir sehr nahrungstolerant sind, müssen die Tollkirsche oder den Fliegenpilz meiden die wiederum für gewisse Tiere Leckerbissen darstellen. Aber nicht nur Gift, sondern auch eine falsche Nahrungszusammenstellung, wie z.B. ein zu geringer Verzehr von Ballaststoffen, kann eine Verdauung bereits aus dem Gleichgewicht bringen.

Eine besonders hochwertige Schnittstelle ist das Bewußtsein. Es ist nicht, wie oft angenommen, ein Privileg des Menschen, sondern bereits bei vielen höheren Tierarten vorhanden. Nur beim Menschen hat es eine relativ hohe Qualität erreicht. Bewußtsein erlaubt dem Individuum, seine Umwelt durch geistige Leistung zu beurteilen und insbesondere gefährliche Situationen im voraus zu erkennen. Bewußtsein bedient sich aus dem Speicher des Erinnerungsvermögens und verwendet die aktuellen Sinneseindrücke. Die Qualität der Situationsbeurteilung hängt in erster Linie von der Leitungsfähigkeit des Gehirnes ab. Den größten Beitrag zur Auswertung der vorhandenen Daten erbringt wiederum das automatische System. Wieviel Einfluß das Individuum durch den sog. freien Willen nehmen kann, hängt von der Entwicklungsstufe ab. Selbst wir Menschen haben hierbei noch enorme Probleme. Zwar erkennen wir viele Gefahren, die aus unserer Lebensweise resultieren, haben aber meist nicht genügend Willenskraft, unser Verhalten in angemessener Weise zu verändern. Das automatische System liefert also das geistige Abbild der durch die Sinne erfaßten Umwelt und gleichzeitig eine Auswertung, die eine Situation als kritisch oder angenehm aufzeigt. Die Reaktionen darauf werden aber im wesentlichen wiederum vom automatischen System diktiert.

Diese Steuerungen erfolgen alle ohne das willentliche Zutun des Individuums. Meistens sind die Zusammenhänge so kompliziert, daß ein Erlernen der erforderlichen Schritte nicht möglich wäre. Auf der anderen Seite ist die Zeit dazu gar nicht vorhanden, müssen doch viele Funktionen bereits zu Lebensbeginn einsatzbereit vorliegen. Es sind oft relativ unflexible Programme, die alles über entsprechende Sensoren und Entscheidungskriterien automatisch regeln. Ganz starr dürfen sie allerdings nicht sein, denn dann ist ein angepaßtes Verhalten auf eine leicht abgewandelte Situation nicht möglich. Es werden also ständig Daten von den Sensoren erfaßt und durch das automatische System verrechnet. Danach erfolgt eine Bewertung der Situation, und erst dann gibt es eine angemessene Reaktion. Daß diese Programme fest verankert sind, zeigen gleiche Verhaltensmuster auf gleiche Situationen bei Individuen innerhalb einer Art. Dies bedeutet nichts anderes, als daß jedes Tier einer Art auf gleiche Umweltreize auch gleich reagiert. Jede Fliege z.B. fliegt blitzschnell davon, wenn sie eine ruckartige Bewegung wahrnimmt Dieses Fluchtverhalten ist so fest einprogrammiert, daß es keiner großen Situationsbewertung bedarf. Darum ist die Fliege auch so schnell. Daß ein Feind auch langsam kommen kann, prüft dieses Programm nicht. Deshalb kann man sich einer Fliege fast bis auf Tuchfühlung nähern, wenn dies nur ganz langsam und ohne zu zucken geschieht. Einen Hund kann man z.B. abwehren, indem man auf den Boden kniet und so tut, als hebe man einen Stein auf. Würmer kommen an die Erdoberfläche, wenn sie das trommelnde Geräusch von großen Regentropfen vernehmen. Diese Eigenschaft machen sich manche Vögel zunutze, indem sie bei ihrer Futtersuche auf dem Boden hin und her trampeln.

Die automatischen Systeme brauchen nicht unbedingt einen hochkarätigen Verstand, der ständig aktiv mitdenkt, Situationen hinterfragt oder die Fähigkeit zur Kreativität besitzt. Diese Steuerungen sind eher mit der einer Klimaanlage zu vergleichen. Es ist ein Sollwert vorgegeben, und das System hat dafür zu sorgen, daß dieser eingestellte Wert auch tatsächlich erreicht wird. Abweichungen von diesem Sollwert reguliert das System selbst. Bereits eine einfache Schaltung, kann eine solche anspruchsvolle Steuerung übernehmen. Natürlich sind für jede Aufgabenstellung verschieden aufwendig gestaltete Lösungen denkbar. Früher wurde eine Zentralheizungsanlage über einen einzigen Thermostat, der meistens im Wohnzimmer angebracht war, gesteuert. Heute besitzt in der Regel jeder Heizkörper einen eigenen Thermostat und somit kann jedes Zimmer individuell beheizt werden. Im Zeichen des Umweltschutzes werden nun noch andere Sensoren zur Steuerung des Systems angebracht. Man reguliert die Wassertemperatur des Vorlaufes mit einem Außenfühler. Es wird also dem einen System ein anderes übergeordnet. Über eine Zeitschaltuhr kann man die Zeitspanne, die die Anlage überhaupt aktiv sein soll, steuern. Wenn das Haus mehrere Stockwerke hat, kann man über mehrere Kreisläufe jede Etage separat bedienen. Automatische Bennstoffzufuhr, Sicherheitsventile, Messung der Abgaswerte und damit Steuerung der Luftzufuhr im Brenner usw., dem Ideenreichtum sind keine Grenzen gesetzt.

Ganz wichtig bei solchen technisch-automatischen Systemen ist die Abstimmung der einzelnen Komponenten. Die beste Heizungssteuerung nützt wenig, wenn der Brenner oder die Heizkörper zu klein gewählt wurden. Auch kann eine Anlage, die nur für den Normalbedarf ausgelegt wurde, in einem besonders grimmigen Winter ihren Dienst nur ungenügend verrichten. Dies ist eine Frage des Spielraumes, den man einem System zugesteht, wobei man immer im Auge behalten muß, daß Überkapazitäten kostspielig sind. Genau die gleiche Problematik stellt sich den lebenden Systemen. Eine Überkapazität muß stets mit einem erhöhten Energiebedarf bezahlt werden. Es ist also immer ein schmaler Grat, einen guten Kompromiß zwischen gewünschter Leistungsfähigkeit und einer optimalen Effektivität zu finden. Im Vergleich zu menschlichen bzw. tierischen Steuerungssystemen sind technische Systeme wie ein Grashalm im Vergleich zu der Gesamtheit aller Grashalme auf einer großen Wiese. Steuerungssysteme in Organismen haben eine Perfektion, die innerhalb der Technologie noch nicht erreicht ist. Die einzelnen Module eines solchen System zu programmieren ist wohl die leichtere Übung, um aber Tausende von Einzelsystemen so aufeinander abzustimmen, daß sie als ein einziges vollautomatisches Gesamtsystem, als Organismus funktionieren, bedarf es eines wesentlich höheren Aufwandes.

Wenn auch die automatischen Systeme keinen denkenden Verstand benötigen um zu funktionieren, so müssen sie doch einem Übersystem entspringen. Genau das ist die wesentliche Erkenntnis: Automatische Systeme arbeiten mit geborgter Intelligenz. Dabei liegt die große Schwierigkeit darin, Methoden zu entwickeln, die es ermöglichen, daß geborgte Intelligenz auch eingesetzt und funktionsfähig gemacht werden kann. Solche Systeme zu entwickeln, ist eine sehr anspruchsvolle Tätigkeit. Allerdings brauchen sie dann später niemanden mehr, der ihnen Anweisungen gibt, oder der steuernd eingreift. Einmal entwickelt und eingestellt, tun sie ihren Dienst so lange, bis ein Defekt auftritt oder sich die Rahmenbedingungen so sehr ändern, daß ihre Arbeit, ihre Funktion unsinnig wird und sie durch innere oder äußere Faktoren zerstört werden

So überaus raffiniert und kompliziert Systeme auch sein mögen, es bedarf keiner Intelligenz und schon gar keines Experten, um sie zum Zusammenbruch zu bringen. Meist sind es einfach Umwelteinflüsse, die ein System aus der Bahn werfen. Wenn z.B. Kontakte durch Hitze verschmoren, wenn die Treibstoffzufuhr durch eine undichte Leitung unterbrochen wird, wenn ein Meteorit auf eine Raumsonde prallt, oder ein Blitzschlag die gesamte Stromversorgung lahmlegt. Biologische Systeme unterscheiden sich hier nur unwesentlich von den technischen. Ein Sturz aus wenigen Metern Höhe, das Essen einer giftigen Substanz oder ein Feuer können tödlich sein. Was damit gesagt werden soll ist: alle Systeme, auch die intelligentesten, funktionieren nur innerhalb gewisser, oft empfindlicher Rahmenbedingungen. Wie aufwendig Systeme auch immer sein mögen, ihre Belastbarkeitsgrenzen werden in empfindlichen Bereichen schon durch kleine Ursachen erreicht.

Die phantastischsten und besten Systeme, die wir kennen, sind lebende Organismen, Pflanzen u. Tiere. Während die Pflanzen noch den Makel des unveränderbaren Standortes haben, ist dieser bei den Tieren aufgehoben. Sind die Futterreserven erschöpft, wandern Tiere einfach weiter. Tiere sind in der Lage, Anforderungen, die das System stellt, aktiv zu unterstützen. Das ist so, als wenn unser leerer Heizöltank losgehen würde, um sich an einer Tankstelle selbständig aufzufüllen. Doch stets gilt das Gesetz: kein System ist so vollkommen, daß es keine Grenzen hätte. Verletzt sich ein Tier leicht, kann das System noch Abhilfe schaffen. Bei schweren Verletzungen oder gravierenden psychischen Problemen bricht das System zusammen, der Organismus stirbt, manchmal schnell, manchmal langsam.

Menschen machen es ihren Systemen besonders schwer, nicht an die Grenzen Ihrer Belastbarkeit zu stoßen. Der Intellekt ermöglicht ihnen einen so großen Aktionsradius, daß ihre Systeme nach allen Seiten ausgereizt werden. Deshalb stellt sich für den Menschen auch die besondere Aufgabe, sich bewußt so zu verhalten, daß er den Anforderungen seiner Systeme gerecht wird. Wir alle kennen die großen Defekte unserer Zeit: Herzversagen, Gehirnschlag, Depressionen und Krebs. Diese Erscheinungen sind vor allem die Folge einer Überforderung unserer automatischen Systeme. Sie können auf überdimensionierte Einflüsse wie Schadstoffe, Zeitstreß, aufgezwungenem und nicht artgerechtem Verhalten sowie übermäßiger Strahlung nicht mehr angemessen reagieren. Intelligente Systeme sind so programmiert, daß sie Fehler oder drohende Überbelastungen erkennen und sofort versuchen gegenzusteuern. Bei Fehlern, welche die Psyche betreffen, sind die Zusammenhänge so kompliziert, daß die Steuerung bisher kein wirksames Mitteilungssystem schaffen konnte. Meistens spürt das automatische System schon, daß etwas nicht stimmt, aber es kann keine konkreten Gegenmaßnahmen empfehlen. Es entsteht ein Selbstverwaltungsaufwand, der sich als mulmiges, beklemmendes oder auch hilfloses Gefühl bemerkbar macht. Das Gesamtsystem ist in absolute, meist nicht zielgerichtete Leistungsbereitschaft versetzt. Jetzt glühen im Extremfall sozusagen die Drähte. Das kann am Ende dazu führen, daß das System andere wichtige Aufgaben vernachlässigt. Alle Fäden verknoten sich an diesem unlösbaren

Konflikt. Beide Effekte zusammen, nämlich höchste Leistungsbereitschaft um eine Fehlersituation zu bereinigen und die Vernachlässigung der eigentlichen Aufgaben durch eine nicht zielgerichtete Selbstverwaltung, machen das Gesamtsystem allmählich kaputt.

Oft spüren wir die Reaktionen überforderter bzw. gefährdeter Systeme deutlich genug. Im körperlichen Bereich haben wir durch die Nervenbahnen des Schmerzsystems eine gut funktionierende Einrichtung. Wenn die Gelenke überfordert sind, kommt es zu einem Schmerzgefühl, das uns zwingt, diese Anstrengungen zu unterlassen. Schmerzleitung ist eine Systemkomponente zur Vermeidung von systemkritischen Situationen, und nicht etwa einfach eine Schikane. Das müssen wir ganz deutlich erkennen. Wir könnten heute Schmerzen durch chemische Mittel ausschalten, aber dann würden wir uns ziemlich schnell selbst verstümmeln oder gar töten. Wir brauchen also die Rückmeldung unseres Körpers und auch einen gewissen Zwang, um richtig zu reagieren.

Im psychischen Bereich sind diese Rückmeldungen meist nur sehr dezent. Die Trauer über einen großen Verlust verursacht ein sehr deutliches Zeichen, ähnlich dem eines starken Schmerzes. Dagegen wird eine miese Stimmung am Arbeitsplatz, der wir täglich ausgesetzt sind, zwar auch noch gemeldet, aber eher so, als würde eine Betäubungsspritze nicht richtig wirken. Damit ist der Reiz der Meldung wesentlich geringer, als seine zerstörerische Wirkung. Wir glauben irrtümlicherweise damit klar zu kommen, oder uns daran gewöhnt zu haben. Würde dieses Warnsystem so gut funktionieren, wie das auf der körperlichen Seite, so müßten wir fast ständig unerträgliche Schmerzen ertragen. Niemand würde unter diesen Bedingungen leben wollen. Da wir aber im psychischen Bereich wie betäubt sind, spüren wir den Schmerz kaum. Das System kommt aber mit den einlaufenden Daten trotzdem nicht klar. Es kommt zu den zuvor beschriebenen Effekten und letztendlich zum Zusammenbruch.

Lernen wir auch auf leise Warnungen zu hören, nehmen wir sie ernst. An dieser Stelle ist wieder unser Intellekt gefordert. Nicht nur das Reagieren auf innere Befehle ist angesagt, sondern darüber hinaus ein intelligentes, ein einsichtiges Verhalten, bei dem wir bewußt eigene Erkenntnisse und Lebenserfahrungen verwerten. Zudem gilt es, unser Wissen so einzusetzen, daß es unseren eigenen, wie auch den Systemen anderer Geschöpfe nicht schadet.

Sowohl technische wie auch biologische Systeme arbeiten mit geborgter, mit gespeicherter Intelligenz. Bei den technischen Systemen entwickelt der Mensch Möglichkeiten, sein Wissen in einer Maschine so zu realisieren, daß die Maschine in der Lage ist, Arbeiten komplett oder aber gewisse Vorgänge davon selbst auszuführen. Dabei können die Arbeitsschritte, die die Maschine ausführt, ganz andere sein als jene, die der Arbeiter machen würde. Das Ergebnis muß jedoch den gleichen Zweck erfüllen. Früher war es nur dem Künstler vorbehalten, die Bilder seiner Zeit festzuhalten. Heute macht sie ein Fotoapparat oder eine Filmkamera wesentlich naturgetreuer und vor allem schneller. Der Bediener dieser Geräte braucht dabei von Optik, Elektronik oder anderen technischen Raffinessen nichts zu verstehen. Das Wissen des Fachmannes steckt in den Geräten. Moderne technische Systeme vereinen in sich das Wissen vieler Experten. Auf diese Weise kommen Maschinen zustande, die in der Lage sind Dinge zu tun, die kein einzelner Mensch selbständig erledigen könnte. Denken wir an Raumsonden, an Satellitenübertragung oder an die Aufnahmen durch einem Computertomographen. Obwohl die moderne Technik diesbezüglich einen phantastischen Reifegrad erreicht hat, hinkt sie den biologischen Systemen noch weit hinterher. Anders ausgedrückt heißt dies nichts anderes, als daß in biologischen Systemen wesentlich mehr Intelligenz gespeichert ist, als in technischen.

Fast alle vom Menschen bisher geschaffenen Systeme sind reine Ausführungssysteme. Ein Auto z.B. macht immer nur genau das, was der Fahrer von ihm verlangt. Es besitzt zu wenig Intelligenz, um eigene Entscheidungen zu treffen, obwohl Techniker und Ingenieure ständig dabei sind, diesen Mangel zu verringern, denken wir nur an das Antiblockiersystem, die elektronische Zündung oder das satellitenunterstützte Leitsystem. Selbst viele Industrieroboter haben nur ausführende Funktionen. Wenn die äußeren Bedingungen nicht mehr stimmen, können sie sich vielleicht durch einen Hupton melden, eigene Entscheidungen werden ihnen aber nicht zugestanden. Auch sie können nur auf das zurückgreifen, was an geborgter Intelligenz in ihnen steckt.

Biologische Systeme haben durch die bedeutend höhere gespeicherte Intelligenz auch wesentlich mehr Fähigkeiten. In ihnen ist soviel Wissen gespeichert, daß sie in der Lage sind, ihren gesamten Lebensumfang selbst zu organisieren. Diese Automatik reagiert auf alle einwirkenden Einflüsse und muß sich immer so entscheiden, daß es für den Organismus positiv ist. Eine Fehlentscheidung könnte augenblicklich das Ende bedeuten.

Tatsächlich kommt es immer wieder zu Fehlentscheidungen, jedoch selten in Standardsituationen, sondern eher dann, wenn der Mensch Techniken einsetzt, die den biologischen Systemen nicht bekannt sind. Licht bedeutet für sie Sonne und Wärme, aber auch gesteigerte Aktivität. Licht ist in diesen automatischen Systemen meist positiv belegt. So werden viele Insekten vom Scheinwerferlicht geradezu magisch angezogen. Stammt das Licht von einem Auto, werden sie an der Scheibe zerschmettert. Stammt das Licht von einem stationären Scheinwerfer, werden sie entweder von der Hitze verbrannt oder sie verfangen sich im Glas und finden keinen Ausgang mehr, werden entweder durch die Hitze getötet, oder verhungern. Ähnlich getäuscht werden auch die Borkenkäfer, die durch Duftstoffe angelockt werden, und dann die Falle nicht mehr verlassen können. Die verwendeten Pheromone täuschen den Systemen die Existenz von Geschlechtspartnern vor. Der Organismus reagiert durch starten der Sexualprogramme. Auch bei uns Menschen sind ähnliche Funktionen aktiv, nur sind wir eher Augen- und nicht so sehr Nasenwesen. Der Anblick eines schönen nackten Körpers in den Illustrierten aktiviert auch bei uns die Hormone. Deutlich zeigen sich unsere primitiven Anlagen auch darin, daß uns die Handlung eines Horrorfilms gruseln läßt. Dabei wissen wir genau, daß alles nur Schein und keine Realität ist. Aber unsere Programme erkennen den Unterschied nicht. Sie erhalten über die Sensoren Meldungen, und diese werden interpretiert. Dabei gilt, wie könnte es auch anders sein, je realistischer die Darstellung, desto stärker die Reaktion.

Wenn man weiß, welche Reaktionen das eine oder andere Programm vorsieht, ist es leicht, Organismen zu überlisten. Oft werden dann auch biologische Systeme durch andere biologische Systeme überlistet. Das bedeutet nichts anderes, als daß hier, innerhalb der geborgten Intelligenz, auch Tricks mitgegeben werden, wie man besser an seine Beute herankommt. Tarnen und abwarten ist dabei noch eine sehr passive Methode. Viele Fische, aber auch Insekten und Spinnen, sind darin große Meister. Manche Pflanzen locken ihre Beute mit Farbmustern oder Duftstoffen. Auch Werbefachleute schaffen es, beim Betrachter Bedürfnisse zu wecken, die bei vielen Menschen im normalen täglichen Leben gar nicht entstehen würden. Man kauft, in der sicheren Überzeugung, etwas ganz Wichtiges erworben zu haben. Der Verkäufer am Stand konnte damit vorzüglich umgehen, das Gerät schien wirklich unverzichtbar zu sein, zuhause erweist es sich aber als eher unpraktisch. Man kam bisher sowieso auch ohne ganz gut zurecht. Solche Errungenschaften wandern dann meist in einen Schrank, werden von einer Stelle an eine andere befördert, bis man irgendwann die Sinnlosigkeit des Kaufes eingestehen muß. Auch höher entwickelte biologische Systeme bergen in sich immer noch primitive Anlagen. Bei Tieren verschafft uns diese Erkenntnis keine Probleme, ist hier eher als eine banale Feststellung eingestuft. Daß das gleiche aber auch für uns Menschen zutrifft, mißfällt uns.

Besonders das psychische Verwaltungssystem des Menschen hat viele Tücken. Nur, vor einigen Jahrhunderten konnte es noch nicht so viel Unfug anrichten wie heute. Vor allem die Bemühungen, die Psyche im Gleichgewicht zu halten, treibt ungeahnte Blüten. Die Eintönigkeit der Büroarbeit bringt zu wenig Reize und belastet den Menschen sehr einseitig. Ein Ausgleich wird gefordert. Leider reagiert der Mensch nicht damit, daß er das System Arbeitsplatz den Elementarbedürfnissen seines automatischen Systems anpaßt. Er reagiert zunächst auf die milden Aufforderungen überhaupt nicht. Im Laufe der Zeit verstärkt das System dann den Drang zur Bedürfnisbefriedigung, ohne klare Formulierung. Dadurch entsteht eine Bereitschaftshaltung, und bewußt oder unbewußt beginnt die Suche nach der ausgleichenden Tätigkeit. Sport ist dabei das Zauberwort. Alles wird zum Sport, was in irgendeiner Weise der Psyche zu ihrem Heil verhelfen könnte. Das Ergebnis ist paradox. Obwohl man sonst stets darauf bedacht ist, ja nicht körperlich arbeiten zu müssen, quält man sich nun abends auf verschiedene Arten, bis nahe dem Kollaps. Man joggt, fährt Rad, geht ins Fitness-Studio, spielt Tennis oder begibt sich auf den Trimm-dich-Pfad. Man schwitzt sich die Seele aus dem Leib. Und jetzt findet man das Ganze sogar noch chic. Unsere Vorfahren hätten die Hände über den Kopf zusammengeschlagen: „Hat der Kerl denn nichts besseres zu tun, als abends wie ein Verrückter durch die Landschaft zu rennen und seine Kraft zu vergeuden, wo es soviel sinnvolle Arbeit gibt?"

Trotzdem bleibt die Frage offen, welches der effektivste Ausgleich für unseren Lebenswandel ist. Deshalb sind die Menschen der Industriestaaten ständig auf der Suche nach neuen Möglichkeiten. Drachen- und Gleitschirmfliegen oder das Abspringen am Gummiseil bringen sogar noch etwas Nervenkitzel mit ins Spiel. Ja, es scheint tatsächlich so zu sein, daß in Zukunft, in bezug auf Ausgleichsmaßnahmen, das Gefahrenmoment einen ganz wesentlichen Part einnimmt. Man denke nur an die immer verrückter werdenden Erfindungen in den Vergnügungsparks.

Der Mangel an Reizen im täglichen Leben ist auch ein wesentlicher Grund für das jährliche Urlaubsverhalten. Egal wie beschwerlich die Reise wird, wie risikoreich, ob Verkehrschaos und ohne Rücksicht auf die Kosten. Wie von Panik getrieben, beginnt das Schauspiel jedes Jahr aufs neue. Die inneren Systeme zwingen uns dazu. Wir haben fast keine Waffen dagegen. Unsere abnormale Art zu leben bringt unsere Systeme immer mehr aus dem Gleichgewicht. Die Forderung der Systeme nach einem Ausgleich führt zu kuriosem Verhalten. Normalerweise kann die Wohnung nicht groß genug sein. Im Urlaub dagegen finden immer mehr Menschen ihre Befriedigung darin, unter eingeschränkten Bedingungen im Wohnwagen oder im Zelt zu leben. Nicht etwa weil dies billiger wäre, oh nein, oft sind die erforderlichen Anschaffungen viel teurer, als ein Urlaub in einem Hotel oder in einer Ferienwohnung! Nein, das innere System fordert gerade diesen Ausgleich für den täglichen sterilen Lebenswandel.

Unsere inneren Systeme stellen nur ein Ungleichgewicht oder einen Mangel fest. Sie sagen nicht , wie man diese Fehler sinnvoll beheben kann. Sie versetzen das System nur in einen Bereitschaftsmodus. Nun muß der Organismus über Versuch, Irrtum und bisheriger Lebenserfahrung eine Lösung entdecken. Gelingt ihm dies, läßt der Unternehmensdrang allmählich nach. Das Gehirn speichert den Sachverhalt, und das Bewußtsein weiß, wie es bei einer erneuten, gleich gelagerten Aufforderung zu reagieren hat. Unser automatisches System selbst hat jedoch bei einer solchen Aktion nichts dazugelernt denn brauchbare Lösungen werden nicht dauerhaft in den genetischen Strukturen verankert. Deshalb wird sich auch in Zukunft, jede Zeitepoche ihr eigenes Ventil schaffen. Früher konnte man durch Holzhacken einen Ausgleich finden. Heute widmet man sich den verschiedensten Sportarten morgen sitzen wir vielleicht stundenlang in der virtuellen Welt des Cyberspace.

Besonders fatal ist es allerdings, wenn die Suche nach einem Ausgleich mit einem enormen Anstieg an Umweltzerstörung verbunden ist. Autolawinen, die sich in die Urlaubsorte quälen, immer mehr Erholungssuchende, die das Flugzeug wählen. Vernichtung der letzten Refugien durch Wanderer, Skifahrer oder Jogger. Immer mehr wird auch das Rasen auf den Straßen, Moto-Cross oder das Erreichen der letzten Winkel mit dem Mountainbike oder Off-Road-Car als reizvoll empfunden. Seltsam, verrückt oder einfach zeitgemäß?

Wenn wir nicht versuchen unser System kennenzulernen und dann auch angemessen zu reagieren, wird vielleicht auch Krieg im großen Stil, gewalttätige Demonstrationen, Raub und Mord wieder ein Mittel zum psychischen Ausgleich werden, vereinigen sich in diesen Aktionen doch viele Ausgleichsmuster wie körperliche Fitneß, Konkurrenzdenken, Risiko, Machtüberlegenheit und Abenteuer. Unser Automatiksystem ist blind und unser Geist oft zu träge, die destruktiven Folgen falscher Lebensbedingungen im Vorfeld zu erkennen. Erst im Rahmen des Generationenwechsels können junge "Automatische Systeme" durch neue Rahmenbedingungen wieder zu konstruktiven Führungssystemen werden.

Die Basis der Entscheidungen

Täglich stehen wir vor dem Problem Entscheidungen treffen zu müssen. Es sind nicht immer komplizierte, in der Regel sind es eher einfache und für den Außenstehenden zudem unbedeutende. Nehme ich heute das rote oder das dunkle Kleid? Werde ich einen Schirm brauchen? Reicht mir die Zeit noch für einen Kaffee? Meistens geht es darum, aus mehreren, ziemlich gleichwertigen Alternativen, die beste auszuwählen. Aber es gibt auch schwerwiegende Entscheidungen, z.B. solche, die einen hohen Aufwand oder Kosten nach sich ziehen oder jene, bei denen es um Gesundheit, Leben oder Tod geht. Besonders junge Menschen stehen vor vielen wichtigen Fragen. Können wir es uns leisten, ein Haus zu bauen? Ist es noch zu verantworten, Kinder in diese Welt zu setzen? Haben wir die Kraft, ein mißgebildetes Kind zu pflegen und großzuziehen? Etwas später im Leben stehen dann die Fragen der Altersversorgung und der eigenen Gesundheit an. Hohe Kassenbeiträge oder eine geringere Rente? Auswahl einer ertragreichen Kapitalanlage, oder wie vererbe ich meine Habseligkeiten, ohne zwischen den Erben Fehden heraufzubeschwören. Eine Operation mit allen Risiken wagen oder den sicheren Tod akzeptieren? Herzverpflanzung mit all den schmerzhaften Begleiterscheinungen? Bestrahlung oder Chemotherapie mit sämtlichen problematischen Nebenwirkungen?

Wie schön, daß man stets eine Auswahl hat, könnte man hier sagen. Aber wir alle wissen, wer die Wahl hat, hat auch die Qual! Stehen mehrere Möglichkeiten zur Auswahl, so haben wir das dringende Bedürfnis nicht irgendeine, sondern die allerbeste Variante zu finden. Sind die Unterschiede klein, ist es besonders schwierig, die beste der Alternativen zu finden. Doch wie stark ist unser Verstand an diesen Entscheidungsprozessen beteiligt? Welche Komponenten sind für eine Entscheidung wichtig?

Meistens liegen einige Details klar auf der Hand. Auf der anderen Seite aber gibt es viele Größen, die genauso wichtig sind, deren Verlauf wir jedoch nicht prognostizieren können. Wüßten wir, daß die Operation gut verläuft und die Angelegenheit für alle Zeit ausgestanden wäre, hätten wir kaum ein Entscheidungsproblem. Könnten wir sicher sein, daß uns weiterhin keine finanziellen Probleme bevorstehen, und wir lange genug im Besitz unserer Leistungsfähigkeit bleiben, könnten wir mit dem Hausbau getrost beginnen. Bei diesen Risikokomponenten kann uns der Verstand kaum eine Hilfestellung geben. Wie gehen wir mit solchen

Unwägbarkeiten um? Wir gehen in uns. Wir brauchen Bedenkzeit. Wir tun so, als würden wir nachdenken. Wir sehnen eine gute Idee herbei. Doch was für ein Vorgang wird eigentlich ausgelöst? Ohne es bewußt wahrzunehmen, geben wir den "Schwarzen Peter" an das automatische Entscheidungssystem weiter. Wir halten es für so weise, daß wir ihm fast jede Entscheidung anvertrauen, ja in vielen Fällen sogar anvertrauen müssen. Das Ergebnis ist dann entweder ein gutes Gefühl, sozusagen als Aufforderung, sich positiv zu entscheiden oder aber ein schlechtes Gefühl, als Hinweis dafür, die Finger davon zu lassen. Man erhält aber auch manchmal eine Idee, die die Lösung des Problems näher bringt.

Sich dem automatischen Entscheidungssystem anzuvertrauen, ist in der Regel kein aktiver Vorgang, denn es besteht darauf, ständig mitwirken zu können. Es ist eher ein Problem es auszugrenzen und eine Entscheidung rein verstandesmäßig zu treffen. Die Frage ist letztendlich nur die, ob wir unserem Gefühl auch Folge leisten. Ähnlich wie bei einem Eisberg, bei dem nur 1/7 sichtbar, die anderen 6/7 aber trotzdem vorhanden sind, geht es auch mit unseren Entscheidungen. Der größte Teil findet außerhalb unseres Verstandes statt. Hier fließen viel mehr Kriterien zusammen, als wir uns träumen lassen. Dies sind u.a. Erfahrungen der Vergangenheit, und hier nicht selten solche, die wir schon längst vergessen glaubten. Auf der anderen Seite aber sind hier die gleichen Programme und Algorithmen aktiv wie vor Jahrtausenden. Hier blieb alles weitgehend beim Alten. Keine Spur von Entwicklung, von neuer Zeit, von 20. Jahrhundert. Alles läuft noch nach dem gleichen Schema ab, wie damals, als es darum ging, dem Wild weiter nachzusetzen oder es laufen zu lassen, als es darum ging, sich dem Feind zu stellen oder die Flucht zu ergreifen. Genau dort werden auch unsere heutigen Entscheidungen gefällt. Allerdings, und darüber müssen wir uns ebenfalls im klaren sein, hier laufen mächtige Programme ab. Programme, die in kürzester Zeit riesige Datenmengen bewältigen können. Aber, und das ist das Problem an der ganzen Sache, sie arbeiten weitgehend nach einem Standardmuster. Sie prüfen auch nicht, ob eventuell alle relevanten Daten vorhanden sind. Hier wird nur das verwendet, worauf direkter Zugriff besteht und gleichzeitig davon ausgegangen, dies wäre auch genug. Welches Wechselspiel an Gefühlen hier produziert wird, muß man sich an einem Beispiel klarmachen:

Da wurde ein Mann verhaftet, der eine Verkäuferin mit einer Pistole bedroht hatte und sie bereits morgens gegen 11.00 Uhr ihres ganzen Kassenbestandes von ca. 8.000 DM beraubte. Der Räuber wurde von der Polizei gestellt und nach einem längeren Prozeß für ein Jahr hinter Gitter verbannt. Recht so, sagt unser Entscheidungsprogramm. Da war sogar der Prozeß überflüssig, schade um das Geld, das hierfür aufgewendet wurde. Zu allem Übel wurde noch ein Pflichtverteidiger berufen, welch eine Verschwendung. Eher hätte man dafür plädiert, diesem räuberischen Gesellen eine noch härtere Strafe aufzubürden. Wo kämen wir denn da hin, wenn solch ein Modell Schule machen würde? Für unsere Programme ist damit der Fall abgeschlossen und erschöpfend beurteilt. Nun wird aber bekannt, der Mann war in Not. Er hatte ein schwerkrankes Kind zuhause und nur eine teure Operation im Ausland konnte helfen. Er wollte also das Geld gar nicht für sich, nicht für Alkohol oder Drogen, nicht für Luxus, obwohl er in armen Verhältnissen lebte. Er war mit seinem Leben stets zufrieden und brauchte für sich nicht mehr. Die Waffe war sowieso eine Nachbildung, mit der er nichts hätte anrichten können. Er war einfach nicht in der Lage die benötigte Summe anderweitig zu beschaffen. Kredit wurde ihm nicht eingeräumt. Er hatte alles versucht! Der Gedanke an sein todkrankes Kind brachte ihn fast um. Jetzt verspüren wir auf einmal keinen Haß mehr für diesen Menschen. Im Gegenteil, wir haben für diese Tat plötzlich Verständnis, ja wir entwickeln für ihn so etwas wie Mitgefühl. Ein Mensch, der sich für sein krankes Kind in Gefahr bringt. Ein Mann, der alles tut um sein Kind zu retten. Das ist nicht verwerflich, das ist bewundernswert, das erfordert unser aller Respekt. Unsere Automatik verrechnet es jetzt so, als wäre eigentlich alles OK. Ein bißchen Geld gegen solch große Not! Und wenn schon, eine Verkäuferin, die um 11.00 Uhr morgens 8.000 DM in der Kasse hat, die setzt auch eine Menge um, deren Firma tut so ein Minusbetrag nicht weh. Für einen derart guten Zweck kann sie auch einmal eine solche Summe verschmerzen. Wieder hat unsere Automatik alle zur Verfügung stehenden Daten verrechnet und ein Ergebnis geliefert, dem wir zustimmen. Wieder haben wir eine Entscheidung getroffen, die uns zufriedenstellt. Ja, das Schicksal der Verkäuferin haben wir bei den Betrachtungen etwas großzügig übergangen. Wir kennen sie zwar nicht genauer, aber ein wenig tut sie uns schon leid, daß gerade sie das Opfer war. Jetzt erfahren wir aber nachträglich, die Verkäuferin war gleichzeitig Inhaberin dieses Spielwarengeschäftes und hatte erst kürzlich diesem Vater ein Kinderfahrrad verkauft. Diese Fahrrad war zwar nicht besonders teuer gewesen, aber nichts deutete auf die absolute Verkehrsuntüchtigkeit hin. Als das Kind dann einem plötzlichen Hindernis ausweichen wollte, brach die Gabel und es wurde lebensgefährlich verletzt. Es stellt sich weiterhin heraus, daß es gerade bei diesem Modell schon mehrere derartige Ausfälle gab, die aber alle glimpflich abliefen. Das Fahrrad wurde aber nicht aus dem Sortiment genommen, weil es ein günstiges ausländisches Modell war und somit guten Gewinn abwarf. Oh, war vielleicht diese Händlerin am Ende der Bösewicht? Unsere Automatik kommt erneut in Fahrt. Fahrlässig, diese Person, setzt das Leben von unschuldigen Kindern aufs Spiel, um sich daran zu bereichern. Das, was der Vater tat, war nicht mehr als recht und billig. Unter diesen Voraussetzungen hätte er dieses geldgierige Wesen auch im Affekt umbringen können und er wäre unserer Sympathie noch immer sicher gewesen. Nicht er, sondern sie gehört hinter Gitter. Unsere innere Stimme geht also sehr hart mit dieser Geschäftemacherin ins Gericht. Keine Spur mehr von Mitleid über den Geldverlust. Im Gegenteil, sie sollte für den gesamten Schaden haftbar gemacht werden. Eigentlich sollte man ihr Geschäft sowieso schließen, damit sie kein Unheil mehr anrichten kann. Unsere innere Automatik hat uns jetzt richtig in Wut gebracht. Eigentlich hätte auch uns dieses Unglück ereilen können, und was hätten wir dann unternommen? Unsere Programme haben gearbeitet und dieses Ergebnis geliefert. Damit können wir den Fall abschließen. War aber auch allerhand, lukrative Geschäfte ohne Rücksicht auf die Gesundheit unserer Kinder zu tätigen. Halt, da wäre noch eines nachzutragen. Die Verkäuferin hatte bereits nach dem zweiten Fall reklamiert und die gesamte Serie zur Nachbesserung zurückgeschickt. Daraufhin gab es auch bis zu diesem bedauerlichen Fall keine Reklamationen mehr. Zudem hat sie von jeder Lieferung ein Fahrrad einer unabhängigen Prüfstelle zukommen lassen, und erst nach deren Gutachten gelangten sie in den Verkauf. Nebenbei bemerkt, die Fahrräder stammten aus einer gut geführten Behindertenwerkstatt, und unsere Verkäuferin wollte diese Menschen durch den Verkauf ihrer Produkte unterstützen. Und so endet die Geschichte. Wäre nur noch zu erwähnen, daß der Gutachter die Fahrräder später gar nicht mehr prüfte, sondern ... .

Also war die Verkäuferin auch nur Opfer. Sie ist ja gar keine so schlechte Person! Noch einmal muß die Entscheidung über Schuld und Unschuld neu getroffen werden. Doch was lernen wir daraus? Unsere Programme arbeiten, wenn es um eine Gesamtbetrachtung geht, nicht sehr zuverlässig. Sie geben sich schnell zufrieden, sobald sich ein potentiell Schuldiger herausstellt. Doch immer dann, wenn neue Erkenntnisse ans Licht kommen, bringen sie ein ganz anderes Ergebnis. Wo aber bleibt nun die wirkliche Wahrheit? An der Richtigkeit der jeweiligen Entscheidung gab es doch nie Zweifel. Nie tauchte die Vermutung auf, es könnten noch irgendwelche Fakten fehlen.

Unsere Entscheidungsfindung ist vergleichbar mit einer Eisscholle, die auf dem Meer dahintreibt. Es gibt keinen eindeutigen Orientierungspunkt, keine Balken und keinen Steuermann. Von äußeren Bedingungen angetrieben, reagiert sie willenlos, entsprechend den Kräften, die auf sie einwirken. Entscheidungen fallen je nach Standpunkt der Betrachtung unterschiedlich aus. Wenn der Fuchs einen Hühnerstall plündern kann, ist es für ihn günstig. Für den Geflügelhalter ist es ein erheblicher Schock, vom finanziellen Aspekt ganz zu schweigen. Allerdings, eine gewisse zeitlose Logik steckt in diesen Entscheidungsprogrammen schon. Sie versetzen die eigene Person an die Stelle des Opfers und urteilen aus dieser Sicht. In dieser Rolle sind sie stets bemüht, so zu urteilen, daß das Gefährdungspotential beseitigt wird. Es ist also eine emsige Suche nach dem Schuldigen bzw. nach Möglichkeiten zur Vermeidung von Nachteilen. So gesehen stellt der Schuldige einen Risikofaktor sowohl für das betrachtende Individuum als auch für den Betroffenen dar. Vielleicht resultiert daraus das breite Interesse vieler Menschen an solchen Fällen. Unser Entscheidungssystem erfüllt also ebenfalls eine Schutzfunktion. Darum ist es auch so eingerichtet, daß es sich an allen Entscheidungsprozessen beteiligt, ob wir das wollen oder nicht. Nicht unser Verstand, sondern das automatische System dominiert.

Der Verstand hat also quasi nur ein Mitspracherecht. Er kann in besonderen Fällen aber auch ein Veto einlegen, und schon befinden wir uns im Bereich großer Gewissensbisse. Dem gehen oft schlaflose Nächte mit einem qualvollen Entscheidungsprozeß voraus. Er ist die Ausnahme, aber es gibt ihn, besonders in Intellektuellenkreisen. Sich gegen sein automatisches System zu entscheiden, ist wie ein Gang zum Operationstisch oder zum Schafott. Es bedeutet meistens Opfer oder Verzicht, was gleichbedeutend ist mit der bewußten Akzeptanz einer schlechteren Position. Verzicht auf einen schönen Urlaub, ohne dafür einen Gegenwert zu erhalten, nur weil man endlich gegen die Umweltzerstörung ein Zeichen setzen will. Der Nachbar hat in boshafter Weise einen unnützen Baum so an die Grenze gepflanzt, daß man jedes Jahr den Ärger mit dem Laub hat, vom Schatten im Gemüsebeet ganz zu schweigen. Man will ihn schon lange verklagen, unterläßt es aber, weil man findet, daß Nachbarn sich nicht streiten sollten.

Die täglichen Entscheidungen finden aber auch in einem ganz anderen Rahmen statt. Dabei geht es nicht darum, einen Schuldigen zu suchen, sondern um einen maximalen Nutzen für das Individuum selbst. Diese Programme laufen "heiß" wenn es darum geht, Sonderangebote, Billigfahrten, hohe Ertragszinsen oder Gewinne, einen vorderen Platz bei Festveranstaltungen oder Prominentenauftritten usw. zu ergattern. Hier geht es nicht darum, eine entsprechende Entschädigung für einen Verzicht zu erhalten, sondern um die bestmögliche Nutzung einer Leistung, die einen Vorteil verspricht. Man spürt aber trotzdem den Verwandtschaftsgrad beider Entscheidungsmuster, geht es doch bei beiden darum, die Gunst der Situation zu nutzen, um den größtmöglichen Vorteil für das Individuum zu erhaschen. Ja, wenn Leistungen nichts kosten, dann wird nicht einmal nach dem zu erzielenden Nutzen gefragt. Es wird stillschweigend unterstellt, daß er größer sein wird als bei einem Verzicht.

Wer diese Verhaltensmuster kennt, der kann den Menschen bestens für seine Zwecke ausnutzen. Werbefachleute sind darin Meister. Dabei geht es darum, nicht dem Verstand, sondern dem automatischen Entscheidungssystem zu suggerieren, daß eine Sache von großem Nutzen für das Individuum sei, und der Preis, der hierfür zu zahlen wäre, eine untergeordnete Rolle spiele. Unter solchen Bedingungen haben sich Menschen schon bis zum kompletten Ruin verschuldet.

Woher weiß nun unser Entscheidungssystem, was für das Individuum nützlich ist. "Nützlich" ist ein Wert, der einem ständigen Wandel unterworfen ist. Nützlich war früher ein gutgeformter Stein, dann ein robustes Pferd. Heute ist es ein Auto oder ein Fernseher. Unser Entscheidungssystem kann sich also nicht an festen Begriffen oder Sachen orientieren. Es braucht Kriterien, die ihre Gültigkeit über die Jahrhunderte hinweg beibehalten. Solche Kriterien gibt es eigentlich gar nicht. Nutzen muß also ständig aufs Neue geprüft werden. Es ist nicht nur eine aufwendige Methode, dies durch Versuch und Irrtum zu erreichen, sie kann sich auch als sehr risikoreich oder kostspielig erweisen. Viel einfacher ist es, sich an der Allgemeinheit und am allgemeinen Trend zu orientieren. Wenn viele Leute etwas tun oder etwas besitzen, dann muß logischerweise hierin auch ein großer Nutzen stecken. Genau daran orientiert sich unser Entscheidungssystem. Eine hohe Besucherzahl im Kino deutet auf einen Interessanten Film hin. Diese Tatsache zieht dann noch viel mehr Besucher an, auch wenn die meisten von der Darbietung enttäuscht sind. Ihr Erscheinen geht aber wiederum in die Statistik ein und verstärkt so den Zustrom noch einmal.

Daneben läßt es sich das System aber auch durch Worte oder Taten überzeugen. Wer hat nicht schon einmal an einem Marktstand etwas gekauft, nur weil es als nützlich und günstig angeboten wurde. Daheim steht man dann etwas ratlos vor dem Gemüse Raspel-Reibe-Hobel mit vielen unentbehrlichen Extras zum absoluten Knüllerpreis. Nach mehreren vergeblichen Versuchen, es zweckmäßig einzusetzen, erhält es einen Platz ganz hinten in einer Schublade. Man will es irgendwann noch einmal versuchen. Es muß doch irgend etwas dran sein an diesem so exzellent vorgeführten und – wie man im Nachhinein empfindet – nicht ganz billigen Gerät.

Weil unser System immer nach dem im Moment Nützlichsten trachtet, kann es vorkommen, daß es während des Einkaufs aufgrund verschiedener Einflüsse seine Meinung ändert. So soll es schon vorgekommen sein, daß jemand eine dringend benötigte Hose kaufen wollte und statt dessen mit einer Handtasche zurückkam.

Wenn eingangs behauptet wurde, unser Entscheidungssystem würde mehr Dinge berücksichtigen als wir erahnen, so geht es hier u.a. um die Auslegung des Begriffes Nutzen. Aus der Logik und Sichtweise unseres Entscheidungssystem ist ein Nutzen immer dann gegeben, wenn man Macht, Einfluß, Aufmerksamkeit, Vorteile gegenüber anderen, die Gunst, oder noch besser, den Neid anderer hervorrufen kann. Besonders der Neid anderer ist eine Bestätigung dafür, daß man mit seiner Wahl ins Schwarze getroffen hat. Er zeigt einem an, daß man es geschafft hat, besser zu sein als jene, besitzt man doch eine Sache, die andere auch gerne hätten, sich aber nicht leisten können oder die es eben nur in begrenztem Umfang gab. Das kann dann u.a. dazu führen, daß sich jemand für teures Geld einen Ferrari mietet, nur um ein paar Mal durch seinen Heimatort zu fahren, um von möglichst vielen gesehen und beneidet zu werden.

Bei vielen Dingen trifft unser System Entscheidungen, ohne daß wir nachvollziehen können warum. So hat mancher schon geäußert: „die Person gefällt mir nicht, ich kann es aber nicht begründen." Es wird ein Gefühl produziert und auf diesem die Beziehung aufgebaut und gepflegt. Oder auf die Frage: „Warum fahrt ihr dieses Jahr nach Griechenland in Urlaub?" geantwortet: „Wir wissen es nicht, aber wir möchten einfach mal dorthin!"

Viele Entscheidungen trifft unser innerer Computer schneller und präziser, als wir es mit unserem Bewußtsein tun könnten. Eine gefährliche Situation an einer Kreuzung haben wir blitzschnell gemeistert. Als der Stein auf uns zuflog, sind wir reaktionsschnell und sicher ausgewichen. Das sind aber Situationen, die zu der Zeit sinnvoll und wichtig waren, als diese Programme geschaffen wurden. Schnelle und zweckmäßige Reaktionen, für das Überleben in der Umwelt. Wenn es aber darum geht ein neues Auto zu kaufen oder in Urlaub zu fahren, so sind dies Situationen, für die unsere Programme nicht speziell ausgelegt sind. Trotzdem läßt sich unser innerer Computer nicht so schnell abwimmeln. Er besteht darauf, mitentscheiden zu dürfen. Für ihn sind aber ganz andere Faktoren wichtig als für unseren Verstand. Betrachten wir einmal einen konkreten Fall: Ein neues Auto soll angeschafft werden. Es soll natürlich kraftstoffsparend, nicht reparaturanfällig und langlebig sein, Platz für drei Personen und entsprechendes Gepäck bieten. Das sind die wichtigen Faktoren, die unser Verstand zusammengetragen hat. Bei dieser Überlegung würde dann ein Auto der unteren Mittelklasse genügen. Unser innerer Computer beteiligt sich ebenfalls an der Entscheidungsfindung, sieht aber die Angelegenheit aus einer ganz anderen Perspektive. Unsere Nachbarn und Freunde müssen zumindest erstaunt sein, vielleicht auch ein bißchen neidisch. Das Fahrzeug sollte ein gewisses Niveau unterstreichen. Wenn ein Gast mitfährt, braucht es eine imponierende Beschleunigung. Die Farbe muß sehr elegant sein, damit sie auch Wirkung zeigt. Das Beste wäre noch, es würde für eine Nobelmarke reichen. Nun dürfen sie raten, was für ein Fahrzeug gekauft wird, vorausgesetzt der finanzielle Spielraum wirkt nicht begrenzend. Nur eine starke Persönlichkeit oder ein zu kleines Portemonnaie sind in der Lage, sich über die innere Stimme hinwegzusetzen.

Nun ist auch die Frage, warum sich so viele Menschen jedes Jahr zur Urlaubszeit in einer Gluthitze und unter schwierigsten Bedingungen, mit einem erheblichen Unfallrisiko, in Staus nach Süden quälen, leichter zu beantworten. Sicherlich gibt es auch andere Motivationen, aber für viele stehen folgende im Vordergrund: das ist zeitgemäß, das machen viele, das bringt Ansehen. Oder umgekehrt: wer staunt darüber wenn ich ihm erzähle, ich habe meinen Urlaub in absolut entspannter Atmosphäre auf dem Balkon verbracht. Selbst wenn ich hinzufüge, daß dies der angenehmste Urlaub seit vielen Jahren war, wird mich niemand beneiden, ja man wird mir vielleicht nicht einmal zuhören. Es ist nicht "in" zuhause zu bleiben. Das macht nur, wer kein Geld zum Reisen hat.

So geben wir unserem "dummen" inneren Computer immer wieder nach. Wir alle würden schwören, daß unsere Entscheidungen rein vernunftmäßig getroffen wurden. Und tatsächlich, wir begründen sie immer wieder so, als wäre dies der Fall. Urlaub im Süden ist vom Wetter her angenehmer und sonniger, ein großes Fahrzeug ist sicherer, mit einem PS-starken Motor kann ich problemloser überholen usw. Daß all diese Eigenschaften auch anders erreichbar sind, interessiert eben nicht. Z.B. kann der Urlaub in der Heimat, bei gewohntem Klima viel angenehmer sein, Sicherheit im Fahrzeug habe ich viel mehr, wenn ich mich vernünftig verhalte, überholen sollte man sowieso nur dort wo der Freiraum groß genug ist. So sieht es also aus. Wir lassen unseren unvernünftigen Computer entscheiden und begründen es im Nachhinein mit unserem Verstand. Wir erzählen nicht wahrheitsgetreu welche niedrigen Beweggründe zu einer Entscheidung geführt haben, sondern so, daß es nach außen hin vernünftig erscheint.

Obwohl das alles ein Armutszeugnis für den so erhabenen Menschen ist, wäre es nicht so schlimm, wenn wir davon nicht gravierende Nachteile hätten. Wenn wir unsere Situation betrachten, so geht aufgrund dieser egoistischen Entscheidungen unsere Lebensgrundlage immer mehr verloren. Wir sind nicht fähig, uns entsprechend vernünftig zu verhalten. Man könnte auch sagen, wir haben fast keine Chance, dies zu tun. Wir sind eine Maschine mit nur sehr wenigen Freiheiten. Wir können es immer wieder leugnen, aber die Realität wird es stets aufs Neue bestätigen.

Trotzdem kann sich der Mensch nicht gänzlich aus der Verantwortung stehlen. Auch hier gibt es eine Bewährungsprobe für den menschlichen Willen und Verstand. Eine Möglichkeit, ein vernünftiges Verhalten zu fördern wäre die, daß es jeder tun sollte. Es müßte ganz einfach modern sein! Wenn es jeder machte, dann entschiede sich auch unser innerer Computer für diesen Weg. Denn dann hätte es auch für ihn Sinn. Dann wäre man "in" und läge im Trend. Aber schaffen wir dies noch rechtzeitig? Können wir über unseren Schatten springen? Haben wir noch die Chance, unseren Lebensraum zu retten? Wir müssen lernen, unserem Inneren mehr zu widersprechen. Wir müssen lernen, zu widerstehen. Leider meldet unser Inneres nur dann Vergnügen und Befriedigung, wenn wir ihm gehorchen. Der andere Weg ist stets mit Anstrengung verbunden. Wir müssen aber lernen, ihn in gewissen Situationen zu gehen. Nicht besser sein zu wollen als andere, sondern der Erhalt einer gemeinsamen Umwelt, eines gemeinsamen Lebensraumes, sowie angenehme Umgangsformen für ein Leben miteinander, müssen oberste Priorität erhalten. Wir haben keine Chance darauf zu warten und zu hoffen, daß sich unsere Programme von selbst in diese Richtung hin ändern.

Offene Entscheidungssysteme

Wenn wir an unsere weit entfernten Vorfahren denken, fällt uns vielleicht der Neandertaler ein, der von 100 000 bis 35 000 v. Chr. auf dieser Erde weilte, also 65 000 Jahre lang, bevor er im Dunkel der Geschichte verschwand. Bilder von haarigen Wilden, die sich in kleinen Gruppen um eine Feuerstelle versammeln und einen blutigen Knochen abnagen. Es schaudert uns bei der Vorstellung, wir könnten mit ihnen noch irgend etwas gemeinsam haben, selbst wenn es nur ein winziges Gen wäre, das diese lange Zeit überdauert haben könnte. Wir zweifeln insgeheim sogar daran, ob diese Wilden überhaupt Menschen waren wie wir, vielleicht doch nur eine menschliche Vorstufe, obwohl bekannt ist, daß ihr Gehirnvolumen bereits größer war als unseres. Wie auch immer, wir sind der Meinung, daß wir uns von ihnen so weit entfernt haben, daß sich die Fragen der Gemeinsamkeiten nur ganz peripher stellen und ein Zurück in diese wilde, unzivilisierte Zeit nicht mehr möglich ist.

Dann betrachten wir unsere heutige Welt. Und was sehen wir? Frauen haben selbst in hochentwickelten Ländern Angst, abends allein auf die Straße zu gehen. Sie haben begründete Angst, denn wer hier nicht aufpaßt, läuft tatsächlich Gefahr, Opfer eines Verbrechens zu werden. Wir sehen die Kriegsherde und erleben die Brutalität, mit der Menschen mit Menschen umgehen. Da werden Menschen bei lebendigem Leib die Haut abgezogen oder es wird ihnen ein brennender Reifen übergestülpt. Da werden Frauen brutal vergewaltigt, Kinder ohne Skrupel mißhandelt und getötet. Und siehe da, überall dort, wo Krisen- oder Kriegsherde sind, sitzen wieder ungepflegte Menschen armselig um eine Feuerstelle herum und kämpfen mit primitivsten Mitteln ums Überleben. Flüchtlingsströme ergießen sich über Nachbargrenzen und Seuchen, oft mit vielen Tausenden von Toten, nehmen drastisch zu. Die einen haben alles verloren und teilen sich den Rest an Eß- und Trinkbarem, die anderen sind vom Kampfeinsatz gezeichnet, ihre zerrissene Kleidung und ihre schmutzigen Gesichter bieten einen furchterregenden Anblick. Diese Art von Kultur liegt oft unterhalb jener der Neandertaler, denn immerhin hatten diese in weiten Bereichen geordnete Verhältnisse. Ein wahnsinniger Kontrast, den unsere heutige Welt vermittelt. Hier primitivstes Überleben, schreckliche Grausamkeiten und Angst. Dort Hochhäuser, Fabriken mit Robotern und Großcomputern, Autos Luftverkehr und Weltraumfahrt. Wie ist dies überhaupt zu vereinbaren?

Betrachten wir die Tierwelt, gleich welcher Stufe, so fällt auf, daß diese sich über die standardisierte Befriedigung der Grundbedürfnisse nicht hinaus bewegt. Jede Art bleibt innerhalb des ihr vorgegebenen Rahmens, jede unterscheidet sich ein wenig von der anderen, aber alle sind sie absolute Sklaven ihrer automatischen Systeme. Nahrungsaufnahme, Sexualtrieb, Verhalten im Jahres- und Lebenszyklus. Überall finden wir nahezu perfekte Spezialisierung, aber keine Leistungen, die über dieses Niveau hinausgehen. Doch gibt gerade diese Begrenztheit der Natur ihre Ordnung.

Wie wir bisher gesehen haben, ist auch der Mensch immer noch Gefangener seiner Systeme. Doch kam mit dem Verstand zusätzlich eine neue Komponente in das Spiel des Lebens. Das Geheimnis liegt in den offenen Entscheidungssystemen. Wir haben uns nicht so weit fortentwickelt, wie wir gerne glauben möchten. Tief drinnen sind wir immer noch armselige Wilde. Trotzdem haben wir uns unsere Umwelt anders gestaltet. Wir sind eben in der Lage, uns über das Niveau der Grundbedürfnisse hinaus zu bewegen. Eine Eigenschaft von hoher Tragweite, wie wir alle wissen.

Welchen Stellenwert haben nun offene Entscheidungssysteme? Um uns dieser Thematik zu nähern, betrachten wir zunächst einmal geschlossene oder starre Systeme. Da gibt es lebende Fossilien, die in Tausenden, ja sogar Millionen von Jahren ihre Lebensweise nicht verändert haben. Muscheln, Seeigel, Tiefseefische, Schildkröten oder Krokodile. Sie sehen noch aus wie früher, jagen wie früher, und auch ihr Lebensraum gestaltet sich wie früher. Das muß auch so sein, denn würde sich in ihrer Umwelt viel verändern, würden ihre Verwaltungssysteme nicht mehr zu dieser Umwelt passen. Sie würden wahrscheinlich aussterben. Sie alle haben ein festes Lebensprogramm. Ein Programm, das ihnen so gut wie keine Freiheiten erlaubt. Diese starren Programme decken alle Lebensbereiche ab. Da gibt es z.B. Vögel, die sehr kunstvolle Nester bauen. Man spricht von großen Baumeistern. Die Webervögel sind hier ein klassisches Beispiel. Aber sie bauen nicht mit Verstand. In ihnen wird ein Programm abgespult, deshalb sind auch alle ihre Nester gleich. Sie können gar nicht anders bauen. Auch eine Schwalbe baut ihr Nest je nach Art immer gleich. Die Uferschwalbe bewohnt Höhlen und die Mehlschwalbe baut ihr Nest mit Ton oder Lehm. Würden diese Nistfaktoren verschwinden, würden gleichzeitig auch diese Tiere aussterben. Sie sind darauf programmiert und können gar nicht anders. Die Rote Liste der bedrohten Tierarten spiegelt diese Tatsache der Begrenztheit ganz deutlich. Wenn Lebensräume wegfallen, sterben auch die darauf fixierten Tiere.

Der Mensch hingegen ist in diesem Punkt fortschrittlicher programmiert. Er kann auf Veränderungen flexibel reagieren. Er ist nicht so konzipiert, daß er von Geburt an für eine bestimmte Umwelt optimal ausgestattet ist, diese aber dann auch dringend zum Überleben braucht. Seine Spezialität ist es, sich einer Umwelt über äußere Hilfsmittel anzupassen. Der Mensch hat also zwischen sich und der Umwelt einen Puffer, den er je nach Bedarf angemessen gestaltet. Das macht den Menschen zum Ubiquisten, also einer Art, die überall verbreitet ist. Das bedeutet nun allerdings nicht, daß dieses Verfahren nur mit Vorteilen verbunden wäre. Auf der einen Seite nämlich, kann der Mensch im Grunde genommen gar nichts, wenn man ihn nicht anleitet. Würde man z.B. hundert Schwalben ohne Eltern großziehen und sie dann in die Freiheit entlassen, würde sich ihr Nestbau trotzdem gleichen, wie ein Ei dem anderen. Würde man genauso viele Menschen in die Wildnis entlassen, würde jeder von ihnen einen eigenen Stil entwickeln. Was ihnen aber dennoch gemeinsam wäre, jeder hätte das Bedürfnis nach einem schützenden Dach, einer Behausung für sich und seine Nachkommen. Wie der Unterstand letztlich aussehen würde, kann man bei den Menschen nicht vorhersagen. Die Schwalben würden, ebenso wie ihre anderen Artgenossen, durch die Lüfte schweben und ihre Beute im Flug fangen. Die Jagdmethoden unserer ausgesetzten Menschen wären genauso unterschiedlich wie ihre Wohnstätten.

Wir sehen, in bestimmten Wirkungsbereichen ist der Mensch nicht mit vorgefertigtem Wissen ausgestattet. In seinen Programmen sind nicht fertige Lösungen festgeschrieben, sondern nur Bedürfnisse. So gesehen sind Menschen mit zwei Komponenten ausgestattet. Zunächst einer umfangreichen Bedürfnisstruktur, die den Menschen auch weiterhin wie ein Korsett einschnürt und daneben der Verstand, der eine breite Palette zur Bedürfnisbefriedigung anbietet. Darin liegt der Erfolg des Menschen. Es besteht in weiten Bereichen keine festgelegte Abhängigkeit zwischen Bedürfnis und der Art und Weise, wie dieses zu befriedigen ist. Er hat hier einen neuen Freiheitsgrad erhalten, er ist flexibler geworden.

Wenn es nun ein Bedürfnis ist, eine Behausung zu haben, kann er dieser Forderung auf vielfältige Art u. Weise nachkommen. Die Durchführung gehört zum Aufgabengebiet des kreativen Verstandes. Je nachdem, was der Mensch kann oder kennt, wird auch die Lösung ausfallen. Dabei ist es unerheblich, ob er in Höhlen wohnt, sich eine Grube aushebt, ein Baumhaus baut, ob er in einem Iglu, einer Hütte oder in einem Hochhaus lebt. Schlimm wird es für ihn nur dann, wenn er zu einem Bedürfnis keine realisierbare Antwort findet. Das erträgt er auf Dauer nicht ohne Schaden zu nehmen.

Menschliche Bedürfnisse können also auf vielfältige Art und Weise befriedigt werden. Dies hängt stark von den Fähigkeiten des Menschen selbst ab. Genau darin aber spiegelt sich auch sein Wesen wieder. Das Bessere ist der Feind des Guten. Deshalb ist er auch kaum zufrieden zu stellen. Denn wo soll diese Grenze liegen? Neue Erkenntnisse und Fähigkeiten bedingen wieder neue Möglichkeiten. Momentane Grenzen verschaffen ihm nur sein Wissen, Können und seine Umwelt. Wie soll ein Eskimo ein Hochhaus erstellen, wenn es in seiner Umwelt gar keine Steine zum Bauen gibt. Wir sind gehalten, uns mit dem bis heute erreichten Status zu identifizieren, da wir die Technik, die uns die Zukunft bringen wird, noch nicht kalkulieren können. Rückblickend sind wir jedoch gerne bereit, die primitiveren Lösungen unserer Vorfahren ein wenig mitleidig zu belächeln.

Doch die Konstruktion hoher Freiheitsgrade in einem Lebewesen ist auch sehr gefährlich. Es ist bereits erkennbar, daß der Mensch gerade wegen dieser Eigenschaften, die ihm zunächst einen unwahrscheinlichen Erfolg brachten, zu einer der größten Gefahren dieses Planeten geworden ist. Zwar ist die Bedürfnisstruktur so angelegt, daß sie das Überleben des Individuums und seiner Fortpflanzungsgemeinschaft zum Ziel hat, doch zeichnet sich ab, daß mit den wachsenden Möglichkeiten, die Bedürfnisbefriedigung uferlos werden kann!

Früher waren diesem Begehren noch natürliche Grenzen gesetzt. Das Spielbedürfnis des Kindes, das zum Ziel hat, den heranwachsenden Menschen mit seiner Umwelt vertraut zu machen, sich Fertigkeiten anzueignen, um später auf eigenen Füßen allen Gefahren begegnen zu können, konnte früher kaum ausgelebt werden. Denn Kind zu sein konnte man sich damals nicht lange leisten. Auch die Möglichkeiten zum Spiel waren nicht sehr vielfältig. Bald wurde aus dem Spiel Alltag, bei dem man seine Fähigkeiten unter Beweis stellen mußte. Dieser Alltag beanspruchte die Menschen derart, daß sie beinahe ihre ganze Energie beim Kampf ums Überleben   verbrauchten. Heute hat selbst der Erwachsene immer noch Zeit zum Spielen, und er tut es immer noch gerne. Man nennt dies dann Hobby. Spiel und Hobby haben gemeinsam, daß hier ein beachtlicher Lerneffekt zu erzielen ist, die Handlungen aber nicht zur direkten Überlebenssicherung beizutragen haben. Uns modernen Menschen bleibt immer noch sehr viel Zeit und Energie, auch nach Sicherung des täglichen Lebens, die wir in Spaß und Freizeit investieren. Die Möglichkeiten sich auszutollen sind nahezu unbegrenzt. Nur wenn das Geld knapp wird, müssen wir uns ein wenig einschränken.

Wie wenig von dem, was wir heute an Gütern haben, oder sollten wir statt dessen lieber "Lösungen zur Bedürfnisbefriedigung" sagen, brauchen wir wirklich zum Überleben? Wir betreiben solch luxuriösen Konsum, daß wir die Grundbedürfnisse in aller Regel gar nicht mehr verspüren. Keiner von uns kennt das Gefühl, mehrere Tage nichts gegessen oder getrunken zu haben. Essen und Trinken ist für uns schon lange keine Frage des Hungers oder des Durstes mehr, sondern nur noch des Genusses. Aber das ist nicht die entscheidende Frage. Entscheidender ist die Zwanghaftigkeit, mit der wir die Bedürfnisbefriedigung betreiben. Unser Schutzbedürfnis z.B. verlangt von uns, besser zu sein als andere. Wie dies realisiert wird, ist jedem selbst überlassen. Verhängnisvoll ist daran insbesondere, daß man nie damit fertig wird. Jeder arbeitet nämlich mehr oder weniger intensiv daran. Vor allem ändern sich auch die Vergleichsgrundlagen ständig. Was heute noch als gut und fortschrittlich oder sicher gilt, ist morgen schon überholt und veraltet.

In gewisser Weise sind wir Menschen wie das Feuer. Es will brennen. Es könnte als kleine Flamme zufrieden sein. Sein Grundbedürfnis wäre damit erfüllt. Doch hat es die Möglichkeit sich auszubreiten, dann nützt es diese sofort und es läßt nichts aus. Es gibt sich auch nicht mit irgendeiner Größe zufrieden. Solange Brennbares greifbar ist, wird es genutzt. Auch das Feuer hat kein bestimmtes Ziel. Es ist vielleicht selbst darüber erstaunt, daß irgendwann der Vorrat an brennbarem zu Neige geht. Dann versucht es wieder als kleine Flamme weiter zu leben. Die Gefahr eines neuen Großbrandes ist jedoch ständig vorhanden. Genauso leicht kann es aber auch für immer verlöschen.

Die Konstruktion eines offenen Systems, ist eine höchst gefährliche, aber auch eine höchst interessante. Sie hebt das Statische auf und läßt Entwicklungen zu. Sie schafft neue Lösungen. Sie ist in der Lage, vorhandene Möglichkeiten und Grenzen bis aufs Äußerste auszuloten. Allerdings haben wir selbst bereits erkannt, wie riskant dieses Unternehmen ist. Wahrscheinlich werden die Balken dieser Konstruktion über kurz oder lang brechen.

Auch dem Feuer geht irgend wann der Stoff aus. Wir Menschen sollten nicht allzusehr darauf vertrauen, daß unser Verstand stets in der Lage ist, auch die Grenzen der Belastbarkeit dieser Konstruktion zu erkennen und rechtzeitig gegen zu steuern. Gerade für diese entscheidend wichtige Fähigkeit ist unser offenes System nicht ausgelegt. Unsere Rahmenbedingungen sind so gestaltet, daß wir ständig auf dem Weg sind, neue Lösungen zu finden. Wir haben uns ständig neuen Gegebenheiten anzupassen. Wir sind stets darum bemüht, den individuellen Sicherheitsvorsprung auszubauen, sei es gegen die Natur oder gegen Mitstreiter. Ist auch logisch, denn wer mehr hat, kann auch im Notfall länger davon zehren. Insbesondere sind wir nicht darauf programmiert, freiwillig zurückzustecken. Nur massive Grenzen und Zwänge können uns für eine Weile bremsen.

Es ist wichtig die Tatsache zu erkennen, daß diese Spielregeln nicht nur für das Individuum selbst gemacht sind, sondern für die gesamte Art. Über allem steht die Forderung: nütze alle Möglichkeiten, um dich stark zu machen, denn diese Welt gehört dem Besseren. Hierin steckt das Prinzip des Wettbewerbes, ein unwahrscheinlich starker Motor für Innovationen. Offene, aber ungebremste Systeme sind gerade deshalb ein gefährliches Experiment, denn das Streben danach, besser zu sein als andere, ist ein Faß ohne Boden. Neue Errungenschaften sind auch stets bipolar. Eine Neuerung bringt nicht nur Vorteile, sondern auch stets Eigenschaften mit unerwünschten, nicht selten gefährlichen Wirkungen. Solche offenen Systeme sind gut, aber gepaart mit urzeitlichen Zwängen äußerst kritisch. Die Menschheit braucht sehr viel Glück, um so lange zu überleben, bis sie von diesem Ballast unserer Ahnen in ferner Zukunft befreit sein wird.

Richtige Entscheidungen zu treffen ist so wichtig wie unser tägliches Brot. Wir haben das Glück, mit einer Automatik ausgerüstet zu sein, die einen hohen Qualitätsstandard hat. Diese Programme sind jedoch nicht so gut, uns generell richtig zu "beraten". Generell richtig würde bedeuten, richtig für mich selbst, richtig für die Lebensgemeinschaften dieser Erde und richtig auch im Hinblick auf eine ausreichende Perspektive für die Zukunft. Solch ein mehrstufiges Entscheidungsprogramm wäre natürlich toll und würde uns aller Verantwortung entheben. Allerdings wäre es mit dem Nachteil behaftet, sehr viel umfangreichere Prüfungen vornehmen zu müssen und deshalb auch wesentlich mehr Daten im Zugriff zu benötigen. Das würde dann wiederum bedeuten, daß Ergebnisse erheblich länger auf sich warten ließen. Das Überleben in der Natur verlangt aber oft blitzschnelle Entscheidungen. Somit kann der aktuelle Qualitätsstandard nicht allen heutigen Erfordernissen genügen. Gerade hier zeigt sich der große Vorteil eines entsprechend leistungsfähigen Gehirnes.

Zweckmäßigerweise wurde unser Entscheidungsprogramm mit dem Verstand gekoppelt. Das heißt, es besteht eine Schnittstelle zwischen Verstand und dem automatischen Entscheidungssystem. Werden nun blitzschnelle Entscheidungen benötigt, wie z.B. beim Ausweichen vor einem Hindernis, bei der Abwehr eines Gegners, bei Hilfeleistungen in Notfällen usw., wird diese Schnittstelle blockiert. Es tritt die absolute Priorität des automatischen Entscheidungsprogrammes deutlich in Erscheinung. Man reagiert oft in einer Weise, wie man es sich nicht zugetraut hätte. Bei Entscheidungen, die nicht dieser Eile unterliegen, kann der Verstand eigene Faktoren einbringen und mit dem Entscheidungsprogramm kooperieren. Das kann eine Risikoabwägung sein, oder ein Vorausdenken über mehrere Monate und Jahre hinweg. Man hat auch die Möglichkeit, sich zunächst sachkundig zu machen und damit den Zeitpunkt der Entscheidungsfindung selbst zu wählen. Allerdings, und dessen müssen wir uns stets bewußt sein, unsere Kriterien werden nur als eine Art Ratschlag einer Stabsstelle bzw. als zusätzlicher Hinweis akzeptiert. Nur wenn das Programm einer Entscheidung wenig Interesse beimißt, kommen unsere Einflußmöglichkeiten stärker zur Geltung. Im anderen Falle werden sie oft überhaupt nicht beachtet. Ein Arbeiter, der sich für seine Arbeitsstelle eine Fahrroute zusammenstellt und eine Zeitplanung durchführt, wird diese Entscheidung fast nur nach rein rationalen Gesichtspunkten treffen. Dagegen wird eine unerfahrene Person, die vor einem größeren Plenum eine Rede halten muß, eher in Konflikt mit den Entscheidungsprogrammen kommen. Sie kann sich immer wieder einreden, daß das nicht so schlimm ist, sie kann nach rationalen Gesichtspunkten alles abwägen und trotzdem wird sie die Nervosität und das Lampenfieber einfach nicht los.

Der Goldrausch in Amerika war auch geprägt von der Macht der automatischen Entscheidungssysteme. Die Menschen hatten einfach nicht die Kraft, sich dagegen zu wehren. Appelle an die Vernunft, das Betonen der Gefahren, auch die vielen schrecklichen Ereignisse wie Raubüberfälle, die nicht selten mit dem Tod eines erfolgreichen Diggers endeten, hatten keine Wirkung. Die Menschen strömten in Scharen in die Goldfelder, um ihr Glück zu finden. Ähnlich ist es auch heute noch zur Urlaubszeit. Alle Stauankündigungen, alle schrecklichen Unfallbilder helfen nichts. Jedes Jahr beginnt diese Schlacht auf den Straßen aufs Neue. Auch helfen alle Appelle nichts, sich doch wenigstens zugunsten des Umweltschutzes einzuschränken.

Bei den nichtakuten Entscheidungsfindungen, hat das Geld einen großen Einfluß. Geld und Gold, als Synonym für absolutes Glück und nahezu unbegrenzte Macht auf dieser Erde, aber auch als Synonym für Erfolg, Ansehen und Sicherheit. Geld und Gold implizieren wichtige und damit erstrebenswerte Zustände. Daher kommt auch der Ausspruch, alles hat seinen Preis. Irgendwann wird hier jedes automatische System schwach. Sie wollen eine große Grube ausheben. Sie können tausend Leute fragen, ob ihnen jemand die Arbeit abnimmt. Sie finden garantiert niemanden, wenn sie nur an die Hilfsbereitschaft appellieren. Bieten sie jedoch eine große Summe Geld für diese Arbeit, können sie sich vor Helfern nicht retten. Darin liegt die Macht des Geldes. Geld ist der Schlüssel, um die Entscheidungen eines jeden Menschen für die eigenen Zwecke zu gewinnen.

Dieses Geschehen leuchtet ein, weil es täglich praktiziert wird. Das Kuriose daran ist, daß mir eine Arbeit plötzlich großen Spaß machen soll, wenn mir jemand eine große Summe dafür bietet, obwohl ich sie sonst niemals machen würde. Spaß ist die Antwort unseres automatischen Entscheidungssystems und nicht die Antwort unseres Verstandes. Wer Geld anzubieten hat, verschafft sich Zutritt zu den Entscheidungsprogrammen eines jeden Menschen. Welche teuflischen Möglichkeiten sich daraus ergeben, kann jeder täglich den Medien entnehmen.

Das Tagesgeschäft ist das eigentliche Arbeitsfeld unseres automatischen Entscheidungssystems, die eigene Person der Mittelpunkt, an dem sich alles orientiert. Es bedarf schon einer großen Überwindung, um zugunsten von Zukünftigem auf heutige Vorteile zu verzichten. Noch problematischer ist der Verzicht auf eigene Vorteile zugunsten anderer Mitmenschen, wenn es sich nicht um die eigene Familie, Verwandte oder enge Freunde handelt. Hier scheitert unser automatisches Entscheidungssystem komplett. Dafür ist es nicht ausgelegt. Hier beginnt ein Verantwortungsbereich, dem wir uns mit eigener Kraft zu stellen haben. Hier beginnt das große Einsatzfeld unseres Verstandes. Wir brauchen, um die Zukunft unserer Nachkommen zu sichern, die Kraft unserem automatischen Entscheidungssystem dort zu widersprechen, wo dessen Ergebnisse einer vernunftgerechten Prüfung nicht standhalten. Unsere Entscheidungsprogramme sind eben auf Konkurrenzkampf eingestellt, und dies mit einer beachtlichen Härte und Unnachgiebigkeit. Nur unser Verstand ist in der Lage, die zukünftigen Auswirkungen zu durchleuchten und Schäden zu verhindern, die sich aus unserem Tun ergeben.

Das Entscheidungssystem hat uns gewaltig im Griff. Wir alle haben schon die Erfahrung gemacht, daß dessen Wunschliste ein Faß ohne Boden ist. Hat man sich den einen Wunsch erfüllt, taucht schon der nächste auf. War man mit einer Sache gestern noch zufrieden, so genügt sie uns heute schon nicht mehr. Wir haben gegen diesen Mechanismus nahezu keine Waffen.

Unser Gesamtsystem ist so ausgelegt, daß es dann ausgeglichen ist, wenn sehr viele Programme immer wieder angesprochen werden. Wider Erwarten betrifft dies auch jene Programme, die in unserer Vorstellung eher mit Unangenehmem in Verbindung stehen. So zum Beispiel Hunger- und Durstgefühl, das Risiko und das Spüren der eigenen Leistungsgrenzen. Natur pur erleben, Stürme, Unwetter, Katastrophen. Nur wenige Ereignisse sind so gefühlsintensiv, wie gerade jene der Katastrophen und Kriege.

Wir Menschen haben uns jedoch seit unserem Bestehen stets bemüht, negative Ereignisse möglichst zu eliminieren. In vielen Bereichen ist uns dies gelungen. So leben wir in einer Welt, die immer steriler wird, was die Gefühlsintensitäten anbelangt. Früher mußte man morgens aufstehen, und erst in einer Eiseskälte das Feuer anzünden. Es war ein wohliges Gefühl, wenn das Zimmer dann langsam Wärme und Behaglichkeit ausstrahlte. Heute geht das automatisch durch die Zentralheizung. Kein kaltes Zimmer mehr im ganzen Haus, überall fließend warmes Wasser. Im Beruf? Trockene, klimatisierte Räume, sterile Tätigkeiten den ganzen Tag. Wir haben den Eindruck, für unser Wohlbefinden optimal gesorgt zu haben. Tatsächlich sind ausschließlich Bedürfnisse unseres automatischen Entscheidungssystems befriedigt worden. Leider aber besteht gerade hier ein Interessenkonflikt. Unsere Systeme streben nach Bequemlichkeit, Wohlbehagen und Sicherheit in der festen Überzeugung, daß dies nie erreicht werden wird. Werden diese Zustände aber erreicht, fällt das ganze bisherige Reizspektrum weg. Für den Organismus bedeutet dies, einen krankmachenden Zustand erreicht zu haben. Wir haben dadurch den optimalen Bereich der auf uns einwirkenden Reize verlassen. Täglich werden nur ganz wenige Programme aktiviert und dann immer nur dieselben. Streßprogramme in der Hauptsache: reicht mir die Zeit noch - habe ich alles nach den Wünschen meiner Vorgesetzten erledigt - Konzentration und Reaktionsbereitschaft beim Autofahren und dgl. Wen wundert es da, wenn sich immer mehr Menschen unausgeglichen fühlen. Trotz Wohlstand immer mehr Unzufriedene und psychisch Kranke. Die "Auslöser", die unsere Programme benötigen, sind z. T. verpönt: der geht zu Fuß zur Arbeit - die heizen noch mit einem Holzherd - die wohnen in einer Hütte - die müssen sehr hart arbeiten, um ihren Lebensunterhalt zu bestreiten - die müssen auf eine ganze Menge verzichten - die haben keinen Fernseher, usw. Früher brauchten sich die Menschen gegenseitig, man begegnete sich gerne, heute ist man lieber anonym. Armutsvergleich führte damals zu Mitgefühl und Hilfsbereitschaft. Wohlstandsvergleich führt zu Neid und Unzufriedenheit.

Was macht nun unser Entscheidungssystem in solch einer Situation? Es arbeitet nach dem Minimumprinzip, d.h., es werden jene Bedürfnisse bevorzugt aktiviert, die im täglichen Geschehen am wenigsten angesprochen werden. Nachdem man über die Jahrhunderte hinweg vieles, was mit Arbeit, Anstrengung und Unannehmlichkeiten verbunden war beseitigt hat, tun sich nun große Erlebnisdefizite auf. Risikobereitschaft ist plötzlich wieder an der Tagesordnung. Bungeespringen, Drachenfliegen, Skizirkus, Tiefschnee-Skifahren vom Hubschrauber aus, Autorasen, Geisterfahren, U- und S-Bahnsurfen, Fassadenklettern usw. Auch Kriege werden wieder salonfähig. Erstaunlich, welcher Erfindungsreichtum hier zu Tage tritt. Ausländer attackieren, Häuser anzünden, Steine von Autobahnbrücken werfen, oder sich gar freiwillig zum Kampfeinsatz in Kriegsgebiete melden. Zum Wohlstandsausgleich verbringt man die schönsten Tage des Jahres im Zelt oder im engen Wohnwagen und legt sich Strapazen auf, die jeder Vernunft widersprechen. Jogging, Tennis, Krafttrainig, alles Auswüchse der Wohlstandsgesellschaft. Da wird Energie "sinnlos" vergeudet. Aber es werden trotz allem hier Programme aktiviert, die unsere Systeme ausgeglichener machen. Wir finden oft den richtigen Ausgleich, ohne zu wissen warum. Leider sind die Tätigkeiten, aus einem anderen Blickwinkel heraus betrachtet, meist unvernünftig. Wir bestellen uns einen Bagger, um eine Grube auszuheben, gehen während dieser Zeit jedoch ins Krafttrainig und bevor wir richtig joggen oder radfahren können, fahren wir erst einmal ein Vielfaches der Strecke mit dem Auto.

Es wird keinen Zustand geben, in dem wir auf längere Sicht und ohne inneren Zwang, zufrieden leben können. Wir brauchen, um uns gesund zu fühlen, das umfangreiche Reizspektrum, das sich durch die Auseinandersetzung mit Natur und Umwelt ergibt. Wenn wir auf unserem Weg so weiter marschieren, werden wir immer mehr in die Sterilität gelangen. Das Ergebnis sind Unzufriedenheit, Krankheit und gesellschaftliche Auswüchse, wie wir sie heute nur schemenhaft erahnen können. Die Lösung: ein vielseitigeres Leben, weniger automatische Technik im Privatbereich, mehr Auseinandersetzung mit der Natur. Mit jedem Tag entfernen wir uns weiter von diesem Zustand. Wir müssen erkennen, daß unsere Steuerprogramme immer mehr Kontraproduktives, ja Gefährliches fordern. Wir müssen lernen, diesen Schwachstellen durch rechtzeitiges, sinnvolles Verhalten zu begegnen.

Auslöser und Programme

Gehen wir davon aus, daß der Mensch von vielen hundert Programmen gesteuert wird, so besteht das Problem darin, sie zum richtigen Zeitpunkt zu aktivieren und nach dem Erreichen des gewünschten Effektes wieder zu deaktivieren. Eines ist klar, wären alle Programme ständig aktiv, gäbe es ein tödliches Durcheinander. Natürlich müssen sämtliche Körper- und Umweltfunktionen ständig überwacht werden. Körperfunktionen sind z.B. Blutdruck, Herzrhythmus, Atmung, Verdauung, Blutzucker- und Blutfettwerte. Umweltfunktionen sind Wachsamkeit, Energiebereitstellung bei Feindkontakt, Schließen der Hautporen bei Kälte um den Wärmeverlust zu minimieren und Aktivieren der Schweißdrüsen bei Hitze, um über die Verdunstungskälte den Körper abzukühlen. Diese wenigen Beispiele sollen genügen, denn allein die Aufzählung aller bekannten Steuer- und Regelfunktionen würde ein dickes Buch füllen und mit Sicherheit werden in Zukunft noch einige zusätzliche Funktionen entdeckt werden. Hierfür ist die Körperoberfläche, aber auch der Bereich der inneren Organe, vollgepackt mit Sensoren. Augen, Ohren, Nase, Haare, Haut, Geschmacksempfinden sowie ein den Körper umfassendes Nervennetz. Ständig wird überprüft, ob Soll- und Istwerte übereinstimmen. Immer dann, wenn hier Diskrepanzen auftreten, startet das Verwaltungssystem Programme, die regulierend eingreifen. Befindet sich eine Körperfunktion im Gleichgewicht, so ist das regulierende Programm inaktiv. Das führt zu der kuriosen Feststellung, daß wir viele unserer Programme und die dadurch verursachten Gefühle und Regungen gar nicht kennen. Die meisten von uns wissen gar nicht, wie sie in kritischen Situationen reagieren würden. Einige glaubten (vorwiegend Frauen), sie würden bei der leisesten Andeutung einer kritischen Situation, sofort in helle Panik ausbrechen – das Gegenteil war der

Fall. Oft waren es gerade ansonsten ängstliche Personen, die in einem Ernstfall Hilfe leisteten. Andere wiederum (vorwiegend Männer), die glaubten, es könne sie nichts erschüttern, zitterten, weinten und waren unkontrolliert, sobald es ernst wurde. Aber auch andere Gefühle sind nicht nachvollziehbar, solange man sie nicht am eigenen Körper erlebt hat: Liebeskummer, Trauer um einen Verlust, ausgeflippt sein, z.B. bei einem großen Gewinn und die Freude darüber, gerettet zu werden, nachdem man sich schon aufgegeben hatte.

Diese Gefühle müssen natürlich erst produziert werden. Dazu bedarf es erstens einer entsprechenden Lagebeurteilung durch das automatische System, und zweitens der Produktion entsprechender chemischer Verbindungen. Für die Lagebeurteilung ist manchmal auch eine gewisse Körperreife eine entscheidende Voraussetzung. Oft geht es darum, daß erst gewisse Hormone produziert werden müssen, bevor die entsprechenden Programme aktivierbar sind. Typisch sind hier die Sexualhormone, ohne die es den Liebeskummer oder die Lust auf Sex gar nicht gäbe. Hierüber wird dann auch der Brutpflegeinstinkt und die Milchproduktion gestartet. Auslöser im weiteren Sinne sind ganz bestimmte Eindrücke, ausgelöst etwa durch Optik, Akustik oder Geruch. Oft sind es auch Situationen, in denen man sich befindet, die ein entsprechendes Gefühl z. B. Freude oder Depression hervorrufen, wie etwa das Besteigen eines Berggipfels, die Besichtigung einer Grabkammer, Teilnahme an einer Trauerfeier, der Gewinn eines Siegerpokals. Ganz wichtig sind auch Tageszeit, Temperatur und Lichtintensität. Auslöser im engeren Sinne jedoch sind jene chemischen Botenstoffe, die nach der Situationsbeurteilung des automatischen Systems, zum Starten der eigentlichen Programme freigegeben werden. Man kann durch wiederholtes Herbeiführen der Situation immer wieder das gleiche Verhalten provozieren, allerdings kann es durch Lerneffekte zu Verfälschungen des Grundmusters kommen. Die Verhaltensforschung kennt viele Auslöser in der Tierwelt, welche die notwendigen Reaktionen des Individuums steuern. Es beginnt auch hier beim Paarungsverhalten, geht über die Brutpflege bis hin zur Alarmierung der Artgenossen beim Auftauchen von Feinden. Duftstoffe haben vor allem in der Insektenwelt eine sehr große Bedeutung, aber auch wir Menschen reagieren sehr stark darauf. Sei es Parfüm, Schweiß, Düfte aus der Küche oder Gestank im Schweinestall. Geruch kann anziehend oder abstoßend wirken. Das Bemerkenswerte aber ist, sie können auch wirken, ohne daß wir sie bewußt registrieren. Es ist nicht so wichtig, daß wir etwas bewußt mitbekommen. Viele der Sensoren sind so gesteuert, daß sie das Bewußtsein umgehen. Die Meldung taucht dann als unbestimmtes Gefühl auf. Wir reagieren darauf, wir verspüren eine Stimmung, eine ganz spontane Lust, aus heiterem Himmel, wie wir meinen.

Unsere Automatik steuert den Körper in vorzüglicher Weise. Der Sauerstoffaustausch in Lunge und Zelle, die Nahrungsverwertung, Herzschlag, Schwitzen, Angst und Freude. Viele Leute sind der Meinung, Angst sei ein Produkt, das nur durch Auseinandersetzung mit einem angsteinflößenden Objekt oder in einer furcheinflößenden Situation entsteht. Angst kann aber auch über die Zufuhr chemischer Stoffe, vor allem Rauschgifte, erzeugt werden. Auch Stromimpulse, die durch Gehirnelektroden abgegeben werden, können massive Angstzustände erzeugen.

Nicht nur daß Auslöser im Körper hin und wieder chemischer Natur sein können, sie sind chemische Verbindungen. Selbst wenn das Auge ein furchteinflößendes Objekt ausmacht, löst es damit nicht gleichzeitig ein Fluchtprogramm aus. Erst nach erfolgter Lagebeurteilung werden Programme gestartet, die chemische Botenstoffe, die wahren Auslöser, aussenden. Oft kommt es zu einer explosionsartigen Kettenreaktion. Nach einer Schrecksituation setzt Fluchtverhalten ein. Gleichzeitig wird der Körper in höchste Leistungsbereitschaft versetzt, Herz- und Atemfrequenz werden gesteigert, leicht verfügbare Energiequellen werden mobilisiert, und der Bewegungsapparat wird in Sekundenschnelle zu einer Kraftmaschine. Andere Gefühle wie z.B. Müdigkeit, Hunger, Durst oder auch Schmerzen werden schlagartig abgeschaltet. Nun beginnt ein Regelprozeß, der sich selbst steuert. Ist die Flucht erfolgreich verlaufen und das kritische Objekt nicht mehr in Sicht, wird der Körper wieder in den Normalzustand versetzt und das Fluchtprogramm inaktiviert.

Aber die Programme werden nicht nur gestartet, sie vermitteln zusätzlich einen Intensitätsfaktor. Wenig Hunger zum Beispiel ist ein Zustand, bei dem wir uns Gedanken machen, ob wir uns vielleicht etwas ganz besonders Gutes gönnen wollen. Ein Häppchen vom Feinsten. Wird dieser leise Appell nicht ernst genommen, so bekommt das Hungergefühl nach einiger Zeit eine höhere Intensität. Wir halten jetzt aktiv nach etwas eßbarem Ausschau und es darf schon etwas Herzhaftes sein. Und wehe, es weht uns nun der feine Duft eines Gänsebratens vor die Nase. Würde uns jemand ein belegtes Brot anbieten, würden wir wahrscheinlich ablehnen, denn uns steht im Moment der Sinn nach einer guten Hausmannskost. Sollte dieser Appetit nun aber weiterhin nicht befriedigt werden, könnten wir unsere sonst so guten Manieren schnell vergessen. Und dann passieren die skurrilsten Sachen. Z.B. wenn einer an einem Imbißstand in einem günstigen Moment die Pommes frites seines Nachbarn von dessen Teller ißt. Oder ein anderer, der sich im Großmarkt an der Auslegeware, an Obst oder Nüssen vergreift. Unsere Ansprüche an die gewünschten eßbaren Gegenstände werden also mit wachsendem Hunger immer bescheidener. Käme jetzt jemand mit einem Stück Brot vorbei, würde man wahrscheinlich dankbar zugreifen. Später dann dürfte das Stück Brot auch trocken und vom Vortage sein. Kann der Hunger auch jetzt nicht gestillt werden, würden wir wohl bald die Abfalleimer durchsuchen. Das geht am Ende so weit, daß Menschen zu Kannibalen werden. So wird ein beinahe Verdurstender auch nicht nach einer Cola mit einem Schuß Cognac verlangen, er wird vielmehr nach Wasser rufen. Ja, es dürfte ein ganzes Faß sein. Dieses Mengenbedürfnis unterliegt nun aber einer falschen Einschätzung durch das automatische System. Oft ist das Hunger- oder Durstgefühl so groß, daß man glaubt, es gar nicht mehr stillen zu können. Dies ist aber nichts als ein übertriebener Dringlichkeitsappell. Hätten wir nun die Möglichkeit, uns mit dem vollzupacken, was wir glauben zu benötigen, wir könnten den Einkaufskorb wahrscheinlich gar nicht mehr nach Hause tragen. Viel Automatik und wenig Verstand. Ja, um diese Vorgänge zu steuern, bedarf es unseres Verstandes gar nicht. Und wollten wir ihn gebrauchen, um uns zu beherrschen, wir wissen alle, es wäre auf Dauer nicht möglich. Die Gier wäre zu groß. Wir sind eben letztendlich doch Sklaven unserer automatischen Systeme.

Für uns ist es wichtig zu wissen, daß es sie gibt, unsere Steuerungssysteme. Daß sie hartnäckig funktionieren, und daß sie nicht umprogrammierbar sind. Ganz wenige unserer Auslöser können wir durch beherrschtes Verhalten, bis zu einem gewissen Grad beeinflussen. Die meisten nicht. Zu den meisten haben wir überhaupt keinen Zugriff. Das ist auch gut so. Damit ist auch die Möglichkeit des Mißbrauchs ausgeschaltet.

Verändern wir aber unsere Umwelt in entsprechendem Maße, werden Programme aktiviert, die vielleicht seit Generationen inaktiv waren. Nicht erfüllte kindliche Erwartungen an das Elternhaus, Erwartungen der automatischen Systeme an die Umgebung, Reize die man nur beim betrachten von Bildern oder aus Erzählungen erahnen kann. Vielen Städtern fehlt die ländliche Idylle, fehlt der Wald, der Duft nach Gras und Heu, anderen fehlt die Ruhe, die Ausgeglichenheit. Hektik kennzeichnet unseren Alltag, Streß, Straßenlärm, sitzende Tätigkeit usw.

Unser Körper ist voll von programmierten Erwartungshaltungen. Damit ist eine ganz bestimmte Erwartung an die Umwelt, an das Leben verbunden. Schon die Systeme der Neugeborenen, ja bereits der Embryos vergleichen ihren Istzustand mit dem Sollzustand. Innerhalb eines gewissen Spielraumes bleiben die Systeme in Ruhe. Neutralität, Zufriedenheit ist vorhanden. Hat der Abgleich aber zu große Differenzen, beginnen die Systeme zu arbeiten. Wie? Das ist ganz unterschiedlich. Aber immer nach dem gleichen Prinzip. Kleine Abweichung – kleine Reaktion, große Abweichung – große Reaktion. Das ist wie beim Hunger. Das geht manchmal so weit, daß wir die Reaktionen mancher Menschen nicht mehr begreifen. Oft werden sie depressiv, schwer erziehbar, verfallen dem Alkohol, oder fangen an zu "spinnen". Übrigens, auch Tiere zeigen in unerfüllten Erwartungssituationen Verhaltensstörungen.

Die Palette der Reaktionsmöglichkeiten ist groß. Die Umstände wirken auf unsere Steuerprogramme und wir haben meist keine Möglichkeit, uns dagegen zu wehren. Wir sollten uns das bewußt machen. Immer mehr kranke Menschen sind die Folge. Unsere Automatik kann nicht anders. Sie reagiert nur auf die Reize, die ihr angeboten oder verwehrt werden. Das ist ihr Job. Nicht anders geht es der übrigen Natur. Ob Tier oder Pflanze, die Differenz des Soll-Ist Abgleichs zeigt immer größere Werte. Wenn wir es nicht schaffen, unsere äußeren Bedingungen, die Rahmenbedingungen, zu normalisieren, werden die Systeme immer stärker "verrückt" spielen. Die Anfänge können wir beobachten: starke Vermehrung von Schädlingen auf der einen und ein Zurückgehen vieler Arten auf der anderen Seite. Vögel, die unvermittelt Menschen angreifen oder Algen, die alles Leben um sich herum abtöten.

Trotz verbesserter Medizin, trotz vielen Informationsmöglichkeiten und obwohl wir der Meinung sind, das Leben habe eher mehr angenehme Seiten bekommen, wird es zunehmend schwieriger, sich gesund zu erhalten. Viele der Zeitgenossen verbringen ihre Arbeitszeit in wohl temperierten Räumen, körperliche Arbeit wird kaum noch verlangt, jede Menge Freizeit, Urlaub, kirchliche und gesetzliche Feiertage reduzieren die Arbeitszeit. Paradox ist nun, daß gerade dieser Glückszustand immer mehr Menschen krank macht. Paradox ist auch die Tatsache, daß trotz der vielen Maschinen, die dem Menschen die schwere und eintönige Arbeit abnehmen, Probleme der Wirbelsäule und des Bewegungsapparates, der Streß und die Hektik eher noch zunehmen. Durch Streß und Hektik werden auch die Menschen immer gereizter und der Umgang miteinander immer schwieriger. Kaum zu glauben, daß eine Bäuerin, die die alte und die moderne Zeit in der Landwirtschaft miterlebte sich darüber beklagte, daß es noch nie so gehetzt zuging wie heute.

Die alte Zeit war sicherlich nicht überall besser, aber im Rahmen der Fortschrittsgläubigkeit hat man mit dem Schlechten auch das Nützliche und Gute der Vergangenheit über Bord geworfen. Ganz wesentlich ist die Erkenntnis, daß die Reize, die auf den Menschen einströmten, andere waren als heute. Dies leuchtet ein, wenn man einmal die monotonen und einfallslosen Tagesabläufe der Großzahl heutiger Menschen betrachtet. Vieles läuft in einem stupiden Raster ab, bei dem anfänglich vorhandene Reize durch ständiges Repetieren abgestumpft werden. Zeitliche Freiräume, in denen der Körper Bedürfnisse hochbringen und bewußt machen könnte, werden verplant oder durch grenzenlosen Musik-, und Fernsehkonsum zerstört. Die Musik begleitet einen beim Einschlafen und sie weckt einen am Morgen. Auch der Fernseher fesselt einen so sehr, daß man eher davor einschläft, als daß man von ihm loskommt. Viele haben erkannt, daß man sich dadurch immer mehr von sich selbst entfernt. Man steht ständig derart unter Spannung, daß man für seine innere Stimme keine Zeit mehr hat. Man nimmt sich selbst nicht mehr wahr. Das geht auf Dauer nicht gut. Es ist so ähnlich wie bei der äußerst beschäftigten Mutter, deren Kind vergeblich versucht, sie dazu zu bringen, ihm kurz mal zuzusehen. Erst als sich das erregte Kind verletzt und zu schreien beginnt, hat sie dann plötzlich Zeit genug. Viel mehr Zeit, als sie für den kurzen Blick hätte aufbringen müssen. Auch der Körper hat andere Möglichkeiten, sich bemerkbar zu machen. Man kann solange über alles hinwegsehen, bis er sich mit psychischen und psychosomatischen Erscheinungen gewaltig und unmißverständlich zur Wehr setzt.

Wer heute sein neues, modern eingerichtetes Büro oder seinen anspruchsvollen Arbeitsplatz betritt, erfreut sich seines Privilegs. Man vergleicht sich mit seinen anderen Arbeitskollegen, seinen Freunden und Bekannten und stellt freudig fest, daß man insgesamt gut abschneidet. Die Freude ist aber meist nicht von langer Dauer. Ein klimatisiertes Gebäude, Neonröhren als Sonnenlichtersatz, eine sitzende Tätigkeit. Falls Fenster überhaupt vorhanden sind, bietet der Blick nach draußen immer das gleiche triste Bild. Ohne sich darüber nähere Gedanken zu machen, erträgt man dieses Eingesperrtsein ohne Murren und Knurren, teilt man doch sein Schicksal mit vielen anderen Kollegen, die ebenfalls froh sind, der Härte des Alltags dort draußen, Wind und Wetter, entronnen zu sein. Aber so richtig zufrieden ist man in den geschlossenen vier Wänden doch nicht. Unser innerer Sollwert ist nämlich anders eingestellt. Deshalb geht man oft unbewußt zum Fenster und versucht das Leben draußen einzufangen.

Der Körper startet Programme, die einen selbst mit sanften Hinweisen auf diese Defizite aufmerksam machen wollen. Man empfindet Lust, hin und wieder da draußen zu sein. Auch ein goldener Käfig, bleibt eben ein Käfig. Wäre man frei, würde man jetzt bei diesem herrlichen Wetter alles stehen liegen lassen, und sich nach draußen begeben. Aber das darf ein Arbeitnehmer nicht. So ignoriert man die Signale des Körpers und spricht bald davon, man habe sich an das triste Bürodasein gewöhnt. Aber weit gefehlt.

Der Körper kann von seiner fest einprogrammierten Erwartungshaltung nicht abweichen. Sie ist sozusagen zementiert. Das Einzige was man wirklich lernt ist, die Signale des Körpers nicht mehr wahrzunehmen. Man will sie sogar bewußt verdrängen, denn sie schaffen nur Unzufriedenheit. Dadurch verläßt man, ohne es zu wissen, den Weg, den der Organismus braucht, um ordnungsgemäß funktionieren zu können und damit gesund zu bleiben.

Für viele Menschen entsteht aufgrund innerer Unruhe und Unausgeglichenheit allmählich ein Zwang zur Umkehr. Sie melden sich zu Yogastunden an, lernen autogenes Training und andere Methoden. Doch mit welchem Ziel? Man will den Körper wieder zu Wort kommen lassen, man will ihm wieder zuhören können, man will in ihn hinein hören. Man will sich selbst wieder entdecken. Man will wieder so leben wie es der innere Sollwert verlangt, konform gehen mit der inneren Stimme. All das, was man bisher ignoriert hat, soll nun wieder einen Platz im Leben haben.

Leider ist aber auch das nur die halbe Wahrheit. Man will sich manchmal auch durch die Hintertür manipulieren. Man möchte den Körper auf betrügerische Weise von etwas, was es gar nicht gibt, überzeugen. Man nennt das Autosuggestion. Man will sich solange eine Sache einreden, bis die inneren Systeme den Unsinn für "bare Münze" nehmen. Eine äußerst fragwürdige Methode. Erst überlegt man sich, mit welchen Mitteln man den Körper, d.h. die eigenen Programme, überlisten will, und dann erwartet man auch noch, daß der Körper mitspielt. Dieses Verhalten ist in höchstem Maße unklug. Allerdings, wenn man es vielleicht doch schaffen sollte, durch ständiges Wiederholen unwahrer Formeln, sein Innerstes von der imaginären Richtigkeit zu überzeugen, dann kann das nur daran liegen, daß eine ganze Menge Realitätssinn verloren gegangen ist. Nein, mit solch plumpen Versuchen sollten wir unser "Automatisches System" nicht verdummen.

Das autogene Training geht da etwas schlauer vor. Man versucht hier nicht, sich das Wünschenswerte einzureden, sondern man schafft geistige Rahmenbedingungen, auf die dann die Systeme automatisch (manchmal geht das etwas zögernd) reagieren. Weil Wärme mit Wohlbefinden gleichgesetzt wird, versucht man, sich die Wärme im Körper vorzustellen, sie zu spüren. Mit etwas Übung gelingt das auch. Wärme wahrnehmen, damit sich Wohlbehagen automatisch einstellt. Weil ein Schweregefühl entsteht, wenn der Körper entspannt ist, geht man auch hier diesen Weg und versucht, die Schwere seines Körpers zu fühlen, um Entspannung zu erreichen. Man gaukelt sich nichts vor, sondern versucht das Vorhandene, durch wiederholte Übung zu spüren und zu erleben. Wer in sich Programme auslösen will, kann das nicht auf die simple Tour machen. So einfach mit "ich will", geht das nicht, sind doch die Systeme ständig dabei, das Gedankengut, mit den Sinneseindrücken auf den Wahrheitsgehalt hin abzugleichen.

Täglich erfahren wir, wie sich Programme starten. Ein rührendes Gefühl kommt hoch. Man ist auf einer Feier und ein Redner findet die richtigen Worte. Sie wirken wie ein Schlüssel im richtigen Schloß. Man spürt plötzlich Tränen in den Augen. Das Programm ist gestartet. Es ist schön, aber auch ein wenig peinlich; wie auch immer, wenn der Schlüssel paßt, kaum zu vermeiden. Oder, Sie sehen einen gruseligen Film. Nie haben Sie unter ihrem Bett nachgesehen, ob sich dort eventuell jemand versteckt hat. Schon lange haben Sie nicht mehr zweimal nachkontrolliert, ob Ihre Haustüre wirklich verschlossen ist. Kleine Geräusche haben Sie bisher immer ignoriert. Heute ist das ganz anders. Man empfindet dieses ängstliche und vorsichtige Verhalten sogar noch als korrekt und angemessen. Ein Liebes- oder softer Pornofilm löst wiederum ganz andere Programme aus. Man träumt davon, jetzt ebenfalls einen lieben Partner in den Armen zu halten. Man verspürt große Lust auf Sex. Ja, ein gut gemachter Film schafft es spielend, Programme zu aktivieren. Darin liegt natürlich auch eine Gefahr. Obwohl sich in der eigentlichen Umgebung nichts verändert hat, verhält man sich plötzlich so, wie es der Scheinwelt des Filmes angemessen ist. Unsere Automatik arbeitet ohne weiteres mit den Daten, die aus einem Film reflektieren. Ihr Zimmergenosse, der den Film nicht gesehen hat, sonst aber den gleichen Umwelteinflüssen ausgesetzt ist wie Sie, wundert sich über Ihr außergewöhnliches Verhalten. Allein die Reize, die das Fernsehen übermittelt, reichen als Schlüssel aus. Das System wird getäuscht. Das automatische System kann nicht unterscheiden, ob die innen ankommenden akustischen oder visuellen Informationen aus der realen Welt stammen oder nur gespielt sind. Schon einfache Photographien reichen als Schlüssel aus. Für die sexuelle Erregung genügt das optische Signal einer schönen Nackten oder eines unbekleideten Mannes in einer Illustrierten. Aber auch Erzählungen oder die Schilderung eines Vorfalles können Programme starten. Liebe und Erotik können davon stark profitieren. Allerdings funktioniert es auch anders herum. Jemand erzählt Ihnen, wie unerträglich der Zahnarzt gebohrt hat, und schon verspüren Sie Schmerzen in den Zähnen.

Ohne nachvollziehbaren Grund können Programme aktiv werden, die Frustrationen erzeugen, Unzufriedenheit melden, die depressive Stimmungen aufkommen lassen. Programme können mit Daten des Unterbewußtseins selbst und somit ohne ersichtlichen Grund starten, und sie können mit einem "unsinnigen" Verstärkungsfaktor versehen werden.

Wie stark die eigene Vorstellungskraft auf die Aktivierung von Programmen Einfluß hat, zeigt sich beim Lesen eines Buches. Die hier enthaltene Information kann all das, was auch optische und akustische Reize vermögen. Allerdings ist die akute Wirkung meist abgeschwächt, vielleicht aber um so nachhaltiger. Auch das ist sehr erstaunlich: Programme reagieren auf die Scheinwelt eines Romans.

Pawlow hat mit seinem bedingten Reflex eine ebenfalls erstaunliche Methode entdeckt, Programme zu starten. Mit dem Läuten einer Glocke startet das Programm für Nahrungsaufnahme, obwohl das Futter noch gar nicht sichtbar ist. Nun, hier hat das Gehirn eine Brücke gebaut. Das Wissen des Hundes, der über einen längeren Zeitraum gelernt hat, daß beim Ertönen einer Glocke das Fressen serviert wird, wirkt direkt auf das automatische System.

Auch wir Menschen kennen dieses Verhalten bei uns selbst. Bei uns kann der Blick auf eine Uhr schon genügen, um Appetit zu verursachen. Auch bei uns reichen bedingte Reflexe aus, um Programme zu starten. Werden die Erwartungen jedoch getäuscht, brechen diese zart gebauten Brücken schnell wieder zusammen. Jeder hat dies schon einmal erlebt. Man verabredet sich mit einem lieben Menschen und kann kaum erwarten, bis es Zeit ist. Und tatsächlich, es läutet! Ein Gefühl freudiger Erregung steigt in einem hoch. Man weiß ganz genau, jetzt ist er/sie da. Mit Herzklopfen eilt man zur Tür, reißt sie auf, mit einer herzlichen Begrüßung auf den Lippen. Doch dann hält man jäh inne. Es ist jemand ganz anderer. Man spürt, wie die Freude in einem buchstäblich zusammenbricht. Eine Brücke des Vertrauens, in die Vorhersehbarkeit der Ereignisse, ist zerbrochen. Das Warten beginnt von neuem. Schon wieder läutet es. Doch das freudige Gefühl ist nur noch schwach ausgeprägt. Der Lernprozeß hat den bedingten Reflex gestört. Skepsis läßt die Programme nur verhalten starten. Oft ist der Defekt so groß, daß selbst jetzt, wo alles klar ist, die Stimmung auf dem Nullpunkt bleibt. Irgend etwas in einem prüft immer noch, ob die Situation auch wirklich in Ordnung ist.

Gerade diese Kombination von erlebten und gespeicherten Zusammenhängen ist oft Grundlage für das Verhalten des automatischen Systems. Auf diese Weise baut sich ein Teil der menschlichen Verhaltensweisen auf. Wer als Kind vom Vater oft geschlagen oder mißhandelt wurde, wird auch als Erwachsener Vorbehalte gegen Männer haben. Dies kann sich sowohl als Ängstlichkeit wie auch als gesteigerte Aggressivität ausdrücken, je nach der Grundhaltung des Einzelnen.

Wer abends übers Telefon überraschend eine schlechte Nachricht erhalten hat, wird über einen längeren Zeitraum jedesmal zusammenzucken, wenn abends das Telefon läutet. Wer gelernt hat, daß Komplimente oder Lob nur deshalb vergeben werden, damit man anderen weiterhin zu Diensten ist, wird auch bei einem begründeten und ehrlich gemeinten Lob nur verhaltene Freude empfinden.

Auslöser sind also sehr unterschiedlicher Natur. Wenn man deren Mechanik kennt, steht man schmerzenden Gefühlen nicht mehr so hilflos gegenüber. Bei freudigen Ereignissen wird man zunächst den Sachverhalt erst noch einmal unter die Lupe nehmen und ihn auf seinen Wahrheitsgehalt hin untersuchen, bevor man seiner gebremsten Freude freien Lauf läßt.

Verstand kontra automatisches System

Verstand und Automatik sind zwei getrennte aber über eine Schnittstelle fest miteinander verbundene Systeme. Der Verstand kann ohne die Hilfe des automatischen Systems nichts leisten. Wenn die Automatik nicht mitspielt, könnte man an den eigenen Fehlleistungen fast verzweifeln. So erging es einer Frau, die aufgrund einer Gehirnblutung im Grunde genommen völlig normal war, deren automatisches System jedoch bei der Interpretation der Umgebung Defekte aufwies. Erinnerungs-, Seh- und Sprachvermögen sowie Bewegungsabläufe waren so gut wie eh und je. Es gelang ihr aber nicht mehr einen einfachen Besteckkasten einzusortieren, eine Leistung die ein kleines Kind bereits ohne Probleme bewerkstelligt. Auch die Orientierung in der Wohnung war problematisch. So kam es vor, daß sie ganz verwundert in einem anderen Zimmer landete, obwohl sie eigentlich die Absicht hatte, durch die Haustüre das Haus zu verlassen. Sie hatte die falsche Türe erwischt. Sie erklärte sich den Umstand damit, daß hier ein Umbau stattgefunden haben mußte. An ihrem Geburtstag legte sie nach der ersten Gratulation den Telefonhörer weg und registrierte gar nicht, daß sie ihn nicht auf die Telefongabel gelegt hatte. Allerdings wunderte sie sich außerordentlich darüber, daß so viele Menschen ihren Geburtstag vergessen zu haben schienen. Eines Tages, als sie dabei war, Rhabarber klein zu schneiden, bemerkte sie nicht, daß sie nicht eine Rhabarberstange sondern ein Stromkabel in der Hand hielt. Selbst als sie beide Hände benötigte um dieses zähe Teil zu durchtrennen, gab ihr System immer noch keine Warnung. Als sie sich im Krankenhaus wieder erholt hatte, glaubte sie das Opfer eines Anschlages geworden zu sein.

Das gute Funktionieren unserer Sinne allein reicht nicht aus. Es gibt

Menschen, die sehen ihr Gegenüber ausgezeichnet, erkennen darin aber nicht den Freund oder Arbeitskollegen. Die Gehirnleistung, die erforderlich ist, um die Sinneseindrücke richtig zu interpretieren ist so enorm, daß unser Verstand hierzu gar nicht in der Lage ist. Der Verstand ist eine sehr langsame und träge Einrichtung. Er kann sich jedoch – und das ist das Großartige an ihm – der Hilfe des automatischen Systems bedienen. Nichts anderes tun wir, wenn wir rechnen, über einen Sachverhalt nachdenken oder einen Wein prüfen. Der Verstand ist also nicht die große Denkzentrale sondern eine Einrichtung, die es ermöglicht, mit verschiedenen Teilen des Gehirnes zu kommunizieren. Manchmal gelingt uns das nur unvollständig. Dann liegt uns die Antwort auf der Zunge, wir wissen auch, daß wir den Namen dieses Menschen oder der Pflanze kennen und trotzdem gelingt es uns manchmal nicht, die Daten zu einem gewünschten Zeitpunkt abzurufen. Der Verstand hat also die Möglichkeit, wenn es um Intelligenzleistungen, also Denk- und Entscheidungsprobleme geht, maßgeblich mitzuwirken und sogar ein Veto einzulegen. Wir sind in der Lage, zu den Absichten und Neigungen unseres automatischen Systems nein zu sagen. Die Befähigung dazu, dieses Veto durchsetzen zu können, ist ein wesentlicher Teil der Erziehung. Man würde vielleicht gerne aufstehen und die langweilige Gesellschaft verlassen, tut es aber nicht, weil die Tafel noch nicht aufgehoben wurde. Man müßte sich ganz dringend der Gase in Magen und Darm erleichtern, unterdrückt es jedoch, solange noch Menschen anwesend sind. Diese Beherrschung ist im Bereich des Lebendigen bereits eine ganze Menge. Wir empfinden sie als Zwang, den die Gesellschaft oder die Umwelt auf uns ausübt. In Wirklichkeit ist es ein bedeutendes Stück Freiheit und Unabhängigkeit gegenüber dem Zwang unserer inneren Systeme. Ja, wir sind zu einem geringen Teil in der Lage, sie zu beherrschen. Trotzdem müssen wir uns darüber im klaren sein: die Automatik und nicht der Verstand trägt die große Verantwortung für alle Lebensvorgänge. Sie ist bereits vor der Geburt, und dann das ganze Leben hindurch bis zum Tode aktiv. Es muß deshalb eingehend davor gewarnt werden, das automatische Steuerungssystem als primitiv und durch den Verstand als überholt zu betrachten. Im Gegenteil, das automatische System ist auf unserer Entwicklungsstufe immer noch der Chef. Es gewährt jedoch im Bereich der intellektuellen Leistungen dem Verstand gewisse Freiheiten. Im Ernstfall ist es jedoch in der Lage, den Verstand zu blockieren oder zu übergehen. Das ist nicht nur bei Verliebten der Fall, auch in Panik- oder Streßsituationen übernimmt es die Steuerung.

Aus diesen Gründen ist es wichtig, das automatische System hoch zu achten und alles zu tun, was dazu beiträgt, daß es sich wohl fühlt. Wer durch seine Art zu leben, dieses System laufend an die Grenze seiner Belastbarkeit bringt oder vielleicht sogar auf Dauer überfordert, der wird sich bald schrecklich unwohl fühlen. Es kommt zu Verspannungen, Schlafstörungen, Beklemmungen im Brustraum, zur Suchtgefährdung bis hin zu Depressionen. Dieses System, das wir keinesfalls ignorieren sollten, verleiht uns unseren Charakter, es gibt uns bestimmte Fähigkeiten (Talente), es steuert unsere Sinne, es warnt uns bei Gefahren, es startet den Mutter- und Vaterinstinkt und tausend andere Dinge mehr. Es ist ein Juwel.

Verstand und System können sogar gesundheitsfördernd zusammenarbeiten. Es ist erlaubt, positive Erlebnisse bewußt in Erinnerung zu rufen, um sich in bessere Stimmung zu versetzen. Wenn man sich unwohl fühlt, weil man das Gefühl hat, alles gehe schief, man sei vom Pech verfolgt und nur die anderen hätten das Glück gepachtet, dann ist es legitim, das automatische System auch mal zu korrigieren. Aber nicht damit, daß man ihm immerfort sagt: „es geht mir gut", sondern indem man sich überlegt, ob es einem wirklich so schlecht geht, wie die momentane Stimmung es anzeigt. Meisten gibt es sehr viele glückliche Umstände, die das automatische System zu diesem Zeitpunkt nicht in Betracht zieht: man ist gesund, hat eine glückliche Familie, hat genügend Luxus (auch wenn man als "Nimmersatt" gerne mehr hätte), oder man hatte ein erfülltes Leben. Das entspricht auch den Tatsachen und kann vom automatischen System nachvollzogen werden. Ja es ist sogar typisch für unser "Automatisches System", daß es mit jenen Daten arbeitet, die in unseren Bewußtseinsspeicher geladen, nachvollziehbar und realistisch sind.

Auf der anderen Seite kann das automatische System bei gewissen Anforderungen, ohne den Verstand keine befriedigende Leistung erbringen, wenn es um intellektuelle Vorgänge und logische Entscheidungen geht. Planen einer Geburtstagsfeier, Errechnen einer Gebäudestatik oder Erstellen einer Kosten- Nutzenrechnung. Trotzdem bedienen wir uns auch hier ständig der Leistungen des automatischen Systems, ohne das wir z. B. gar nicht in der Lage wären, logische Zusammenhänge zu erfassen.

Verstand und automatisches System konkurrieren sehr oft miteinander. Meistens akzeptiert das automatische System nicht, was der Verstand ihm zu übermitteln versucht. Wenn man z.B. vor einer Gruppe einen Auftritt hat, kann einen das Lampenfieber fast verzehren. Hier deutet das automatische System die Situation völlig falsch. Wir, unser Bewußtsein, wissen das auch. Wir wissen, daß uns nichts passieren kann. Warum dann bloß diese Angst. Auch wenn wir nachts durch einen dunklen Wald gehen, können wir das Angstgefühl nicht abstellen. Hier kann der Verstand die Situation ebenfalls realistischer einschätzen als das automatische System. Er hat jedoch auch dieses Mal keine große Chance, sich durchzusetzen. Doch es gibt auch andere Situationen. Man gerät in Wut, weil ein anderer Autofahrer einem frech die Vorfahrt genommen hat. Wut ist die spontane Antwort des automatischen Systems. Doch der Verstand kann sich schnell daran erinnern, daß es noch gar nicht so lange her ist, seit man selbst solch einen Fehler machte. Man erinnert sich daran, daß es in einer Streßsituation war, und man sich damals wegen dieses unmöglichen Verhaltens sehr unglücklich fühlte. Vielleicht war es bei diesem Autofahrer ähnlich. Man spürt, wie der Zorn wieder abklingt.

Wir sehen, wenn es um Ereignisse geht, die sich im Bereich unseres Bewußtseins abspielen, brauchen wir nicht immer den Meldungen unseres automatischen Systems bzw. unseren Gefühlen freien Lauf zu lassen. Wir dürfen auch Erfahrungswerte nutzen und einbringen. Ob Höhen-, Flug- oder Prüfungsangst, das automatische System liefert uns stets ein Stimmungsbild, das man eher als untauglich oder nicht situationsgerecht bezeichnen muß. Es ist eben wichtig und dem Menschen auch möglich, die Plausibilität dieser Meldungen noch einmal mit dem Verstand zu überprüfen.

Gefährlich wird es besonders dort, wo Massensuggestion ausgeübt wird. Man denke hier nur an totalitäre Staatsregierungen aber auch an kommerzielle Werbemethoden. Das automatische System hat hier keinen Filter, das Nützliche vom absichtlich Böswilligen zu unterscheiden. Dann taucht urplötzlich das drängende Gefühl auf, man müßte dabeisein, mitmachen oder ein Produkt besitzen. In solchen Fällen sollte man die Meldungen des automatischen Systems ebenfalls hinterfragen: sind die vorgegaukelten Rahmenbedingungen wirklich realistisch? Sind die Versprechungen auch wirklich realisierbar? Nützt es mir auch wirklich? Mancher, der sich hier blind auf die Forderungen des automatischen Systems verlassen hat, hat sich bis zur persönlichen Selbstaufgabe oder zum kompletten finanziellen Ruin in den Fängen dieser Unmenschen verstrickt. Im Hitlerreich waren viele der Meinung, alle Juden seinen Schmarotzer. Man glaubte auch, sie würden unser wertvolles Erbgut entwerten. Kein normaler Mensch wäre auf einen solchen Blödsinn gekommen. Aber die Obrigkeit setzte alles daran, diese Tatsachen zu begründen. Die fadenscheinigsten Behauptungen wurden immer wiederholt. So lange, bis das automatische Entscheidungssystem allmählich einrastete und man sich der allgemein aufkommenden Meinung anschloß, es würde keine solche aufwendige Propaganda betrieben, wenn nicht irgend etwas Wahres daran wäre. Was daraus wurde, wissen wir alle. Eine organisierte Vernichtung von Menschen mit unvorstellbarer Härte. Auch das Einordnen ganzer Nationen in Schubladen, wird von unserem automatischen System gerne akzeptiert. Die Italiener sind feige, die Russen sind brutal, die

Südländer sind heißblütig, die Asylanten sind alle Wirtschaftsflüchtlinge usw. Daß Pauschalierungen immer falsch sind, davon weiß unser automatisches System nichts. Es ist offen für solche Behauptungen, vereinfachen sie doch die Zusammenhänge enorm. Wären nämlich nicht alle Schwarzen dumm, dann müßte man immer erst den konkreten Fall überprüfen. Das ist mit erheblichem Aufwand verbunden. Wir wissen natürlich, daß die Schwarzen ein Intelligenzspektrum haben, das dem unsrigen ebenbürtig ist. Wir wissen auch, daß sie nicht auf dieser Welt sind, um als Sklaven gehalten zu werden. Unser Verstand weiß sehr genau, daß alle Menschen gleich empfinden, in Trauer, in Schmerzen und in Freuden. Wir wissen, daß Mutter- und Vaterinstinkte überall auf der Welt gleichermaßen vorhanden sind. Also lassen wir es, andere Länder und Völker pauschal abzuurteilen. Unser automatisches System geht gerne den Weg des geringsten Widerstandes. Auch in Sachen landwirtschaftlicher Tierhaltung oder Massentierhaltung müßten wir uns eigentlich schämen, jeder von uns. Die einen, welche die Produkte kaufen und die anderen, die bereit sind, solche Produkte auf abscheulichste Art und Weise zu produzieren. Dabei geht es nicht um das Töten und Essen von Tieren, obwohl man auch darüber einmal nachdenken könnte. Aber Tiere ihrer Natürlichkeit zu berauben, sie in Gefängnissen zu halten, sie auf den Transporten zur Schlachtung noch bis aufs Blut zu quälen ist in höchstem Maße unsittlich. Unser Verstand weiß das auch ganz genau. Auch unser automatisches System erschauert, wenn es den konkreten Fall vor Augen hat. Man sieht jedoch als Verbraucher nur das Schnitzel und nicht die Scheußlichkeit die diesem Leckerbissen vorausging. Wenn es um Geld und Gewinne geht, dann brauchen wir von unserer Automatik sowieso keine "weise" Entscheidung zu erwarten. Dann wird nicht selten sogar das eigene Leben aufs Spiel gesetzt. In solchen Fällen ist das Veto unseres Verstandes unerläßlich.

Darin liegt eben der Vorteil, einen leistungsfähigen Verstand zu besitzen. Er erlaubt uns, über die Meldungen des automatischen Systems hinaus, Situationen konkreter beurteilen zu können. Man kann damit natürlich auch lernen, Situationen sicherer zu meistern und zwar anders, als es das automatische System empfiehlt. Unerfahrene ringen sofort nach Luft, wenn sie ins Wasser fallen. Auch wenn man sie in der nächsten Sekunde bereits wieder herauszieht, haben sie schon jede Menge Wasser geschluckt. Dagegen hätten sie es mindestens eine halbe Minute, ohne zu atmen und ohne Schaden zu nehmen, ausgehalten. Das automatische System ist aber so programmiert, daß es sofort nach Erkennen eines Defektes den Körper auffordert, diesen mit allen Mitteln (oft auch unsinnigen) zu beheben.

Wenn also unser automatisches System uns auffordert, in einem Wutanfall jemanden umzubringen, wegen Zeitknappheit schneller zu fahren als die Verkehrsverhältnisse und die Sicherheit es zulassen, unzufrieden zu sein, nur weil der Nachbar wieder etwas mehr hat als man selber, dann sollte man mit Hilfe des Verstandes Widerspruch einlegen. Wenn es darum geht, aus Gewinnsucht andere Kreaturen zu quälen, aus kurz- und mittelfristigen Vorteilen heraus die Natur und die Zukunft des Lebendigen zu gefährden, dann sollten wir uns mehr auf die Ergebnisse unseres Verstandes verlassen. Und wenn es wieder einmal darum geht in den Krieg zu ziehen, dann sollten wir, auch wenn wir bereits ungeduldig sind, immer erst prüfen, ob das Ganze wirklich Sinn hat, oder ob es nur Elend, Leid und Zerstörung hervorruft.

Kapitel 5: Funktionen

Die Intelligenz

Der Mensch, die vermeintliche Krone der Schöpfung, ausgestattet mit übergroßer Intelligenz ist beinahe gottähnlich. Diese Interpretation ist nicht neu, aber doch etwas hoch gegriffen. Intelligenz - was ist das eigentlich? Ist es Weisheit, Klugheit, Wissen, Bildung, logisches Denkvermögen oder die Fähigkeit zur Kreativität? Auf jeden Fall eine Eigenschaft, über die jedes höher entwickelte Individuum in differenziertem Umfang verfügt, auch wenn wir dies nur ungern zugeben. Der Duden definiert Intelligenz sehr oberflächlich als "besondere geistige Fähigkeit". Intelligent zu sein schafft Privilegien. Wer intelligent ist, genießt in unserer Gesellschaft hohes Ansehen. Die Grundlage der Intelligenz ist schon im Keim angelegt und wird nicht erst im Laufe des Lebens erworben, wie etwa das Wissen. Intelligenz ist vor allem die Fähigkeit, mit dem Verstand besonders effektiv arbeiten zu können. Ein hoher Intelligenzquotient ist Ausdruck dafür, daß man sich mit geringer Anstrengung, große Mengen an Wissen und Bildung anzueignen vermag, um am Ende klug, weise und kreativ zu sein.

Ist nun unsere Intelligenz die höchste Stufe geistig schöpferischer Kraft oder ist sie bestenfalls eine hochstehende Eigenschaft, entwickelt aus biologischen Komponenten, die wir gerade noch verstehen und begreifen können? Ähnlich der dritten (räumlichen) Dimension, die unser Weltbild prägt, bei der wir aber gleichzeitig davon ausgehen, daß es weitere davon gibt. Etwa eine 4., 5. oder 6. Dimension, die aber unserem derzeitigen Vorstellungsvermögen entgleiten? Gibt es eventuell noch weitere geistige Ebenen, die aus logischen Erwägungen heraus vorhanden sein müssen, die unser Vorstellungsvermögen jedoch überfordern?

So sehr wir uns als intelligente Wesen gerne erhaben fühlen, unsere Intelligenz kann nicht die "Ultimo Ratio" geistiger Fähigkeiten sein. Unsere Intelligenz ist eher als ein Produkt, ein Schatten einer viel höher stehenden geistigen Potenz zu betrachten. Wahre Intelligenz ist nicht eingebunden in die Begrenztheit biologischer Systeme. Unsere Intelligenz ist eine Untereinheit eines viel Größeren, das unseren Vorstellungshorizont übersteigt. Biologische Intelligenz ist nicht beliebig zu erweitern, obwohl wir davon ausgehen können, daß bei heutigen Menschen das Gesamtpotential biologisch erreichbarer Intelligenz noch lange nicht ausgeschöpft ist. Es muß insbesondere davon ausgegangen werden, daß biologische Systeme als Träger von Intelligenz nicht besonders gut geeignet sind. Sie ist in unseren Programmen angelegt und tritt in verschiedenen Qualitäten zutage, ähnlich anderer körperlicher Fähigkeiten, wie einer tollen Figur, sportlichem Leistungsvermögen oder einer blitzartigen Reaktion. Die biologische Intelligenz ist die höchste Stufe materieller Organisation, die wir kennen. Sie fließt uns aber nicht auf wundersame Weise aus dem Universum zu, sondern sie ist machbar, indem tote Materie durch entsprechende Anordnung hochgradig geordnet und organisiert wird. Aber sie bedarf eben der Materie, und das enthebt sie dem Anspruch, von göttlicher Qualität zu sein.

Intelligenz ist ein sehr flexibles Werkzeug, das sowohl Segen als auch Fluch sein kann. Die Ergebnisse intelligenten Schaffens sind zunächst immaterielle Produkte. Es sind Lösungen zu einem Problem, ein Durchleuchten logischer Zusammenhänge oder kreatives Suchen nach neuen Möglichkeiten. Aber es ist auch Bekämpfen von Konkurrenten, Beseitigen von allem, was einem unangenehm ist und das sich Messen mit anderen Intelligenzen unter Einsatz aller Mittel, die der jeweilige Stand der Intelligenz verfügbar machen kann.

Wo nun beginnt Materie intelligent zu sein? Wenn wir Materie an sich betrachten, so ist diese nicht nur eine Ansammlung von Atomen sondern sie besitzt vielfältige Eigenschaften: Gewicht, Energie, sie ist hart, weich, flüssig oder fest, sie reagiert auf Wärme, chemische und physikalische Einflüsse usw. Das ist eine ganze Menge. Und eines ist dieser Materie gemeinsam: sie ist Sklave ihrer physikalischen und chemischen Eigenschaften. Sie kann nicht mehr und nicht weniger sein. Wird jedoch Materie nicht rein nach dem Zufallsprinzip sondern nach einem gewünschten Muster angeordnet, dann kann sie doch mehr. Sie kann sozusagen über ihre ureigenen physikalischen Eigenschaften hinauswachsen. Durch entsprechende Anordnung bekommt Materie die Eigenschaft, Entscheidungen treffen zu können. Das ist die Grundlage für Intelligenz, das ist gewaltig! Tote, dumme Materie besitzt die Eigenschaft, Entscheidungen zu treffen. Man muß sich das erst einmal ganz langsam bewußt machen. Das Ergebnis ist dann "ja" oder "nein", "auf" oder "zu", "Strom" oder "kein Strom". Allerdings ist ihr das nicht bewußt. Diese Fähigkeit ist auch nicht an die Art des Materials geknüpft, sie ist ausschließlich ein Produkt der Naturgesetze und einer entsprechend sinnvollen Organisation bzw. Anordnung. Wohl aber lohnt es sich, das geeignetste Material für eine gewünschte Funktion auszuwählen.

Was bewirkt nun das hinaus Wachsen über die eigenen Materialeigenschaften. Es ändern sich dadurch die eigenen physikalischen Eigenschaften nicht, vielmehr entsteht die Möglichkeit zur Einflußnahme auf irgendwelche externen Abläufe, die dadurch gesteuert werden können. Es wird über ein

Entscheidungskriterium veranlaßt, daß der standardmäßige Ablauf eines Ereignisses   verändert wird. Kann ein Baumstamm eine Entscheidung treffen? Bewußt nicht, aber das ist auch gar nicht der springende Punkt. Die Fähigkeit zur Entscheidung braucht nicht das "sich bewußt werden" um zu funktionieren. Nehmen wir an, ein Stück Holz wird bei einem starken Regenfall weggeschwemmt und verklemmt sich quer zur Fließrichtung eines hochgelegenen Wasserlaufes. Damit wird es zu einem Entscheidungsfaktor. Kommt wenig Wasser, fließt es unter dem Holz hindurch. In diesem Fall ändert sich nichts. Kommt aber viel Wasser, dann veranlaßt dieser Holzstamm, daß ein Teil des Wassers das normale Bett verläßt und seitlich austritt, so daß es dann in einer ganz anderen Richtung den Hang hinunter fließt. Es wird eine Entscheidung in Abhängigkeit von einem bestimmten Wasserstand getroffen.

Wird Draht so angeordnet, daß ein Sieb entsteht, so besteht die Möglichkeit, daß grobes Korn von feinem unterschieden wird. Das heißt, die Fließrichtung einer Fraktion wird durch ein Sieb verändert oder verhindert. Ideal für viele Funktionen ist vor allem der elektrische Strom. Die Elektronik und Elektrotechnik kennt eine Vielzahl von Bauteilen, die durch entsprechende Anordnung klar definierte Aufgaben erfüllen. Wiederum andere Materialien reagieren besonders gut auf Hitze, auf Feuchtigkeit, schwimmen im Wasser, lassen sich durch Wind leicht bewegen usw.

Um also eine intelligente Leistung zu erbringen, bedarf es nicht eines Verstandes, der permanent im Hintergrund aktiv ist. Das klingt zunächst paradox, weil wir intelligente Handlungen immer automatisch mit einem denkenden Gehirn verbinden. Eine einfache Steuerung, die z.B. unsere Heizung aktiviert und die Temperatur im Haus regelt, hat ebenfalls kein Gehirn. Trotzdem wirkt das Ganze sehr lebendig. Schon ein kleines Wunder, daß diese Blech- Silicium- und Kupferteile genau wissen wann einzuschalten ist. Auch das Ei einer Henne ist ein sehr hochwertiges Produkt. Die Erstellung bedarf aber nicht des mitdenkenden Hühnergehirnes, das wohl kaum in der Lage wäre, solch hochwertige Planung und Ausführung zu gewährleisten. Ja selbst der Mensch kann trotz seines erheblich weiterentwickelten Gehirnes nichts zu der Entstehung seines Babys beitragen. Alle diese Leistungen erfolgen ohne Rückkopplung mit Bewußtsein oder Verstand. Für eine präzise eingestellte Steuerung ist Bewußtsein nicht nur überflüssig, sondern aufgrund der längeren Reaktionszeit sogar hinderlich und zudem eine unnötige Energieverschwendung.

Seit elektronische Geräte in der Lage sind, intelligente Leistungen zu erbringen, wird es zunehmend schwieriger, die bisher so hoch gepriesene menschliche Intelligenz gegen die von Maschinen abzugrenzen. Leistungen, die bisher nur dem Fachmann zugetraut wurden, werden heute zunehmend von Maschinen erbracht. Computer besitzen soviel "Intelligenz", daß sie viele hochqualifizierte Mitarbeiter arbeitslos machen. Nun wissen wir aber alle, daß Computer nicht bewußt denken können, trotzdem können sie intelligente Handlungen vollbringen.

Intelligenz muß etwas differenzierter betrachtet werden. Ursprungsintelligenz wird dort wirksam, wo intelligente Funktionen geschaffen werden. Darunter ist zu verstehen, daß jede zweckgerichtete Organisation mindestens einmal theoretisch organisiert werden muß, bevor sie realisiert werden kann. Andernfalls entstünden nur Zufallskombinationen, die im Hinblick auf ein bestimmtes Ziel ohne Sinn und Zweck wären. Bei komplizierteren Vorhaben müssen sogar Ablaufpläne und Algorithmen entwickelt werden. Dies war bisher ausschließlich das Privileg menschlicher Intelligenz. Je höher aber die Maschinen entwickelt werden, desto mehr können sie den Menschen ersetzen. Ist man als intelligentes Wesen in der Lage, die erdachte Vorgehensweise einer Maschine beizubringen, so wird diese in die Lage versetzt, die gleiche Arbeit zu verrichten. Zu einem Ursprungsdenken sind mechanische Geräte nicht fähig, allerdings nur deshalb, weil es nahezu unmöglich ist, den notwendigen Grad an Komplexität über die Mechanik zu erreichen. Elektronik ist dazu wesentlich besser geeignet. Trotzdem, sind einmal alle nötigen Vorgänge in einer Mechanik eingebaut, so wird die Maschine die Tätigkeiten getreu diesen Anweisungen zuverlässiger, dauerhafter und wesentlich schneller ausführen, als der denkende Mensch.

Wenn ein Mensch in der Lage ist, ein großes Passagierflugzeug zu fliegen, zu starten, zu steuern und zu landen, dann halten wir ihn für intelligent. Wir bewundern ihn deshalb auch ein bißchen. Er mußte dafür sehr viel lernen. Er hat eine sehr harte Ausbildung hinter sich und viele Prüfungen abgelegt, die vielleicht nicht viele Menschen bestehen würden. Der Mensch der die Technik beherrscht! Man war lange Zeit der festen Überzeugung, bei solchen anspruchsvollen Tätigkeiten sei der Mensch unentbehrlich. Zu viele komplizierte Handgriffe sowie situationsbedingtes Eingreifen sind erforderlich. Aber das ist Schnee von gestern. Die Zeiten haben sich gewandelt. Heute geht man immer mehr dazu über, dem Bordcomputer mehr Rechte einzuräumen als dem Piloten. Eine Maschine, die eine andere Maschine beherrscht. Computer sind eben in der Lage, mehr Daten pro Zeiteinheit zu verarbeiten, als es Menschen tun können. Das "Elektronengehirn" kann ständig alle Systeme überwachen und auf Unregelmäßigkeiten blitzschnell reagieren, schneller und präziser als der Mensch. Es gibt bei ihm keine Ermüdungserscheinungen, keine Panik und auch keine Launen.

Wenn nun eine Automatik solch einen Job übernimmt, dann sprechen wir nicht gerne von Intelligenz. Selbst wenn die Automatik es sehr viel besser und sicherer macht als der Mensch, erlauben wir es ihr nicht, sich als intelligent zu bezeichnen. Maschinen rechnen schneller als der Mensch, sie können tausendmal mehr Information pro Zeiteinheit verarbeiten, sie sind nicht vergeßlich, arbeiten rund um die Uhr und dazu noch wesentlich exakter. Sie machen vieles sehr viel besser als der Mensch. Ja, Maschinen sind fähig, intelligent zu handeln und sind oft randvoll gepackt mit Intelligenz. Es ist aber jene Intelligenz, die auf der geistigen Leistung von Menschen basiert. Das ist es eben: Maschinen arbeiten mit geborgter, mit gespeicherter Intelligenz. Sie sind damit in der Lage, wie der Mensch auch, Intelligenz wirksam werden zu lassen.

Gibt es dann eventuell mehrere Intelligenzen? Eine für biologische und eine für technische Systeme? Nein, die Logik, die intelligentes Verhalten begründet, kann man nicht splitten. Beim Schachspiel Mensch gegen Computer hat man den Eindruck, als wäre diese Maschine dem Menschen überlegen. Dies zeigt ganz deutlich, daß menschliche Intelligenz dabei ist, Konkurrenz von Seiten technischer Intelligenz zu bekommen. Intelligenz aus zweiter Hand. Sozusagen gespeicherte Intelligenz. In dieser Funktion aber so flexibel, als stecke ein Mensch darin. Auch die Entscheidung, die unser quer liegendes Holz oder das Sieb aus unserer Eingangsbetrachtung bringt, ist eine kleine intelligente Funktion. Auch ein Computer, eine Maschine oder eine Heizungsautomatik ist eben mehr, als die Summe der Materie, die darin verbaut wurde. Durch intelligentes Vorgehen, wurden der Materie Funktionen überlagert, die um ein Vielfaches kostbarer sind, als die verwendeten Materialien. Man könnte sogar weitergehend sagen, für den Benutzer und Anwender ist das Material eher Nebensache. Ihn interessiert ausschließlich die Funktion.

Wo bleibt bei soviel gespeichertem bzw. programmiertem Wissen die wahre Intelligenz? Jene Ursprungsintelligenz, die ohne Beispiel, ohne nachzuahmen, ohne Lehrmeister und ohne Überlieferung Großes vollbringen kann. Gibt es sie überhaupt, oder ist sie nur eine Fiktion? Es stellt sich tatsächlich die Frage, woher der Mensch die Fähigkeiten zum intelligenten Vorgehen bezieht? Sind seine Fähigkeiten und sein Leistungsvermögen vielleicht ebenfalls "nur" vorprogrammiert? Bedient er sich eventuell auch nur der Funktionen, die er von einem intelligenten Schöpfer erhalten hat. Das Gehirn als eine hochwertige biologische Maschine? Im Zeitalter der Elektronengehirne und dem Wissen über genetische Zusammenhänge erscheint diese Annahme durchaus realistisch. Eine biologische Maschine, die auch ihre Grenzen hat. Wenn unsere Gehirne bisher noch wesentlich hochwertiger programmiert sind als unsere heutigen Computer und damit auch in gewissen Bereichen leistungsfähiger sind als sie, wird dieser Abstand ständig geringer. Computer besitzen z.T. schon eine gewisse Lernfähigkeit, kommen also in dieser Hinsicht unserem Status immer näher. Lernfähigkeit ist also nicht etwas Metaphysisches, sondern nur eine Frage der Organisation von Materie. Anders ausgedrückt, sie ist programmierbar und somit auch in Maschinen realisierbar. Lernen und Denken sind also nur Funktionen; wir müssen es akzeptieren und uns an diesen Gedanken gewöhnen.

Wenn wir uns damit schwer tun, diese Phänomene mit unserem Geist zu erfassen, dürfen wir nicht der irrigen Meinung verfallen, es sei nur das möglich, was wir mit Leichtigkeit auch verstehen und begreifen. Niemand wird behaupten wollen, er könne sich vorstellen, daß die phantastischen Leistungen unserer Computer, die tollen Farbgraphiken, die Verwaltung riesiger Datenmengen, einem System entspringen, das nur zwei Schaltzustände kennt, nämlich "Ein" oder "Aus". Alle Leistungen eines Computers, und seien sie noch so beeindruckend, beruhen nur auf dieser dualen Basis, ähnlich der Lage unseres Treibholzes: gerade oder quer. Geht man mit diesen einfachen Gegebenheiten sehr weise um, dann erhält man Funktionen von unvorstellbarem Ausmaß. Von dieser großen Fülle konnten die Techniker den Computern bisher nur ganz wenig mitgegeben.

Alle Materie unterliegt den Naturgesetzen. Auch intelligente Funktionen lassen sich nur in deren Rahmen erstellen. So wie Wasser der Schwerkraft folgend bergab fließen muß, so ist auch höher organisierte Materie ein Abbild der Naturgesetze. Andere physikalische Gegebenheiten, vielleicht in anderen Welten, würden jede noch so hohe Organisation, die wir kennen, sinnlos machen. Sie würde dort nicht funktionieren. Allerdings müssen wir auch die Möglichkeit in Betracht ziehen, daß sich dort intelligente Strukturen auf einer ganz anderen, vielleicht wesentlich zweckmäßigeren Basis entwickeln konnten, als hier bei uns.

Nur durch die Kraft der Naturgesetze, ist also unsere Intelligenz möglich. Wenn es irgendwo im Weltall, andere physikalische Gesetze gäbe, müßten wir auch andere Organisationsformen und andere Intelligenzen erwarten. Was uns betrifft, müssen wir sogar davon ausgehen, daß biologische Systeme keine besonders geeignete Form sind, Intelligenz zu realisieren. Immerhin aber sind sie eine von mehreren denkbaren Möglichkeiten, um als Träger von Intelligenz bzw. als Medium zur Realisierung vieler intelligenter Funktionen zu dienen.

Es ist schon erstaunlich, wie unterschiedlich Menschen auf gewisse Ereignisse reagieren. Der Eine hält sich mehrere fettleibige, behaarte Hausspinnen im Schlafzimmer, den anderen schaudert schon davor, wenn er einer kleinen Spezies dieser 8-beinigen Kreaturen im Keller begegnet. Vor einem exquisiten Menü gönnt sich der Gourmet noch ein Dutzend Austern und schlürft sie genüßlich aus der Schale, während sein Gegenüber gewaltige Probleme hat, bei diesem Anblick den Brechreiz zu unterdrücken. Ein junger Mann, siebzehn Jahre alt, kommt an keiner hübschen Frau vorbei, ohne sich nach ihr umzudrehen, während sein Freund hierfür überhaupt kein Interesse zeigt, aber dafür wie gebannt an jedem Schaufenster stehen bleibt, in dem in der Auslage ein Computer angeboten wird. Woher kommt es, daß jeder die Umwelt anders erlebt? Daß Begriffe wie schön, gefährlich, wohlschmeckend, arm usw. von den Menschen stets unterschiedlich interpretiert werden?

Unser "Automatisches System" erhält von vielen Vorgängen, die in unserem Körper ablaufen Informationen. Sauerstoffbedarf in den Zellen, wodurch eine Beschleunigung der Herz- und Atemfrequenz ausgelöst wird. Genauso sicher und selbstverständlich werden nach der Nahrungsaufnahme die Abläufe der Verdauung, mit Magen- und Darmperistaltik sowie der hierfür benötigten Säfteproduktion in Gang gesetzt. Das funktioniert alles wie von Zauberhand, ohne daß wir auf diese Vorgänge Einfluß nehmen können oder brauchen. Es werden Steuerungsmechanismen nach einem fest vorgegebenen Programm eingeleitet, die für den jeweiligen Ablauf verantwortlich sind. Wir nehmen von diesen Vorgängen keine Notiz, solange sie ordnungsgemäß funktionieren. Anders ist es bei jenen Prozessen, die unser Bewußtsein mit bewertet und mit interpretiert. Solche Lebensvorgänge, die unseren Bewußtseinsfilter passieren, werden zunächst einmal geprüft. Es werden Gefühle angestoßen, die uns Angenehmes oder Unangenehmes signalisieren. Der Organismus hat hier im Bewußtsein, durch den Willen, zudem die erstaunliche Möglichkeit, unangemessene Reaktionen seiner Automatik zu korrigieren. Ob nämlich eine Spinne wirklich einen Schock bzw. ein unangenehmes Gefühl auslösen soll, hängt insbesondere von ihrer Gefährlichkeit ab. So gesehen, sind fast alle unsere Spinnen harmlos und wir bräuchten uns vor ihnen überhaupt nicht zu fürchten. Anders verhält es sich bei Kröten. Sie haben meist einen behäbigen Charakter, dösen in irgendeinem Versteck vor sich hin und laden den interessierten Finder ein, sich mit ihnen näher zu befassen. Doch Vorsicht, sie können ein Gift absondern, das die Haut empfindlich reizt. Auch manche niedlichen Hunde strahlen Kuschelcharakter aus und überraschen den liebevollen Streichler dann mit einem kräftigen Biß in die Hand. Wir sehen also, viele Situationen werden von unserem "Automatischen System" nicht so treffsicher bewertet, wie man oft meint. Weder ist es nötig, sich vor allem zu fürchten, vor dem uns unser automatisches System warnt, noch ist es richtig, stets allem uneingeschränktes Vertrauen entgegenzubringen, zu dem es sich hingezogen fühlt.

Selbst Schmerzen werden von den Menschen unterschiedlich empfunden. Ängstliche Naturen geraten schon bei einer kleinen Verletzung in Panik und sehen sich schon beim ersten Blutstropfen in Gedanken ihrem Schöpfer gegenüberstehen. Robuste Naturen verweigern jegliche Betäubung, wenn es darum geht, einen Zahn zu plombieren oder eine Wunde mit ein paar Stichen nähen zu lassen.

Nicht alles aber vieles, was in unserem Leben wichtig ist, durchläuft unseren Bewußtseinsfilter. Unser "Automatisches System" gibt stets eine Bewertung vor, stellt es dem Individuum dann aber mehr oder weniger frei, durch entsprechende Erfahrungswerte oder neue Erkenntnisse, die Reaktionen angemessen zu korrigieren. Das könnte bei einer Krankenhausbediensteten, die ihren Job zum ersten Mal macht, z. B. ein Ekelgefühl vor gewissen Tätigkeiten sein. Sie muß sich anfangs überwinden, wird sich im Laufe der Zeit aber an diese Arbeiten gewöhnen und sich nichts mehr dabei denken. Wir alle haben gewisse Vorbehalte, wenn wir beruflich oder auch privat in neue Kreise eingeführt werden. Man scheut sich anfangs, doch ziemlich bald weichen diese Spannungsgefühle, wenn man merkt, daß gar nichts besonderes dahintersteckt. Mancher ging mit äußerst gemischten Gefühlen zur ersten Blutspende und wurde dann zum Dauerspender. Termine beim Chef, beim Gynäkologen, beim Urologen, brauchen ebenfalls Überwindungskraft, werden dann aber bald zur Gewohnheit. Vorbehalte gegen das Fliegen oder die Höhenangst werden korrigiert. Das kann dann so weit gehen, daß Menschen in Versuchslaboren keine Skrupel mehr empfinden, wenn sie Tieren große Qualen zufügen. Auch das Töten von Tieren in Schlachthäusern oder privat sowie das Ausbringen von Pestiziden wird dann zu einer normalen Handlung. Selbst an das Foltern und Töten von Menschen kann man sich gewöhnen. Unser Filtersystem eröffnet uns hier unter Zuhilfenahme des Willens eine große Bandbreite von Möglichkeiten. Die Bewertung des Systems nach gut oder böse, angenehm oder eklig findet hauptsächlich zu Beginn statt und erhebt nicht den absoluten Anspruch auf Richtigkeit. Daraus resultiert die Gefahr, daß verwerfliche Aktionen zur Normalität werden können.

Bisher ging es um Ereignisse, bei denen unser System eine

Anfangsbewertung vorgab, trotzdem aber bereit war, sich entsprechend den Erfahrungen des Bewußtseinsfilters anzupassen. Es gibt aber auch Vorgänge, bei denen sich das System von Anfang an neutral verhält und erst im Laufe der Erfahrungen und Gewohnheiten, sich nachträglich ein Reaktionsspektrum aufbaut, wo sozusagen die Systeme den Organismus lediglich in eine Bereitschaftshaltung versetzen. Es steht ihm dann frei, das Bedürfnis auf angemessene Art und Weise zu befriedigen. Hier lernt das "Automatische System" nach dem Prinzip "Versuch und Irrtum". Hunger ist hierfür ein gutes Beispiel. Der menschliche Körper verlangt lediglich nach Nahrung. Er kann dies im Bedarfsfalle mit sehr viel Nachdruck tun. Was nun allerdings wirklich auf dem Speiseplan steht, ist eine ganz andere Sache. Dies interessiert das jungfräuliche "Automatische System" überhaupt nicht. Woher soll es auch wissen, was überhaupt im Lebensraum des Individuums zur Verfügung steht. Für das "Automatische System" eines Kleinkindes ist nur wichtig, daß endlich Nahrung zugeführt wird. Dabei ist es egal, ob es sich um Milch, einen nahrhaften Brei, eine Nährlösung oder ein von der Mutter gut vorgekautes und eingespeicheltes Etwas handelt. Allein die Umstände, Sitten, Gebräuche und Gewohnheiten sind maßgebend dafür, was zugeführt wird. Ein afrikanischer Eingeborener z.B. würde eine fette Made aus dem Boden graben. Das Wasser würde ihm beim Anblick im Munde zusammenlaufen. Für ihn wäre das ein Festessen Ein Europäer, würde lieber verhungern, als daß er so etwas über die Lippen brächte. Ein anderer Eingeborener auf Neu Guinea hätte vielleicht eine fette schwarze Vogelspinne erlegt, sie auf einer Glut geröstet und mit großem Appetit verspeist. Auch für ihn wäre das ein besonderer Leckerbissen gewesen. Auf dem Speiseplan eines Eskimos stünde gerade rohe Leber und ein Chinese hätte in einer solchen Situation ein Stück Hund auf dem Teller. Man muß es sich ganz klar machen: für das Verdauungssystem aller Menschen auf der ganzen Welt ist es egal, ob Spinnen, Schlangen, Maden, Hunde, Katzen oder Schnecken serviert werden. Es ist in der Lage, aus all den "Leckereien" Nährstoffe und Energie zu gewinnen und nur darauf kommt es letztendlich an. Unser geschultes "Automatisches System" sieht das aber ganz anders. Eine fette Spinne würde einem Mitteleuropäer eher den Appetit total verderben, als daß er darin etwas Eßbares erkennen würde. Mit Abscheu und fluchtartig würde er den Tisch verlassen. Für ihn wäre ein gutes Schnitzel, eine Wurst, ein Nudelgericht oder eine Mehlspeise ein entsprechender Leckerbissen. Einen für uns köstlichen Schweinebraten wiederum würde ein Mohammedaner niemals essen. Eher würde er sich die Hand abhacken lassen. Man erkennt daran, welches Diktat unser "Automatisches System" nach vollendetem Lernvorgang ausübt. Aufgrund gewisser Sitten und Gebräuche und Erlerntem verweigert oder gestattet es, etwas zu tun. Ja es geht sogar noch weiter. Allein die Beobachtung eines anderen, der vielleicht gerade etwas für uns ungewohntes, z.B. einen dicken Käfer verspeist, kann das "Automatische System" dazu veranlassen, einen Brechreiz auszulösen. Der Brechreiz, an dieser Stelle keineswegs sinnvoll, denn man hat schließlich nichts Verdorbenes gegessen, zeigt , wie sich unser System an Gewohnheiten festklammert.

Auch die Schamhaftigkeit, das Sündenbewußtsein gehört in diese Rubrik. Besonders die Lehre der christlichen Kirchen hat dazu beigetragen, daß der nackte Mensch sich schrecklich unwohl fühlt, wenn er von anderen in seiner Natürlichkeit gesehen wird. Man möchte sich vor Scham ins tiefste Loch verkriechen. Viele Menschen brechen ins solchen Situationen sogar in Panik aus. Dies geht soweit, daß Eltern Angst haben, sich ihren Kindern nackt zu zeigen, weil sie befürchten, beim Anblick könnten die Kleinen Schaden nehmen. Genauso unlauter ist es, die Menschen mit ihrer Sündhaftigkeit zu erpressen. Was ist verwerflich daran, wenn junge Menschen, einer Stimmung der Natur folgend, sexuelle Lust verspüren? Menschen gehen dann voller Sorge zur Beichte, obwohl sie nichts Unrechtes getan haben. Sie tun es nicht nur weil der Pfarrer es will, sondern weil ihre innere Stimme es ihnen befiehlt, weil ihr "Automatisches System" es aufgrund der Erziehung bzw. anhand der erlernten Daten so verrechnet. Bereits Kinder mit solchen und ähnlichen unsinnigen Daten zu impfen, muß schlichtweg als Vergehen an der heranwachsenden Generation bezeichnet werden.

Das Filtersystem bewirkt, daß Menschen je nach Erziehung unterschiedlich reagieren. Auch Negativerlebnisse finden ihren Niederschlag. Für ein Mädchen, das von einem Mann vergewaltigt wurde, kann jeder Mann zeitlebens eine bedrohliche Figur sein. Für viele andere ist das Zusammensein mit einem Mann das Schönste, was sie sich vorstellen können. Wie also unser "Automatisches System" diesbezüglich reagiert, ob es Aggressions- oder Sympathiehormone produziert, hängt davon ab, auf welche gespeicherten Daten es zugreifen kann. Irgendwann werden erlebte Signale bzw. Daten fest auf die Langzeitdatenbank des "Automatischen Systems" übernommen. Dann erfolgt eine Reaktion auf ein Ereignis ohne daß man sich diese erklären kann. Diese Datenbank ist das Unterbewußtsein auf das wir willentlich keinen Zugriff, ja oft nicht einmal mehr eine Erinnerung haben.

Dieser Erlebnisspeicher ist beim Neugeborenen wie ein leeres Gefäß. Das "Automatische System" kann zu diesem Zeitpunkt hieraus noch keine Information erhalten. Es verhält sich instinktiv, d.h. nur gemäß den über die Erbinformationen mitgegebenen Daten. Entsprechend zutraulich oder ängstlich verhält sich das Kind gegenüber anderen Personen und Situationen. Es "fremdelt" gegenüber unbekannten Personen oder vertraut sich jedem an. Es klettert z.B. auf eine Stuhllehne, ohne sich darüber klar zu sein, daß der Stuhl kippen kann. Es berührt eine Herdplatte und ahnt nicht daß es sich verbrennen wird. Irgendwann wird es Menschen begegnen, die ihm weh tun, es wird Pflanzen berühren, die stechen oder brennen, es wird Dinge sehen, die es schmerzlich berühren. Aber es lernt auch gute Menschen kennen, erlebt schöne Situationen und wird irgendwann sogar einen Berg besteigen und entzückt wieder heimkehren. Das einstmals leere Gefäß des Unterbewußtseins füllt sich ganz allmählich mit den Gefühlsfarben des Erlebens. Es sind – bildlich betrachtet – die hellen Farben der angenehmen Erlebnisse mit einem strahlenden Weiß für überaus schöne Lebenssituationen und es sind die dunklen Farben für unangenehme Erlebnisse mit Schwarz für besonders schreckliche Lebenssituationen. Wenn sich im Laufe des Lebens viele dieser Farben im Gefäß gesammelt haben, kann die Mischung hell oder dunkel sein. Täglich kommen neue Farben hinzu und jeder weiß, um einen dunklen Ton aufzuhellen braucht man sehr viel helle Farbe, dagegen kann ein strahlendes Weiß schon mit ein paar Tropfen schwarz verdorben werden. Je weniger Inhalt das Gefäß hat, um so stärker wirken sich die einzelnen Zugaben aus. Deshalb ist es besonders wichtig, Kinder vor extremen Erlebnissen zu bewahren: Horrorfilme, Unfälle, Streit der Eltern, schwere Erkrankungen, Todesangst. Solche Geschehnisse können die Farbe des Unterbewußtseins stark verdunkeln.

In Wirklichkeit gibt es in jedem Menschen viele dieser Gefäße und das "Automatische System" bedient sich je nach Ereignis aus dem jeweils passenden Gefäß. Deshalb benimmt sich derselbe Mensch in verschiedenen Situationen unterschiedlich. Er kann z.B. zuhause der große Pascha sein und im Betrieb, im Beisein seines Chefs, sehr untertänig werden. In gewissen Kreisen kann ein Mensch sehr humorvoll und überschwenglich sein, während er zuhause oder am Arbeitsplatz eher zurückhaltend, ernst oder unnahbar wirkt. Wir kennen das, wir leben damit. Aber warum wir uns hier so und dort anders benehmen, ist uns nicht klar. Wir wissen aber, daß wir kaum etwas dagegen tun können. Wir sind der Meinung, daß unser Verhalten eben der jeweiligen Situation am ehesten angemessen ist. Tatsächlich aber unterliegen wir ständig dem Diktat unseres "Automatischen Systems". Am schönsten ist es für einen Menschen, wenn er auf irgend einem Gebiet besondere Fähigkeiten hat. Dann wird dieses Gefäß ständig mit den hellen Farben des Erfolgs aufgefüllt und unser "Automatisches System" verbindet damit nur Positives. Ein begabter Sportler wird jede freie Minute dazu verwenden sich in seiner Disziplin zu betätigen und zu verbessern. Seine Leistungen sind so gut, daß es für ihn selbstverständlich ist, immer wieder zu neuen Rekorden zu kommen. Schnell kann aber durch ein ungünstiges Ereignis oder durch falschen Ehrgeiz die Unterbewußtseinsfarbe verdunkelt werden. Der Sportler wechselt z.B. ins Profilager und wird von nun an mit Kameraden konfrontiert, die besser sind als er. Gewinnen wird nun zum seltenen Ereignis. Der Moto-Crossfahrer erleidet einen schweren Unfall und das "Automatische System" erkennt plötzlich das unberechenbare Risiko dieses Sportes. Ähnlich ergeht es auch Erstkläßlern, wenn sie plötzlich mehr und dauerhaftere Leistungen erbringen sollen, als für sie angemessen ist, dann wird aus einem fröhlichen Kind ein unglückliches. Dann wird ein Schüler zu Beginn der Ferien aufblühen und bei Schulbeginn wieder mißmutig werden. Diese Verhaltensschwankungen macht man nicht selbst, sie werden gemacht und man kann sich nicht dagegen wehren.

Es leuchtet ein, daß das Appellieren an die menschliche Vernunft kein sicheres Mittel zum Vermeiden ungünstiger bzw. verhängnisvoller Handlungen darstellt. Unser "Automatisches System" bewertet unter Zuhilfenahme jener Daten, die besonders in der Kindheit und dann im Laufe des weiteren Lebens geprägt und abgespeichert wurden. In ferner Zukunft liegende Geschehnisse, die ihre Wurzeln in den aktuellen Handlungen haben (Auswirkungen des entstehenden Ozonloches, Verkürzung der Lebenserwartung durch Genußmittelkonsum), in eine momentane Bewertung mit einfließen zu lassen, ist Aufgabe des Verstandes. Hier können mit mathematischen Mitteln Wahrscheinlichkeiten errechnet und Prognosen erstellt werden. Der Verstand ist jedoch nicht in der Lage, das "Automatische System" zu überzeugen. Deshalb ist es so ungeheuer schwierig, menschliche Verhaltensweisen neuen Erkenntnissen anzupassen, sei es bei der Umweltzerstörung, beim Verbrauch der knappen Energieressourcen oder beim Umgang mit Nutztieren. Dies zeigt sich auch bei den vielen Krisenherden dieser Erde. Nach dem menschenverachtenden 2. Weltkrieg glaubten viele, einen Krieg in Europa würde es nie wieder geben. Man ging davon aus, daß die schrecklichen Erlebnisse, die vielen Toten, Verletzten, Qualen und Entbehrungen, die Menschen für alle Zeit, von der Bestie Krieg befreit hätten. Doch bereits 50 Jahre danach tobt in Jugoslawien schon wieder ein vernichtender Krieg. Haben die Menschen wirklich nicht dazugelernt? Die Antwort ist: der Verstand schon, nicht aber das "Automatische System" der Nachkommen. Das wäre nur durch Einprogrammierung in den genetischen Code möglich, und das ist ein Mechanismus, der nur in gigantischen Zeitintervallen Wirkung zeigt. Ja, im Grunde genommen darf es dies auch nicht geben, denn das würde ja heißen, über die Dauer von geologischen Zeiträumen angelegte bewährte Programmstrukturen würden kurzfristig verändert. Obwohl das vielleicht im Einzelfall manchmal Vorteile hätte, könnte es im Zusammenspiel der verschiedenen Module unseres "Automatischen

Systems" verheerende Folgen haben. Das Festhalten an bisher erfolgreichen Vorgehensmustern hat unbestritten auch seine Vorteile. So entsteht häufig eine Diskrepanz zwischen den Forderungen des "Automatischen Systems" und denen des Verstandes. Im Falle des lange zurückliegenden 2. Weltkrieges kann das Bewußtsein der Nachkriegsgenerationen einen Krieg nicht realistisch genug bewerten. Es fehlen die hautnahen Erlebnisse. Zwar könnten die vielen Dokumente der Greueltaten und die warnenden Denkmäler für eine Abschreckung genügen, doch steht dem eine relativ unkritische Einschätzung unseres "Automatischen Systems" gegenüber. Wer etwas nicht selbst erlebt hat, muß zunächst von der Richtigkeit der überlieferten Daten überzeugt sein. Darin liegt bereits eine erhebliche Schwierigkeit. Aber es sind auch andere Kräfte mit im Spiel: man kann davon ausgehen, daß in uns eine Affinität zum Krieg vorhanden ist, bietet er doch in den Vorstellungen der Menschen eine gute Möglichkeit, um niedere Triebe auszuleben. Deshalb tut man gut daran, sich nicht auf die Appelle an die menschliche Vernunft zu verlassen, sondern auf eine eindeutige, unausweichliche Abschreckung zu setzen. Die Logik der Abschreckung muß sein, daß für den Aggressor mit hoher Wahrscheinlichkeit ein Verlust eintritt, der größer ist, als der zu erwartende Nutzen. Diese Logik bedarf keiner wiederholten Erfahrung. Sie hat auch mit dem Vergessen von Geschehnissen nichts zu tun. Sie gilt über 50 Jahre hinaus. Sie bleibt ständig aktuell. Das ist insbesondere für das "Automatische System" eine definitive Vorgabe. Nichts anderes wollen auch Gesetze erreichen, die der Mensch sich selbst für ein friedliches Zusammenleben auferlegt. Man muß davor warnen, auf Abschreckungsmaßnahmen zu verzichten. Es entstehen dadurch Freiheitsgrade in den "Automatischen Systemen" der Menschen, die mit Sicherheit irgendwann einmal ausgenutzt werden.

Neben der beeinflußbaren Bewertung unseres Systems gibt es aber auch eine artenabhängige, fest vorgegebene (nicht beeinflußbare) Zensierung von Eindrücken. Hier werden für die verschiedensten Ereignisse und Sinneseindrücke, die ansonsten gar keine Beachtung finden würden, Standardbewertungen vorgegeben. Diese gewährleisten eine gewisse Ordnung sowohl im Tierreich als auch beim Menschen und bringen es mit sich, daß jede Art ihre Umwelt in Ihrer ganz speziellen Weise erlebt. Dieses Bewertungssystem bewirkt, das sich eine Kreuzotter nur mit einer Kreuzotter paart, ein Storch nur mit einem Storch und auch der Mensch nur seinesgleichen sexuell anregend findet. Es ist von der Natur so eingerichtet, daß ein Hengst ungehalten wird, wenn er eine roßige Stute wittert. Was findet er bloß so toll an ihr? Desgleichen ein Eber an einer rauschigen Sau. Wir können es nachempfinden, wenn wir die Reaktion auf menschliche Gefühle transferieren. Es überkommt uns allerdings ein Ekelgefühl bei der Vorstellung, der Mensch müßte sich mit einem der Tiere paaren. Nur gleichartige Partner sind ganz verrückt aufeinander. Menschen und Tiere reagieren besonders auf Duftstoffe, auf optische oder akustische Eindrücke. Wenn sexuelle Reize nicht vorhanden sind, stoßen Begegnungen auf geringes gegenseitiges Interesse. So ist es in der Tierwelt üblich, daß nicht fortpflanzungsbereite Partner sich nur ganz wenig Aufmerksamkeit schenken. Diese Art des sich Erkennens, des Zusammenlebens, der Paarung und der Brutpflege wird von Programmen gesteuert, die über die Jahrtausende hinweg ihre Gültigkeit bewahrt haben. Hier ist jeder Tierart ein System vorgegeben, das in sich optimiert ist und keiner ständigen Anpassung über die Zeit hinweg bedarf. Jede Veränderung könnte für eine Art sogar eine Katastrophe bedeuten. Würde ein Borkenkäfermännchen nicht mehr die Lockstoffe des paarungsfähigen Weibchens wittern, ein Hengst nicht mehr die Pheromone der roßigen Stute, es wäre das Aus dieser Tierarten. Auch der Mensch macht hinsichtlich dieser Steuerungen keine Ausnahme. Andersherum betrachtet wird das, was einen Mann sehr reizt, ein Tier überhaupt nicht ansprechen. Kein männliches Tier wird durch den Anblick einer hübschen nackten Frau sexuell erregt - für uns Männer kaum vorstellbar! Aber hierin liegt eben auch ein erheblicher Nutzen. Sex macht nur innerhalb der eigenen Art Sinn, und schon das Nacheifern und Werben zwischen Individuen unterschiedlicher Tierarten wäre sinnlose Zeit- und Energieverschwendung. Es würde die Effektivität der Fortpflanzung beträchtlich vermindern.

Wenn wir Menschen das andere Geschlecht als sehr anziehend empfinden, uns aber vor einem Wildschwein ekeln, so müssen wir bedenken: auch der Mensch ist nicht grundsätzlich schön. Er besitzt keine globale oder absolute Schönheit. Vielleicht hat man sich darüber noch keine Gedanken gemacht, weil einem diese Betrachtungsweise fremdartig erscheint. Schön würde man vielleicht einen Paradiesvogel oder einen farbigen Papagei bezeichnen. Auch ein Nerz oder Fuchs ist mit einem solch eleganten "Kleid" ausgestattet, daß wir beinahe neidisch werden könnten. Wir dagegen haben nichts dergleichen zu bieten. Nackt am ganzen Körper, bestenfalls mit etwas Haaren ausgestattet, die aber eher einen wilden, ungepflegten Eindruck vermitteln. Hinzukommen zerknitterte "Ohrwascheln", eine plumpe oder erhabene Nase mitten im Gesicht, Augenbrauen, männliche Sexualorgane, die unaufgeräumt herumhängen oder schlaffe Brüste, klobige Füße, verkrüppelte Zehen und wurstartige Finger, Falten im Gesicht, Fettleibigkeit, Pickel usw. Diese Aufzählung könnte beliebig fortgesetzt werden. Auch die Vorstellung eines Skelettes mit einem Totenschädel, das in jedem von uns steckt, müßte uns eher die Lust am anderen Geschlecht vermiesen. So gesehen kommt nicht einmal eine Schönheitskönigin ungeschoren davon. Aber unser Filtersystem ist so ausgelegt, daß es die eigene Art, und hierin besonders den andersgeschlechtlichen Partner, als besonders attraktiv empfindet. Schönheitsempfinden und Attraktivität des Geschlechtspartners ist eben nicht etwas, das draußen existiert, sondern wird uns von unserem "Automatischen System" aufgezwungen. Wenn dann diese Idealobjekte unsere Augen passieren, geraten wir in Verzückung. Es entstehen die schönsten Gefühle, die der Organismus produzieren kann, gefolgt von schlaflosen Nächten, Tagträumen, unbändigem Lustgefühl und grenzenloser Hingabe.

Unser "Automatisches System" ruft also aus dem Gehirnspeicher sowohl durch den genetischen Code fest einprogrammierte, wie auch im Laufe des Lebens erlernte Daten ab und verwendet sie für anstehende Entscheidungen. Bewertungen werden eben nicht, wie wir fälschlicherweise meinen, rein objektiv und stets situationsgerecht getroffen, sondern subjektiv. Deshalb sind selbst die Bewertungsmaßstäbe der Individuen innerhalb einer Art unterschiedlich. So läßt sich der eine Hund gerne von jedermann streicheln, während der andere in gleichen Situationen die Zähne fletscht. Manche Menschen gehen gern zum Zahnarzt, während andere schon bei der bloßen Vorstellung eine Gänsehaut bekommen. Hierin liegt u. a. auch die Problematik wenn es darum geht, Menschen von ihren festgefahrenen Verhaltensmustern wie z.B. dem unwürdigen Umgang mit der Natur loszureißen und sie von neuen Denkansätzen zu überzeugen. Umdenken ginge ja noch, aber wie soll man die Bewertungsstrukturen unseres "Automatischen Systems" korrigieren? Dies ist sehr schwer und bedeutet, erlernte und bisher als richtig empfundene Bewertungen (Sitten und Gebräuche) über Bord zu werfen. Unser System weigert sich hier. Jede Veränderung von der bisherigen Norm wird als kritisch eingestuft. Es hat sozusagen einen Widerstand eingebaut, der eine zu große Flatterhaftigkeit dämpft. Wenn es jedoch darum geht, eine bessere Welt zu schaffen, sollten wir die Mühe nicht scheuen, überholte Bräuche mit großer Willensgewalt auszumisten. Mit dem Korrigieren der irrigen Meinung vieler Zeitgenossen, alles wäre für uns Menschen machbar, oder man würde als Mensch (im Vergleich zu anderen Kreaturen) ständig auf der Siegerseite des Lebens stehen, könnte man den Reigen eröffnen. Solch eine Grundhaltung ist Anlaß für viele Entwicklungen, in deren Folge immer wieder großes Leid verursacht wird. Immerhin bleibt uns die Hoffnung, unsere Kinder und zukünftige Generationen werden es besser machen. Wenn die Älteren, aufgrund von festzementierten Entscheidungsgrundsätzen des "Automatischen Systems", den Sprung nicht mehr schaffen, so lohnt es sich ganz besonders, unsere Kinder im Sinne eines aufgeklärten Weltbildes zu erziehen.

Glauben

Der Glaube ist ein Orientierungsanker, den der Mensch braucht. Das scheint nicht viel zu sein, geht man doch allgemein davon aus, daß "etwas glauben" gleichzusetzen ist, mit "nichts Genaues wissen". Nichts wissen, wird in unserer Gesellschaft aber nicht hoch bewertet. Wer zu irgendeinem Thema nichts weiß, der schweigt. Vor allem aber kann man mit "nichts Genaues wissen", keine Lorbeeren ernten. Unsere Gesellschaft lebt nämlich vom Wissen. Je mehr man weiß, um so angesehener ist man. Das gilt in der Welt, die wir Menschen uns gemacht haben. Unsere inneren Steuerungssysteme sehen das jedoch ganz anders. Fest an etwas glauben oder etwas ganz genau wissen, ist für sie gleichwertig. Das gibt im Leben vor allen Dingen zunächst Sicherheit auch wenn es gleichzeitig zu fatalen Ergebnissen führen kann. Kaum jemand wird es schaffen, seine Systeme zu überwinden, um von einem hohen Bauwerk in die Tiefe zu springen. Wie von einer unsichtbaren Hand, wird man von dieser todbringenden Aktion zurückgehalten. Es werden Programme aktiviert, die diesen Unsinn verhindern. Anders bei jenem, der fest an eine anschließende Unversehrtheit glaubt, der davon ausgeht, daß er nach dem Absprung fliegen könne, eine höhere Macht ihn auffangen werde, er auf keinen Fall aber zerschmettert würde. Noch besser ist es, wenn er an ein besseres Leben nach dem physischen Tod glaubt, etwa wie die Indianer an die ewigen Jagdgründe. Seine Programme werden ihm dann den Sprung gestatten. Das Ergebnis wird seiner Überzeugung aber nicht standhalten. Der Glaube kann die Realität nicht beeinflussen, er kann Naturgesetze nicht verändern. Der Flug wird ihn das Leben kosten. Aber der Glaube war es, der ihm jede Angst, jedes Zittern nahm, der die inneren Warnsysteme neutralisierte.

So gesehen gibt es zwei Welten, in denen wir gleichzeitig leben. Die Welt der Realität und die des Glaubens. Die Welt der Realität ist besonders für unsere physischen Belange von größter Bedeutung. Wer hier einen Fehltritt macht, wird sofort zur Rechenschaft gezogen. Das geht von unangenehmen Schmerzen bis hin zum Tode. Die andere Welt des Glaubens ist für die psychischen Belange von essentieller Bedeutung. Hier geht es um die seelische Gesundheit und hierzu reicht die Realität nur selten aus. Ja schlimmer noch, je mehr man sich die wahre Realität klarmacht und verinnerlicht, um so schlechter wird es mit der seelischen Gesundheit stehen. Realität ist meist grausam. Deshalb kann man davon nicht allzuviel verkraften.

Das Geglaubte so zu behandeln, als wäre es Wirklichkeit, ist ein Kunstgriff. Diese Schaltung erlaubt allen Menschen auf dieser Erde sich gleich wohl zu fühlen, unabhängig von ihrem

Wohlstandsniveau, ihrer Lebenssituation oder ihres Alters. Es bedarf also nicht großer Reichtümer oder extravaganter Erlebnisse, auch das Kleine, ja sogar "nichts" kann genügen. Wer in dem Bewußtsein lebt, das Leben an sich sei schon das Allergrößte, wer daran glaubt, daß Gesundheit und Zufriedenheit nicht zu überbieten sind und alles andere nur belangloses Beiwerk ist, kann auf materielle Werte ganz verzichten. Im Umkehrschluß bedeutet das: es bringt auch das teuerste und aufwendigste Erlebnis nicht viel, wenn man daran glaubt, daß es nichts Besonderes sei.

Der Glaube hat in der Seelenwelt sogar Priorität vor der Realität. Trotzdem, wird die Glaubensbereitschaft von der Realität geprägt. In einer Welt, in der Lug, Trug und Falschheit das Tagesgeschehen bestimmen, wird man niemandem so leicht glauben. Man wird alles zunächst mit Argwohn betrachten. Kinder durchlaufen hier eine "Justierphase". Sie sind anfangs bereit, jeder Aussage ihrer Mitmenschen Glauben zu schenken. Es findet aber ständig eine Prüfung auf den Wahrheitsgehalt statt. Es ist sicherlich gut, hier besonders aufrichtig zu sein, allerdings ohne zu übertreiben. Kinder, die nie enttäuscht wurden, entwickeln nämlich ein naives Vertrauensverhältnis zu allem und jedem, was sich mit Sicherheit irgendwann negativ auswirken wird. Sie werden nicht nur gehänselt sondern auch ausgenutzt. Trotzdem, ein aufrichtiges Umfeld erlaubt es dem Menschen, das nötige Vertrauen in das Gesagte und Überlieferte zu geben. Ohne dieses Vertrauen kann sich keine gesunde Glaubensstruktur entwickeln.

Der Glaube spielt wohl im Leben des Menschen, die mit Abstand größte Rolle. Das haben auch die Kirchen dieser Welt erkannt. Er versetzt zwar keine Berge, ist aber das Fundament des geistigen Seins. Dabei spielt der religiöse Glaube, so gigantisch er sich oft darstellen mag, nicht die Hauptrolle. Trotz dieser Tatsache ist es beachtlich, welchen Erfolg die Kirchen damit erzielt haben. Aus deren Sicht hat sich tatsächlich ein Wohlstandsberg gebildet. Das Versprechen, das Seelenheil zu erlangen, hat manche dazu bewogen, Teile oder gar ihr gesamtes Eigentum der Kirche zu vermachen. Wer heute die Katasterbücher einsehen kann, wird feststellen, daß viele Liegenschaften auf diese Weise der Kirche zugeflossen sind. Daran ist nichts Außergewöhnliches. Die "Spender" erhielten dafür ja eine Gegenleistung, nämlich die Zusage eines besseren Lebens nach dem Tode. Mancher denkt vielleicht, das wäre nichts wert. Weit gefehlt! Der Mensch kann kaum etwas wertvolleres erhalten, als den Glauben an eine gute Sache oder an ein gutes Ende.

Der Glaube kommt vor dem deduktiven Denken. Er ist die einfachere Stufe geistiger Entwicklung. Er verlangt nicht nach dem definitiven Beweis, sondern er impliziert ihn. Wenn man überzeugt ist, daß irgend etwas so ist, dann wird es im Gehirn genauso abgelegt, als wenn es dafür tausend Beweise gäbe. Beweise dienen ja nur dazu, jemand von etwas zu überzeugen, was er nicht glauben kann oder will. Wenn einer ganz stur ist, glaubt er trotz der Beweise nicht. Er geht eben davon aus, daß die Beweise manipuliert sind. In diesem Falle helfen also alle Beweise nichts. Glaubt man von vornherein daran, kann man auf die Beweisführung verzichten. Das ist dann auch der viel einfachere Weg. Trotzdem können die daraus resultierenden Folgen dramatisch sein. So werden in weiten Teilen dieser Erde vielen Tausend jungen Mädchen im Alter zwischen zwei und zwölf Jahren mit primitivsten Messern (evtl. auch mit Rasierklingen) unter unermeßlichen Schmerzen, ohne jegliche Betäubung die Klitoris herausgeschnitten. Wenn es sich um eine pharaonische Beschneidung handelt sogar gleichzeitig die kleinen Schamlippen abgeschnitten und der Rest so zusammengenäht, daß nur noch eine kleine Öffnung bleibt. Ein Teil der Mädchen verbluten, ein anderer stirbt an Folgeinfektionen. Die Prozedur ist so schrecklich, daß die Eltern, gar nicht zuschauen können. Und warum werden diese Mädchen gequält und verstümmelt? Weil religiöse Führer vier plausible Gründe dafür angeben: die Frauen würden ohne Beschneidung sexuell permanent erregt, im Bereich der Klitoris würden sich Bakterien entwickeln, sie könnten später keine Kinder bekommen und ihre Haut würde nach der Beschneidung später länger zart und attraktiv bleiben. Wie sollen sich nun die Eltern entscheiden? Natürlich glauben sie die Worte der religiösen Führer ungeprüft. Das tun wir ja auch. Und natürlich wollen sie ihren Töchtern nicht die Zukunft verbauen. Zudem hat der Unfug auch schon eine sehr lange Tradition. Auch diese "Kraft" kennen wir, es sei nur an die sogenannte Unfehlbarkeit des Papstes und sein massives Eintreten gegen eine Empfängnisverhütung erinnert.

Falsch wer da glaubt, für unser Entscheidungssystem würden sich zwischen ehrlichem Glauben und einer gewissenhaften Beweisführung Unterschiede ergeben. Für unser Entscheidungssystem gibt es nur eine Basis. Es kann nicht nach dem entscheiden, was vielleicht real wirklich richtig ist, sondern nur nach dem, was als Datum akzeptiert und abgespeichert wurde. Jemand der daran glaubt, daß er in den Himmel kommt, wenn er einen Teil seines Besitzes der Kirche gibt, dem ist dadurch die Angst vor dem Tode genommen. Was dann wirklich nach dem Tode passieren wird, weiß niemand. Unser System verlangt nicht unbedingt nach Tatsachen. Es begnügt sich mit dem, was als akzeptabel empfunden und so abgespeichert wurde.

Wie wirklich ist die von uns erlebte Wirklichkeit. Oder besser gefragt, wie genau kennen wir die Wirklichkeit. Die Antwort ist: meist nur sehr bruchstückhaft. Der Rest ist Glauben. Glauben daran, daß es so ist, wie man es erfahren hat. Hinterfragen ist aufwendig und bringt meist auch nicht den erhofften Aufschluß. Wir leben stets mit diesen Bruchstücken. Ob das Geglaubte wirklich stimmt, zeigt erst die Zukunft. Man ist sich ganz sicher, seinen besten Freund beim Vorbeifahren gesehen zu haben. Man winkte ihm zu, aber er hat diesen Gruß leider nicht erwidert. Später erfährt man, er habe sich während der ganzen Woche im Ausland aufgehalten. Überall steht geschrieben, Vitamin C sei sehr wichtig und man tut gut daran, ständig hoch zu dosieren. Bei hoher Dosierung könne man sogar Krebs vermeiden. Man nimmt es als Faktum und praktiziert die Empfehlung mit großer Sorgfalt. Irgendwann liest man in der Presse, daß gerade der Urheber dieser Theorie an Krebs gestorben sei. Selbst die unbestechliche Mathematik, die für viele als Beispiel solidester Wissenschaft steht, sozusagen fest wie ein Fels in der Brandung, ist letztendlich auf Glauben aufgebaut. Axiome, nennt man es dort. Unbewiesene Hypothesen, die aber nötig sind, damit das restliche Gebäude darauf erstellt werden kann. Auch können wir davon ausgehen, daß unsere physikalischen Erkenntnisse nur in einem gewissen Bereich des Universums Gültigkeit haben. Man kann es auch so ausdrücken: alles ist relativ! Fest an etwas zu glauben heißt anzunehmen, man wüßte etwas ganz genau, obwohl man in Wirklichkeit nur von einer Annahme ausgeht.

An diesen Erkenntnissen wäre nichts dramatisch, man könnte sie als unvermeidbare Schwäche des Systems abhaken, würden sich daraus nicht auch verhängnisvolle Entwicklungen ergeben. Viele Menschen glaubten daran, daß "Schwarze" Untermenschen seinen und den Weißen als Sklaven zu dienen hätten, daß die Erde Mittelpunkt des Weltalls sei, daß der Mensch Gott gleich wäre, daß Hitler das tausendjährige Reich schaffen würde, daß Indianer nur als Zielscheibe für Weiße zu gebrauchen wären, daß durch Kriege und Eroberungsfeldzüge, das große Glück zu erreichen sei, daß das Missionieren der dritten Welt den Menschen dort das Seelenheil bringen würde. Viele Menschen glauben heute, daß der Mensch klug genug ist, seine Umweltsünden wieder in den Griff zu bekommen, daß Kernkraftwerke absolut sicher seien, daß Milchkühe in Anbindehaltung artgerecht gehalten würden, daß Schweine nur dazu geschaffen wurden, um vom Menschen verzehrt zu werden, oder daß in Geld und Wohlstand allein das große Glück liege.

Unsere Automatik hinterfragt nicht. Sie arbeitet mit den Daten, die ihr zur Verfügung stehen. Der Bomberpilot, der die Atombombe über Hiroshima am Ende des zweiten Weltkrieges abwarf, glaubt auch 50 Jahre danach noch daran, daß er sich nichts vorzuwerfen hätte. Damit lebt er gut. Der Autofahrer, dem ein Fußgänger unvermittelt vor das Fahrzeug lief und dadurch zu Tode kam, hat ständig Alpträume. Er ist psychisch total zerstört und kann das schreckliche Erlebnis nicht überwinden. Es ist eben alles Einstellungssache. Der Glaube daran, daß in der Welt alles gut und weise eingerichtet sei, schafft Seelenfrieden, kann sich aber auf die Realität verheerend auswirken. So fordert der Glaube, daß Geburtenkontrolle unstatthaft sei, jährlich Millionen von Todesopfern. Das sind dann keine primitiven Keimzellen mehr, von denen naturgemäß sowieso fast alle zugrunde gehen, sondern vor allem Kinder der dritten Welt, die oft an Unterernährung aber auch aufgrund mangelnder Hygiene oder medizinischer Versorgung grausam sterben. Der Glaube daran, daß der Mensch sich die Erde untertan machen dürfe, hat bereits zu einer gigantischen Zerstörung unserer Natur und Umwelt geführt. Es ist eben verhängnisvoll, mit dem Glauben zu lasch umzugehen. So angenehm einfach es ist, ungeprüft an eine Sache zu glauben, so verhängnisvoll kann es auch enden. An etwas zu glauben, ohne diesen Tatbestand ständig auf Paßgenauigkeit mit den Gegebenheiten der Realität, den Erfahrungen und den guten Sitten zu prüfen und gegebenenfalls zu korrigieren, ist fahrlässig. Um letztendlich die echte Wahrheit bzw. den richtigen Weg herauszufinden, müssen wir unseren Verstand aktiv einsetzen. Nur reflektierender Glaube, der sich nach außen als ehrenhaft erweist, über eine lange Zeitdauer nicht widerlegbar ist und nach innen Seelenfrieden schafft, ist nützlich und kann auf Dauer gute Dienste leisten.

Gefühl

Wenn man über dieses Thema spricht, handelt es sich meistens um Gefühle der Trauer oder Freude. Dies sind aber nur die beiden Extremwerte *einer* Gefühlsfarbe. Daneben gibt es noch viel mehr Gefühlsfarben: von Liebe bis Haß, von Orgasmus bis Schmerz, von Verwegenheit bis Angst, von Euphorie bis zur Depression usw. Jedes Gefühl hat zwei Pole und spannt sich von einem sehr positiven hin zu einem äußert unangenehmen Gefühlserlebnis. Von seinem Wesen her betrachtet, könnte man Gefühl mit Licht vergleichen. Beide Begriffe stehen für eine große Gesamtheit von Eigenschaften. Licht, das sich in seine Spektralfarben zerlegen läßt, wobei jede dieser Farben einen Intensitätsfaktor hat.   Farben lassen sich genauso mischen und erhalten damit ebenfalls eine enorme Bandbreite von Zwischenstufen. Ein Computer kann z.B. aus drei Grundfarben über 16 Millionen Farben mischen.

Um alle Gefühlszustände zu beschreiben, würde man ein dickes Buch füllen können. Gefühle verfügen, wie bekannt, nicht nur über

Qualität, sondern auch über Quantität. Große oder nur ein wenig Angst, ein kleiner oder großer Schmerz, ein bißchen oder mächtiger Stolz usw. Gefühle sind wie spürbare Farben, in denen sich unser automatisches Steuerungssystem mitteilt. Das Gefühl ist die Sprache unseres Steuerungssystems. Eine Kommunikationsmöglichkeit wird immer dort gebraucht, wo ein Mitteilungsbedürfnis oder eine Mitteilungsnotwendigkeit besteht. In unserem Fall korrespondieren zwei mächtige Systeme in einer nutzbringenden Bindung miteinander: unser "Automatisches Steuerungssystem" und unser Bewußtsein. Es handelt sich aber nicht nur um ein ungezwungenes sich mitteilen, sondern es beinhaltet gleichzeitig eine massive Einflußnahme auf unser Verhalten. Wenn Gefühle aufkommen, wird auch in der Folge ein Verhaltensmuster aktiviert. Es kommt zur Flucht oder zur Gegenaggression, man tanzt vor Freude oder man weint bei Trauer, man lacht, wenn ein anderer sich äußerst ungeschickt anstellt und man kickt mit dem Fuß gegen den Gegenstand, an dem man sich gerade gestoßen hat. Viele unserer Gefühle können wir verstehen und sie richtig interpretieren, wie z.B. Hunger und Durst, Wut und Zuneigung, Angst und Freude. Anders das erhebende Gefühl beim Erleben eines Sonnenunterganges im lauen Sommerwind nach einem herrlichen Urlaubstag. Es ist zwar sehr angenehm, aber wir wissen nicht um dessen Bedeutung. Es sagt uns allenfalls, daß uns dieses Erlebnis gefallen hat. Es lädt dazu ein, das Ganze bei Gelegenheit zu wiederholen. Ob wir in der Lage sind sie zu interpretieren oder nicht, Gefühle sind wie eine Nabelschnur zum Tiermenschen in uns. Es ist uns durch diese Einrichtung noch nicht möglich, uns rein verstandesmäßig zu orientieren.

Natürlich bringt das auch für uns Menschen entscheidende Vorteile. Unsere Automatik verfolgt alles Geschehen viel intensiver, als wir es mit unserm Bewußtsein zu tun in der Lage wären. Unser "Automatisches System" wertet die momentan wichtigen Daten aus und teilt uns das Ergebnis als Gefühl mit. Es stellt uns damit bereits das Ergebnis einer sehr umfangreichen Datenauswertung zur Verfügung. Haben wir einen Lottogewinn von mittlerem oder größerem Ausmaß erzielt, dann resultiert daraus zumindest ein heftiges Gefühl der Freude. Hatten wir vielleicht zuvor Hunger oder Durst verspürt, so würden diese Gefühle jetzt unterdrückt. Sie würden einfach übermalt. Wären wir in der Wüste, dem Verdurstungstod nahe und ohne Aussicht auf Rettung, ein solcher Lottogewinn würde unser Gefühlstief kaum verändern. Unser "Automatisches System" rechnet hier ziemlich situationsgerecht. Gefühle leiten uns zu einem wesentlichen Teil durch das Labyrinth unseres Lebens. Ein gutes Gefühl als Hinweis darauf, daß unser System mit unserem Tun einverstanden ist, ein schlechtes Gefühl als Aufforderung, etwas zu unterlassen.

Gefühle beinhalten mehr Information als wir glauben. Unsere bekannten Sensoren wie Augen, Ohren, Tastsinn usw. melden uns einiges direkt. Manches aber geht an unserer Kontrolle vorbei. Ereignisse also, die wir gar nicht bewußt wahrnehmen. Sie drücken sich in einem sicheren Gespür aus. Manchmal weiß man einfach ganz genau, was passieren wird. Woher man das wußte, kann man sich nicht erklären. Viele Informationen gelangen, ohne daß wir es merken, in unser Unterbewußtsein. Sie werden aber ebenfalls bei einer Situationsauswertung herangezogen wie jene, die in unserem Gedächtnis gespeichert sind, und auf die wir bewußt zugreifen können.

Kinder haben für viele Ereignisse in ihrer Umgebung ein sehr feines Gespür. Sie merken es z.B. sofort, wenn bei den Eltern etwas nicht stimmt. Sie selbst hätten gar nicht den Verstand und die Erfahrung, um eine solche Situation richtig analysieren zu können. Sie spüren es einfach. Sie nehmen es von innen heraus wahr. Ihr "Automatisches System" meldet es ihnen. Sie haben ein ungutes Gefühl. Sie werden von ihm beeinflußt und gelenkt, obwohl sie sich die Konstellation gar nicht erklären und sich auch nicht verbal ausdrücken können. Auch bei uns Erwachsenen funktioniert dieses System gut. Wir schenken ihm nur nicht immer die erforderliche Beachtung. Ja, manchmal spüren wir Gefühle ganz deutlich, vertrauen aber den unerklärbaren Meldungen nicht so recht. Wir schenken Ergebnissen, die durch eine Analyse mit dem Verstand zustande kommen, mehr Beachtung und Vertrauen.

So gesehen stellt sich die berechtigte Frage, ob uns Erwachsenen unser Verstand nicht ausreichen würde, Situationen in ausreichender Weise zu analysieren und zu interpretieren? Wenn jemand einem anderen aus Unachtsamkeit die Vorfahrt nimmt und damit beinahe einen schweren Unfall verursacht, müßte sein Verstand auch ohne Schockerlebnis eine Vermeidungsstrategie für die Zukunft einleiten. Bei wirklich vernunftbetonten Personen mit Verantwortungsbewußtsein wird dies auch der Fall sein. Doch könnte die Vernunft genauso gut den Schluß ziehen, daß knapp vorbei auch daneben sei und somit bestätigen, daß bei gerade diesem Fahrverhalten ein Unfall nicht zu erwarten sei. Dieses Reaktionsmuster zeigt sich überall dort, wo sich unser "Automatisches System" neutral verhält. Man schaue sich nur jenen Teil der Welt an, der auf reiner Vernunftbasis errichtet wurde. Man hat sich nur auf das Wünschenswerte konzentriert und dabei die verheerenden Nebeneffekte außer acht gelassen.

Das Zustandekommen der Gefühle könnte man auch als mechanischen Vorgang verstehen. Daten, die vorhanden sind und Daten, die momentan eintreffen, werden auf die aktuelle Situation hin abgeglichen und bewertet. Wichtige Daten erhalten im Vergleich zu unwichtigen einen größeren Intensitätsfaktor. Die ganze Informationsflut wird zu einem Gefühlsspektrum hin verdichtet. Das geht meist sekundenschnell, doch manchmal läßt das Endergebnis auch ziemlich lange auf sich warten. Während eines Urlaubs z.B. gibt es so viele Höhen und Tiefen, so viele Anstrengungen und Unwägbarkeiten, daß man am Ende eher froh ist, alle Klippen und Hürden gut gemeistert zu haben. Erst Wochen oder Monate später erhält man dann die endgültige Rückmeldung, wie hoch der wirkliche Erholungswert für Körper und Psyche war. Jetzt kann ein sehr anstrengender Urlaub mit vielen Entbehrungen in der Gesamtbewertung mit einem sehr positiven Gefühl belohnt werden. Sehnsucht nach dieser schönen Zeit breitet sich allmählich in uns aus. Dagegen kann ein sehr ruhiger und entspannter Urlaub im nachhinein als eher langweilig und nicht wiederholenswert empfunden werden. Mit diesen Enddaten kann man meist nicht mehr auf die Gefühlsherkunft im einzelnen schließen, aber sie geben eine sehr nützliche Information in komprimierter und verständlicher Weise wieder. Auch Schulnoten sind eine späte Bewertung mit ähnlichem Charakter. Eine 6 im Zeugnis bescheinigt ein Versagen. Woraus dieses Versagen resultiert, kann man daraus nicht ohne weiteres erkennen. Es kann Faulheit sein, Dummheit, schwierige Verhältnisse im Elternhaus, schlechte Didaktik oder Unverträglichkeit zwischen Schüler und Lehrer.

So gut und so nützlich, ja unentbehrlich Gefühle auch sind, sie sind trotzdem kein absolut zuverlässiger Lotse durch die Wirren unseres Alltages. Gefühle entstammen noch einer Welt, die in vielen Bereichen der Vergangenheit angehört. Deshalb ist das Gefühlsrepertoire modernen Lebenssituationen oft nicht mehr angemessen. Die starke Lust auf Sex hat ein Bevölkerungswachstum produziert, das unvorstellbar ist. Sehr starke Gemütsbewegung, die oft zu unauslöschlichen Erinnerungen führt, verursacht z.B. durch die Hilfeleistung bei einem Unfall mit Schwerverletzten. In solchen Situationen sind unsere Gefühle überbetont. Mehr sachliche Vernunft wäre vorteilhafter. Auf der anderen Seite gibt es Situationen, in denen unsere Gefühle zu schwach ausgelegt sind. Sie verhindern einen risikoreichen Lebenswandel nur ungenügend. Das ist besonders dann der Fall, wenn ein Fehlverhalten keine unmittelbaren, dafür aber um so schwerwiegendere Langzeitfolgen hat. Hier kann man alle Umwelt- und Technologiesünden auflisten: das Einbringen von Schadstoffen in die Luft, das Einleiten von giftigen Substanzen in Bäche, Flüsse, Seen und Meere, Kernkraftwerke, Genmanipulation, naturfremde Stoffe in unserer Nahrung usw. Wir wissen von alledem, fühlen uns aber in unserer Gleichgültigkeit nicht gestört. Es läßt uns kalt. Trotzdem sind die Gefahren, die hiermit verbunden sind, um ein Vielfaches höher, als das Risiko eines Nachtspazierganges im Wald, bei dem viele Menschen Todesängste ausstehen.

Gefühle können auch trügen. Das bedeutet, sie vermitteln kein korrektes Bild der Realität. Die Mundpartie eines Kameles ist so gestaltet, daß sie in uns das Gefühl erweckt, als seien diese Tiere arrogant. Aber Tiere kennen diesen Zustand gar nicht. Oft erschrecken wir als Autofahrer heftig, wenn in unserem Scheinwerferlicht vor uns ein Objekt auftaucht und unser System uns, ohne es genau zu erkennen, ein überfahrenes Tier meldet. Nicht selten war es dann nur eine Papiertüte, ein Kleidungsstück oder Erde aus einem Radkasten, die Puls und Blutdruck in unnötiger Weise in die Höhe schnellen ließen.

Auch Krankheiten oder Unzulänglichkeiten der Psyche, können unsere Gefühlswelt total durcheinander bringen. Nicht selten erhalten dann Nichtigkeiten oder längst vergangene Ereignisse einen sehr hohen Intensitätsfaktor. Jemand muß kurzfristig eine fremde Katze betreuen und kann vor Angst, etwas falsch zu machen, nicht mehr ruhig schlafen. Hier wird das Verantwortungsgefühl total überbetont. Die Erinnerung an Todesfälle in Familie und Bekanntenkreis, die man längst vergessen glaubte, kehren unvermittelt zurück. Manchmal ist es auch die unbegründete Sorge um die eigene Gesundheit, die einen fast in Panik versetzt. Aus irgendwelchen Gründen wird ganz spontan ein unwichtiges Detail überbewertet. Dies kann für uns sogar unbewußt sein. Wir fühlen uns dann depressiv, unlustig, schlapp, cholerisch oder nervös. Andererseits könnte uns aus einer falschen Bewertung heraus auch ein Glücksgefühl zuteil werden. Dann fühlen wir uns trotz einer Niederlage oder einer schlechten Prognose einfach immer noch phantastisch

Gefühle kann man über Drogen, Arzneimittel oder Spirituosen stark beeinflussen. Man kann dadurch die Situationsbewertung des "Automatischen Systems" verändern oder sogar ausschalten. Auch kann der Mensch Gefühle auf andere Weise bewußt erzeugen, z. B. durch geistigen Einfluß (mental), was aber einer gewissen Erfahrung und vor allem der Übung bedarf. Meistens versucht man mit großem Aufwand tolle Gefühle dadurch zu erzeugen, daß man Situationen wiederholt, die einem angenehme Gefühle beschert haben. Urlaub, Geselligkeit, gute Leistungen, Lob, Gewinne, Nervenkitzel, Naturerlebnisse. Die Erzeugung angenehmer Gefühle kann sogar zu einer großen Sucht werden. Drogen-, Zigaretten- und Alkohol-konsum, Masochismus und Exhibitionismus sind nur wenige Beispiele aus einer riesengroßen Palette. Der Körper verlangt unerbittlich nach guten Gefühlen. Auf dieser Basis funktioniert u.a. das ganze Geschlechtsleben, und dies mit besagtem großem Erfolg.

Das Bestreben, gute Gefühle zu produzieren, kann jedoch auch mit erheblichen Nachteilen verbunden sein. Das berauschende Gefühl hoher Geschwindigkeit, eine Nachtfahrt trotz Übermüdung, um den Partner oder die Familie möglichst bald zu erreichen, übermäßiges Essen, um den Genuß möglichst lange zu spüren, selbstloser Einsatz, um gute Leistungen zu erzielen, der nicht selten im Kollaps endet, der bereits erwähnte Konsum von Drogen, Alkohol und Medikamenten.

Trotz dieser breiten Palette von Unzulänglichkeiten sind die Gefühle unser täglicher   Motor, Antrieb und Warnmelder. Wir sind stets bemüht, entweder gute Gefühle zu erzeugen oder schlechte zu vermeiden.   Starke   Gefühle   heben   unsere   willensmäßige Entscheidungsfreiheit fast vollkommen auf. Nur durch äußere Zwänge lassen wir uns davon abhalten, dem Diktat solcher Gefühle Folge zu leisten. Nicht realisierbare finanzielle Aufwendungen, Gesetze und Strafe sind hier adäquate Mittel zum Zweck.

Gerade innerhalb der Gefühle oder anders ausgedrückt, bei den Rückmeldungen des "Automatischen Systems" nach einer Bewertung und Verrechnung von Daten, unterscheiden sich Mann und Frau nicht unwesentlich. Leider wird heute immer mehr versucht, diese Unterschiede durch bewußte Steuerung in der Erziehung zu nivellieren. Schade, denn gerade aus dieser Diskrepanz, aus diesem Spannungsfeld zwischen Mann und Frau resultieren sehr schöne partnerschaftliche Gefühle.

Nicht selten hört man den tröstlichen Ausspruch: ich kann mich gut in deine Lage versetzen. Gemeint ist damit, ich kann mich gut in deine Gefühlswelt versetzen. Doch hier täuscht man sich gewaltig. Es ist nicht leicht, ja vielleicht sogar unmöglich, sich in die Gefühlswelt eines anderen hineinzuversetzen. Es fehlen ja die äußeren ernsthaften Bedingungen. Wie sollte man da alle jene Programme aktivieren, nur aus der oberflächlichen Vorstellung heraus, einem selbst sei dasselbe zugestoßen. Wer ähnliches erlebt hat, kann aus der Erinnerung heraus ein Abbild des damaligen Gefühlszustandes in seinen geistigen Speicher holen. Dieses Abbild ist aber bestenfalls dazu geeignet, Verständnis zu produzieren. Das ist letztendlich aber nicht mehr, als erinnerte man sich an ein festliches Mahl. Man weiß dann, wie toll es damals war, aber die wirklichen Erlebnisse können damit nicht reproduziert werden. Denn obwohl man damals zum Bersten voll war, stellt sich dieser Zustand in dieser Trockenübung trotz großer Mühe nicht ein.

Eine Vielzahl möglicher Gefühle werden im gesamten Leben überhaupt nicht gestartet, zum einen weil die auslösenden Bedingungen fehlen oder was viel interessanter ist, weil diese

Gefühle der eigenen Natur fremd sind. Ein Gefühl, und das daraus resultierende Verhalten eines Menschen, reflektieren somit auch den psychischen Zustand oder anders ausgedrückt, die Qualitäten oder Unzulänglichkeiten eines Menschen. Erstaunlicher Weise sind manche Gefühle auch mehrfach belegt. So wie die Lichthupe zum einen als energische Warnung für entgegenkommende blendende Autofahrer und zum anderen als freundlicher Gruß für einen Bekannten verstanden werden kann. Das mulmige Gefühl im Bauch stellt sich beim Arztbesuch sowohl als Ausdruck von Angst und banger Ungewißheit, als auch in Erwartung eines freudigen Ereignisses ein. Tränen können ein Ausdruck der Trauer oder der Freude sein. Die Situation allein entscheidet, wie das Gefühl interpretiert wird. Ob es als schön oder unangenehm empfunden wird.

Wir alle sind ständig auf der Suche nach guten bzw. schönen und interessanten Gefühlen. Allerdings sind gute Gefühle nicht unbedingt an gute Taten oder gute Ereignisse geknüpft. Während der Christ gute Gefühle im Kirchgang und in der gläubigen Gemeinschaft findet, brauchen die Satansanbeter hierzu scheußliche Tier- und auch Menschenopfer. Der Arzt erhält sein gutes Gefühl, wenn er einem Schwerkranken das Leben retten konnte, der Jäger, wenn er ein Tier erlegt. Das Streben nach guten Gefühlen kann auch deshalb problematisch sein, weil es nicht selten einen erheblichen Umweltverbrauch und das Risiko des eigenen, aber auch des Lebens anderer Menschen einschließt.

Ein besonders großes Gefühl erhält man, wenn man eine Möglichkeit findet, viel Geld zu machen. Für dieses schöne Gefühl der sich anbahnenden Macht, ist manchen Menschen keine Scheußlichkeit, kein Risiko, kein Opfer zuviel. Der Verstand dient dabei nicht, wie man erwarten sollte dazu, die Taten auf ihre sittliche und umweltrelevante Unbedenklichkeit hin zu überprüfen, sondern nur dazu, die Strategie zur Erreichung des erwünschten Zieles zu entwickeln und zu verfeinern.

Gefühle sind auch die spürbaren Wurzeln in die Vergangenheit. Wir können davon ausgehen, daß selbst unsere weit entfernten Vorfahren, ja selbst hoch entwickelte Tiere, wie Hunde, Katzen oder unsere landwirtschaftlichen Nutztiere, wie Pferde, Rinder und Schweine, in kritischen Situationen ähnlich fühlten und fühlen wie wir Menschen. Die Frage ist hier nicht, ob deren Gefühlsspektrum vom Ausmaß her mit unserem gleichzusetzen ist, sondern die, inwieweit deren "Automatisches System" in der Lage ist, Situationen zu beurteilen. Mit diesen Wurzeln sind Tiere und Menschen im Leben fest verankert. Sie stellen ein großes Stück Weisheit dar, eine Art Sammlung all dessen, was sich in der Vergangenheit als gut und nützlich zeigte. Gleichzeitig warnen sie vor dem, was sich in der Vergangenheit als schädlich, verhängnisvoll und gefährlich erwiesen hat. Gefühle sind die täglichen Wegbegleiter, sie sind eine Art Schutzmantel, aber auch ein Wegweiser hin zu all jenen Dingen, die uns im Leben nützen und Freude machen. Gefühle sind zwar das, was man fühlt, in Wirklichkeit aber sind sie das Ergebnis der Informationsverarbeitung durch das "Automatische System". Über die Gefühle steuert unser "Automatisches System" unser tägliches Leben und Erleben. Wir Menschen haben mittlerweile einen Gefühlspool entwickelt, der schon beinahe krankhaft ist. Schon Kleinigkeiten können Aggressionen, Böswilligkeit oder Feindschaft auslösen. Oft genügt es schon, einen Gruß zu versagen, oder dabei ein etwas weniger freundliches Gesicht zu machen als sonst. Ein falsches Wort, eine mißverständliche Geste und schon entsteht zwischen zwei Menschen böses Blut.

Alles was wir tun, wird von unserem "Automatischen System" bewertet und von Gefühlen begleitet. Der morgendliche Gang ins Büro, der Geruch auf dem WC, das Parfüm der Arbeitskollegin, ein Spaziergang im Wald oder ein Einkaufsbummel in überladenen Geschäften. Unser "Automatisches System" rechnet in allen Lebenssituationen mit und meldet uns seine Einschätzung der Lage bzw. seine Prognose. Auch wenn die Flut unserer Gefühle oft hinderlich ist, uns lenkt, bremst oder einengt, so dient sie doch dazu, unser Leben menschlicher zu gestalten. Überall dort, wo Gefühle verbannt werden, erhält unser Dasein eine ganz neue Note. Es entsteht eine kalte, herzlose Welt. Man stelle sich eine Familie vor als reines Zweckbündnis, ohne Gefühle für Partner oder Kinder. Schrecklich dieser Gedanke! Doch spüren wir andererseits das Unberechenbare, das Animalische, das Unstetige, das Gefühle mit sich bringen. Mehr oder weniger unbewußt stört es uns, und wir empfinden es als Bedrohung. Deshalb neigen wir dazu, jenen die Herrschaft zu übertragen, die wenig gefühlsbetont und eher skrupellos ihr Tagewerk vollbringen können. Das sind dann unsere Chefs, Generäle oder Staatsmänner.

Lernen

Das Lernen begleitet uns Menschen ein Leben lang. Meistens merken wir gar nicht viel davon, außer wir gehen noch zur Schule oder befinden uns in einer Ausbildung. Lernen geht normalerweise automatisch vor sich, es ist ein Teil unseres Lebenswandels. Besonders Kleinkinder haben großen Spaß daran, jeden Tag etwas Neues dazuzulernen. Es entwickeln sich Strukturen im Gehirn, die geradezu fordern, gefüllt zu werden. Das Ganze ist solange im Gleichgewicht, bis die Schulpflicht beginnt. Viele Kinder, die bis dahin großen Lerneifer zeigten, werden nun nach und nach lustlos.

Es gibt mehrere Motivationen, aus denen heraus gelernt wird. Lernen aus einem inneren Antrieb, z.B. als Reaktion auf die Umwelt oder weil man etwas begreifen möchte. Ganzheitliches Lernen im Alltag, bei dem der Erfolg nahe ist und einen belohnt. Lernen, weil das neu Erlernte Spaß macht, weil es den Aktionsradius erweitert. Lernen, bei dem immer erst dann weitergemacht wird, wenn der aktuelle Wissensstand seinen Reiz verliert. Lernen, weil man einem Vorbild nacheifert, weil man so gut sein will wie jener. Die schlechteste Variante: Lernen, weil man muß!

Lernen, weil man will, ist so ähnlich wie essen, weil man Hunger hat. Das macht Spaß. Essen wenn man schon voll und satt ist? Unsinn! Das aber ist Schulpraxis. Hier heißt es lernen, um ein Pensum zu erfüllen, nicht lernen weil man Spaß daran hat und der Erfolg einen belohnt, sondern weil die Großen es wollen. Die praktische Anwendung des Erlernten hat hier eine untergeordnete Bedeutung. Auf diese Weise werden die Kinder ganz schnell des Lernens überdrüssig. Es ist so, als müßte man etwas essen, was einem nicht schmeckt oder sogar anwidert. Es gibt nämlich hier so etwas, wie eine schlechte Küche. Der Lernstoff ist schlecht zubereitet, ungenügend gewürzt, manche Brocken sind zäh oder zu groß. Die Schule wird zur Qual. Nicht mehr lernen, weil man Appetit oder ein Ziel vor Augen hat, sondern lernen um etwas zu können, dessen Bedeutung einem unklar und oft unwichtig ist. Der Wunsch, das Bedürfnis, der innere Antrieb zum Lernen entspringt, wie der Hunger oder Durst, der Einschätzung bzw. Lagebeurteilung unseres "Automatischen Systems". Ohne das Anspringen dieses Motors macht uns nichts Spaß. Alle Kraft, jeder Antrieb wird durch das "Automatische System" initiiert. Das "Automatische System" herauszufordern, es wissenshungrig zu machen, es auf eine bestimmte Thematik einzustimmen, bezeichnet man als motivieren. Und wie beim großen Hunger ist man bei einer großen Motivation ebenfalls bereit, auch große Happen zu schlucken, während die geringe Motivation nach bester Küche verlangt. Für ein Häppchen vom Feinsten reicht der Appetit immer. Wer aber Spinnen und Maden serviert, der wird ungeleerte Teller abräumen.

Wohin aber nun mit dem zu erlernenden Stoff? Wo soll man den ganzen Unsinn unterbringen? Es gibt Schüler, die erstaunlicher Weise selbst mit einem abstrakten Stoff sofort klar kommen. Sie können die Zusammenhänge schnell erkennen und einordnen. Auch hier spielt wieder das "Automatische System", genauer gesagt, das Speichersystem, das ja neues Wissen verwalten muß, die wesentliche Rolle. Es wählt den geeignetsten Platz aus. Manchmal klappt das gut, ein anderes Mal ist es zwar auch gespeichert aber der Zugriff darauf ist unwahrscheinlich problematisch. Das ist vergleichbar mit einem Lager, in dem neu ankommende Ware direkt an einen vorgesehen Platz gebracht werden kann. Ist dieser Platz für ein Objekt nicht vorhanden, dann wandert es von einem Ort zum anderen und liegt überall ständig im Wege. Wie es später an solchen Plätzen aussieht, weiß jeder. Wie schwer es ist, hier etwas wiederzufinden, ist auch bekannt. Auch unser Speichersystem muß sich mit diesen Problemen auseinandersetzen.

Bei Waren gibt es mehrere Möglichkeiten. Entweder man erwirbt sie, weil man sie braucht. Das ist wie auf ein Ziel hin zu lernen. Oder aber man bekommt ständig irgendwelche unnützen Sachen und weiß überhaupt nichts damit anzufangen. Das ist Schulalltag! Wie schön ist es dagegen, wenn man z.B. eine kostbare Vase erhält, die man sich schon lange gewünscht hat und deren Platz ebenfalls schon vorgesehen ist. Das ist wie Interesse am Lernen mit sofort spürbarem Erfolg.

Es ist nicht leicht, ständig neue Errungenschaften zu verstauen, mit denen man nicht gerechnet hat, ja deren Eintreffen überhaupt nicht kalkulierbar ist. Hier zeichnet sich nun eine tüchtige Hausfrau oder ein guter Lagerverwalter aus. Beide müssen wissen, ob der Gegenstand von aktueller Bedeutung ist, oder ob er zunächst einmal weiter unten oder weiter hinten eingelagert werden kann. Wenn ähnliche Stücke hinzukommen, werden sie nach einem System eingeordnet, um sie schnell wiederzufinden. Bei uns Menschen ist dieser tüchtige Helfer, der uns die meiste Arbeit abnimmt: unser "Automatisches Speicherungssystem". Eigentlich sind wir gar nicht in der Lage, in diesen Prozeß einzugreifen. Unser Beitrag beschränkt sich darauf, den zu lernenden Stoff auszuwählen, gut zu portionieren, zu würzen und ihn über die Sensoren dem Speicherungssystem zugänglich zu machen. Doch dieses geniale System hat eben auch seine Grenzen. Es muß den neuankommenden Stoff analysieren. Es muß versuchen, einen passenden Algorithmus oder eine Analogie zu finden, um ihn dem richtigen Thema zuzuordnen. Das heißt, er muß mit einer passenden Gefühlskomponente verknüpft werden. Sind solche "Schubladen" bereits vorhanden, ist alles klar. Das ist der Zustand, in dem man Zusammenhänge sofort begreift, oder sich Sachverhalte sofort einprägen kann.

Was aber, wenn das Neue nicht eingeordnet werden kann? Nehmen wir an, ein Schüler hört zum ersten Mal den Namen Goethe und erfährt, daß dieser ein Universalgenie war. Was soll er mit dieser Information anfangen. Wohin damit. Später liest er dann vielleicht einmal den Faust, er erfährt zudem etwas über die Gepflogenheiten der damaligen Zeit. Langsam wird ihm Goethe zu einem Begriff. Ohne daß er allzuviel über diesen Menschen weiß, hat er doch ein gewisses Bild von ihm. Wenn er danach etwas über Friedrich Schiller und sein Wirken in jener Zeitepoche erfährt, kann er diesen Stoff relativ schnell einordnen. Auch in der Mathematik ist vieles zunächst so abstrakt, daß man damit anfangs oft nicht klar kommt. Bruchrechnen, Suchen eines gemeinsamen Nenners, Erweitern eines Bruches, wieviel sind 3/4 Mark in Pfennig. Versuchen Sie einmal, ihrem Kind diese Zusammenhänge in Worten klar zu machen. Fast unmöglich. Läßt man aber das Kind einige Aufgaben rechnen, stellen sich die Zusammenhänge allmählich automatisch ein. Allein durch die Übung erkennt unser "Automatisches System" die Logik, die hinter den Aufgaben steckt. Das Ergebnis ist erstaunlich. Das Kind kann plötzlich die Aufgaben begreifen und rechnen. Das ist der sogenannte Zauber, der in gut gewählten Beispielen steckt. In dem Moment, in dem unser "Automatisches Speicherungssystem" die Zusammenhänge erfaßt hat, geht uns buchstäblich ein Licht auf.

Wir entnehmen dieser Tatsache die Erkenntnis, daß unser Verwaltungssystem mit Worten nur dann etwas anfangen kann, wenn die innere Logik des Sachverhaltes bekannt ist. Ist dies nicht der Fall, kann unser Verwaltungssystem mit Worten wenig anfangen. Beschreibende Worte haben mit einem wirklichen Sachverhalt eben nichts zu tun. Unmöglich, jemandem die Farbe "grün" zu beschreiben, wenn derjenige die Farbe gar nicht kennt. Grün zu sehen ist etwas ganz anderes. Erst wenn wir grün kennen, ist die Farbnuance "dunkelgrün" über eine verbale Beschreibung vorstellbar. Vielleicht nicht ganz exakt so, wie es der Erzähler meint, aber doch in ausreichender Weise. Die Beschreibung eines edlen Rezeptes allein führt nicht zu Gaumenfreuden. Über die Wertigkeit eines Essens urteilt man besser nach dessen Genuß und nicht auf Grundlage einer Beschreibung.

Wir können davon ausgehen, daß wirkliches Lernen nicht verbal erfolgen kann. Verbale Beschreibungen können allenfalls später, wenn bereits ein großes Repertoire von Vorstellungen vorhanden ist, als eine Art Vergleich mit bereits Abgespeichertem zum Einsatz kommen. Für Kinder sind beschreibende Worte ohne großen Wert. Ihr System hat noch viel zuwenig Zuordnungen. Leider wird in unserem Bildungssystem Information fast nur über Wort und Schrift weitergegeben. Die "Automatischen Systeme" quälen sich dann ungemein und versuchen krampfhaft, passende Strukturen zu finden. Werden diese Strukturen nicht gefunden, entsteht ein Haufen Unordnung, der für Zugriffe nicht geeignet ist. Werden anschließend verschiedene Leute gebeten, den Sachverhalt mit ihren Worten wiederzugeben, stellt man fest, daß jeder etwas anderes verstanden hat. Erstaunlicher Weise sind die betreffenden Leute trotzdem davon überzeugt, alles begriffen zu haben.

Wie soll man jemanden das Aussehen von Goethe anhand von verbalen Beschreibungen klarmachen? Es gibt gar nicht so viele Worte, um dies erschöpfend zu tun. Zeigt man aber eine Abbildung, sind die Zuhörer schlagartig "im Bilde". Das Bild kommt der Realität so nahe, daß es in vielen Bereichen als Ersatz für die Wirklichkeit herhalten kann. Es kann allerdings nicht annähernd soviel Informationen transportieren, wie die Realität selbst. Darüber muß man sich im klaren sein. Es sollte nur dort Verwendung finden, wo die Realität nicht zugänglich ist.

Unser Speicherungssystem kann nicht nur aufräumen, es kann auch neue Lagerplätze schaffen. Es muß allerdings ein sogenannter Kondensationskern vorhanden sein. Neu schaffen heißt nicht, für ein neues Thema ganz neue Strukturen aufzubauen, wie eine Firma ein neues Lager einrichtet, für Teile die bisher noch nie gelagert wurden. Es kann aber den vorhandenen Platz, auf dem eine ähnliche Ware lagert, erweitern. Wo soll man einen Holzschemel in einem Metallwarenlager unterbringen? Vielleicht hat man irgendwo einen Platz, an dem schon ein Metallstuhl lagert. Obwohl Metall und Holz vom Material her nichts gemeinsam haben, so sind doch die Funktionen ähnlich. Ist so ein Platz erst einmal vorhanden, kann man ohne Probleme auch einen Plastikstuhl unterbringen. Die Erweiterung des Platzes nimmt das System selbständig vor.

Wenn man an die Qualen der Schule zurückdenkt, dann sind das selten die Lehrer an sich gewesen, es war auch nicht das schlecht eingerichtete Klassenzimmer oder das frühe Aufstehen, nein es war das Lernen. Lernen, das eigentlich allen Menschen Spaß machen müßte. Ja, man sieht das an der großen Zahl der Rätselfreunde. Man sieht es auch an den vielen Bildungsreisen, die regen Zulauf haben. Nicht zuletzt ist auch der gigantische Fernsehkonsum ein Indiz für Lernfreude. Man ist interessiert, will Neues kennenlernen, will Zusammenhänge erarbeiten, will wissen was hinter einem spannenden Filmthema steckt. Wie stellen wir uns jemanden vor, der nichts mehr wissen will? Er liegt vielleicht im Bett und hat die Decke übers Gesicht gezogen. Sein Bestreben ist es, nichts mehr zu sehen, nichts mehr zu hören, nichts mehr zu fühlen und nichts mehr zu riechen. Denn, jeder Eindruck den er gewinnt, hat etwas mit Dazulernen zu tun. Wir nehmen etwas wahr und speichern das Geschehen sofort.

Bei der Art des Lernens gibt es erhebliche Unterschiede. Vergleichbar etwa der Erreichung eines Berggipfels zu Fuß oder alternativ mit der Seilbahn. Wenn wir uns einfach "berieseln" lassen, verwenden wir für die Speicherung ein besonderes Verfahren. Wir überlassen die Selektion des Stoffes dem "Automatischen Speicherungssystem". Es wählt aus, verändert und speichert nach einem Algorithmus, der sich für die Natur und das Überleben darin als effektiv erwiesen hat. Das ist wie die Benutzung der Seilbahn. Man kommt hiermit schnell und ohne Mühe voran, wird aber vieles Interessante gar nicht entdecken oder wahrnehmen. Es bleibt bei einem Überblick, reicht aber um sich zu orientieren, um Abgrenzungen vornehmen zu können und um ein definitives Wiedererkennen zu ermöglichen. Diese Art zu speichern genügt zwar zum Überleben in der Natur, nicht jedoch für die Zwecke einer modernen Gesellschaft. Hier werden   vor   allem Details und Erfahrungen benötigt. Wer sich ständig tragen läßt, dem wird viel Hintergrundwissen versagt bleiben. Wirklich Bescheid wissen heißt, eine Sache von vielen Standpunkten aus zu beleuchten, dort wo es möglich ist, selbst Hand anzulegen, aber vor allem auch die Grenzen, Risiken und Schnittstellen zu kennen. Heißt zu Fuß gehen, sich einbringen. Das kann viel Spaß machen. Das ist ganzheitlich und verschafft die nötige Sicherheit und Fertigkeit aber auch Zufriedenheit, denn es bleiben keine Fragen für unser "Automatisches Speicherungssystem" offen. Nur Theorie, das ist nichts als Oberfläche, nur Hülle unter Vernachlässigung der Substanz.

Unser "Automatisches Speicherungssystem" ist trotz seiner enormen Leistung, nicht ganz so komfortabel, wie man es gerne hätte. Manche Aufgaben erledigt es prompt und zuverlässig, andere aber nur ungenügend. Wer eine Fremdsprache erlernt hat, der kennt das Problem. Man versteht genau was einer sagt, ist aber trotzdem nicht in der Lage, es schnell in die Muttersprache zu übersetzen. Warum? Es fehlen die Zuordnungen. Es fehlen die Brücken von dem Ausdruck oder dem Wort in der einen Sprache zu dem Wort oder Ausdruck in der anderen Sprache. Unser Speicherverwaltungssystem stellt diese sprachlichen Beziehungen nicht automatisch her. Querverweise zu erstellen erfordert ein erneutes Lernen. Und selbst hier kommt es noch darauf an, in welcher Richtung verknüpft wird. Vom Englischen ins Deutsche oder umgekehrt. Wer nur in eine Richtung abfragt, der kann auch nur in dieser Richtung gut übersetzen. Da allerdings beim Übersetzen häufig auch rückgefragt wird, stellt sich sozusagen als Nebeneffekt allmählich auch die Verbindung aus der anderen Richtung ein.

Die einfallsloseste   Methode des Lernens, wenn auch nicht die ineffektivste, ist das *Pauken*. Man wiederholt einen Sachverhalt immer wieder, bis er sich tief ins Gedächtnis eingegraben hat. Man bezeichnet dies als abstraktes Lernen. Es gibt hierbei kein besonderes Erlebnis, keinen Bezug zu einem Gesamtthema und auch keinen Algorithmus oder eine Analogie die man dem "Automatischen System" anbieten könnte. Dieses Lernen ist Knochenarbeit. Es stellt sich hier die Frage, ob es wohl eine

Möglichkeit gibt, absolut trockenen Stoff mit freiwilliger Hilfe unseres Systems speichern zu können? Nun, das ist möglich, aber nicht immer leicht zu realisieren. Man muß den Stoff so aufbereiten, daß er von unserem "Automatischen Speicherungssystem" als interessant eingestuft wird. Hierzu benötigt man Kenntnisse darüber, wie sich unser "Automatisches Speicherungssystem" besonders stark aktivieren läßt. Einige Anhaltspunkte haben wir schon genannt. Fernsehen, Reisen, Rätseln aber auch ein Buch lesen oder Bilder ansehen. Wir tun dies alles gern zum Zeitvertreib, aber nicht unter jeder Bedingung. Ein Rätsel, das so schwer ist, daß wir es nur ansatzweise lösen können, macht uns keinen Spaß. Eine Reise, die sehr beschwerlich ist, noch dazu bei kaltem und nassem Wetter, die vielleicht auch noch Gefahren und Krankheiten in sich birgt, ist ebenfalls nicht sehr attraktiv. Und wer schaut sich schon einen Film an, dessen Thematik ihn nicht interessiert, der sehr einfallslos gemacht ist und jeglicher Spannung entbehrt? Auch Bücher werden nach Interessenlagen ausgewählt. Wenn aber etwas geheimnisvoll, spannend und innerhalb der eigenen Interessenlage ist, wenn etwas also für eine Person erlebnisreich ist und schöne Gefühle hervorruft, dann wird das System aktiviert. Es ist wie beim Funk: man braucht die richtige Frequenz zum Empfänger, dann kann man sämtliche Informationen übermitteln. Es besteht also die nicht leichte Aufgabe darin, den zu erlernenden Stoff so zu verpacken, daß er diesen Forderungen entspricht. Das Wissen und die Kenntnisse darüber sind vorhanden, nur, wer nimmt sich die Zeit dazu? Dabei wäre dies sehr lohnend. Generationen von Schülern würden viele Qualen erspart.

Eine weitere Methode, für die unser System sehr empfänglich ist, ist das sich messen mit anderen, der Wettbewerb. Aber auch das führt nur dann zum Erfolg, wenn eine berechtigte Hoffnung besteht, einen ehrenwerten Platz zu erlangen. Wer immer als letzter durchs Ziel kommt, dem vergeht der Spaß sehr schnell.

Die höchste Qualität der Speicherung ist erreicht, wenn man ohne Mühe auf das Gelernte zugreifen kann. Man denkt einfach nach, und es fällt einem wieder ein. Man braucht weder eine Melodie, um den Text wiedergeben zu können, noch braucht man Tricks, um Telefon- oder Kontonummern auswendig behalten zu können. Diese hohe Qualität erreicht man in der Regel nur durch Üben. Wenn man einen zu lernenden Stoff aber in eine Form bringt, die einem Spaß bereitet, dann ist das Lernen und Üben nicht schlimm, man macht es sogar gerne. Es ist erstaunlich, welchen hohen Leistungsgrad sich Kinder bei Computerspielen selbst aneignen und wie mühsam es für sie ist, die Hausaufgaben zu machen.

Dieser langwierig erscheinende Weg, Wissensstoff in eine

interessante Form zu bringen, lohnt sich trotzdem. Einmal erstellt, kann die Schablone (die Trägerfrequenz) über Generationen hinweg verwendet werden. Das Beste aber daran ist, der Erfolg ist von anhaltender Dauer. Es ist erschreckend zu erleben, wie wenig von dem vermeintlich Gelernten nach geraumer Zeit noch vorhanden ist. Genauso dünn wie die Methoden sind, ist nämlich auch der Erfolg.

Für unser "Automatisches Speicherungssystem" ist es zudem besonders günstig, wenn der aufzunehmende Stoff einer leicht zu begreifenden Logik unterliegt. Es geht also darum, den Stoff in ein logisches Ordnungsprinzip zu fassen. Wie einfach ist es, in einem Hotel ein beliebiges Zimmer zu finden, z.B. Zimmer 412. Man nimmt den Aufzug, drückt den 4. Stock und ist nun schon ganz in der Nähe. Nun schaut man, in welcher Richtung die Zimmernumerierung aufsteigend bzw. abfallend verläuft und findet so zielsicher die richtige Nummer. Es ist wichtig, eine sinnvolle Struktur zu haben, die den Zugriff begünstigt. Würde die Zimmernummer nicht gleichzeitig einen sinnvollen Schlüssel beinhalten, könnte die Suche zu einem sehr aufwendigen Unternehmen werden. Unser "Automatisches Speicherungssystem" verlangt nach solchen Rasterstrukturen, nach einer Art Gerüst.

Erinnern Sie sich an die Ortschaften, die Sie bei ihrer letzten Autofahrt durchfahren haben? Wenn Sie diese Fahrt zum ersten Mal gemacht haben, dann wäre es nicht schlimm, wenn Sie sich nur noch an ganz markante Orte erinnern könnten. Aber selbst Pendler, die eine Strecke von etwa 100 km jede Woche einmal hin und zurückfahren, können meist nicht definitiv alle Orte angeben. Dabei würde man annehmen, mit jedem Mal bliebe ein bißchen mehr hängen. Man hat sicherlich alle dieser Ortsnamen gelesen, aber bereits hinter dem Ortsschild war er einem schon wieder entfallen. Nun liegt dies nicht daran, daß unser Kopf allmählich zu klein wird. Es liegt nur daran, daß mit diesen Namen keine Ereignisse und damit auch keine Gefühle verknüpft sind. An den Ort, in dem am Auto der Reifen geplatzt ist, und in dem man nach einer Werkstatt suchte, wird man sich noch lange Zeit erinnern. Dabei kann es sich um das kleinste und unbedeutendste Dorf auf der ganzen Strecke handeln.

Wir können unserem Gedächtnis-Speichersystem helfen, wenn wir feste Strukturen anlegen: nämlich bewußt auswendig lernen. Wir müssen gerade das auswendig lernen, was wir immer wieder vergessen. Es ist heute vielleicht etwas verpönt. Selbst in Schulen wird dies nicht mehr in der notwendigen Weise gepflegt. Es heißt dann, man brauche den Kopf für wichtigere Dinge. Aber gerade darin liegt der Trugschluß. Durch das Auswendiglernen bereitet sich das Gehirn vor, auch Sachverhalte, die vielleicht zu einem anderen

Themenkreis gehören, leichter behalten zu können. Es legt dadurch feste Strukturen an. Um das "Automatische Speichersystem" auf Dauer leistungsfähig zu erhalten, bedarf es eben eines sachgerechten Umganges. Damit die Systeme zufriedenstellend arbeiten, ist eine gewisse Pflege unerläßlich. Die Natur kennt viele Erscheinungsformen, bei denen sich Systeme durch ihre Aktivitäten selbst beeinträchtigen und einer regelmäßigen Auffrischung bedürfen. Ein Feuer erlischt allmählich, wenn kein neuer Sauerstoff hinzu strömen kann. Wenn immer nur Holz aufgelegt und die Asche zwischendurch nicht beseitigt wird, glimmt und raucht ein Feuer am Ende nur noch, obwohl genügend Brennmaterial vorhanden ist. Auch anfangs schöne Parkanlagen oder ertragreiche Wiesen vergammeln und verfilzen, wenn sie nicht entsprechend gemäht und bebaut werden.

Um Mißverständnissen vorzubeugen: es geht nicht darum, alles aufzuschreiben und auswendig zu lernen, was einem an wichtigem Neuem begegnet. Vielmehr sollte man sich hin und wieder einen Vers, ein Fremdwort, vielleicht auch geschichtlich interessante Jahreszahlen oder geographische Begriffe einprägen. Besonders geeignet sind natürlich solche Begriffe, die beruflich oder auch hobbymäßig von Bedeutung sind. Dann schlägt man zwei Fliegen mit einer Klappe. Wissenserweiterung auf einem nutzbringenden Gebiet und gleichzeitig das Schaffen von Ankerpunkten, für das "Automatische Speicherungssystem". Hierzu eignet sich ein kleiner Karteikasten, bei dem auf der Vorderseite einer Karte die Frage und auf der Rückseite die Antwort steht. Der Gewinn ist außerordentlich groß. Wenn man dazu übergeht, sich pro Tag einen neuen Begriff einzuprägen, noch dazu einen, der einem bisher immer wieder entfallen ist, dann hat das Speicherungssystem einen Ankerpunkt, um den herum es viele andere Begriffe oder Sachverhalte einlagern kann. Plötzlich spürt man, wie das Interesse an bisher eher Unwichtigem, wieder aufflammt. Man ist wieder interessierter. Man spürt auch, wie man jetzt wieder Sachverhalte ohne Mühe, nur beim beiläufigen Hinhören behalten kann.

Lernen und das Gelernte behalten spielen in der Natur eine bedeutende Rolle. Dies ist bereits bei den Tieren so. Wenn die Futterplätze nicht jedesmal nach Versuch und Irrtum neu gesucht werden müssen, hat das einleuchtende Vorteile. Die Ausgangssituation ist immer ähnlich: etwas wird erlebt, es wird durch die Sensoren gemeldet. Die Sensoren melden jedoch eine Unmenge. Da fliegt gerade ein Vogel vorüber. Ist er eventuell eine Bedrohung? Am Waldrand weht ein Windhauch und schüttelt die welken Blätter von den Bäumen. Aus der Ferne Donnergrollen und zuckende Blitze. Muß das alles behalten werden? Man weiß es nicht. Man kennt oft gar nicht die Bedeutung des Gegenwärtigen für die Zukunft. Würde aber etwas nur dann abgespeichert, wenn der Verstand die Wichtigkeit begründen kann, dann könnte das zu wenig sein. Biologische Systeme haben nun einmal die Prämisse, daß sie zum überwiegenden Teil automatisch funktionieren müssen. Die Steuerung, durch das Bewußtsein des Individuums hat nur untergeordnete Bedeutung. Welche Instanz soll nun auswählen, welche Information sich abzuspeichern lohnt, das Bewußtsein oder die Automatik? Um Fehler zu vermeiden, wird erst einmal alles abgespeichert. Leider aber nicht so, daß wir es für alle Zeit im Zugriff hätten. Obwohl die Sensoren vieles sehr detailliert wahrnehmen, wird nicht in vollem Umfang abgespeichert, sondern nur ein relativ grobes Raster. Ganz deutlich wird dies, wenn wir eine Melodie hören. Sie gefällt uns, wir summen ein wenig mit. Abends dann klingt uns vielleicht die Musik noch ein wenig im Ohr. Wir wollen sie summen, doch leider gelingt es uns nicht mehr. Sie ist uns entfallen! Nein, sie ist nicht ganz vergessen, wir würden sie ja jederzeit wiedererkennen. Nur zum reproduzieren reicht es nicht mehr. Warum? Das Raster! Wie soll man eine Melodie summen, von der man nur jede zweite oder dritte Note abgespeichert hat. Das gleiche Problem ergibt sich, wenn man ein oft betrachtetes Gemälde später aus der Erinnerung heraus malen soll. Man glaubt zunächst, es ganz genau vor sich zu sehen - und dann so etwas. Unser "Werk" zeigt kaum Ähnlichkeit, die Details stimmen überhaupt nicht mit dem Original überein. Unser Speicherungssystem spielt uns da einen Streich. Es läßt uns glauben, wir hätten ein komplettes Abbild in unserem Gedächtnis und dabei sind es doch nur Fragmente.

Betrachten wir einmal vor unserem geistigen Auge ein bekanntes Haus von der Giebelseite her. Wieviel Punkte müssen wir uns einprägen, um dieses Bild abzuspeichern. Eigentlich könnte man die ganze Fassade in ein Millimeterraster einteilen, dann wären es aber viele Millionen Bildpunkte. Nun, ohne Zweifel wäre das Bild dann ziemlich vollkommen, nur unser Speicher wäre auf diese Weise bald überlastet. Also überlegen wir ein effektiveres Verfahren. Wir nehmen nur die Ecken der Fassade, eine am Boden, zwei am Dachvorsprung und eine am First. Das sind nun 4 Punkte. Da die andere Seite genau so aussieht, kann sie man durch einen Spiegelalgorithmus erhalten. Man braucht sie sich nicht noch einmal zu merken. Die Verbindung der Punkte brauchen wir auch nicht zu speichern, sie ist ebenfalls ein gängiger Algorithmus. Die Linien zieht unser System selbst. Was fehlt noch?   4 Fenster. Wie Fenster aussehen haben wir schon irgendwo gespeichert, es wird nur eine Verknüpfung dazu hergestellt. Auf feine Details kommt es hier nicht an. Also wird die grobe Lage mit weiteren 4 Punkten markiert und fertig. Die Farbe ist weiß. Farben sind ebenfalls schon irgendwo abgespeichert werden nur noch verknüpft. Das wär's. Mit acht Punkten und zwei Verknüpfungen haben wir die Hausfront abgespeichert. Natürlich kommen nun noch Distanzanalogien dazu, aber damit wäre der Prozeß im großen und ganzen abgeschlossen. Unser geistiges Auge kann nun die Fassade reproduzieren. Wir haben auch den Eindruck, alles ganz klar und wirklichkeitsnah zu sehen. Doch würden wir eine Zeichnung anfertigen und dann mit der Realität vergleichen, gäbe es doch gravierende Lücken. Aber die Speicherung reicht immerhin aus, das Objekt wieder zu erkennen. Und genau darauf kommt es in der Natur an.

Es wäre aus der Sicht der Natur barer Unsinn, mehr abzuspeichern als man benötigt, um etwas mit hoher Wahrscheinlichkeit wiederzuerkennen. Da viele Objekte der Natur so aufgebaut sind, daß man sie durch Spiegelung oder Drehung einer Querschnittshälfte erhält, ist es besonders nützlich, dem Individuum eine entsprechende Rechenvorschrift bereits in der Erbmasse mitzugeben. Was ein solcher Algorithmus leistet, kann man ganz einfach an der Darstellung eine Kreises sehen. Was brauchen wir, um einen Kreis zeichnen zu können? Eigentlich nur die Länge des Radius, also nur eine einzige Größe. Wir brauchen weder die Punkte, die auf dem Umfang liegen noch die Punkte, die die Fläche beschreiben. All das erledigt ein Algorithmus.

Vor dieser Erscheinungsform befinden wir uns also immer, wenn wir nicht bewußt lernen, sondern uns nur berieseln lassen. Dann bleibt uns nur die Essenz. Wer könnte wohl eine gelesene Seite wortgetreu wiedergeben? Es gibt eben keinen Algorithmus, der beliebige unterschiedliche Worte aneinanderreihen kann, so daß ein willkürlicher Text gespeichert und wiedergegeben werden könnte. Trotzdem haben wir es gut. Unser Gehirn ist ein ganzes Labor und ein Rechenzentrum zugleich. Es ist mit vielen Hilfsmitteln und Werkzeugen ausgestattet. Können diese Hilfsmittel problemlos eingesetzt werden, tun wir uns mit dem Speichern leicht. Hätten wir z.B. ein dickes Buch auswendig zu lernen, dann wäre dies ein leichtes für uns, wenn in dem gesamten Buch nur ein Satz ständig wiederholt würde. Wir müßten dann nur noch wissen wie oft dieser Satz vorkäme und schon wären wir fertig. Der Algorithmus würde dann lauten: der Satz multipliziert mit der Häufigkeit, ergibt den Inhalt des gesamten Buches.

Die nicht einfache Aufgabe ist es nun, einen Lernstoff so aufzubereiten, daß man nicht alle Punkte lernen muß. Es ist zweckmäßig, den Stoff in wenige Fakten und einen passenden Algorithmus aufzuteilen. Nicht immer einfach. Deshalb pauken wir auch lieber Fakten und immer wieder Fakten. Wir reihen sie ohne Regel aneinander und hoffen, daß wir sie trotzdem behalten können. Manchmal haben wir Glück. Oft liefert unser System den Algorithmus selbständig nach. Manchmal ist es eben in der Lage, den angehäuften Stoff zu durchdringen und eine angeborene oder erlernte Regel darauf anzuwenden. Je reichhaltiger dieses Regellager ist, um so leichter wird man Dinge behalten können.

Es gibt neben den Algorithmen noch eine weitere, äußerst sparsame Speicherungsform, die wir in unserem Hausbeispiel bei den Fenstern bereits kennengelernt haben, die der Analogien. Wenn wir die Bilder der Welt betrachten, sind sie alle anders und doch auf irgendeine Weise ähnlich. Ähnlich heißt aber, es gibt Gemeinsamkeiten, die man nur einmal abspeichern muß, wie z.B. das Aussehen einer Baumstruktur. Jeder Baum sieht zwar anders aus, gliedert sich aber in Wurzel, Stamm, Äste, Blätter usw. Wenn also das Grundmuster Baum bereits gespeichert ist, braucht man sich nur noch die wesentlichen Unterschiede einzuprägen. Blattform, unterschiedliche Größe, andere spezifische Merkmale. Das Erinnerungssystem nimmt nun das Grundmuster Baum und speichert nur noch die wichtigen Abweichungen.

Wie bereits angesprochen, sind Details für unser Erinnerungssystem im allgemeinen nicht wichtig. Deshalb kommt es vor, daß weit zurückliegende Erinnerungen, die wir vor unserem geistigen Auge sehen, oft mit der ursprünglich abgespeicherten Wirklichkeit wenig gemeinsam haben. Solange wir aber nicht das wirkliche Objekt vor uns haben, sind wir davon überzeugt, unser geistiges Bild würde sich mit dem realen decken. Viele Heimatvertriebene staunten nicht schlecht, als sie nach vielen Jahren endlich wieder vor ihrem Elternhaus standen, in dem sie als Kind noch gelebt hatten. In ihrem Gedächtnis bewahrten sie die Vorstellung von einem stattlichen und geräumigen, liebevoll gepflegten Haus, und nun standen sie vor einer kleinen armseligen "Hütte", die ihnen eher fremd erschien. Sollte das wirklich das Elternhaus gewesen sein? Ja, es war es wirklich. Ist es Ihnen nicht auch schon so ergangen, daß Sie an einen Ort zurückgekehrt sind den Sie glaubten, in hervorragender Erinnerung zu haben, und dann taten Sie sich ziemlich schwer, sich zurechtzufinden. Obwohl sich nichts geändert hatte, ist man felsenfest der Überzeugung, vieles hätte ganz anders ausgesehen. Doch aufgepaßt, es dauert nicht lange und unser "Automatisches Speicherungssystem" hat die Brücken zwischen dem gespeicherten Bild und den vorgefundenen Gegebenheiten der Realität hergestellt. Man muß auf diesen Vorgang der Abgleichung bewußt achtgeben, um ihn überhaupt wahrzunehmen. Noch während man sich wundert, wird automatisch der Abgleich vollzogen, und plötzlich stimmen die geistigen Bilder mit denen der Realität wieder überein so, als wäre die Vorstellung nie anders gewesen. Es ist wie ein Zoom-Effekt, der die Größenordnung korrigiert, wie ein

Zurechtrücken von Tischen und Stühlen, um die gewohnte Ordnung herzustellen.

Wir haben es hier mit einer gewissen Unvollkommenheit und zugleich mit einer großen Genialität unseres Denkapparates zu tun. Unvollkommenheit deshalb, weil alles nur sehr rudimentär und in relativen Größenordnungen abgespeichert wird und damit einer gewissen Verfälschung, über die Jahre hinweg, unterliegt. Als Kind erscheinen einem Gegenstände und Räume größer. Auch das Spielzeug, mit dem man sich täglich befaßte, war makellos, obwohl mit der alten Holzpuppe bereits die Mutter und mehrere Geschwister spielten, ihr ein Arm fehlte und das Äußere stark ramponiert war. Es mußte einfach so sein. Doch jetzt als Erwachsener hat man ganz andere Maßstäbe. Man unterscheidet sehr genau zwischen neu und alt, und auch die Größenverhältnisse werden anders bewertet.

Unser "Automatisches Speicherungssystem" ist nicht gleichzusetzen mit einem Film, bei dem alles aufgezeichnet wird. Jedes Detail unterliegt einer sehr aufwendigen Bearbeitung. Es versucht zunächst immer Neues mit bisher Vorhandenem abzustimmen. Abgespeichert werden dann nur noch eventuell abweichende Besonderheiten. Damit nun altes und neues Bild nicht ineinander verschwimmen, wird das Ganze noch mit der momentanen Gefühlslage verknüpft. Will man dann später an diese Informationen herankommen, reicht es oft nicht aus sich nur daran erinnern zu wollen. Je mehr begleitende Informationen noch beschafft werden können, um so besser wird das Erinnerungsvermögen. Oft wird in einer Tischrunde ein uraltes Thema aufgerollt, und man hat große Schwierigkeiten sich zu erinnern. Nun erzählt der Eine und der Andere ein paar Details und langsam stellt sich das Gefühl von damals wieder ein. Und mit dieser Stimmung sind auch die Bilder wieder da. Kriminalisten versuchen deshalb, einen Tathergang möglichst wirklichkeitsnah und am Ort des Geschehens nachzustellen, um das Opfer oder die Zeugen in den gleichen Gefühlsrahmen zu versetzen. Das ist gerade das Typische. Es ist uns nicht möglich, einfach in einem eliminierten "Punkt" zu denken. Wir benötigen einen "Geschehnisrahmen". Dieser Rahmen stellt zugleich auch einen Wegweiser dar, nach dem die Erinnerungen wiedergefunden werden können. Erinnerungen zu ordnen ist stets ein Problem und es kommt nicht selten vor, daß man zeitlich verschiedene Gegebenheiten vermischt, vor allem wenn bei verschiedenen Erlebnissen ähnliche Gefühle vorhanden waren.

Worin liegt nun der Unterschied, ob ein junger Mensch eine Situation erlebt oder ein älterer? Wird eine Situation zu ersten Mal erlebt, erhält sie eine hohe Gefühlskomponente. Man ist erregt, erfreut, verängstigt oder man erlebt sonst eine Emotionsmischung. Unsere Gedächtnisrechenroutine hat gesucht und nichts Vergleichbares gefunden. Nun wird das Neue nicht nur zu einem einfachen Bild, sondern zu einem Gesamterlebnis mit all den vorhandenen Eindrücken verknüpft. Der Erlebniswert beim zweiten Mal ist schon wesentlich geringer. Die gleiche Situation läßt uns jetzt relativ kalt. Gefühle treten nur noch abgeschwächt in Erscheinung. Unser Speichersystem kann nun bereits auf ein abgespeichertes Muster zurückgreifen, braucht also nur noch Abweichungen zu notieren, was eine schwächere Gefühlskomponente erzeugt. Als älterer Mensch hat man irgendwie alles schon einmal erlebt. Unser Gedächtnis hat jeweils schon ein Muster im Zugriff. Besonders erhebende Gefühle werden deshalb auch immer seltener. Nun werden nur noch Änderungen und Abweichungen hinzugefügt. Auch jetzt wird noch alles gespeichert, aber die Gefühlskomponente ist eher blaß. Zwar prägt sich ein Geschehen, das öfter wiederholt wird stärker ein, nur das Auseinanderhalten der abweichenden Besonderheiten wird immer schwieriger. Das ist dann so, als wenn jemand seinen Jahresurlaub immer am gleichen Ort verbringt. Er wird am Ende nicht mehr genau wissen, ob ein bestimmtes Erlebnis beim dritten oder zehnten mal passiert ist. Das erste Erlebnis einer Art prägt sich jedoch stets besonders gut ein. Nicht zuletzt deshalb haben ältere Menschen ein besseres Erinnerungsvermögen an ihre Kindheit, als an die Geschehnisse, die näher an der Gegenwart liegen.

Viele der Muster, Algorithmen und Ordnungskomponenten, die unser Gedächtnis immer wieder verwendet, werden besonders in der Kleinkindphase angelegt. Manche sind auch schon als Grundausstattung beim Neugeborenen vorhanden. Je reichhaltiger diese Ausstattung ist, um so besser ist unser Lern- und Erinnerungsvermögen. Gerade dieser Aspekt kann nicht hoch genug bewertet werden. Die genetische Grundausstattung des Menschen ist auf Flexibilität ausgerichtet. Das bedeutet daß fast alle Wertmaßstäbe, Sitten, Gebräuche, günstige Verhaltensmuster, Gefahrenmomente und vieles andere mehr erst erworben werden müssen. Das "Automatische System" muß erst vieles lernen, bevor es angemessene und sinnvolle Entscheidungen treffen kann. Auch das ist Lernen. Man bezeichnet es nicht als Bildung, und doch hat es für das Leben einen höheren Stellenwert wie die Ausbildung in Schule und Beruf. Wäre unser "Automatisches System" in allen Teilen starr programmiert, wäre ein Fortschritt nur in geologischen Zeitmaßstäben, also nur ganz langsam möglich. Durch diesen Kunstgriff kommt der Mensch als armes Würstchen auf die Welt und muß erst im Kontakt mit seiner Umwelt lebenstüchtig gemacht werden. Auf diese früh erworbenen Erkenntnisse greift das "Automatische System" während des gesamten Lebens zurück.

Deshalb ist es ungeheuer wichtig, daß Kinder eine vielseitige, erlebnisreiche, ethisch hochwertige, realitätsbezogene und im Rahmen von Familie und Gesellschaft vertrauenswürdige Jugend erleben.

Auf was für Erfahrungswerte kann ein "Automatisches System" zurückgreifen, wenn die Jugend in einem zerrütteten Elternhaus verbracht wurde, wenn Kinder oder die Familie als asozial von der Gesellschaft ausgegrenzt wurden, wenn Angst, Krieg und Hunger den Alltag prägten? Es verwundert nicht, wenn aus diesen "Problemkindern" Erwachsene werden, die die Gesellschaft verachten. Andererseits erstaunt immer wieder, wenn liebevoll behandelte Kinder ebenfalls zu Problemfällen werden. Sie werden unter erheblichen Opfern aufgezogen und entwickeln sich dann zu schrecklich bösartigen Wesen. Auch zuviel Entgegenkommen, Aufopferung und Fürsorge führt zu einem falschen Datenpool. Ein "Zuviel" wirkt ebenso nachteilig aus wie ein "Zuwenig". Auf der anderen Seite wird aber auch deutlich, daß ein genetisch vorgegebenes Filtersystem die Kindheitserlebnisse individuell bewertet. So können Schläge für das eine Kind ein lästiges aber tragbares Erziehungsmittel sein, während sie beim anderen Kind zu einem erheblichen Schockerlebnis werden.

Wie stark das "Automatische System" an eingeprägten Strukturen festhält, zeigt sich an vielen Dingen des Alltags. Wer das Pech hat, seine Muttersprache in einem "wüsten" Dialekt gelernt zu haben, der kommt so gut wie nicht mehr davon los. Ja, das "Automatische System" weigert sich regelrecht, gewisse Silben oder Endungen auszusprechen. Egal wie lange er die Schriftsprache üben wird, man wird ihm seine Herkunft immer anmerken. Auch Eßgewohnheiten gehören in diese Rubrik. Wer als Kind nicht gelernt hat Spinnen, Insekten und Maden zu essen, wird sich als Erwachsener kaum mehr dazu überwinden können. Wer religiös erzogen wurde, der wird sich auch später an dieser Lehre orientieren und jede andere Auffassungen grundsätzlich verwerfen. Diese Prägung auf die entsprechende Normen der Gesellschaft in der man lebt, aber auch das Kennenlernen der Grenzen, die man besser nicht überschreitet, wie auch die Reaktionen des Umfeldes, wenn man sich nicht an Gepflogenheiten hält, sind für eine gesunde Entwicklung von elementarer Bedeutung.

Lernen hat viele Gesichter. Egal ob das "Automatische System" sich Normen, Gepflogenheiten und Reaktionen einverleibt, oder ob man sich Bildung oder Fertigkeiten aneignet, für jegliche Form des Lernens gilt: der Stoff sollte zweckmäßiger Weise so angeboten werden, daß er der Speicherungslogik des "Automatischen Systems" nahekommt. Alles Lernen verläuft über diese Schnittstelle.

Dementsprechend sollte auch jeglicher Lernstoff schnittstellengerecht zubereitet werden, um nicht nur leichter, sondern vor allem im richtigen Zusammenhang und sachgerecht, eingeordnet werden zu können. Nur wer diesen Grundsatz beachtet, der macht Lernen zum Spiel und erzielt damit auch langfristigen Erfolg.

Die Vorstellung

Wir Menschen machen uns von allem eine Vorstellung. Nicht daß wir das absichtlich wollen, nein, es wird uns hartnäckig von unserem "Automatischen System" aufgezwungen. Da wirft jemand den Begriff "Urlaub" in die Runde, schon tauchen bei jedem Zuhörer Bilder auf, die irgendwie mit einem verbrachten Urlaub in Zusammenhang stehen. Da nennt jemand den Begriff "Zahnarzt" und schon vermeint man dieses pfeifende Geräusch des Bohrers zu hören. Man fühlt sich förmlich auf diesem Folterstuhl sitzen, mit bangem Herzen und weichen Knien. Wenn das Wort "Schweinestall" fällt, dann möchte man am liebsten sein Essen auf die Seite schieben, denn plötzlich wird es überall unhygienisch und riecht bedenklich unangenehm. Beim Begriff "Weihnachtsmarkt" steigt der Duft von gebrannten Mandeln, von Glühwein und von süßer Zuckerwatte in die Nase. Die Beispiele könnten aus allen Bereichen des täglichen Lebens beliebig fortgeführt werden.

Man sieht daran, daß Worte nicht nur abstrakte Begriffe sind. Manche Worte können tief verletzen, andere kommen nur ungern über die Lippen, wieder andere werden sehr gerne ausgesprochen. Es tut uns dann richtig gut, sie zu erwähnen. Wir verwenden sie oft und gerne, weil sie unserer Vorstellung zufolge, einen Satz gut abrunden, weil sie in weitem Bereich ausgelegt werden können und global passen. In unserer Vorstellung drückt solch ein Wort genau das aus, was uns auf der Zunge liegt. Es befreit uns davor, weitere, treffendere Begriffe suchen zu müssen. Ein einfacher Mann verwendete ständig das Wort "kurios" . Er tat es nicht ungeschickt und trotzdem hatte man manchmal den Eindruck, daß er sich über die Bedeutung nicht ganz im klaren war. Der Schwabe benutzt gerne die Worte "so so" und "ja ja". Damit wird eigentlich gar nichts gesagt, und doch klingt es wie Zustimmung oder weist zumindest auf einen aufmerksamen Zuhörer hin.

Wer sich im Ausland mit der Sprache schwer tut und sich an Einheimische wendet, dem begegnet häufig der Ausspruch "no problemo". Dabei geht es gar nicht darum, daß man sich in großen Schwierigkeiten befindet, aber das "no problemo" entspannt auch relativ unkritische Situationen sofort. Auch dann, wenn man sich ganz sicher ist, daß man in der Folge doch noch mit erheblichen Problemen zu rechnen hat.

Unsere "Vorstellung" ist ständig aktiv. Wer kann schon einen Urlaub planen, ohne sich gleichzeitig vorzustellen, wie toll es dort sein wird. Auch der geplante Besuch bei einem Bekannten, bei Freunden oder Verwandten beginnt stets mit der Vorstellung, was einen dort wohl erwarten wird. Ist die Person zuhause, wird man mit einem freundlichen Lächeln begrüßt, kommt man eventuell ungelegen und das Ganze wird zum Flop? Hat man sich etwas in seiner Vorstellung sehr schön ausgemalt und die Wirklichkeit ist dann wesentlich negativer, ist die Enttäuschung groß. Die reale Welt und das Bild der Vorstellung waren nicht deckungsgleich. Hat man sich etwas viel schlechter, schwerer oder unangenehmer vorgestellt und die Realität erweist sich als viel günstiger, macht sich Überraschung breit. Weil Enttäuschungen immer mit einem schmerzlichen Gefühl verbunden sind, schiebt der Erfahrene, oder besser gesagt, der gebrannte Mensch, seiner günstigen Erwartung einen Riegel vor. Er übt sich in Scheinpessimismus. Er tut mal so, als würde sich die gute Prognose eher als Flop erweisen. Lieber verzichtet er auf ein ganzes Stück hoffnungsvoller Vorfreude, braucht dafür aber nicht das unangenehme Gefühl einer eventuellen Enttäuschung zu ertragen. Ja vielleicht erhält er dann als Gegenleistung sogar eine unerwartete Über - Überraschung.

Die Vorstellung ist auch dort essentiell, wo wir uns bewegen: auf der Straße, in einem Gebäude oder als Taucher unter Wasser. Der Begriff drückt es bereits selbst aus: es wird etwas erstellt oder vorangestellt, noch bevor die Realität diesen Stand erreicht hat. Wenn einer schon einmal in einer Gegend war, oder eine holprige Straße befahren hat, so kann er sich im voraus bereits ein Bild davon machen, was ihn erwartet. Diese Art der Vorauskenntnis verschafft schon einmal Sicherheit, auch wenn man hinterher feststellen muß, daß das Bild der Vorstellung sich doch nicht in allen Details mit der Realität deckte. Wer ein Gebäude betritt, ein älteres Haus, ein Amt oder eine Kirche, dem werden viele Bilder vorauseilen. Ein älteres Gebäude riecht modrig, die Treppen und die Böden knarren, die Decken sind niedriger oder höher als gewohnt und die Gänge schmal. Man stellt sich automatisch vor, wie mittlerweile verstorbene Generationen wohl in diesen Mauern gelebt, was sie erlebt haben und wie der derzeitige Besitzer wohl aussehen wird. Ein Amtsgebäude kann nach Bohnerwachs riechen, die Gänge sind in der Regel karg ausgestattet, alles ist auf Funktionalität aber auch auf Distanz ausgerichtet. Man entdeckt kaum etwas Freundliches oder Ansprechendes. Dieses Bild überträgt sich dann natürlich auch auf die Erscheinung der Amtspersonen, die man hinter den Türen erwartet. Eine Kirche erweckt Ehrfurcht. Das große Schiff, die hohe Decke, der besonders üppige oder auch karge Baustil, die Gemälde und der Altar. Oft versucht die Vorstellung hier verzweifelt Zusammenhänge herzustellen, Begründungen für alles zu ersinnen und die Üppigkeit oder Kargheit einzuordnen. Ist hier vielleicht doch eine höhere Macht am Werke, wohnt sie hier vielleicht sogar, oder soll man das alles nur als die menschliche Fähigkeit zur Kunst und zur Kreativität begreifen? Noch gewaltiger wird die Vorstellungskraft beim Betreten einer Leichenhalle beansprucht, sie wird sogar nahezu überfordert. Tote, die kurz zuvor noch gelebt hatten, Seelen, die jetzt vielleicht im Raume schweben und diverse Gerüche, die man mit Tod und Sterben in Verbindung bringt. Schon allein der Anblick eines Leichenwagens genügt, um unangenehme Vorstellungen aufkommen zu lassen.

Einen besonders großen Anteil hat die Vorstellungswelt im Bereich Liebe, Sexualität, Intimität und Partnerschaft. Man stellt sich den schönen Körper des Partners vor, spürt seine zarten Hände auf der Haut, küßt voller Sehnsucht in Gedanken seine große Liebe und kann im Extremfall so sehr von dieser Vorstellungswelt eingenommen werden, daß man nicht mehr in der Lage ist, eine andere Tätigkeit konzentriert durchzuführen. Nicht selten ist das Modell dieser Vorstellung durch Zeitschriften, Romane und Filme mit all ihren idealisierten und meist übertriebenen Vorgaben geprägt. Diese Medien sind in der Lage, die Realität so sehr überzeichnet wiederzugeben, daß ein junger Mensch auf der einen Seite in seiner Vorstellungswelt vor Lust zerfließen und auf der anderen Seite von der erlebten Realität total geschockt sein kann. Man glaubt über alles genau Bescheid zu wissen, um dann enttäuscht oder überrascht zu erfahren, daß alles doch ganz anders ist. Wieviel Freundschaften und Partnerschaften gehen auseinander, von denen man sich dies nie hätte vorstellen können.

Es ist für uns Menschen geradezu typisch, daß wir den Bildern unserer Vorstellung größten Glauben schenken. Daß wir davon ausgehen, daß alles so kommen wird, wie es sich unsere Vorstellung ausmalt. Wir glauben sogar daran, daß wir das Schicksal dann gnädiger stimmen können, wenn wir die definitiv zu erwartende Realität uns ein bißchen angenehmer ausmalen. Das geht sogar soweit, daß man sich ein bereits passiertes Ereignis nicht vorstellen mag. Da heißt es nach einer Klassenarbeit: Hugo: 6! Jemand anders wird durch einen Telefonanruf kurz und bündig davon informiert, daß ein ihm nahestehender Mensch bei einem Unfall tödlich verunglückte. In beiden Fällen wird nach dem ersten Schockerlebnis das "Automatische System" nicht bereit sein, von diesen unangenehmen Informationen eine besonders realistische Vorstellung zu produzieren. Krampfhaft wird man versuchen,

Gründe zu finden, warum dies alles ein Irrtum sein muß. Mit äußerst gemischten Gefühlen wird Hugo das Klassenarbeitsheft in Empfang nehmen und bis zuletzt hoffen, daß er beim Aufschlagen eine andere Note vorfinden wird. Auch das frohe und lebendige Bild eines bekannten und lieben Menschen kann man nicht einfach in seiner Vorstellungswelt austauschen. Man wird noch längere Zeit darauf hoffen, daß ein neuer Anruf dieses unvorstellbare Ereignis dementiert.

Die Vorstellung erfüllt aber auch noch einen ganz anderen wesentlichen Zweck. Sie verschafft uns Orientierung in unserer Umwelt und hat immer damit zu tun, sich an etwas zu erinnern. Im Idealfall kann man sich einen Weg, den man schon öfter gegangen ist so gut vorstellen, daß man ihn sogar mit geschlossenen Augen gehen kann. Auch ein lieb gewordenes Schmuckstück oder ein Gemälde kann sich so tief einprägen, daß man es unter vielen ähnlichen Stücken sofort wiedererkennt. Aber das ist nicht alles. Will man sich in einem bekannten Hause auf die Toilette begeben, so wird die Vorstellung sofort diesen Weg in Gedanken vorzeichnen. Ja nicht nur das, sie wird sogar auf Gefahrenmomente aufmerksam machen: sie wird vor einem schmalen Treppenabstieg warnen, sie wird bereits die Lage des Lichtschalters einblenden und sie wird vielleicht zu bedenken geben, daß man besser noch ein Weilchen warten sollte, weil ein anderer Mensch gerade von diesem Ort zurückgekommen ist. Generell kann man sagen, wird sich das Bild der Vorstellung bei gesunden, geistig leistungsfähigen und erfahrenen Personen besonders gut mit der Realität decken, hingegen wird es bei Kranken, geistig Behinderten oder psychisch Geschädigten zu besonders großen Abweichungen kommen. Das Raster der Vorstellung wird dann wie bei einem vergrößerten oder schlechten Zeitungsbild immer grober und lückenhafter und schmälert somit den Informationsgehalt ganz wesentlich.

Bei geistig behinderten Personen kann es sein, daß in ihrer Vorstellung nur noch das Bild einer beliebigen Türe mit dahinter befindlichem WC auftaucht. Der gesamte Weg dorthin, wie auch alle anderen begleitenden Informationen werden jedoch nicht mehr eingeblendet. Solche Menschen begeben sich dann zur nächstbesten Türe, öffnen diese ohne den geringsten Zweifel an der Richtigkeit ihres Tuns, wundern sich dann aber sehr darüber, daß sich die Realität, im Gegensatz zu ihrer Vorstellung, so stark verändert hat. Eine ältere Dame hatte diesbezüglich die Haustüre erwischt, ließ die Türe, wie sie es vom WC her gewohnt war, ordentlich ins Schloß fallen und war nun sehr verwundert darüber, daß sie sich im Vorgarten befand.

Es ist in den meisten Fällen günstig, wenn sich das Bild der

Vorstellung besonders gut mit der Realität deckt. Dann hat man immer eine gute Orientierungsgrundlage und wird vor Fehlern und Umwegen bewahrt. Genauso richtig ist es aber auch, daß eine besonders realistische Vorstellung uns in einen sehr belastenden Zustand versetzen kann. Vor solchen problematischen Vorstellungen werden wir von unserem "Automatischen System" in vielen Fällen verschont. Aber nicht immer. Das betrifft besonders schreckliche und schmerzliche Eindrücke. Solche Bilder kommen in bestimmten Gefühlslagen wieder hoch und werden, wie die Nahrung bei einem Wiederkäuer, immer wieder "durchgekaut". Es ist also nicht unbedingt ein Zeichen von Schwäche sondern eher von Weitblick, wenn man sich von schrecklichen Ereignissen sofort abwendet. Das "Automatische System" wehrt sich hier offensichtlich, um die Aufnahme von solchen selbstzerstörerischen Daten zu vermeiden. Denn sind sie einmal gespeichert, kann man sie nicht einfach wieder löschen. Sie werden zu einem Teil von uns selbst und versinken nur ganz allmählich ins Unterbewußtsein. Aber auch dort sind sie dem Zugriff des "Automatischen Systems" nicht entzogen.

Entwicklung durch Rahmenbedingungen

Die Entwicklung des Lebendigen verläuft von einfacheren zu komplexeren Formen. Hätten wir dies erwartet? Wohl kaum, denn die Materie auf der Erde geht genau den umgekehrten Weg. Große Felsen zerfallen im Laufe großer Zeitspannen, werden zu Geröll, zu Kies und Schotter, werden durch die Erosionsvorgänge immer weiter zerkleinert bis sie schließlich grober, dann feiner Sand sind, die Tonfraktion erreichen und am Ende mineralisiert werden. Auch die tote Materie im organischen Bereich geht den Weg der Mineralisation, egal ob Baum, Grashalm, Elefant oder Mensch. Auch wenn manche Materialien sich hier als äußerst widerstandsfähig erweisen wie Eichenholz, Knochen oder Haare, so ist es doch nur eine Frage des Zeitaufwands, keinesfalls aber wird hier die Regel gebrochen. Im Bereich des Lebendigen verkehrt sich dieses Schema. Materie baut sich nach einem fest vorgegebenen Plan zu äußerst komplexen und sogar intelligenten Strukturen auf. Da ist zum einen die Reproduktion, die Erhaltung der Art über die Nachkommenschaft. Die Lebewesen erstellen sich selbst. Aber das ist nicht alles. Darüber hinaus verwandelt sich das Lebendige im Laufe großer Zeitintervalle hin zu Höherwertigem und Komplexerem, verändert dabei seine Form und eventuell auch seinen Funktionsbereich. Fische werden zu Landwesen, Reptilien beginnen als Vögel den Luftraum zu erobern. Aus einstmals primitiven Einzellern wird all das großartige Leben, das wir so schätzen: Bäume, Blumen, Wild-, Nutz- und Haustiere. Das ist die Entwicklung des Lebens, wie wir sie beobachten: Zelle - Tier/Pflanze - Mensch.

Obwohl Lebewesen in ihrer Eigenschaft als Individuum in ihrer Anpassung an Umweltbedingungen wenig flexibel sind, wirken sie im Generationswechsel und über einen längeren Zeitraum betrachtet äußerst anpassungselastisch. Es findet allein aufgrund feststehender Rahmenbedingungen in einem von den Lebewesen selbst nicht beeinflußbaren Kräftefeld zwischen genetischen "Defekten" und einer zielgerichteten Selektion statt. Aus dem sich ständig ändernden Genpool werden durch die umwelttechnischen Rahmenbedingungen jene Eigenschaften herausgefiltert, die momentane Vorteile bringen. Es entstehen bei diesem Prozeß der Selektion also keine neuen Genstrukturen. Es kann nur das herausgefiltert werden, was schon vorhanden ist. Wenn man den Erfindungsreichtum des Lebens betrachtet, ist es allerdings schon seltsam, daß sich nirgends, in keinem Lebewesen eine Schnittstelle zwischen "Automatischem System" und den genetischen Einheiten der Keimzellen gebildet hat, sonst könnten sich bei den

Nachkommen aktiv und zielgerichtet Verbesserungen einstellen. Genetische Neuprogrammierung auf der Grundlage, daß die Elterntiere hier ein Defizit verspürten. Bei uns Menschen könnte sich diese Fähigkeit dahingehend auswirken, daß unsere Nachkommen ein wesentlich leistungsfähigeres Gehirn erhielten, Krankheiten, unter denen ein Elternteil gelitten hat, genetisch korrigiert würden und die kräftemäßig unterlegenen Frauen sich größere Muskelpakete wachsen ließen, von idealen Körperformen ganz zu schweigen.

Statt dessen bildete sich eine andere Methode heraus, die in der Lage ist, erbgutabhängige Defizite auszugleichen. Es ist die geistige Entwicklung, die Bildung von intelligenten Strukturen. Man darf die Ausbreitung von leistungsfähigerem Erbgut nicht nur so sehen, daß allein derjenige, der schneller ist, der wehrhafter ist, der einem Krankheitserreger besser widersteht, über eine überlebenstüchtigere Nachkommenschaft sein Erbgut stärker verbreiten kann. Auch wenn diese Bedingungen unverändert bleiben, sich ein Individuum aber in seinem Lebensraum besonders wohl fühlt, wird es paarungsfreudiger sein, mehr Nachkommen erzielen und auch weniger streßbedingte Fehler begehen. Durch diese erhöhte Nachkommenschaft wird es sein Erbgut ebenfalls besonders stark verbreiten. Das Wohlbefinden eines Organismus ist dann besonders groß, wenn er optimale Lebensbedingungen hat. Das heißt aber nicht unbedingt, daß er darauf wartet bis diese ihm gegeben werden. Er kann hier auch aktiv daran mitwirken. Er kann durch Ortsveränderungen seinen Lebensraum verbessern, er kann dies aber auch dadurch erreichen, daß er sich selber schützt durch eine Behausung, ein Nest, eine Höhle oder sonst einen geeigneten Unterstand bzw. Versteck. Er kann Werkzeuge verwenden, um seine begrenzten körperlichen Fähigkeiten zu erweitern. Durch Schläue lassen sich ungute Gefühle, wie Hunger, Feindeinwirkung u.v.a.m. reduzieren. Je flexibler sich ein Organismus hier zeigt, um so erfolgreicher wird er in der Verbreitung seines Erbgutes sein. Gerade zum Erreichen dieser Flexibilität, dieser Unabhängigkeit von vorgefundenen Strukturen, spielt der Verstand die entscheidende Rolle. Der riesige Vorteil, der sich aus dieser geistigen Entwicklung ergibt ist: Man braucht weder den langwierigen Evolutionsprozeß abzuwarten noch ist man ausschließlich auf vorgefundene Bedingungen angewiesen.

Dieses Bestreben, schlechte Gefühle oder sogar Schmerzen zu vermeiden, kann als Leitmotiv geistiger Entwicklungen angesehen werden. Die Möglichkeit einen neutralen Gefühlszustand anzustreben, bei dem es keine negativen Gefühle mehr gibt, ist ein bedeutender Meilenstein in der Entwicklung des Lebens. Ein Organismus, der diesen Zustand erreicht hat, kann die entsprechenden, jetzt nicht mehr benötigten Steuerprogramme abschalten. Das schont den Organismus, spart Kräfte und wirkt sich günstig auf den Energiehaushalt aus. Das geschieht z.B. auch wenn er satt ist, wenn der Wärmebedarf gedeckt oder der Sexualtrieb befriedigt ist. Wenn ein neutraler Zustand erreicht ist, sinkt die entsprechende Motivation und die Aktivität, in dem entsprechenden Bereich, läßt nach.

Allerdings verschiebt sich dieser Neutralpunkt in machen Bereichen permanent, und darin liegt ein nicht unerhebliches Problem. Je höher die geistigen Fähigkeiten ausgebildet sind, um so stärker ist das Bedürfnis nach Veränderungen, nach Neuerungen, hin zu noch günstigeren Lebensbedingungen. Die Neigung, sich mit dem Neutralzustand nicht mehr zufrieden zu geben, wächst. Waren bisher die Organismen mit dem Fehlen negativer Gefühle zufrieden, so entsteht nun das massive Bestreben, sich aktiv um gute und interessante Gefühlen zu bemühen. Selbst für Haus- und Nutztierhalter entsteht dadurch ein permanentes Ärgernis: Hühner, die über den Zaun in den eigenen oder auch in Nachbars Gemüsegarten fliegen, Ziegen denen kein Hindernis zu groß ist, wenn ihnen das eigene Gehege langweilig geworden ist, aber auch Hunde und Katzen, denen ihr luxuriös ausgestatteter Korb in Küche oder Keller nicht mehr genügt, die sich ihren Platz auf dem Sofa, einem Sessel oder gar im Bett ihres Herrchens oder Frauchens erkämpfen.

Besonders ausgeprägt ist diese Entwicklung beim Menschen. Zufriedenheit ist nahezu nicht mehr erreichbar und wenn doch, dann nur für kurze Zeit. Wir sind geradezu süchtig nach immer neuen, guten und interessanten Gefühlen frei nach dem Motto: Zufriedenheit gleich Stillstand, gleich Rückschritt. Gefühlsneutralität ist ein Zustand, mit dem sich allenfalls noch älteren Menschen zufrieden geben. Und so ändern sich die Auffassungen über einen günstigen Zustand laufend. Wer vor etwa dreißig Jahren als Privatperson eine elektrische Schreibmaschine besaß, der war schon wer. Heutzutage ist es beinahe unabdingbar, einen Personal Computer zu Hause zu haben. Wer vor zehn Jahren mit seinem Homecomputer großes Aufsehen erregte, der erntet nur noch Mitleid, wenn er eingesteht, immer noch mit dem selben Gerät zu arbeiten. Dieses Denkschema hat in allen Lebensbereichen Einzug gehalten: Auto, Urlaub, Einbauküche, Kleidung, Arbeitsplatz im Büro, usw. Je komfortabler, je luxuriöser, je üppiger desto besser.

Gerade dieses sich messen untereinander schafft Unzufriedenheit. Es entsteht ein ungutes Gefühl wenn man feststellt, daß andere schon wieder weiter sind. Es ist ein Weg ohne Ziel. Diese Art des geistig geführten Konkurrenzkampfes durch Vergleich mit anderen und dem Nacheifern von Modeerscheinungen, war der Natur bis zum Erscheinen eines hochentwickelten Denkapparates fremd. Bis dahin zählte in jeder Auseinandersetzung, ob mit den Unbilden der Natur, dem Kampf gegen Feinde oder auch dem Widerstehen einer Vielzahl von Krankheitserregern nur die körperliche Ausstattung, die man naturgemäß von der Elterngeneration vererbt bekam. Veränderungen und Anpassungen waren in diesem System nur in gigantischen Zeiträumen möglich. Zudem beruhte die Verwirklichung immer auf dem Zufallsprinzip, auch dann, wenn der Druck zur Anpassung und damit die Gefahr des Aussterbens außergewöhnlich groß war.

Besonders seit dem Auftauchen des Homo Sapiens faßte diese neue Entwicklungskomponente Fuß im Spiel des Lebens. Dabei hat sich das evolutionäre Kräftefeld gar nicht verändert. Es ist das gleiche geblieben, wie seit Beginn des Lebens auf dieser Erde. Nur die Möglichkeiten, diesem Kräftefeld zu entsprechen, haben eine neue Dimension erhalten. Die Anpassungen und Veränderungen aufgrund geistiger Fähigkeiten verlaufen nun mit ungeheurer Geschwindigkeit. So gesehen verhält sich der Mensch getreu den evolutionären Gesetzen, wonach das weniger Leistungsfähige weichen muß. Er drückt diesen "Stempel der Unterlegenheit" der gesamten restlichen Natur auf, besetzt alle Lebensräume und vernichtet alles, was sich als störend, ausbeutbar oder für seine momentanen Ziele als unwesentlich erweist.

Der Mensch hat wohl als einziges Lebewesen auf dieser Erde jene Reife erreicht, ab der sich geistige Fähigkeiten in großem Stil in evolutionäre Vorteile verwandeln lassen. Nur die geistige Entwicklung bietet den Vorteil, vorhandene körperliche Unzulänglichkeiten zu kompensieren und die Leistungsfähigkeit eines Organismus in vielen Lebensbereichen positiv zu unterstützen. Dies zeigt sich wieder beim Menschen besonders deutlich, der z.B. von Natur aus nicht fliegen kann und trotzdem durch seine Technik das am schnellsten fliegende Wesen dieser Erde ist. Der von Natur aus keine Waffen besitzt und trotzdem durch seine geistige Leistung und die Schaffung von Waffen das wehrhafteste Wesen aller Zeiten geworden ist. Es ist jedoch nicht so, daß sich beim modernen, industriell geprägten Menschen ein Gen verändert hat, das man als krankes Habgier- oder Vernichtungsgen bezeichnen kann. Selbst Eingeborene, die Jahrhunderte lang ihren neutralen Status bewahrten, haben sich schlagartig angepaßt und gleichgestellt, als sich mit dem Auftauchen des weißen Mannes die Rahmenbedingungen zum Ausleben bis dahin nicht erkannter Bedürfnisse veränderten.

Es ist schon erstaunlich, welche Entwicklung einfache genetische

Strukturen genommen haben. Am Anfang steht ein "relativ primitives" Schaltzentrum, das automatisch den Organismus verwaltet und Signale der Außenwelt interpretiert. Dann das Erinnerungsvermögen, das nun dieser Automatik erlaubt, auch auf vergangene Ereignisse bzw. Lösungen oder Fehlschläge Rückgriff zu nehmen. Darauf folgend das logische Denkvermögen mit einer gewissen Handlungsfreiheit, dem sogenannten "freien Willen". Diese Eigenschaften geben dem Lebewesen die Möglichkeit, nach eigener geistiger Lagebeurteilung in das tägliche Geschehen einzugreifen. Es ist allerdings nicht so, daß die Automatik nun überflüssig wäre. Vielmehr laufen beide Funktionen - automatische Steuerung und freie Entscheidung - nebeneinander ab. Bei Tieren überwiegt noch die automatische, die instinktive Funktion sehr stark, während beim Menschen bereits eine beachtliche Steuerung durch Planung und Willen möglich ist.

Diese teilweise Selbstbestimmung eröffnet für das Lebewesen neue Chancen, birgt aber gleichzeitig auch die Gefahr großer Irrtümer in sich. Der Organismus ist auf dieser Stufe nicht mehr ausschließlich Sklave der Außenreize, auf die er unwillkürlich reagiert. Auch die Erfahrungswerte vergangener Jahrmillionen, die sich wie ein schützender Mantel in Instinkten und Trieben manifestierten, treten in ihrer Bedeutung zurück. Er kann nun viele seiner Aktivitäten selbst steuern und dabei auch vernichtende Fehler begehen.

Das Bewußtwerden der eigenen Position als Teil eines evolutionären Produktes geht mit den wachsenden geistigen Möglichkeiten konform. Das verschafft einen gewissen Weitblick. Es genügt eben nicht, die Auswirkungen, speziell die Irrtümer der eigenen Leistungsfähigkeit im Nachhinein zu bewerten. Vielmehr wird es von existentieller Bedeutung sein, sich die Auswirkungen des momentanen Tuns sowie die des geplanten und beabsichtigten Handelns bewußt zu machen. "Macht langsamer", möchte man den Verantwortlichen in Politik, Wirtschaft und Wissenschaft zurufen. Nicht die Quantität, sondern die Qualität ist entscheidend. Doch die Eigendynamik der Institutionen macht ein Eingreifen immer unmöglicher. Schlimmer noch, der Mensch, der sich von den Steuerungsmechanismen durch natürliche Rahmenbedingungen immer mehr befreit, ist bereits dabei, der Natur *seine* selbstgestrickten Rahmenbedingungen aufzwingen zu wollen.

Trotzdem sind die biologischen Entwicklungsmöglichkeiten noch lange nicht ausgereizt. Zunächst einmal sind alle Ebenen noch weiter entwicklungsfähig. Der Grad der bisher erreicht ist, kann bei weitem nicht befriedigen. Dies trifft insbesondere auf den Denkapparat und das Bewußtsein, aber auch auf alle physischen Qualitäten zu. Eine sich bereits anbahnende neue Entwicklung ist die Mentale. Der Organismus erhält dabei die Fähigkeit, Außenreize total zu ignorieren und sich eine illusionäre Welt zu schaffen. Dies bedeutet nichts anderes als die Fähigkeit, sein "Automatisches System" mit solchen Daten füttern zu können, die nicht mehr der realen Außenwelt entspringen, sondern die erdacht sind, das Ganze natürlich in der Erwartung einer günstigen Reaktion. Mental kann am Ende bedeuten, daß man auch in der Lage ist, Gegenstände ohne Berührung zu bewegen, Gedanken in ein anderes Wesen zu übertragen oder von diesem zu empfangen. Dies schließt dann die Fähigkeit mit ein, nicht nur sich selbst beeinflussen zu können, sondern sogar andere Organismen durch den eigenen Willen zu steuern. Das wohl größte Phänomen dieser Art, das im aktiven Bewußtsein noch nicht zugänglich ist, ist das geistige Sehen. Sehen ohne Augen ist bisher für den Menschen nur im Nah-Tod-Erlebnis möglich. Für Lebewesen, die diese Fähigkeiten einzeln oder auch in Kombination besitzen, eröffnen sich enorme evolutionäre Vorteile. Allerdings sind dann auch den Möglichkeiten zu Manipulationen auf einer neuen Ebene Tür und Tor geöffnet. Zudem kann man heute schon prognostizieren, daß auch hier die entsprechenden Entwicklungen durch geistige Leistung mit Hilfe technischer Systeme oder der Genmanipulation, der evolutionären biologischen Entwicklung den Rang ablaufen werden.

Weichenstellung in der kulturellen Entwicklung

Es ist schon erstaunlich, daß die geistige Leistungsfähigkeit beim Menschen bereits lange Zeit vorhanden war, bevor er sie kreativ, planmäßig bzw. industriell nutzte. Sie hatte viele Jahrhunderttausende kaum einen Einfluß auf die Weiterentwicklung der menschlichen Kultur. Der Mensch war zwar Sammler und Jäger, und seine Art und Weise zu leben hob sich eindeutig von der der Tiere ab. Man bediente sich einfacher Knochen-, Holz-, Stein- und Metallwerkzeuge, verwendete Ton zur Gefäßherstellung und nutzte das Feuer. Man gebrauchte eine Sprache, hatte religiöse Bindungen und ein gut funktionierendes Sozialleben. Zusammen also Grundlagen, auf denen eine Hochkultur jederzeit hätte errichtet werden können. Aber dies geschah nicht. Es war wohl so, daß diese Art zu leben in den Vorstellungen damaliger Menschen würdig und gut war und keiner Änderung bedurfte. Doch dann setzte sich das planmäßige Verändern und Verbessern der vorhandenen Lebens- und Umweltbedingungen hauptsächlich in der westlichen Welt durch. Es wurden neue Werkstoffe entwickelt, Werkzeuge, Maschinen und neuartige Waffen kamen zum Einsatz. Die technische Revolution hatte begonnen. So konnte es geschehen, daß Menschen mit hochseetüchtigen Schiffen, ja sogar

Flugzeugen andere Menschen in abgelegenen Winkeln dieser Erde aufsuchten und dort für Götter gehalten wurden.

Seit ein paar Jahrhunderten ist nun der weiße Mann dabei, alle erreichbaren Eingeborenenstämme aufzuspüren, zu vernichten, zu christianisieren, auszubeuten oder deren sogenannte primitive Lebensweise auf das Niveau westlicher Größe anzuheben. Die Problematik, die sich dabei den "primitiven" Stämmen und Völkern stellte, war hauptsächlich ein Widerstand gegen das Zerstören überlieferter Wertvorstellungen, Angst vor dem neuen Unbekannten, die Sorge darüber, ob die Stämme im Kräftefeld der neuen Rahmenbedingungen überhaupt überleben konnten. Wie begründet diese Sorgen waren, können wir heute mit einer gewissen Scham nachvollziehen. Wo blieb der Respekt vor einer anderen Kultur? Ohne es zu ahnen, trafen die Eroberer und Ausbeuter auf Menschen, die in ihrer geistigen Entwicklung auf der gleichen Ebene standen wie sie selbst, wobei nur deren kultureller Stand auf einer wesentlich niedrigeren Stufe steckengeblieben war. Trotzdem hatten sie alles, was sie glaubten für ihr Leben zu benötigen. Sie lebten naturnah, waren deshalb aber nicht dumm. Sie hatten nur den Zugang zu einer hohen kulturellen Entwicklung noch nicht gefunden, und im Grunde genommen suchten sie ihn gar nicht. Als sie dann zur Schule gehen mußten, stellte sich heraus, daß sie genauso klug waren wie ihre weißen Mitschüler. Das bedeutet aber, daß der evolutionäre Selektionsdruck für die geistige Entwicklung nicht zwingend die Konformität einer geistigen mit einer kulturellen Entwicklung erfordert.

Das geistige Potential, das sich im Laufe vieler Jahrhunderttausende entwickelte, war zwar für die tägliche Auseinandersetzung mit der Natur von Bedeutung, nicht aber für eine kulturelle Entwicklung. Hätte der moderne Mensch nicht diesen Sprung in die Hochkulturen - und damit verbunden - in eine äußerst riskante industrielle Entwicklung gemacht, die geistige Weiterentwicklung der Grundbausteine "Speicherung", "Erinnerungsvermögen", "Logik" und "Vorstellungsvermögen" hätte dadurch nicht gelitten. Es ist so, daß für die Auseinandersetzung des Lebendigen mit den Risiken der Umwelt, ein hohes Maß an Intelligenz von großem Nutzen ist. Schlauheit zahlt sich aus. Wer gute Beute macht, seinen Feinden überlegen ist oder gefährliche Situationen gut meistert, erntet Lob und Anerkennung. Beides erweckt tolle Gefühle. Was der andere Teil der Menschheit also tat ist nichts anderes, als in einem gewissen Abschnitt dieses laufenden biologischen Entwicklungsprozesses auszuscheren, um die vorhandenen geistigen Fähigkeiten zusätzlich in einer ganz anderen Weise zu nutzen. Letztendlich blieb aber die Motivation weiterhin die gleiche: Vermeidung schlechter und Erlangung guter Gefühle.

Für unser "Automatisches System" spielt es keine Rolle, in welcher Weise man an gute Gefühle gelangt oder schlechte vermeidet. Das gute Gefühl, das man früher hatte, wenn man die Bedrohung durch Raubtiere abwenden konnte, kann heute durch den Erwerb einer eigenen Wohnung erzielt werden. Was früher der Kampf um die täglichen Nahrungsmittel war, ist heute der Streß am Arbeitsplatz. Es waren zunächst sicherlich nur Kleinigkeiten, die sich dem Leben durch diese Komponente eröffneten, aber mehrere Kleinigkeiten bringen im Konkurrenzkampf am Ende doch entscheidende Vorteile. Man denke z.B. an Tennis, wo sich oft zwei ebenbürtige Gegner gegenüberstehen. Am Ende entscheidet dann nicht einmal spielerisches Können die Partie, sondern das bißchen mehr Ausdauer, die etwas höhere Hitzetoleranz, ein winziger mentaler Vorteil.

Da die evolutionären Kräfte hin zur geistigen Entwicklung auf alle Lebewesen wirken, leuchtet es ein, daß die geistige Entwicklung nicht beim Menschen ihren Ursprung hatte. Vielmehr ist sie eine nützliche und damit für alle Lebewesen vorteilhafte Eigenschaft. Somit muß man auch den Tieren zugestehen, daß ihr Gehirn sehr viel leistungsfähiger ist, als es die Tiere in der Lage sind, uns Menschen gegenüber auszudrücken. Für die Erlangung eines evolutionstechnischen Vorteils, genügt schon eine einzige sinnvolle Anwendung. Ist dann im Laufe der Zeit ein entsprechender Reifegrad erreicht, eröffnet sich ein reichhaltiges Anwendungsspektrum. Man bedenke nur welchen Siegeszug Otto- bzw. Dieselmotoren angetreten haben. Dabei wurden die ersten selbstfahrenden Kutschen noch verlacht und verspottet, und heute ist unser gesamter Lebensstandard ohne sie überhaupt nicht mehr denkbar. Noch typischer ist die Entwicklung in der Computertechnologie. Wie primitiv waren die ersten Geräte. Trotzdem wurden dabei alle wesentlichen Systemkomponenten bereits integriert. Mit der steigenden Leistungsfähigkeit wuchsen auch die Anwendungsgebiete. Intelligente Bauteile sind heute in jedem besseren technischen Gerät zu finden. In der Natur sind entsprechende Analogien z.B. die Mimik, Lautverständigung, Sprache, sinnvolles Verhalten in der Umwelt, Korrektur instinktiver und triebhafter Befehle, Flexibilität, die Fähigkeit zur Projektion und der Grad an Elastizität eines freien Willens.

Was der Mensch mittlerweile im Bereich der Wissenschaften an Kenntnissen aller Art zusammengetragen hat, ist schon beachtlich. Trotzdem stehen eben gerade den Auswüchsen dieses Forscherdranges höchst kritische und apokalyptische Prognosen gegenüber. Mit Sicherheit wäre es für die Menschheit und die gesamte Natur vorteilhafter gewesen, der Mensch hätte sich damit noch mehrere Jahrhunderttausende Zeit gelassen. Dann hätten alle geistigen Errungenschaften die Möglichkeit gehabt, auf einem wesentlich tragfähigeren Fundament zu stehen, es wäre ihnen eine höhere Gedächtnisleistung, eine höherentwickelte Logik und damit verbunden eine ausgeprägtere Einsicht in das eigene Tun zur Verfügung gestanden.

Sicherheit nur mit Nebeneffekten

Eine Leistung des "Automatischen Systems" besonderer Art ist die Fähigkeit, jedem Lebewesen vorzugaukeln, es sei im Konkurrenzkampf mit den Fährnissen der Natur, mit seinen Artgenossen und seinen Feinden, den Krankheitserregern sowie in seiner körperlichen Ausstattung und Freiheit in einer günstigen Ausgangslage. Aus der Sicht eines außenstehenden Beobachters erscheint die Annahme des Gegenteils wesentlich realistischer. Aber wir Menschen schauen eben nicht von außen auf uns herab, sondern blicken von innen heraus auf unsere Umwelt, ohne uns dabei selbst zu sehen. Die rosarote Brille, durch die uns unsere Automatik blicken läßt, gibt uns eine hohe Scheinsicherheit. Um jedoch den Anforderungen des Lebens wirklich gerecht zu werden, müssen wir eine ganze Menge Aufgaben erfüllen. Einerseits sind es die Rahmenbedingungen der Natur, die uns sozusagen von außen her aufgezwungen werden, andererseits innere Zwänge, die unser "Automatisches System" mit Nachdruck einfordert.

Eine wesentliche Triebfeder solcher Aktivitäten ist das Sicherheitsbedürfnis. Für unser "Automatisches System" erwächst Sicherheit daraus, daß man besser ist als andere, sich zudem nicht am gefährlichen Ende einer "flüchtenden Herde" befindet. Selbst wenn die Herde ihrem normalen Tagesgeschäft nachgeht, muß man ständig auf der Hut sein, daß man immer schön brav bei der Masse ist. Wenn dann die Herde in irgend eine Richtung "flieht", heißt es einfach mitrennen. Dabei ist es ganz egal wohin, Hauptsache ist, man befindet sich nie am gefährlichen Ende. Sich mit der Frage zu befassen, welchen Grund die plötzliche Panik hat und vielleicht noch die Ursache ergründen zu wollen, kann in der Natur schon den sicheren Tod bedeuten.

Das Einzelindividuum orientiert sich am Verhalten der Herde, oder anders ausgedrückt, es orientiert sich am Kollektivgehirn. Dem liegt die Annahme unseres "Automatischen Systems" zugrunde, wenn beispielsweise zehn, zwanzig oder mehr Köpfe etwas für gut und richtig halten, der eigene Kopf es nicht besser wissen kann. Auch wenn wir aufgrund der eigenen Lagebeurteilung anders entschieden hätten, gehen wir zunächst davon aus, daß bei uns selbst ein Informationsdefizit vorliegen könnte.

Ohne es bewußt wahrzunehmen, folgen wir bei unseren Aktivitäten ständig diesem Sicherheitsstreben des "Automatischen Systems". Sei dies bei der Berufswahl, beim Streben nach finanzieller Sicherheit, dem Nacheifern der Modetrends, beim Anpassen der "eigenen" Meinung, durch ein möglichst unauffälliges Verhalten usw. Unser "Automatisches System" spürt ständig solche bedeutungsvolle Situationen auf und veranlaßt uns zum Einlenken. Dabei haben kurzfristige Sicherheiten eine höhere Priorität als mittel- und langfristige Betrachtungen. Sind wir dann aus Sicht unseres "Automatischen Systems" wieder auf dem richtigem Kurs, werden wir mit einem guten, manchmal sogar einem euphorischen Gefühl belohnt. So geschehen im Berliner Sportpalast am 18. Februar 1943. In diesem Hexenkessel konnte man sich nur erlauben, mit den Wölfen heulen. So kam es zu dieser, aus heutiger, distanzierter und objektiver Sicht, irrsinnigen, selbstzerstörerischen, vollkommen unverständlichen, von Ovationen begleiteten Zustimmung auf die Frage Goebbels: „Wollt Ihr den totalen Krieg? Wollt Ihr ihn, wenn nötig, totaler und radikaler, als wir ihn uns heute überhaupt erst vorstellen können?" Verrückt, aber das "Automatische System" hat die zweifelhafte Logik der Vorrede akzeptiert. Zudem war es für die Anwesenden wesentlich besser, sich durch Jasagen den Schutz der Masse und die Gunst der Obrigkeit zu sichern, als durch Neinsagen zum gefährdeten Außenseiter zu werden. Das **Jetzt** mußte gut überstanden werden, der totale Krieg war zu diesem Zeitpunkt noch nicht greifbar.

Speziell in Dorfgemeinschaften, in Vereinen, Religions-gemeinschaften und sonstigen Interessengruppen ist man stets bemüht, mit der gängigen Meinung konform zu gehen, zumindest damit nicht anzuecken. Innere, ungeschriebene Kräfte bewirken eine Art vorauseilenden Gehorsam, der Repressalien nahezu überflüssig macht. Anpassungswilligkeit wird in Gemeinschaften zudem nicht selten durch eine entsprechende Kleidung dokumentiert. Wer also den Schutz solcher Gemeinschaften will, muß sich auch an deren Ordnung halten. Diese Ordnung bedarf nicht des Papiers, sondern wird im Rahmen der Erziehung, der Jugendgruppen sowie bei allen möglichen Zusammenkünften erlebt und weitergegeben. Diese Ordnungsprinzipien sind oft hart und je nach Gruppierung auch sehr unterschiedlich. Wer einer Sekte angehört, wird sich möglicherweise bis zur Aufgabe seiner eigenen Persönlichkeit unterordnen. Es kann soweit gehen, daß er seinen ganzen Lebensstil auf die Belange dieser Gruppierung umstellt und sich im Extremfall bis zum finanziellen Ruin einbringt. Wenn das "Automatische System" hierin eine zweckmäßige Logik erkennt, wird es das Individuum nicht nur dahingehend unterstützen, sondern sogar dazu zwingen.

Täglich werden wir in gewisse Rahmenbedingungen gepreßt und ordnen uns auch ohne großen Widerstand unter. Sozialer Druck aus der Familie heraus mit dem Ziel einer guten Erziehung, für einen ordentlichen Lebenswandel: Geregelter Tagesablauf mit frühem Aufstehen, Absolvierung einer soliden Ausbildung, arbeiten gehen, Geld verdienen, sich eine normale Wohnung leisten, zivilisiert essen und kleiden, gesellschaftliche Beziehungen pflegen. Dazu kommt sozialer Druck, der von der Öffentlichkeit herrührt: Sich an Gesetze und Ordnung zu halten, sich in Vereinen und Gruppierungen zu engagieren und den inneren und äußeren Bereich der Wohnung in Ordnung zu halten. In der Lage zu sein, seiner Steuer- und Abgabepflicht sowie sonstigen finanziellen Verpflichtungen nachzukommen.

Das Streben nach Sicherheit hat aber auch noch ein anderes Gesicht. So sind die Rahmenbedingungen ganz anders ausgelegt, wenn es um Positionen am Arbeitsplatz oder um Konkurrenzverhalten in der Wirtschaft geht. Ab einer gewissen Position fügt man sich nicht mehr ein oder ordnet sich unter. Hier werden die Platzvorteile aktiv ausgefochten. Hier ist das Gegenüber nicht Mitglied einer sich selbst schützenden Gemeinschaft, sondern Konkurrent, Gegner oder Feind. Und auch folgende Kategorie gemeinschaftlichen Zusammenlebens kennt unser "Automatisches System": Gerät die vorher beschriebene Ordnung einer Gemeinschaft, die auf Vertrauen, Gunst, und freiwilligem Unterordnen besteht durcheinander, so verwandeln sich die Bande des Urvertrauens in Speerspitzen. Mißtrauen kommt auf, man schottet seinen Bereich ab, jeder versucht nun aktiv die vorteilhaftesten Plätze zu besetzen. Jetzt wird nicht mehr rücksichtsvoll gewartet, sondern mit Ellenbogen und Fäusten gearbeitet. Unter diesen Rahmenbedingungen belohnt uns unser "Automatisches System" dann mit einem guten Gefühl, wenn wir offensichtlich wieder einen Platzvorteil erkämpft haben. Einen besseren Rang errungen zu haben bedeutet nicht nur mehr Ansehen, sondern auch mehr Chancen für die eigene Sicherheit, und sei dies nur beim vorrangigen Zugriff auf eine zu verteilende Beute bzw. einen zu verteilenden "Kuchen".

In wesentlich abgeschwächter Form reagiert unser "Automatisches System" auf Sicherheitsaspekte, die nicht direkt zu spüren, zu erleben oder aufgrund akuter Ereignisse nicht mit einem hohen Wahrscheinlichkeitsfaktor zu prognostizieren sind. Ereignisse also, deren Risiken eher in einer mittel- bis langfristigen Betrachtung in Erscheinung treten. Ereignisse, die u.U. so weit in der Zukunft liegen, daß das eigene Erleben eher unwahrscheinlich ist. Ereignisse, deren Eintreffen aufgrund höherer Gewalt, günstiger Umstände oder menschlicher Gegensteuerung, aus momentaner Sicht noch einen gewissen Spielraum zulassen. Es ist wie bei einer Elefantenherde, die in keiner Weise beunruhigt wird, nur weil sie aufgrund einer reichhaltigen Nachkommenschaft weniger üppige Weideplätze vorfindet als früher. Solange der Bauch noch jeden Abend voll ist, hat das "Automatische System" keinen Grund Alarm zu schlagen. Wir Menschen blicken zwar etwas weiter und trotzdem ist auch unser "Automatisches System" nicht als Warnsystem für kritische, in der Zukunft liegende und vorhersehbare Ereignisse ausgelegt. Daß unser Verstand hier einen gewissen Verdacht schöpft, ist für unser "Automatisches System" noch kein Grund, uns mit einem unguten Gefühl zum Gegensteuern zu zwingen. Dabei gibt es durchaus kritische Prognosen für die Zukunft des Menschen, die auch ohne besondere Warnmeldung des "Automatischen Systems" ernst genommen werden sollten. Dort, wo Menschen leben, arbeiten und produzieren, entstehen im Gefolge der erwünschten Ereignisse auch unerwünschte Nebenprodukte, die sich von Störfaktoren (lästige Begleiterscheinungen) bis hin zu begrenzenden (lebensbedrohlichen) Faktoren entwickeln können. Auch das gute Gefühl, daß sich aus dem Streben nach immer mehr Sicherheit in der uns "bedrohenden" Umwelt ergibt, hat einen hohen Preis. Jedem Streben nach erwünschten Effekten stehen unerwünschte Nebeneffekte gegenüber. Der Begriff Nebeneffekt könnte suggerieren, daß es sich um eine nebensächliche, unbedeutende Erscheinung handelt. Das aber ist ein Irrtum. Nur weil sie nicht unserer Wertschätzung unterliegen, darf man nicht annehmen, sie wären bedeutungslos. In einer heimlichen, fast unheimlichen, manchmal schleichenden Art und Weise konterkarieren sie unser Streben nach mehr Sicherheit.

Das Streben nach Sicherheit hat viele Gesichter. Nehmen wir zunächst die Produktion von genügend Nahrungsmitteln. Natürlich lassen sich die Erträge immer noch steigern. Dies bedeutet aber gleichzeitig gesteigerten Dünger- und Pestizideinsatz. Wenn wir es also auf die Spitze treiben, dann werden wir als Nebeneffekt auf der einen Seite unsere Böden zerstören und auf der anderen Seite unser Grundwasser und die Nahrungsmittel selbst vergiften. Wir können die Weltmeere noch intensiver Abfischen aber es zeichnet sich bereits ab, daß das ökologische Gleichgewicht in weiten Teilen der Meere bereits gestört ist.

Sicherheit entsteht auch durch Arbeit und Einkommen. Wenn aber immer mehr Menschen auf dieser Erde leben und arbeiten wollen, entstehen als Nebeneffekte Abfälle in vielfältigster Form, vom normalen Haus- und Industriemüll, über kritische chemische

Substanzen bis hin zu radioaktiven und genetischen Abfällen, die alle entsorgt werden müssen. Flüssige Abfallstoffe werden immer noch ins Meer verklappt. Auch dies wird auf Dauer und in gesteigerter Form die Ökosysteme ruinieren. Andererseits landet das Gift in Form von Meeresfrüchten wieder auf unserem Tisch. Feste Abfallstoffe kann man verbrennen, dann wird aber wiederum ein Teil davon als Abgas die Luft belasten. Man kann sie auch deponieren, aber vielerorts zeichnen sich riesige Schäden in Oberflächen- und Trinkwasser, Luft und Boden ab. Eine sehr ernst zu nehmende Form des Abfalles sind besonders jene Stoffe, die als Verbrennungsrückstände aus dem Straßen- und vor allen Dingen aus dem Luftverkehr in die Umwelt entlassen werden. Ihre zerstörerische Kraft reicht hin bis zu Klimaveränderungen die u.a. ein Ausbreiten der Wüsten zur Folge haben.

Die rasant fortschreitende Technisierung macht uns Menschen auf allen Gebieten unwahrscheinlich stark. Aber die Sicherheit, die wir damit erzielen, erkaufen wir u.a. mit einem hohen Verbrauch an lebenswichtigem Sauerstoff. Alles Verbrennen von fossilen Brennstoffen, sei dies Kohle, Erdöl, Gas, Diesel, Benzin, Kerosin oder Holz, bindet Sauerstoff. Sauerstoffdezimierung ergibt sich aber auch aus anderen Gründen. Ursachen hierfür sind zum einen die Luftverschmutzung und der Ozongehalt der unteren Luftschichten, die den Wäldern sehr zu schaffen machen. Jeder fünfte Baum ist bereits geschädigt, andere Erhebungen belegen, daß es sogar jeder dritte Baum ist. In manchen Industriegegenden sind ehemalige Waldgebiete schon total verschwunden. Dazu kommt der starke Holzeinschlag in den Tropen, in Nordeuropa und Kanada. Dort wird mehr Holz geschlagen als nachwachsen kann. Tote Bäume produzieren aber keinen Sauerstoff mehr. Einer der kritischsten Faktoren diesbezüglich ist die steigende Belastung durch UV-Stahlung, die ungehindert durch die Ozonlöcher der hohen Luftschichten eindringen kann. Diese UV-Strahlung ist u.a. in der Lage, das Meeresplankton, unseren Sauerstoffspender Nr.1 zu zerstören. Wenn also auf der einen Seite durch Industrie, wachsende Bevölkerung, Straßenverkehr und Zentralheizungen ein immer höherer Sauerstoffbedarf vorhanden ist und auf der anderen Seite immer weniger nachgeliefert wird, dann ist es nur eine Frage der Zeit, wann dies zum kritischen Faktor wird.

Ferner nimmt die Populationsdichte der Erde permanent zu. Dadurch entsteht zunächst Nachfrage, Produktion und Wohlstand. Wohlstand ist ein bedeutender Sicherheitsfaktor. Wenn aber viele Menschen auf engem Raum zusammenwohnen, entsteht nicht nur ein riesiger Berg an Abfall sondern auch an Fäkalien. Beide müssen in einer unschädlichen Weise beseitigt werden. Sollte dieses aus irgend einem Grunde nicht mit der gebotenen Sorgfalt passieren, sei es aus Geldmangel bei den Kommunen, Verarmung großer Schichten der Bevölkerung oder aus sonstigen Gründen, werden wieder Krankheiten auftreten, die wir mittlerweile mit viel Aufwand erfolgreich bekämpft haben. Pest und Cholera sind hier bekannte Vertreter. Dabei sollte unser Blick durchaus über die Grenzen Westeuropas hinaus gehen, in Länder, in denen Menschen sich bereits von Müllkippen ernähren und zusammengepfercht unter erbärmlichen Umständen in Slums und sogar in Kanalisationen vegetieren. Aber auch Aids und BSE sind Vertreter, die durch Mißachtung entsprechender Hygienemaßnahmen ihren Vernichtungszug angetreten haben.

Chemie und Medizin haben uns die Angst vor vielen Krankheiten genommen. Wieviel Sicherheit hieraus erwächst wird klar, wenn man bedenkt, daß früher eine Blutvergiftung oder eine Blinddarmentzündung zum Todesurteil wurden. Schwangere Frauen werden heute bis zur Geburt bestens betreut und nahezu alle kritischen Fälle können Dank der Medizin und der Chemie gemeistert werden. Sterblichkeit ist in diesem Bereich kein Thema mehr. Auf der anderen Seite wird aber unser Körper mit immer mehr Stoffen gerade aus der chemischen Industrie konfrontiert und belastet, die unser Immunsystem allmählich zum Umkippen bringen. Das Ergebnis sind Allergien, die lawinenartig auf dem Vormarsch sind. Weiterhin findet aufgrund der großartigen medizinischen Möglichkeiten, die wir alle sehr schätzen, eine genetische Auslese nach wichtigen Gesundheitskriterien nicht mehr statt. Diese mangelnde Auslese hat als Nebeneffekt unweigerlich zur Folge, daß mit jeder weiteren Generation genetische Unzulänglichkeiten weiterverbreitet werden. Was für die Elterngeneration als Segen gefeiert wird, müssen die Enkelgenerationen mit wachsendem Leid bezahlen.

Eine ausreichende Energieversorgung ist für unsere Industriegesellschaft existentiell. Ohne Atomenergie würde das Wohlstandsniveau z.Z. nicht zu halten sein, geschweige noch gesteigert werden können. Erst die Kernenergie garantierte eine gesicherte Energieversorgung für heute und auch für die Zukunft. Doch gleichzeitig wurde ein neuer höchst kritischer Faktor geweckt: die radioaktive Strahlung. Sie kann schlagartig all das vernichten, was in vielen Generationen aufgebaut wurde. Nicht daß die derzeitigen Strahlungswerte generell zu hoch wären, das ist nicht der entscheidende Punkt. Das Problem sind die immer älter werdenden Kernreaktoren überall auf Erde und dem damit verbundenen Risiko eines Supergaus. Aber auch die mit dieser Technik verbundenen Atomwaffenarsenale, die immer mehr auch in zweifelhaften und unsicheren Staaten aufgebaut werden, müssen in diese Betrachtung mit einbezogen werden. Nicht außer

Acht gelassen werden dürfen Naturkatastrophen, die jederzeit ein Kernkraftwerk wie eine gigantische Mine hochgehen lassen können. Geht in diesen Bereichen irgend etwas schief, wird der radioaktive Fallout alle Gebiete dieser Erde erreichen und vergiften.

Je mehr der Mensch zu leisten in der Lage ist, um so mehr treten die Kräfte der Nebenprodukte als Gegenspieler zutage. Viele kritische Hürden, die Grundlagen dazu heute gelegt, müssen in der Zukunft gemeistert werden. Aufgrund der zeitlichen Distanz, die zwischen Ursache und negativer Auswirkung auftritt, können wir uns auf unser "Automatisches System" als Ratgeber und Warneinrichtung nur sehr bedingt verlassen. Die Qualität des Gefühls kann also nicht Gradmesser für die Qualität einer Handlung sein. Bei all diesen kritischen Entwicklungen ist es schon auf nationaler Ebene sehr schwierig, eine Bremse zu ziehen. Die großen Probleme unserer Zeit lassen sich sowieso nicht mehr national lösen, zu stark sind hier die wirtschaftlichen Interessen. Es gilt hier international arbeitende Gremien zu schaffen.

Wertmaßstäbe

Es gibt viele Möglichkeiten, als Mensch ein erfülltes Leben zu führen, basierend natürlich auf ein paar essentiellen Grundpfeilern: ausreichende Versorgung mit Nahrungsmitteln und sauberem Wasser, Schutz vor den Naturgewalten, vor allem für die Nachkommenschaft, ausreichende Sicherheit vor Feinden und ein vertrauenswürdiges soziales Umfeld. Daß es auch ohne Luxus und Wirtschaftswunder gut funktioniert, haben viele Tausende von Generationen vor uns bewiesen. Immer noch werden wilde Stämme aufgespürt, die auf einer niederen Ebene zufrieden leben. Wer sich auf dieser niederen Ebene entsprechend der Rahmenbedingungen vernünftig verhält, ist durchaus in der Lage, das wesentliche Grundbedürfnis unseres "Automatischen Systems" zu erfüllen: das Vermeiden schlechter Gefühle. Er ist auch in der Lage, dem zweiten Grundbedürfnis zu entsprechen: dem Erzielen guter und interessanter Gefühle. Aber gerade hier sind bei dieser einfachen Art zu leben Grenzen gesetzt. Überspitzt gesagt: alles ist Tradition, Neuentwicklungen gibt es nicht. Allenfalls bringen die Unwägbarkeiten des Tagesgeschäftes etwas Abwechslung und Spannung. Für uns moderne Menschen ist das kein funktionierendes Lebensmodell, sondern ein Alptraum der Eintönigkeit.

Wir Menschen des 20. Jahrhunderts haben unser ganzes Sinnen und Streben auf wirtschaftliche Belange hin ausgerichtet. Auf einen Nenner gebracht: wir wollen uns möglichst viel von dem leisten können, von dem wir glauben, daß es unser Wohlgefühl steigert. Um dieses begehrte Ziel zu erreichen, gehen wir zweigliedrig vor: zunächst Erwerb der Mittel und danach Erwerb der erstrebten Produkte. Gerade hierin aber steckt das Dilemma. Das ursprüngliche, eingliedrige System begrenzte die Aktivitäten automatisch. Warum sollte man sich mehr Nahrungsmittelvorrat anlegen als man benötigte, um bis zur nächsten Ernte leben zu können? Dann gab es ja wieder frische und auch diätetisch hochwertigere Produkte als die alten, oft überlagerten. Das "Automatische System" signalisierte ein gutes Gefühl, wenn die Speicher im Herbst wieder gefüllt waren. Beim zweigliedrigen System ist das anders. Von den Mitteln, sprich Geld, kann man nie genug haben. Es bietet um so mehr Sicherheit und Möglichkeiten für gute Gefühle, je mehr man davon hat. Es verdirbt auch nicht, wenn es längere Zeit gelagert wird, im Gegenteil, bei guter Anlage vermehrt es sich sogar von selbst. Es gibt also keine logische Grenze für unser "Automatisches System", um den Mittelerwerb auf einem einmal erreichten Ziel einzustellen.

Aus dieser verkürzten Sicht menschlichen Daseins ergibt eine Tätigkeit nur dann Sinn, wenn sie in der Lage ist, den Wohlstand zu mehren. Wie man hierbei am besten vorgeht, ist das Thema der Wirtschafts- und Betriebswissenschaften. Hier zählt nur der Profit. Die Frage, wo der Mensch bleibt, ist eine sekundäre. Die Frage, was mit Natur und Umwelt geschieht, ist ebenfalls zunächst ohne Bedeutung. Menschen werden gebraucht wenn sie leistungsfähig sind, und sie verlieren ihren Wert bei Alter oder Krankheit. Dieses Denken findet nicht nur im Großen statt, auch jeder Einzelne hat sich dieses Denkschema zu eigen gemacht. Wer nicht morgens früh zur Arbeit geht, ist ein Faulpelz. Wer sparsam und bescheiden lebt, ist ein armer Hund, und wer seinen Tag nach Lust und Laune verbringt und sich von seinen Gefühlen leiten läßt, ist ein Träumer. Wer sich hingegen jeden Morgen zur Arbeit quält, zum Abteilungsleiter aufsteigt und ein gutes Gehalt bezieht, gilt als erfolgreich und dient als Vorbild. Dabei fragt niemand danach, wie sehr man darunter leidet. Viele Angestellte und Arbeiter kommen ohne Medikamente gar nicht mehr aus. Beruhigungsmittel, Drogen aber auch Alkohol und Schlafmittel sind für viele Menschen zu unverzichtbaren Begleitern geworden. Obwohl die Negativerscheinungen dieser Lebensphilosophie so außerordentlich gravierend sind, halten wir doch mit Macht daran fest. Wir meinen, man müßte dieses Spiel nur lange genug durchhalten, um am Ende das Schlaraffenland zu erreichen. Mit dem Gedanken, daß am Ende auch das Nichts stehen könnte, wollen wir uns erst gar nicht auseinandersetzen.

Andererseits können wir uns die Frage stellen, ob es für den modernen Menschen überhaupt möglich ist, einen anderen Weg zu beschreiten. Können wir auf unsere Technik und die wissenschaftlichen Erkenntnisse oder auch auf Luxus verzichten? Diese Annehmlichkeiten sind so groß, daß wir durchaus bereit sind, dafür enorme Lasten auf uns zu nehmen. Zudem sind Lasten in einem Wohlfahrtsstaat erträglicher, als in einem Land der ärmeren Kategorie. Andererseits aber sind genügend Zeichen vorhanden, die uns sagen wollen, wenn ihr so weitermacht, marschiert ihr geradewegs in die Katastrophe. Hierbei müssen wir vor allem daran denken, daß große Teile der Erde, bisherige Entwicklungsländer, den Anschluß an unsere industrielle Kultur suchen. Ganze Kontinente wie Afrika, Asien, auch Südamerika sind dabei, dies mit Riesenschritten zu tun.

Wenn also einige weitsichtige Zeitgenossen diese Zeichen der Zeit erkannt haben und zur Besinnung aufrufen, ist das schon ein erster Schritt. Auch wenn uns selbst der kleinste Verzicht noch große Probleme bereitet, so ist es für viele bereits ein Bedürfnis, zur Erhaltung unseres Lebensraumes beizutragen. Aber dieses Wollen reicht eben nicht aus, wenn ganze Kontinente in die gleichen Fußstapfen treten, die wir gerne verlassen würden. So gesehen ist die Frage, ob wir etwas wollen, nicht richtig gestellt. Es ist auch nicht die Frage, ob eine oder zwei Nationen etwas wollen, oder ob vielleicht Europa sich zu einem neuen Weg durchringt. Der gesamte Globus, sämtliche Kontinente, alle Menschen, die auf dieser Erde leben sind aufgefordert, neue Wertmaßstäbe zu suchen. Es gilt ein Konzept zu erarbeiten, das in sich schlüssig ist und das Menschen, Tieren und Pflanzen ein dauerhaftes gemeinsames Auskommen ermöglicht. Dieses Konzept muß sogar soweit gehen, daß wieder Freiräume entstehen. Das heißt, die Belastung der Umwelt muß wesentlich langsamer voranschreiten als deren Regenerierung. Der Verbrauch an Rohstoffen muß deutlich geringer ausfallen als das Nachwachsen. Wir geben damit der Natur das Zepter wieder zurück, erhalten dafür aber die Gewähr, daß auch unsere Nachkommen noch einen lebenswerten Platz auf dieser Erde vorfinden. Genau in dieser Grundhaltung müssen die Wurzeln unseres Sicherheitsbedürfnisses verankert werden.

Dieses Konzept hat also zwei ganz wichtige Eckpunkte. Einmal die Festlegung der maximalen Anzahl von Menschen, die diese Erde verkraften kann und zum anderen die Definierung der Ansprüche, die man diesen Menschen zugesteht. Dabei ist zu beachten, daß beide Größen von einander abhängen. Je größer die Ansprüche, um so weniger Menschen können leben, und umgekehrt. Der Kurs den wir bisher fahren, immer höhere Ansprüche und immer mehr Menschen, wird in absehbarer Zeit in die Katastrophe führen. Die andere schwierige Aufgabe vor der wir stehen ist, den Menschen von einem Räuber und Plünderer zu einem Heger und Pfleger zu wandeln. Dies bedeutet Selbstbeschränkung und eben das Einschwenken in eine neue Lebensphilosophie. Die absolute Priorität des wirtschaftlichen Denkens muß durchbrochen werden. Die Waagschalen, die bisher voll in Richtung wirtschaftlichem Denken ausschlagen, müssen ein Gegengewicht erhalten. Damit ist auch gleichzeitig angedeutet, daß es nicht darum geht, unsere bisherigen Errungenschaften, Kenntnisse und Lebensweisen vollständig über Bord zu werfen. Aber das Tempo und die Rigorosität, mit der wir im Moment vorgehen, muß gewaltig gebremst werden.

Nun taucht natürlich die Frage auf, welches Gegengewicht können wir in die Waagschale werfen? Oder anders ausgedrückt, welche andere Wertschätzungen gibt es, die unser Leben und unser Sicherheitsstreben ähnlich bereichern wie die permanente Steigerung des materiellen Wohlstandes? Der Schlüssel hierzu ist ein grundlegend neues Verständnis unseres Lebens auf dieser Erde. Wir müssen dieses hohe Gut neu bewerten und schätzen lernen. Es muß Schluß gemacht werden mit der Auffassung, daß der einzelne Mensch, Tiere, Pflanzen und die Umwelt unwesentlich sind, dafür die Gemeinschaft und deren vorherrschende Ziele alles sind. Der einzelne Mensch, das individuelle Leben, die Natur müssen mit ihren Bedürfnissen wieder voll in den Mittelpunkt gerückt werden. Das Wohl des Einzelnen muß alles werden, und die Ziele der Gemeinschaft müssen sich diesem unterordnen. Eckpfeiler davon sind die Menschenrechte, eine gesunde Umwelt und eben alles, was das Individuum braucht, um im Rahmen der Begrenztheit seiner biologischen Programme, psychisch und physisch gesund leben zu können. Aus unserem derzeitigen Leben muß also sehr viel Streß, Hektik und anmaßende Zerstörung herausgenommen werden. Arbeitsplätze müssen wesentlich humaner gestaltet werden (gesundheitsgefährdende Stoffe, Lärm, Witterungseinflüsse, falsche Aufgabenverteilung, Monotonie, Mobbing). Daß dieses Gesamtprogramm auf der materiellen Seite mit Einschränkungen, Rücksichtnahme und Verzicht verbunden ist, liegt klar auf der Hand. Es werden dadurch aber auch Freiräume geschaffen, die ein bewußteres Leben und die Besinnung auf moralische Werte wieder ermöglichen.

Damit hier kein Mißverständnis entsteht: das Wohl eines jeden kann nicht bedeuten, daß der Einzelne nun definiert, wie sein Lebensraum auszusehen hat, damit er sich pudelwohl fühlen kann. Es geht vielmehr darum, daß sämtliche Lebensbedingungen so ausgerichtet sind, daß sie den Grundbedürfnissen des Individuums nahekommen. Der Gegensatz hierzu ist unser derzeitiges Ziel: Das Wirtschaftswachstum. Hierbei geht es darum, eine anonyme Masse so zu motivieren, daß aus dieser Black Box wirtschaftliches Wachstum und Gewinne entstehen. Es geht hier also nicht um den Menschen und sein Wohlbefinden, - das ist sogesehen eher ein unwesentlicher Nebeneffekt - sondern um ein abstraktes und letztendlich zerstörerisches Ziel, auf dessen Weg jedoch viel Geld zu erwirtschaften ist. Auch in kommunistischen Ländern steht nicht der Mensch im Vordergrund, sondern das Kollektiv. Wiederum eine anonyme Masse, in die sich der Einzelne einzufügen hat.

Wir Menschen sind dabei, die Rahmenbedingungen für eine dauerhafte Existenz auf dieser Erde durch falsche Wertvorstellungen zu sprengen. Wir versuchen dies teils sehenden Auges, teils durch Ignoranz. Aber dieses Ziel ist auf keinem Weg zu erreichen. Es muß erkannt werden, daß die Maximierung des Wohlstandes nicht automatisch gleichbedeutend ist mit der Maximierung positiver Gefühle, obwohl unser "Automatisches System" irrtümlich davon ausgeht. Ohne Neuorientierung wird sich der Spruch bewahrheiten: „Wer alles will, wird am Ende vor dem Nichts stehen".

Elastizität des Erbgutes

Schon bei der Frage, wie es zur ersten Zelle kam, lag die Vermutung nahe, daß hier eine Intelligenz am Werke war. Zellorganisation und vor allen Dingen die Ausgefeiltheit und Realisation des genetischen Codes und dessen Interpretationsapparat sowie die Mechanismen der Reproduktion weisen auf eine Ingerenz hin.

Auch der Mensch selbst hat nun ein Entwicklungsstadium erreicht, bei dem er in der Lage ist, Zellen zu programmieren. Zwar noch stümperhaft, aber doch schon mit beachtlichem Erfolg. Es ist unbestritten: Lebewesen bauen sich ausschließlich nach dem Plan auf, der in den Genen vorgegeben ist. Es ist ein unreflektierter, blinder Prozeß. Auch wenn das Erbgut durch mutative Einflüsse wie Strahlung oder Chemikalien so beschädigt ist, daß sich das Produkt zum Krüppel entwickelt, läuft der unsinnige Prozeß streng nach Vorgabe ab. Da gibt es keine übergeordnete Kontrolleinrichtung, die feststellen könnte, daß an einer Hand ein Finger fehlt oder ein Bein nur rudimentär ausgebildet ist, und die dann diese Teile der Erbanweisung wieder instand setzt. Trotzdem gibt es einen Reparaturprozeß, der in der Lage ist, kurze, beschädigte Genabschnitte wieder zu korrigieren. Das ist auch für eine Konstanz der Lebewesen sehr wichtig, weil das ständige Bombardement der Zellkerne durch die natürliche radioaktive Strahlung sonst alles Lebendige degenerieren und am Ende töten würde. Zudem nutzt die Konstruktion des Lebendigen diese Strahlung gleichzeitig, um flexibel auf äußere Rahmenbedingungen reagieren zu können. Das ist der Weg über die Mutation. Diese Art der Anpassung ist zwar aus kurzfristiger Sicht nicht sehr elastisch, genügt aber bei den meist sehr langsam verlaufenden Veränderungsprozessen in der Natur vollkommen. Anpassung in dieser Form setzt aber immer voraus, daß die Genetik bereits Strukturen enthält, die unter nun veränderten Rahmenbedingungen ihre Chance durch die neuen Selektionskriterien erhalten. Bei dieser vorauseilenden Bildung genetischer Strukturen spielt der Zufall die wichtigste Rolle. Es ist ein Kompromiß zwischen der Forderung, Lebewesen möglichst in ihrer aktuellen Form zu erhalten und der zwingend notwendigen Fähigkeit, sich trotzdem gewissen Veränderungen der Umweltbedingungen anpassen zu können.

Bei eingehender Betrachtung stellt man fest, daß das zunächst offensichtliche Spiel der Zufälligkeiten, Inhalt eines raffinierten und genialen Konzeptes ist. Dieses Konzept hat mehrere zwingende Schritte, wovon der aufwendigste die Reproduktion des Individuums, also eine ständige Nachkommenschaft mit vielen neuen Chancen und Irrtümern ist. Dafür ist der Tod zunächst nicht unbedingt notwendig, aber zur Freigabe des Lebensraumes an die neue Generation durchaus zweckmäßig. Entscheidend ist nur die Nachkommenschaft, in der sich die Selektion nach der Vorgabe der vorhandenen Rahmenbedingungen vollziehen kann. Ein weniger genialer Geist hätte sich auch eine andere Variante ausdenken können. Das wäre eine Lösung gewesen, auf die wir Menschen auch eher gekommen wären: man entwirft ein Lebewesen, bei dem man den sehr aufwendigen, komplizierten und fehleranfälligen Prozeß der Reproduktion gar nicht vorsieht, ihm dafür aber die Fähigkeit einprogrammiert, sich aus eigener Kraft veränderten Bedingungen anzupassen. Aber wir spüren schon, diesem Konzept fehlte die dauerhafte Dynamik. Es ist von der intellektuellen Seite her betrachtet zwar eine, aber nicht die bessere Lösung.

Wie unwahrscheinlich es ist, daß sich sinnvolle und, evolutionstechnisch gesehen, höchst lukrative Prozesse von selbst aus dem Potential eines einfachen Proteinklumpens ausbilden, zeigt sich beim Entwickeln des Intellektes. Es ist unverständlich, daß sich der Verstand so spät zu einer ernst zu nehmenden Größe entwickelt hat. Keine andere Entwicklung birgt so gewinnbringende Vorteile, wie ein leistungsfähiges Gehirn. Die Rahmenbedingungen hierfür waren ständig präsent und sind die ältesten, die es überhaupt im Bereich des Evolutionsprozesses gibt. Statt dessen findet man alle möglichen skurrilen Lebensformen. Daß ein leistungsfähiger Intellekt erst beim Menschen in Erscheinung tritt, muß aus evolutionstechnischer Sicht als unlogisch bezeichnet werden.

So erstaunlich gut sich das Leben innerhalb einer gewissen Bandbreite den äußeren Rahmenbedingungen anzupassen vermag, so ist dieser Prozeß dort überfordert, wo es darum geht, wirklich revolutionäre Entwicklungen aus eigener Kraft zu bewerkstelligen. Solche Sprünge gibt es z.B. bei der Entwicklung von den Echsen zu den Vögeln, Schaffung der sehr komplexen Schnittstellen zwischen Elterntieren und Nachkommen bei den Säugetieren und der Sprung von den Säugetieren zum Menschen.

Diese Hypothese einer Ingerenz widerspricht Darwins Erkenntnissen in keiner Weise. Es ist unbestritten, daß das Konzept des Lebendigen so angelegt ist, daß es Veränderungen ermöglicht. Veränderungen können, müssen aber nicht sein. Bleiben alle Rahmenbedingungen konstant und mutative Einflüsse in einem schwachen Bereich, so kann eine Art über Millionen von Jahren auch unverändert bestehen. Die Kräfte sind dabei so gesteuert, daß nach der Stabilisierung einer Art im Anpassungsprozeß nahezu alle Mutanten eine ungünstige Abweichung vom Optimum darstellen und zurückgedrängt werden. Eine Art heilt sich also selbst. Anders verhält es sich bei sich ändernden Rahmenbedingungen. Hier befinden sich die bestehenden Individuen nicht mehr im optimalen Bereich, da sich dieser ja verschoben hat. Jetzt werden günstige Mutanten zur Grundlage einer tüchtigeren Lebensform, als es die Elterngeneration unter den veränderten Bedingungen ist. Wie dann die Entwicklung im einzelnen verlaufen wird, ist am Anfang noch offen, obwohl sie nur entsprechend der Rahmenbedingungen verlaufen kann.

Wenn wir unser Wirken auf dieser Erde betrachten, wie viele Dinge wir ausprobieren, die wir verwerfen, die wir als Abfall deklarieren, Abfälle die wir der Nachwelt überlassen oder die Absicht, Abfälle in Zukunft im Weltraum zu entsorgen, dann wäre natürlich auch die Vorstellung möglich, daß irgend eine Intelligenz, die in den riesigen Weiten des Alls in ihren Labors biologische Experimente durchführte, diese verwarf und den Abfall aufgrund der hochgradigen Brisanz ebenfalls im Weltall entsorgte. Daß dieser Abfall, vielleicht sogar von Kometen weitergetragen, als Staub u.a. auf die Erde gelangte, auf fruchtbaren Boden (Wasser) fiel und sich entwickeln konnte, könnte dann auf reinem Zufall beruhen. Sollten unsere vermeintlichen Schöpfer ähnlich unvernünftig wie wir gewesen sein, bestünde durchaus die Möglichkeit, Spuren ihres Vorhandenseins im großen Weltall zu entdecken. Daß wir uns aus Genetikschrott anderer Intelligenzen entwickelt haben könnten, vermag sicher nicht zu begeistern. Es würde allerdings auch nur den Start des Lebens auf dieser Erde begründen. Da die einzelligen Urtierchen nicht die notwendige komfortable genetische Programmierung aufweisen, welche die Sprünge in andere Tierformen ermöglicht, muß von weiteren Ingerenzen im Laufe der Jahrmillionen ausgegangen werden.

Das Gärungsmodell

Wie mehrfach erwähnt, sind es die vorhandenen Rahmenbedingungen, die für ein Lebewesen Segen oder Untergang bedeuten. In der Regel tragen Rahmenbedingungen dazu bei, daß ein Organismus besonders günstige Lebensbedingungen vorfindet und sich verstärkt vermehren kann, oder eben so ungünstige, daß der Fortbestand in Frage gestellt ist. Prozesse, die hier ablaufen, folgen dem Prinzip Ursache und Wirkung und haben keinen weitblickenden Charakter. Eine Metapher, soll diesen wichtigen Prozeß verdeutlichen. Vielleicht lassen sich auch Parallelen zu menschlichen Verhaltensweisen erkennen.

Vom Werdegang einer nahezu konkurrenzlosen Art!

Es war bereits Herbst und die kalte und nasse Witterung bedeutete für viele große und kleine Lebewesen den Beginn einer kritischen Phase in ihrem Leben. Nicht so für unsere kleinen Organismen, die sich plötzlich in einer wohl behüteten Umwelt wiederfanden. Alles war so gut eingerichtet, als sei es eigens für sie gemacht. Natürlich waren die kleinen Lebewesen nicht fähig, die Gesamtlage zu überblicken. Für sie war es eine Gunst des Schicksals, die sie in dieses Schlaraffenland gezaubert hat. Es gab wirklich nichts, was ihnen die gute Laune hätte vermiesen können. Alles war wie ein Traum. Ein Meer von Nahrung, soweit das Auge reichte. Klimabedingungen, die nahezu optimal waren. Es stand ihnen ein ewiges Leben bevor, so glaubten sie. Sie waren bester Laune. Ihr Paradies war so groß, daß es ihnen kaum möglich war, es von der einen Begrenzung zur anderen zu durchwandern. In so einer üppigen Umgebung ließ es sich köstlich leben und das taten sie auch. Nichts trübte ihren Alltag und so vermehrten sie sich Stück für Stück.

Je mehr sie sich vermehrten, um so angenehmer wurde ihr Lebensraum. Die anfangs noch vorhandenen Mitbewohner wurden zurückgedrängt. Das flüssige Medium, anfangs noch etwas säuerlich, wurde milder, es änderte sich im Laufe der Zeit zu ihren Gunsten. Es war bald klar, je stärker ihr Populationszuwachs wurde, um so besser entwickelte sich das Klima. Ihre Abfallprodukte trugen in seltsamer aber günstiger Weise dazu bei, den Lebensraum für alle anderen Mitbewohner in einen kritischen Bereich zu verlagern. Ja, unsere Lebewesen waren so erfolgreich, daß sie am Ende den ganzen Lebensraum für sich alleine hatten. Nichts war mehr da, was ihrer ungestümen Vermehrung im Wege stand.

Doch im Schatten ihrer Wachstumsexplosion häuften sich auch die Abfallstoffe. Was anfangs dazu beitrug, den Lebensraum für die eigene Art angenehmer zu gestalten, wurde allmählich zur Plage. Sie ahnten nicht, daß der Alkohol, den sie als Abfallprodukt ihres Stoffwechsels produzierten, letztendlich auch für sie zur Bedrohung werden könnte. Dem munteren Treiben Einhalt zu gebieten war sozusagen nicht drin. Jeder lebte in Saus und Braus und die kleinen Unannehmlichkeiten, die sich allmählich einstellten, waren für gesunde Organismen leicht zu verkraften. Daß immer mehr der Individuen erkrankten, wurde nicht als Alarmzeichen verstanden, im Gegenteil, irgend ein Preis mußte ja wohl für dieses üppige Dasein gezahlt werden. Man glaubte, solange die Nahrungsmittel reichlich vorhanden seien, könne nichts schiefgehen.

Nun waren aber nicht die Nahrungsmittel das Problem, sondern der Abfall, der sich immer mehr anhäufte. Das Vorwärts wurde immer problematischer und ein Zurück gab es nicht. Es wurde mittlerweile soviel Abfall produziert, daß bald auch die robustesten Naturen gesundheitliche Probleme bekamen. Das Gift, das sie produzierten, war für sie nur am Anfang von Vorteil. Damals verhalf es dazu, andere Organismen zurückzudrängen und zu vernichten. Das war gut so! Jetzt wurde es aber plötzlich zur Gefahr für die eigene Art. Das umgebende Medium war nicht mehr in der Lage, einen angemessenen Verdünnungsgrad zu gewährleisten. Allmählich wurden die Lebensbedingungen immer unerträglicher. Man merkte jetzt, daß man über seine Verhältnisse gelebt hatte. Man wollte wieder zurück zu einem Zustand, wo ein gewisser Anteil der Abfallstoffe immer wieder durch andere Organismen abgebaut und neutralisiert wurde. Doch diese Organismen gab es nun nicht mehr. Und obwohl sich jetzt bereits die eigene Population immer mehr verkleinerte, wuchsen die Giftkonzentrationen weiter an. Das Milieu war bereits so geschädigt, daß es keinerlei Organismen mehr duldete.

Aus dem Schlaraffenland war eine Giftkloake geworden, langsam und ohne daß es jemand gewollt hatte. Man wollte nur leben, üppig leben. Vor allem, man wollte sich nicht einschränken. Man konnte sich vielleicht gar nicht einschränken, weil die biologischen Programme dies nicht zuließen. Somit war die Katastrophe eigentlich von Anfang an vorprogrammiert und vorhersehbar. Unter gleichen Bedingungen wäre dieser Prozeß immer genauso abgelaufen.

Unsere Lebewesen waren sich einig, wenn sie nicht mehr sind, dann ist alles zu Ende. Ja, sie hatten versagt. Wären sie nicht so besitzergreifend gewesen, sie hätten hier ein ewiges Leben führen können. Diese Einsicht kam leider zu spät.

Doch der Tod des einen, ist das Leben des anderen. In diesem Fall kam ein Mensch und öffnete vorsichtig das Faß, er probierte den Inhalt und befand, es war ein köstlicher Trunk geworden. Jetzt feierte dieser die Feste und war mit seinem Leben hoch zufrieden und so vergnügt, daß er gar nicht merkte, daß er dabei war, den gleichen Fehler zu begehen, wie jene kleinen dummen Lebewesen zuvor.

Vom Baum der Erkenntnis essen

Am Ende dieses Buches wollen wir noch die Lage des Menschen in der sogenannten zivilisierten Welt etwas beleuchten. Wir sind im wesentlichen alle getragen von der Hoffnung auf eine bessere Zukunft. Dabei stellt sich natürlich die Frage, ob denn die Gegenwart nicht gut genug ist? Was kann uns eigentlich die Zukunft noch bringen?

Wir Menschen sind noch weit davon entfernt ein wirklich edles Wesen zu sein. Doch sind wir, bedingt durch unseren Verstand, nicht nur allen anderen Lebensformen auf dieser Erde überlegen, wir haben auch die Fähigkeit erhalten, unsere Umwelt, die Zusammenhänge in der Natur, ja sogar den Bauplan des Lebens ergründen zu können. Wir sind stolz darauf und halten diese Erkenntnisse für unverzichtbar, ermöglichen sie uns doch, uns allen Gewalten entgegenstellen zu können und Erdbeben, Sturmfluten oder Wirbelstürme vorherzusagen. Diese Erkenntnisse haben den medizinischen Fortschritt von der Blinddarmoperation bis zur Herzverpflanzung ermöglicht, und ein Ende der Entwicklung ist noch lange nicht abzusehen. Insgeheim hoffen wir sogar darauf, das gesamte Krankheitsspektrum eines Tages besiegen zu können. Noch mehr, am Ende soll sogar der Sieg über den Tod stehen. Gigantische technische Fortschritte haben es uns ermöglicht, nicht nur Körperkraft durch Maschinen zu ersetzen, sondern vor allem unsere Fühler von den kleinsten Strukturen der Materie, bis hinaus zu Milliarden von Lichtjahren entfernten Sternen auszustrecken. Wir halten uns mittlerweile für so bedeutend, daß wir das Überleben der Menschheit durch weitere Kolonien im Weltraum und auf anderen Planeten ins Auge gefaßt haben.

Wir Menschen der modernen Industrienationen können uns gar

keine andere Perspektive mehr vorstellen. Uns mit irgendeinem Status quo abzufinden, ist nicht denkbar. Dabei ist es nicht so, daß die Menschheit diesen Weg durch den Beschluß eines weisen Gremiums beschritten hat. Ganz im Gegenteil, ohne strategische Planung aber von einer unbändigen Gier besessen, plündern wir den "Baum der Erkenntnis". Wir hoffen, durch neue Erkenntnisse, durch neue Materialien und neue Technologien unseren Aktionsradius noch stärker ausweiten zu können. Wir glauben fest daran, daß uns auf diesem Wege irgendwann einmal eine paradiesische Zukunft beschieden sein wird. Doch über all diesem panikartigen Streben steht der große mahnende Satz, der den Menschen von Anfang an mit auf den Weg gegeben wurde „ ... von diesem Baum, vom Baum der Erkenntnis sollt ihr nicht essen". Hat irgend jemand vielleicht das Dilemma vorausgesehen, in das eine Spezies hineinschlittert, wenn sie mit zu vielen Freiheitsgraden versehen ist? Will uns dieser Ausspruch mahnen, von all dem Tun, das wir noch nicht überblicken können, die Finger zu lassen? Oder wird hier der Sorge Ausdruck gegeben, daß ein solch unreifes und aggressives Wesen sowieso alle Erkenntnisse nur dem Streben nach Macht und Überlegenheit und damit der Zerstörung weihen wird?

Noch vor wenigen Jahrzehnten war der technische und wissenschaftliche Fortschritt der einzige Hoffnungsträger für eine bessere Zukunft. Die Euphorie über die erbrachte Leistung war so groß, daß man diesem Treiben bedenkenlos freien Lauf ließ. Man versäumte es, ihn von Beginn an, in ein ethisch akzeptables Konzept zu zwängen. Damit wäre zumindest die Möglichkeit vorhanden gewesen, gefährliche Auswüchse zu verhindern oder rechtzeitig zu beschneiden. Jetzt, in den Zeiten internationaler Konkurrenz, einem unerbittlichen Wetteifer um die besten Plätze im Reigen der Wohlstandsgesellschaft, wirkt so ein Ansinnen wie ein naives, ja sogar böswilliges Bremsen, oder noch treffender ausgedrückt, wie Sabotage! Wer sich diesem Zug der "Lemminge" in den Weg stellt, wird als ewig Gestriger, als Pessimist, als Schwarzmaler gebrandmarkt. Und trotzdem, um einen Vergleich zu bemühen: kein Staatswesen könnte es sich erlauben, die Freiheit des Einzelnen so hoch anzusetzen, daß jeder tun und lassen dürfte, was ihm beliebte. Jeder kennt das Chaos, das sich aus einer solchen Grundhaltung heraus ergeben würde. Im Bereich der international wetteifernden Technik und Wissenschaften halten wir entsprechende Beschränkungen jedoch für entbehrlich. So ein Bremsklotz am Bein ist hier nicht erwünscht.

Wissenschaft und Forschung haben sich auch längst unter ein Tarnmäntelchen begeben. Mit der Maßgabe, die Erde Stück für Stück voran zu bringen, haben sie sich selbständig gemacht und der Kontrolle des Volkes entzogen. Sie tun so, als hätten sie ausschließlich die bessere Zukunft im Visier, als gelte alles Bemühen dem Bestreben, dem Menschen aus seinem Jammertal heraus zu helfen. Doch dieses edle Ansinnen, das anfangs vielleicht tatsächlich vorhanden war, ist mittlerweile längst über Bord gegangen. Die große Triebfeder allen Strebens ist nicht mehr die Suche nach den guten, allen Menschen dienenden Strukturen, sondern nach Geld, Wohlstand, Profilierung und Machtausbau.

Wir Menschen haben uns in unserer naiven Weltanschauung auf eine Schiene begeben, von der wir glaubten, sie würde uns in eine glückliche Zukunft befördern. Eine Zukunft, in der es weder Angst noch Not, weder Krankheiten noch Tod und nur noch Liebe, Freude und Glück geben würde. Doch wir übersahen dabei, daß es diese Welt für uns gar nicht geben kann. Wir Menschen unterliegen einem biologischen Konzept und dieses beginnt mit der Geburt und endet mit dem Tod. Nur in diesem Kreislauf kann sich Leben entfalten und gesund erhalten. Biologische Wesen brauchen auch eine biologische Umwelt. Technik als Hilfsmittel ja, aber nicht als Ersatz für Natur und eine artgerechte Umwelt. Einer heilen Welt können wir nur dann näher rücken, wenn wir uns innerlich in unseren Wertvorstellungen ändern. Wenn wir uns bemühen, unser aggressives und gieriges Wesen zu zügeln. Es ist eine Aufgabe, an der sich jeder Einzelne beteiligen muß. Dadurch aber, daß wir uns der Hoffnung hingeben, auf der Woge von Wissenschaft und Forschung in den Himmel getragen zu werden, haben wir den falschen Weg gewählt.

Betrachten wir einige wichtige Ergebnisse, die uns unsere Hoffnungsträger in wenigen Jahrzehnten intensiver Forschung präsentierten. Nicht schlecht, wozu die Medizin heute in der Lage ist. Man kann todkranke Menschen längere Zeit noch am Leben erhalten, als Objekte der Wissenschaft oder eben aus einem falschen Verständnis heraus. Es werden Frühgeborene und Babys mit Fehlfunktionen mit großem technischen Aufwand und oft in unwürdiger Weise in unsere Welt gezerrt und der Wunsch nach einer Lebensverlängerung von schwerkranken Menschen kann um den Preis hoher seelischer und körperlicher Qualen erfüllt werden. Im Schlepptau des medizinischen Fortschrittes bahnt sich eine Bevölkerungsexplosion von ungeahntem Ausmaß den Weg. Was erwarten wir eigentlich von dieser Medizin im Endeffekt? Sie soll in der Lage sein, sämtliche Krankheiten zu besiegen, Körperteile nach Bedarf auszutauschen und die Lebenserwartung bis zur Unsterblichkeit hinauszuzögern. Abgesehen davon, daß dies alles der Menschheit kaum einen positiven Dienst erweist und nur dazu dient, dem Individuum das Risiko seines sträflich leichtsinnigen Lebenswandels abzufedern, ist die Medizin von dem hohen Anspruch, dem Menschen zu mehr Gesundheit zu verhelfen, zu einem reinen Reparaturbetrieb geworden. Je mehr sich der Mensch von einem ihm angemessenen Lebenswandel entfernt, um so mehr bedarf er der Medizin, ihm aus der Patsche zu helfen.

Auch die Technik ist in alle Bereiche unseres Lebens integriert. Wenn wir ehrlich sind, ist sie der Hoffnungsträger Nummer eins, wenn es um unseren Traum von einem Leben in Wohlstand geht. Doch wie weit hat sie uns gebracht? Die Spitze technologischer Entwicklungen sind Projekte, die ein Bedrohungspotential von apokalyptischem Ausmaß erreicht haben. Kernkraftwerke, Atomwaffen, viele Tausende von Toten im Straßen- und Luftverkehr. Die chemische Forschung hat uns Gifte zur Verfügung gestellt, mit denen wir im Begriff sind, unseren Boden, unser Trinkwasser, unsere Nahrungsmittel, unsere Kinder und letztendlich auch uns selbst zu vergiften. Die Wissenschaft der Biologie ist gerade dabei, genetische Manipulationen vorzunehmen, deren Brisanz die der Atomwaffen noch in den Schatten stellt. All diese Errungenschaften moderner Forschung und Technik haben die Fähigkeit, die Erde über Nacht nahezu zu vernichten.

Um für das Massenprodukt Mensch genügend Nahrungsmittel bereitstellen zu können, war die Agrarwissenschaft stets bemüht, immer ausgefeiltere Methoden zu entwickeln. Das Ergebnis sind kaputte Böden, überdüngte krankmachende Pflanzen, Spritz- und Düngerückstände im Trinkwasser, moderne Tierhaltungen, die man eher als Tierquälanstalten bezeichnen müßte. Kurz gesagt, es wurden Fütterungs-, Haltungs- und Verwertungsmethoden entwickelt und empfohlen, die den landwirtschaftlichen Nutztieren keinen Rest an Würde mehr zugestehen. Pflanzenproduktion wird immer mehr zu einer abhängigen Größe der Chemiegiganten.

Auch wenn sich aus einer Gesamtsicht heraus all diese Forschungsgebiete eher als Problemfelder darstellen, haben sie natürlich auch Gutes bewirkt. Die Medizin ist in der Lage, vielen Menschen in einer oft ausweglosen Situation zu helfen. Zudem verdienen doch all jene Menschen, die mit großem, oft selbstlosem Einsatz und meist rund um die Uhr ihren Dienst zum Wohle ihrer Mitmenschen versehen, unsere Hochachtung. Auch die Technik und Forschung hat das Leben in vielen Bereichen sehr erleichtert. Nicht mehr verzichten möchten wir auf den elektrischen Strom, mit all seinen unschätzbaren Einsatzmöglichkeiten, auf Maschinen und Geräte, die uns Menschen bei unserer Arbeit entlasten und auch auf die vielen Erkenntnisse über uns selbst, über das Universum und die Naturgesetze. Nicht zuletzt müssen wir auch den Agrarwissenschaften dafür dankbar sein, daß moderne Agrarmethoden uns bisher vor einer Hungerkatastrophe bewahren konnten.

Wie hoch jedoch sollen wir den Nutzen all dieser Errungenschaften vor einer erschreckenden Gesamtbilanz bewerten. Nur Hundert Jahre intensiver Forschung und Großtechnologie haben ausgereicht, unseren Globus an den Rand seiner Vernichtung zu führen. Von Menschenhand erzeugte Klimaveränderungen durch einen gigantischen Schadstoffeintrag in die Atmosphäre, Verschmutzung und Vergiftung der Weltmeere bis nahe dem Kollaps und im Hintergrund ein militärisches Zerstörungspotential, das in der Lage ist, die Erde mit allem was darauf lebt, mehrfach zerstören zu können. Zudem sterben weiterhin viele Millionen Menschen alljährlich qualvoll an Krankheiten und Hunger, und dieser Schrecken weitet sich immer mehr aus. Nur wenige Menschen dieser Erde haben von all den Erkenntnissen profitiert. Viele aber sind bereits dabei, die Rechnung mit ihrem Leben und dem Leben ihrer Angehörigen durch eine aus dem Gleichgewicht gebrachten Natur zu bezahlen.

Was also ist die Erfahrung aus dieser kurzen Phase unseres Aufbruches in eine bessere Zukunft? Je mehr wir das erreichen was wir gerne wollen, um so mehr zerstören wir unsere Lebensgrundlage. Wir Menschen als biologische Wesen sollten besser der Logik der Natur folgen und folgen doch der Logik des Geldes. Das Ergebnis: Je mehr menschliche Wesen auf diesem Planeten leben, um so weniger Menschen gibt es, die diese Bezeichnung auch wirklich verdienen. Unser Tun ist begleitet von Hektik, Streß, Habgier und Mord. Je mehr wir erreichen, um so größer wird unsere Gier. Nicht der Wunsch nach einer besseren Welt ist der Motor allen Treibens, sondern die Sucht nach Geld und Macht. Dieses Streben hat sich bereits so etabliert, daß wir über unser Tun gar nicht mehr reflektieren. Schlimmer noch, wir sind bereits in einer solch fortgeschrittenen Phase, daß wir gar nicht mehr anders können. Nur im Kleinen sind wir noch fähig, unsere Lage ein wenig menschlich zu gestalten. Das große Geschehen des internationalen Wettbewerbes hat bereits so viel Fahrt aufgenommen, daß es nicht mehr zu halten, ja nicht einmal mehr zu steuern ist. Bildlich gesprochen sitzen wir in einem Zug, der dabei ist, die Grenzen seiner Belastbarkeit bis zur Katastrophe auszutesten. Er wird sich so lange beschleunigen, bis er irgendwann aus dem Gleis geschmettert wird. Die Fahrgäste, zu denen wir uns alle zählen dürfen, genießen währenddessen den guten Service, die berauschende Geschwindigkeit und das schnelle Vorankommen. Kritische und warnende Stimmen verhallen im Dröhnen der Fahrgeräusche.

Wenn wir neben diesen vielen negativen Erscheinungen auch die positiven Errungenschaften unseres menschlichen Strebens würdigen wollen, bleibt die Frage: wozu ist das vermeintlich Gute nütze, wenn es nur zum Preis von zusätzlichem großem Leid, verbunden mit unverantwortlichem Risiko zu erhalten ist? Vor allem aber, was nützt dieser gigantische Aufwand? Wir haben ganz übersehen, daß alles Lebendige mit einer Automatik ausgestattet ist, die ihm das Überleben als Individuum und auch als Art ohne Wissenschaft und Technik ermöglicht. Erfolgreich zu sein hat auf dieser Ebene nichts mit Geld und Wohlstand zu tun, sondern mit einer gesunden und üppigen Umwelt und einem gesunden genetischen Potential. Das zu schützen, zu pflegen und zu erhalten ist der wichtigste Auftrag auch hochentwickelter Arten.

Nein, wir können uns nicht dazu durchringen, trotz all dieser Negativerscheinungen, auf unseren Fortschritt zu verzichten. Wir genießen ihn doch so sehr. Wir haben so viel Spaß daran, daß wir gerne in Kauf nehmen, wenn immer mehr Menschen an den Auswüchsen dieses Treibens zu Grunde gehen. Auch um den Preis, daß sich die Zeiten noch verschlimmern, bleiben wir auf dem Weg ohne zu wissen, wie das Ziel aussehen wird. Sicherlich, soviel kann man jetzt schon prognostizieren, es wird anders aussehen, als wir es uns gerne ausmalen. Zwar spüren wir schon die immer bedrohlicher werdende Situation, doch der Glaube an die Fähigkeit unserer Wissenschaftler, aber auch daran, daß wir im Notfall von einer himmlischen Macht Schutz und Hilfe erwarten können, lassen unsere Zweifel immer wieder verstummen.

Wer sich vom Baum der Erkenntnis bedient und mit diesem Wissen manipuliert, geht ein erhebliches, nicht kalkulierbares Risiko ein. Das Problem liegt in der Dualität allen Tuns. Nichts ist erreichbar, ohne daß gleichzeitig auch unerwünschte Nebenwirkungen aktiviert werden. Es hat eben jede Münze zwei Seiten. Diese Nebenwirkungen, die wir so gerne ignorieren, richten oft einen größeren bzw. nachhaltigeren Schaden an, als uns das Erwünschte Nutzen bringt. Dieses Naturgesetz, das Gut und Böse miteinander fest verschweißt, wird nicht gebührend beachtet. So gesehen wird jeder positive Fortschritt mit dem gleichen Betrag auf der negativen Seite belastet. Man kann eben keinen Hügel aufschütten, ohne gleichzeitig ein Loch zu graben.

Wir Menschen der modernen Welt haben angefangen, die Früchte vom Baum der Erkenntnis zu essen. Sie schmecken nicht nur gut, sondern sich machen auch süchtig. Wer die Droge Geld, Macht und Wohlstand erlebt hat, für den gibt es kein freiwilliges Zurück mehr. Dabei geht es nicht nur um Einzelpersonen, sondern um die Gesellschaft schlechthin. Wer am Fortschritt nicht teilnimmt oder nicht mithalten kann, der wird zertreten. Also gibt es offensichtlich nur die Lösung: mitrennen. Es sei denn, uns Menschen, die wir um die Schicksalhaftigkeit unseres Tuns Bescheid wissen gelingt es, einen Stimmungswandel herbeizuführen. Nicht das Zurück in die Steinzeit ist das Gebot der Stunde, sondern zunächst ein Abbremsen der rasanten Fahrt in ein unkalkulierbares Risiko, um wieder die Möglichkeit für eine Neuorientierung zu schaffen. Kluge Entscheidungen brauchen wesentlich mehr Zeit, als sie den Entscheidungsträgern heute zur Verfügung steht. Sie brauchen aber auch eine andere Motivation. Nicht die Grundhaltung des Wettbewerbes, sondern die der Rücksichtnahme ist gefordert. All jene, die sich an dieser schwierigen Aufgabe beteiligen, verdienen unseren Respekt und unsere Unterstützung.

Literaturverzeichnis

Lorus J. und Margery Milne

Die Sinneswelt der Tiere und Menschen

Till Brahe

Biologie die uns angeht (Aktuelles Wissen, herausgegeben von Rüdiger Proske)
A.   Remane, V. Storch, U. Welsch
Kurzes Lehrbuch der Zoologie

N. Tinbergen

Instinktlehre

Hermann Linder

Biologie

H. R. Hansen

Wirtschaftsinformatik 1

Heinz Ellenberg

Vegetation Mitteleuropas m. d. Alpen in ökol. Sicht

Frank Klötzli

Einführung in die Ökologie

Josef Blab

Grundlagen des Biotopschutzes für Tiere

Anthony Huxley

Das phantastische Leben der Pflanzen

Bernd Dost

Die Erben des Übels

Wolf Schneider

Wir Neandertaler

William H. Calvin

Der Strom der bergauf fließt

Werner Keller

Was gestern noch als Wunder galt

Heinz Haber

Bausteine unserer Welt

Frederic Vester

Neuland des Denkens

WELTBILD VERLAG

Geheimnisse der Urzeit

VERLEGT BEI KAISER

Das Weltall